BEITRÄGE ZUR HISTORISCHEN THEOLOGIE

Herausgegeben von Johannes Wallmann

77

Schleiermacher und die Bekenntnisschriften

Eine Untersuchung zu seiner Reformations-
und Protestantismusdeutung

von

Martin Ohst

J. C. B. Mohr (Paul Siebeck) Tübingen

CIP-Titelaufnahme der Deutschen Bibliothek

Ohst, Martin:
Schleiermacher und die Bekenntnisschriften: eine Untersuchung zu seiner
Reformations- und Protestantismusdeutung / von Martin Ohst. –
Tübingen: Mohr, 1989
    (Beiträge zur historischen Theologie; 77)
    Zugl.: Göttingen, Univ., Diss., 1988
    ISBN 3-16-145480-4
    ISSN 0340-6741
NE: GT

Gedruckt mit Unterstützung des Förderungs- und Beihilfefonds Wissenschaft der VG Wort.

© 1989 J. C. B. Mohr (Paul Siebeck) Tübingen.

Satz und Druck von Gulde-Druck in Tübingen. Einband von Großbuchbinderei Heinrich Koch
in Tübingen.

Printed in Germany.

Dem Andenken meines lieben Onkels
P. Wilhelm Kollenrott (1913–1987)
in Dankbarkeit gewidmet.

Vorwort

Dieses Buch ist die geringfügig überarbeitete Druckfassung meiner Dissertation, die im Sommersemester 1988 von der Theologischen Fakultät der Georg-August-Universität zu Göttingen angenommen wurde.

Guter akademischer Brauch bietet mir an dieser Stelle die willkommene Gelegenheit, einige Personen und Institutionen öffentlich zu nennen, ohne deren freundliche Zuwendung und gütige Hilfe diese Arbeit nicht hätte entstehen und in diesem Rahmen erscheinen können.

Die Lehrveranstaltungen von Herrn Prof. Dr. H.-J. Birkner eröffneten mir den Zugang zu den Fragestellungen einer bewußt neuzeitlichen protestantischen Theologie, insbesondere zum Werk Friedrich Schleiermachers. Er wies mich auf das Thema dieses Buches hin und gab mir in der Anfangszeit der Arbeit manche hilfreiche Anregung. Die Zeit der Arbeit an der Schleiermacher – Forschungsstelle in Kiel unter seiner Leitung in einem außergewöhnlich kooperativen, freundschaftlichen Kollegenkreis – Dr. U. Barth, Dr. B. Jaeger, PD Dr. Dr. G. Meckenstock, Dr. H.-Fr. Traulsen – hat mich in jeder Hinsicht bereichert.

Herr Prof. Dr. J. Ringleben, dessen Assistent ich seit 1984 in Göttingen bin, hat meine Arbeit nicht nur dadurch gefördert, daß er mir selbstlos Freiraum gewährte, sondern vor allem durch seine konstante Bereitschaft zum ermutigenden und hilfreichen Gespräch, aus dem mir viele wichtige Einsichten erwuchsen. Er hat auch das Erstgutachten erstellt. Das Korreferat übernahm Herr Prof. Dr. D. Lange. Auch er ließ es nicht an wertvollen Ratschlägen fehlen.

Herr Prof. Dr. J. Wallmann und Herr Verleger G. Siebeck nahmen die Arbeit in diese Reihe auf. Das Zentrale Archiv der Akademie der Wissenschaften der DDR erlaubte den Abdruck des S. 39 wiedergegebenen Briefes. Die Drucklegung wurde von Herrn R. Pflug kompetent und umsichtig betreut. Die Verwertungsgesellschaft Wort gewährte einen namhaften Druckkostenzuschuß.

Bei den Korrekturarbeiten unterstützten mich mein Vater, Herr StD i. R. K.-O. Ohst, sowie Herr cand. theol. et rer. nat. C.-D. Osthövener.

Ihnen allen bezeuge ich meinen aufrichtigen Dank!

Peine, den 25. Juni 1989   Martin Ohst

Inhaltsverzeichnis

Abkürzungen

Vollständige bibliographische Angaben werden nur bei solchen Titeln geboten, die im Literaturverzeichnis nicht selbstständig aufgeführt werden.

An Ammon	F. D. E. Schleiermacher, An Herrn Oberhofprediger Dr. Ammon über seine Prüfung der Harmsischen Säze (1818), SW I, 5, S. 327 ff.
An vC/S	F. D. E. Schleiermacher, An die Herren D. D. D. von Cölln und D. Schulz. Ein Sendschreiben (1830), SW I, 5, S. 667 ff.
An Lücke	F. D. E. Schleiermacher, Über seine Glaubenslehre, an Dr. Lücke, zwei Sendschreiben (1829)
Beil.	Beilage
Br. I–IV	Aus Schleiermachers Leben. In Briefen, 4 Bde.
Br. Gaß	Schleiermachers Briefwechsel mit J. Chr. Gaß.
Br. Meisner I–III	H. Meisner (ed), Schleiermachers Briefwechsel mit seiner Braut. Familien- und Freundesbriefe 1783–1804. Familien- und Freundesbriefe 1804–1834.
CG[1.2]	F. D. E. Schleiermacher, Der christliche Glaube (Glaubenslehre), 1. und 2. Aufl.
ChS	F. D. E. Schleiermacher, Die christliche Sitte nach den Grundsäzen der evangelischen Kirche im Zusammenhange dargestellt, ed L. Jonas, SW I, 12.
Cl	Luthers Werke, ed O. Clemen.
KD[1.2]	F. D. E. Schleiermacher, Kurze Darstellung des theologischen Studiums, 1. und 2. Aufl.
KG	F. D. E. Schleiermacher, Geschichte der christlichen Kirche, ed E. Bonnell, SW I, 11.
KGA	F. D. E. Schleiermacher, Kritische Gesamtausgabe.
KSP	F. D. E. Schleiermacher, Kleine Schriften und Predigten, edd H. Gerdes/ E. Hirsch.
Marg.	Schleiermachers Marginalien in seinem Handexemplar der 1. Auflage der Glaubenslehre, ed. U. Barth, KGA I. 7, 3.
Niem.	Collectio confessionum in ecclesiis reformatis publicatarum, ed. H. A. Niemeyer.
Oratio	F. D. E. Schleiermacher, Oratio in Sollemnibus Ecclesiae per Lutherum emendatae Saecularibus tertiis (1817), SW I,5, S. 311 ff.
Pac. Sinc.	F. D. E. Schleiermacher, Über das liturgische Recht evangelischer Landesfürsten. Ein theologisches Bedenken von Pacificus Sincerus (1824), SW I,5, S. 479 ff.
PrCA	F. D. E. Schleiermacher, Predigten in Bezug auf die Feier der Übergabe der Augsburgischen Confession (1830/31), SW II,2, S. 613 ff.

PrTh	F. D. E. Schleiermacher, Die praktische Theologie nach den Grundsäzen der evangelischen Kirche im Zusammenhange dargestellt, ed J. Frerichs, SW I,13.
SchlA	Schleiermacher – Archiv, edd. H. Fischer u. a.
SW	F. D. E. Schleiermacher, Sämmtliche Werke
Vorrede	F. D. E. Schleiermacher, Vorrede zu den Predigten in Bezug auf die Feier der Übergabe der Augsburgischen Confession (1831), SW I,5, S. 703 ff.
v. V.	D. von Coelln / D. Schulz, Über theologische Lehrfreiheit auf den Universitäten etc. Eine offene Erklärung und vorläufige Verwahrung (1830).
Werth	F. D. E. Schleiermacher, Über den eigentümlichen Werth und das bindende Ansehen symbolischer Bücher (1818), SW I,5, S. 423 ff.

Einleitung

A. Das Ziel der Arbeit

Die vorliegende Arbeit hat nicht die Absicht, im Sinne eines systematischen Vergleiches das Verhältnis Schleiermachers zur reformatorischen Theologie zu klären. Sie verhält sich zu dieser übergeordneten Aufgabe, die erst neulich am Beispiel Luthers von Gerhard Ebeling[1] in eindrucksvoller Weise angepackt worden ist und von Brian Gerrish[2] für das Verhältnis Schleiermacher – Calvin eingeschärft wurde, lediglich als Vorarbeit:

Sie versucht eine möglichst genaue Analyse der Prämissen, die für Schleiermachers Rezeption und Kritik reformatorischer Theologie, die hauptsächlich in der Gestalt der Bekenntnisschriften in sein Blickfeld kam, leitend sind, und spürt deren Auswirkungen auf Schleiermachers Beiträge zur Neugestaltung des kirchlichen Lebens sowie auf seine wissenschaftlich-theologische Arbeit nach. Daß diese Zusammenhänge bislang nicht mit hinreichender Deutlichkeit aufgeklärt sind, wird die im nächsten Abschnitt folgende Literaturübersicht zeigen, und damit hoffentlich deutlich machen, daß die Zielsetzung dieser Arbeit in Hinsicht auf den Stand der Schleiermacher-Forschung nicht ganz belanglos ist. In dieser Fassung der Aufgabe liegt beschlossen, daß das in dieser Arbeit sich ausdrückende Interesse zunächst einmal ein theologiegeschichtliches ist.

Jedes echte geschichtliche Interesse jedoch, das sich nicht im rein positivistischen Sammeln und Verknüpfen von Fakten in antiquarisch-musealer Absicht auslebt, steht in innigster Verbindung mit angespannter Wahrnehmung gegenwärtiger Wirklichkeit. Will der Protestantismus im ökumenischen Zeitalter des Christentums nicht nur willfähriges Objekt diffuser Stimmungen sein, sondern als um sich selbst wissender Partner den Dialog mit anderen Weisen der geschichtlichen Gestaltung des christlichen Glaubens führen, so bedarf er einer einsichtigen Rechenschaft über das Verhältnis, in dem sein neuzeitlicher Zustand mit all seinen charakteristischen Eigentümlichkeiten zu seiner reformatorischen Urgestalt steht. Es versteht sich von selbst, daß der Rückgriff auf Schleiermacher diese jeder Zeit wieder neu sich stellende Aufgabe nicht lösen kann. Hinge-

---

[1] Luther und Schleiermacher, in: Internationaler Schleiermacher-Kongreß Berlin 1984, Schleiermacher-Archiv Bd 1, 1–2, Berlin/New York 1985, Bd 1,1, S. 21–38. Dort ist auch S. 21, Anm. 1 die ältere Literatur zum Thema verzeichnet. Die beiden Kongreßbände werden im folgenden mit dem Siglum »SchlA 1,1 bzw. 2« zitiert.

[2] From Calvin to Schleiermacher: The Theme and the Shape of Christian Dogmatics, in: SchlA 1,2, S. 1033–1051.

gen ist zu erwarten, daß die historische Rekonstruktion des Beitrages, den *der*
Klassiker des Neuprotestantismus[3] unter den Bedingungen seiner Zeit und ihrer
Erfordernisse zu diesem Thema geleistet hat, geeignet sein wird, den Blick zu
schärfen für die Komplexität dieser Aufgabe, deren Unausweichlichkeit schon
aus den charakteristischen Unklarheiten erhellt, die sich stets dann einstellen,
wenn sie – aus welchen Gründen auch immer – ausgeblendet wird[4].

B. Der Forschungsstand und seine Defizite

Die erste selbständige Bearbeitung unseres Themas von Hans Hartmann[5] ist
zugleich die bislang umfänglichste. Sie verdankt sich neben dem historischen
Interesse vor allem der Hypothese, daß die Zeit Schleiermachers kirchlich-
theologisch mit der Gegenwart des Verfassers gewichtige Parallelen aufzeige
(285–287). Im Hintergrund stehen dabei deutlich die »Fälle« Traub und Jatho,
die ja gerade erst 1912 mit der Dienstentlassung Gottfried Traubs offiziell zu
einem vorläufigen Abschluß gekommen waren[6], in der einschlägigen Publizistik
jedoch weiterhin hohe Wellen schlugen, bis der Kriegsausbruch 1914 andere
Prioritäten setzte[7]. Das aktuelle Interesse läßt Hartmann deutlich einfließen:
»Möge er (Schleiermacher, Verf.), der von hoher Warte aus die Ordinationsfrage
behandelt, während sich die Anderen um Formeln zankten, uns ein Führer
werden zu wahrer Freiheit, die mit wahrem Glauben Hand in Hand geht« (338,
vgl. auch 324. 343. 346 u. ö.) Aber auch indirekt macht sich die Verhaftung an die
Streitfragen der Gegenwart bemerkbar, so bei der betonten Bezugnahme auf
Schleiermachers Stellung zum Apostolicum (vgl. 296–298. 340–344) und
schon bei der Formulierung des Titels: »Das Bekenntnis« als Singular ist ein ganz
und gar unschleiermacherischer Ausdruck, auch Schleiermachers Zeitgenossen
ist dieser modus loquendi fremd.

---

[3] So T. RENDTORFF, Kirchlicher und freier Protestantismus in der Sicht Schleiermachers,
NZSTh 10/1968, S. 18.

[4] SCHLEIERMACHERS Schriften und Predigten werden im folgenden durchweg nach der ersten
Auflage der »Sämmtlichen Werke« (Berlin 1834–1865, Siglum »SW«) mit Angabe der Abtei-
lungs-(römisch), Band- und Seitenzahl (arabisch) sowie abbreviertem Titel zitiert. Es sind von
der Ausgabe 30 Bände erschienen: Abt. I, Zur Theologie, 11 Bde von 13 geplanten; Abt. II,
Predigten, 10 Bde; Abt. III, Zur Philosophie, 9 Bde. Nach neuen – kritischen – Editionen
werden solche Texte zitiert, die in der alten Ausgabe gar nicht oder in editorisch unzulänglicher
Form veröffentlicht sind; zur Zitation der Glaubenslehre vgl. unten S. 3 Anm. 8. Die Gelegenheitsschriften und Predigten werden – mit Ausnahme der beiden Sendschreiben an Lücke, die
erst durch das von HERM. MULERT beigebrachte historische Material verständlich werden –,
ausschließlich nach SW zitiert, wobei zu bemerken ist, daß die von H. GERDES und EM. HIRSCH
veranstaltete Ausgabe »Kleine Schriften und Predigten« (3 Bde, Berlin 1969/70) vergleichend
herangezogen wurde. – Die Siglen für die benutzten Ausgaben von Schleiermachers Briefen
werden im Literaturverzeichnis aufgelöst.

[5] Schleiermacher und das Bekenntnis, ZThK 24/1914, S. 285–362, im folgenden zitiert
unter Angabe der Seitenzahlen im Text.

[6] Vgl. HASKO VON BASSI, Otto Baumgarten, S. 90–106.

[7] Vgl. z. B. OTTO BAUMGARTEN, Meine Lebensgeschichte, S. 181–187.

Die Gliederung des Aufsatzes bildet die verschiedenen Kontexte ab, innerhalb derer im neuzeitlichen Protestantismus die Frage nach Sinn und Geltung der Bekenntnisschriften akut wird.

Innerhalb der einzelnen Abschnitte werden dann die einschlägigen Äußerungen Schleiermachers mit einem Höchstmaß an Vollständigkeit teilweise äußerst extensiv zitiert und wie Mosaiksteine zu einem Gesamtbild zusammengesetzt. Hier macht sich die entscheidende Schwäche des von Hartmann gewählten Verfahrens deutlich bemerkbar: Er läßt sich ganz unkritisch von eigenen Fragestellungen leiten und sammelt zu ihnen in fast atomistischer Weise »Stellen«, interpretiert jedoch so gut wie nie längere Aussagenkomplexe Schleiermachers. Besonders deutlich wird das im ersten Abschnitt, der – unzutreffend – »Bekenntnis und Dogmatik« betitelt ist (288–327): Aus der Glaubenslehre[8] wird allein CG² §27 interpretiert, ohne daß seine Stellung im Gesamtgefüge der »Einleitung« verdeutlicht wird, folglich wird keine Klarheit über die Bedeutung der Bekenntnisschriften für Schleiermachers dogmatisches Verfahren erreicht. So kommt Hartmann zu dem Schluß, es sei »eine gewisse Spannung zwischen einer mehr kirchlichen und einer mehr religiösen Auffassung des Verhältnisses von Schrift und Bekenntnis in bezug auf das Dogma zu konstatieren« (291). – Die an sich richtige Beobachtung, daß für Schleiermacher das eigentlich Wichtige an den Bekenntnisschriften ihr polemischer Gehalt ist, wird nicht auf die den Sachverhalt tragende spezifische Reformations- und Protestantismusdeutung hin untersucht, folglich findet auch der für Schleiermacher gravierende Unterschied zwischen den altkirchlichen Dogmen und den reformatorischen Bekenntnisschriften nicht die gebührende Berücksichtigung (293 ff.). Der Problemkreis Union – Bekenntnis wird kurz gestreift, verbunden mit dem Problem der innerprotestantischen theologischen Pluralität und der Frage nach einem neuen Bekenntnis (314–322), zuletzt folgen Bemerkungen über kirchenrechtliche Implikationen. Der zweite Hauptteil der Studie ist überschrieben »Kirche und Bekenntnis« (327 ff.); gliederungstechnisch ist das fragwürdig, denn schon im ersten Abschnitt wurden Fragen traktiert, die sich zwanglos so rubrizieren ließen. Der Abschnitt enthält die Erörterung derjenigen typischen biographischen Stationen, an denen der Geistliche mit den Bekenntnisschriften seiner Kirche konfrontiert wird: Ordination (327 ff.), Bekenntnis im Gottesdienst (Apostolicum) (340 ff.), Vertreten des Bekenntnisses[9] (344 ff.), Lehrverfahren (dies eigentlich ein Anachronismus, denn das sogenannte preußische Irrlehregesetz, durch das zum ersten Mal ein vom Disziplinarverfahren streng unterschie-

---

[8] SCHLEIERMACHERS theologisches Hauptwerk »Der christliche Glaube nach den Grundsäzen der evangelischen Kirche im Zusammenhange dargestellt« (¹1821/22, ²1830/31) wird im folgenden nach Paragraphen- und Absatznummern zitiert, die Erstauflage mit dem Siglum »CG¹« nach der kritischen Ausgabe von HERMANN PEITER (KGA I.7,1–2, Berlin/New York 1980, Studienausgabe 1984), die Zweitauflage mit dem Siglum »CG²« nach der kritischen Ausgabe von MARTIN REDEKER (2 Bde, Berlin 1960).

[9] Formuliert nach SW I,5,711, Vorrede zu den Predigten in Bezug auf die Uebergabe der Augsburgischen Confession.

denes Lehrzuchtverfahren eingeführt wurde, trat erst 1910 in Kraft[10]) (346ff.),
religiöse Unterweisung (350ff.). Der letzte Abschnitt ist mit »Bekenntnis und
Glaube« (352) überschrieben und will »die innere Stellung Schleiermachers zum
Bekenntnis« (ibd.) nachverstehen. Hier zeigt sich noch einmal gebündelt die
methodische Schwäche der Studie: Weil Hartmann es von Anfang an versäumt
hat, sein Augenmerk auf die den einzelnen Voten Schleiermachers zur Bekenntnisthematik zu Grunde liegenden systematischen Prämissen zu richten, kommt
es im Endergebnis nur zu einem Nebeneinander mehr oder weniger stichhaltiger
Vermutungen.

In seiner Licentiatenarbeit »Das Bekenntnis und seine Wertung – Eine problemgeschichtliche Monographie, Band I: Vom 18. bis zum 20. Jahrhundert«[11]
(ein zweiter Band ist nie erschienen) hat Walter Karowski Schleiermacher knapp
fünf Seiten (208–212) gewidmet. Dieser Umstand nötigt zu einigen Bemerkungen über den Gesamtcharakter der Studie:

Es handelt sich um eine auf den ersten Blick materialreich erscheinende, in
Gliederung[12] und Auswahl[13] äußerst fragwürdige, knapp und nicht immer erhel-
lend kommentierte[14] Aufzählung von mehr oder weniger prominenten literarischen Stellungnahmen zur Frage nach der Bedeutung der protestantischen Bekenntnisschriften innerhalb des im Titel angegebenen Zeitraumes. Die Bemerkungen zu Schleiermacher sind durchweg belanglos. So läßt z. B. der letzte Satz
»Innerhalb der schleiermacherischen wissenschaftlich-philosophischen Dogmatik tritt das Bekenntnis zweifelsohne zurück« (212) nicht auf eingehende Bekanntschaft mit diesem Werk schließen.

In seiner Dissertation »Bekenntnis und Bekennen – Vom 19. Jahrhundert bis
zum Kirchenkampf der nationalsozialistischen Zeit«[15] hat H.-J. Reese unter dem
Titel »Fortschritt und Entwicklung in Lehre und Leben der Kirche« Schleiermacher einen kurzen, aber angesichts des Stellenwerts, den er im Gesamtgefüge der
Arbeit einnimmt, sehr materialreichen Abschnitt gewidmet (S. 19–34)[16]. Reese
hebt die Zentralstellung von Christologie und Ekklesiologie in Schleiermachers
Theologie zutreffend hervor (19f.) und weist nach, welche Bedeutung nach
Schleiermacher die freie Schriftforschung für Bestand und Weiterentwicklung
der Kirche hat (21f.).

---

[10] Vgl. H. MULERT, Art. Lehrverpflichtung und Lehrfreiheit, in: RGG[1] III, Sp. 2042.

[11] Historische Studien, ed. O. RÖSSLER, Heft 355, Berlin 1939.

[12] So werden z. B. die Stellungnahmen SEMLERS an verschiedenen Stellen dokumentiert
(47ff. 82ff.). Das Woellnersche Religionsedikt wird S. 58ff. besprochen, der Streit, den es
auslöste, erst 133ff.

[13] Im 19. Jahrhundert wird z. B. Claus Harms nicht erwähnt, auch Namen wie etwa Kliefoth
und Vilmar sucht der Leser vergebens.

[14] S. 219 behauptet KAROWSKI, Hengstenberg selbst habe den Denunziationsartikel gegen
Gesenius und Wegscheider geschrieben, s. diese Arbeit unten Kap. III, B.2.

[15] Diss. theol. Hamburg 1966, Arbeiten zur Geschichte des Kirchenkampfes Bd 28, Göttingen 1974.

[16] Der Gesamtumfang der Arbeit beträgt 548 Seiten, davon sind der Zeit vor dem Kirchenkampf lediglich 139 gewidmet.

Richtig diagnostiziert er, daß auf dieser Grundlage die Normativität kirchlicher Lehrfestsetzungen grundsätzlich relativiert ist; Schleiermachers Grundsätze für den Umgang mit den Bekenntnisschriften hinsichtlich der Freiheit von Forschung und Lehre werden markant dargestellt (22–28), zuletzt kommt die Unionsfrage zur Sprache (28–32). Trotz des augenfällig geringeren Umfanges bietet der kurze Abschnitt mehr solide Information als die lange Abhandlung Hartmanns. Außer Betracht bleibt insgesamt die Glaubenslehre, die systematischen Voraussetzungen von Schleiermachers Argumentation werden nur angedeutet. Dieses Verfahren ist in einer Untersuchung, die nicht eigentlich ein Stück Schleiermacher-Forschung bieten will, vollauf legitim.

Martin Daur will in seiner juristischen Dissertation »Die eine Kirche und das zwiefache Recht, Eine Untersuchung zum Kirchenbegriff und der Grundlage kirchlicher Ordnung in der Theologie Schleiermachers«[17] angesichts der kirchenrechtstheoretischen Aporien der Gegenwart (15 f.) eruieren, wie sich Schleiermachers Verständnis des Kirchenrechts einerseits zum aufklärerischen Kollegialismus, andererseits zu den verschiedenen Ansätzen des 19. Jahrhunderts verhält (19): Schleiermacher kommt so gleichsam auf der Grenze zwischen zwei Zeitaltern kirchenrechtlichen Denkens zu stehen, die trotz aller Unterschiede letztlich darin einig sind, daß sie sich an dem Versuch abarbeiten, die rechtlich verfaßte äußerliche Kirche und die rechtsfreie Geistkirche zusammenzudenken, wobei die aufgeklärte Theorie mehr die Differenz, die nach-schleiermachersche mehr die Einheit beider betont.

Schleiermacher überbietet beide Ansätze: »Die eine Kirche der Glaubenslehre wird für ihn auch die Kirche der äußeren Kirchenordnung sein« (68). Ermöglicht wird ihm dies durch seine originelle Umprägung der Lehre von der unsichtbaren und sichtbaren Kirche. Fußend auf dieser Grundlage rekonstruiert Daur die Einzelzüge von Schleiermachers Kirchenrechtsdenken (93 ff.). Unter dem Obertitel »Beispiele der Ausgestaltung kirchlicher Ordnung« (162 ff.) analysiert Daur Schleiermachers Stellungnahmen zu »Lehrgesetzgebung und Bekenntnisschrift« (162 ff.) sowie »Lehrzucht« (178–186).

Als systematische Grundlage für Schleiermachers Ablehnung jeglichen Bekenntniszwanges nennt Daur Schleiermachers Glaubensverständnis, das jede Unterscheidung von fides quae creditur und fides qua creditur ausschließt (163), sowie seine Pneumatologie (166) und die alleinige Normativität der Heiligen Schrift (168). Entsprechend der Thematik seiner Untersuchung orientiert sich Daur hauptsächlich an den Vorlesungen über die praktische Theologie[18]; als Ergänzungen zieht er die einschlägigen Gelegenheitsschriften heran. Richtig hebt er hervor, daß die ganze Problematik für Schleiermacher eine spezifisch protestantische ist (167 f. 171), die differenzierte Selbstunterscheidung vom reformatorischen Protestantismus, die für den freien Umgang mit dessen dogmatischen Hervorbringungen entscheidend ist, kommt jedoch nicht in den Blick.

---

[17] Diss. jur. Tübingen 1965, Jus Ecclesiasticum Bd 9, München 1970.
[18] Die praktische Theologie nach den Grundsäzen der evangelischen Kirche im Zusammenhange dargestellt, ed. J. FRERICHS, SW I,13, Berlin 1850, im folgenden zitiert als »PrTh«.

Die Bedeutung der Unionsfrage für Schleiermachers Einschätzung der Bekenntnisschriften wird von Daur m. E. zu hoch eingeschätzt: Er weist nicht nachdrücklich auf die Relativität der Bekenntnisschriften hin, weil er die Union verficht, sondern er verficht die Union, weil er von Anfang an der Überzeugung ist, daß die symbolischen Lehrdifferenzen eine fortbestehende Trennung der beiden protestantischen Schwesterkirchen nicht zu begründen vermögen (172f.). Bedeutsam ist der Hinweis, daß Schleiermacher mit seiner Ablehnung einer lehrgesetzlichen Geltung der Bekenntnisschriften Seite an Seite mit seinen rationalistischen Zeitgenossen steht, was ihrer Bedeutung jedoch keinen Abbruch tut, weil sie »aus einem umfassenden und in sich geschlossenen theologischen Gedankengang« hervorgeht (175f.). Es ist nur konsequent, daß es für Schleiermacher eigentliche kirchenregimentliche Lehrzucht – im Gegensatz zur kollegialistischen wie auch zu den späteren Theorien – nicht geben kann (178–186).

Thematisch eng verwandt mit der Arbeit von Daur ist Martin Honeckers Studie »Schleiermacher und das Kirchenrecht«[19]. Honecker zieht Schleiermachers Stellung zur Bekenntnisfrage mit seiner Befürwortung der Union zusammen (19ff.) und gibt in diesem Zusammenhang eine knappe und präzise Analyse von Schleiermachers Aufsatz »Ueber den eigenthümlichen Werth und das bindende Ansehen symbolischer Bücher« (1818)[20] (21–24), ergänzt durch Hinweise auf die Schriften zum CA-Jubiläum 1830/31[21]: Auch Honecker rückt die Problemkreise zu eng aneinander, wenn er schreibt: »Weil er die Gefahren des Konfessionalismus erkannte, deshalb unterstützte er die Union« (25).

Angesichts der Tatsache, daß der Konfessionalismus zuerst als Gegenbewegung gegen die schon begründete Union auf den Plan trat, Schleiermacher aber schon seit 1804 öffentlich für sie eintrat, bedarf dieser Satz sicherlich der korrigierenden Präzisierung.

Eine ähnliche Art der Bezugnahme wie bei Reese liegt in dem Aufsatz von Manfred Jacobs[22] »Das Bekenntnisverständnis des theologischen Liberalismus im 19. Jahrhundert« vor. Jacobs zeichnet verschiedene charakteristische Stellungnahmen zur Bekenntnisfrage von der Zeit des Woellnerschen Religions-

---

[19] Theologische Existenz heute Nr. 148, München 1968.

[20] SW I,5, S. 423–454, im folgenden zitiert als »Werth«, zu Entstehung und Inhalt s. diese Arbeit unten, Kap. III. B.1.

[21] »An die Herren D. D. D. von Coelln und D. Schulz. Ein Sendschreiben«, I,5, S. 667–702, im folgenden zitiert als »An vC/S«. »Predigten in Bezug auf die Feier der Uebergabe der Augsburgischen Confession«, 1831 (zitiert als »PrCA«), II,2, 613–758. »Vorrede zu den Predigten in Bezug auf die Feier der Uebergabe der Augsburgischen Confession«, I,5, 703–725, im folgenden zitiert als »Vorrede«, zu Entstehung und Inhalt siehe diese Arbeit Kap. III. B.2.

[22] In: Bekenntnis und Einheit der Kirche, Studien zum Konkordienbuch, im Auftrag der Sektion Kirchengeschichte der Wissenschaftlichen Gesellschaft für Theologie herausgegeben von Martin Brecht und Reinhard Schwarz, Stuttgart 1980, S. 425–465.

ediktes bis an die Wende vom 19. zum 20. Jahrhundert nach. Daß dabei Männer wie Paul de Lagarde und Albrecht Ritschl gemeinsam unter der Firma »theologischer Liberalismus« zu stehen kommen, hätte wohl bei beiden, allen sonstigen Differenzen zum Trotz, lebhaftesten Protest hervorgerufen (448–450 [Lagarde]. 444–447 [Ritschl]), wobei noch anzumerken ist, daß solche Theologen, die »liberal« als Selbstbezeichnung hätten gelten lassen – zu denken wäre an Männer wie Hase, Biedermann, Lipsius oder Pfleiderer – mit Ausnahme des schulmäßig kaum festzulegenden Rich. Rothe und des Protestantenvereins nicht vorkommen. Sodann ist zur Eingrenzung des Themas die Frage zu stellen, ob es sinnvoll ist, den »theologischen Liberalismus« für sich darzustellen, da ja dessen Argumente in der Bekenntnisfrage vielfach reine Verteidigungspositionen gegen die siegreich vordringende Neuorthodoxie sind, wobei sich eine Kampfsituation ergibt, innerhalb derer die vermittelnden Positionen – K. I. Nitzsch, Jul. Müller, I. A. Dorner – ihr je besonderes Profil gewinnen. Der Aufsatz setzt mit dem Hinweis darauf ein, daß die Bekenntnisfrage schon im 18. Jahrhundert Gegenstand mannigfacher theologischer und kirchenrechtlicher Debatten war (415 f.) und daß zu Anfang des 19. Jahrhunderts die Ablehnung jedes starren Bekenntniszwanges faktisch opinio communis ist, was an F. V. Reinhard exemplifiziert wird (416 f.).

Fichte, Bretschneider und de Wette stehen als Vertreter für daran anknüpfende bzw. radikalisierende Tendenzen (417–421), nach Jacobs erheben dann Hegel und Schleiermacher das Problem auf eine neue Ebene der Erörterung: »Bei Hegel und bei Schleiermacher kondensieren die konfessionellen Typologien in die Phänomenologie der weltgeschichtlichen Großgruppen, bei Hegel in Richtung des Staates, bei Schleiermacher in Richtung der Kirche« (421). Nach Ausführungen über Hegels Verständnis der christlichen Konfessionen (421–423) und kurzer Erwähnung der 95 Thesen von Claus Harms kommt Schleiermacher an die Reihe (424-427). Die Erörterungen heften sich zur Hauptsache an die einschlägigen Paragraphen der Glaubenslehre, jedoch nicht im Sinne einer methodisch strengen Analyse, sondern eher assoziativ. Daß Schleiermacher den Bekenntnisschriften einen wichtigen Rang bei der Konstitution der Dogmatik einräumt, wird zutreffend festgestellt, aber nicht weiter verfolgt (424), ebenso die Tatsache, daß die reformatorischen Bekenntnisse innerhalb des Beziehungsgefüges Protestantismus – Katholizismus interpretiert werden. Die von Jacobs diagnostizierte »Negation des spezifisch historischen Charakters der Bekenntnisse« (425) wird als Irrtum einzustufen sein, ebenso die Feststellung, die Bekenntnisse lägen »im Werden« (ibd.), was nach Schleiermacher sicherlich für die Lehre des Protestantismus als solche, nicht aber für die vorliegenden reformatorischen Bekenntnisse gilt.

Auf dem Internationalen Schleiermacher-Kongreß, der aus Anlaß der 150. Wiederkehr von dessen Todestag im März 1984 in Berlin stattfand, wurden unserem Thema zwei Sektionsbeiträge gewidmet.

W. Sommer referierte über »Schleiermachers Stellung zu den reformatorischen Bekenntnisschriften, vor allem nach seiner Schrift ›Über den eigentümli-

chen Wert und das bindende Ansehen symbolischer Bücher‹, 1819.«[23] Der Titel
gibt den Inhalt des Aufsatzes exakt wieder. Erstaunen freilich löst Sommers
Feststellung aus, Schleiermacher sei »der erste protestantische Theologe seit der
Entstehungszeit der reformatorischen Bekenntnisschriften im 16. Jahrhundert,
der die Frage nach der Bedeutung der Bekenntnisschriften für die Kirche und
Theologie seiner Zeit in eigenen Abhandlungen thematisiert und ausführlich
reflektiert hat« (1061), zumal Schleiermacher selbst einen solchen Anspruch auf
Originalität ausdrücklich abweist, wenn er feststellt, er behandle in »Werth«
einen Gegenstand, »der seit langer Zeit so oft und vielfältig besprochen worden
ist, daß man wol nicht glauben kann es sei irgend ein bedeutender Punkt
unerörtert geblieben«. (I, 5, 425)[24]. Sommer hebt hervor, daß die Schriften
Schleiermachers zur Bekenntnisfrage nicht allein innerhalb des Kontextes der
Anlässe bedeutsam sind, durch die sie hervorgerufen wurden, sondern daß sie
auf ihre Weise seinen Neueinsatz im Religionsbegriff und in der Ekklesiologie
explizieren (1061 f.). Auch Sommer insistiert auf einem engen Zusammenhang
von Unions- und Bekenntnisfrage bei Schleiermacher: »Nur im Zusammenhang mit dem theologischen Ort der Unionsgründung lassen sich Schleiermachers Voten zum Bekenntnisproblem verstehen, an denen exemplarisch deutlich
wird, worum es ihm bei seiner Beförderung der Union wesentlich gegangen ist«
(1062, vgl. auch 1065). Diese These erweist sich schon an dem äußerlichen
Umstand als fragwürdig, daß in Schleiermachers Schrift und in Sommers Aufsatz wohl das Verhältnis Protestantismus – Katholizismus, nicht aber das Verhältnis zwischen lutherischem und reformiertem Protestantismus bzw. deren
Union thematisiert wird. Nach solchen einleitenden Bemerkungen unternimmt
Sommer eine Rekonstruktion des Gedankenganges von »Werth« (1065 ff.); er
bezieht bei der Besprechung der Deutung des protestantisch-katholischen Gegensatzes durch Schleiermacher auch die einschlägigen Paragraphen der Einleitung der Glaubenslehre in die Analyse ein (1070–1072). Hierzu ist zu bemerken,
daß es sich bei der doppelschichtigen Protestantismusdeutung Schleiermachers –
Reinigung und Individuation[25] – nicht um ein bloßes Nebeneinander zweier
Aspekte handelt. Die Differenz von »Gestalt« und »Gehalt«, die Sommer als
Deutungsmuster für Schleiermachers individualitätstheoretische Deutung des
protestantisch-katholischen Gegensatzes einführt (1071), ist nicht geeignet, das
von Schleiermacher Intendierte zureichend zu erhellen: Waltet dort ein echter
Individualitätsunterschied, wo zwei historische Größen bei identischem »Ge-
halt« allein durch Differenzen in der »Gestalt« voneinander unterschieden sind?
   Es ist Sommer zuzustimmen, wenn er betont: »In der bloßen Polemik gegen-

---

[23] SchlA 1,2, S. 1061–1074.
[24] Vgl. z. B. schon die Streitigkeiten in der Frühzeit des Pietismus. Unter den Rubriken
»Nothwendigkeit«, »Ansehen« und »eydliche Verbindung« sind sie in ermüdender Ausführlichkeit dokumentiert bei J. G. WALCH, Historische und theologische Einleitung in die Religionsstreitigkeiten der Evangelisch-Lutherischen Kirche von der Reformation bis auf die
ietzige Zeit, Jena ²1733 ff., Teil 2, S. 134–163. Zu weiteren Auseinandersetzungen über diesen
Gegenstand im 18. Jahrhundert vgl. den folgenden Abschnitt der Einleitung dieser Arbeit.
[25] Vgl. zusammenfassend unten S. 206 ff.

über der katholischen Kirche wird man die ›Hauptsache‹ in Schleiermachers Stellung zu den Bekenntnisschriften schwerlich sehen können« (1072). Die Behauptung aber, daß hier eine neue, genuin protestantisch sein sollende Ekklesiologie entfaltet werde (1073 f.), bedarf weiterer differenzierender und explizierender Erörterungen.

Der Beitrag von Hans Graß ist überschrieben: »Schleiermacher und das Bekenntnis«[26]. Der Aufsatz ist – im Umfang erheblich erweitert – im Rahmen einer Göttinger Ringvorlesung vorgetragen und in dem aus ihr hervorgegangenen Sammelband[27] unter dem Titel »Grund und Grenzen der Kirchengemeinschaft« (S. 217–235) abgedruckt worden. Diese zweite Fassung soll hier besprochen werden. Am Ende des Aufsatzes (235, deutlicher noch SchlA 1,2, S. 1060) hebt Graß hervor, daß ihn bei der Untersuchung nicht allein historisches Interesse geleitet hat, sondern daß es ihm in Hinblick auf bestimmte Entwicklungen innerhalb des Protestantismus wie auch im ökumenischen Dialog darum zu tun ist, Schleiermachers Eintreten »für theologischen und kirchlichen Pluralismus, für Offenheit und Freiheit in der Kirche« (235) in Erinnerung zu rufen: »Vielleicht ist ein freier Protestantismus in der Art Schleiermachers doch eine Alternative. Jedenfalls muß er Raum in der Kirche haben« (ibd.).

Anders als in dem hier erstgenannten Aufsatz von H. Hartmann ist dieses Gegenwartsinteresse dem methodischen Fortgang der historischen Analyse nicht hinderlich. Graß setzt ein, indem er nachweist, wie schon der junge Schleiermacher in den Reden religionstheoretisch den Gemeinschaftsgedanken und in der Christentumsdeutung die alles überragende Bedeutung des Mittlers bzw. Erlösers hervorhebt, Grundsätze, die auch die Arbeit des späteren Theologen und Kirchenmannes geleitet haben (217–219. 219–222). Schleiermachers Wesensbestimmung des Protestantismus im Gegenüber zum Katholizismus wird anhand der Glaubenslehre nachgezeichnet: Für das Selbstverständnis des Protestantismus ist es entscheidend, daß die empirische Kirche nicht mit der Kirche des Glaubens gleichzusetzen ist (222–226). Auf dieser breiten Grundlage nähert sich Graß der eigentlichen Bekenntnisthematik: Die einschlägigen Ausführungen in der Einleitung der Glaubenslehre werden wiedergegeben, jedoch weder auf ihre wissenschaftssystematische Bedeutung hin befragt noch auf ihre Relevanz für die faktische Ausgestaltung der materialen Dogmatik hin geprüft. Auch die Reformationsdeutung, in der sie wurzeln, kommt nicht explizit zur Sprache (226–229). Graß hebt Schleiermachers Ablehnung eines neuen Bekenntnisses hervor (229 f.). – »Kennt Schleiermacher aber nun, außer der Orientierung am Wesen des Christentums und einem kritischen Schriftgebrauch, gar keine Regeln und Richtpunkte, nach welchen Lehre und Leben der Kirche geordnet werden sollen?« (230). In der verneinenden Beantwortung dieser Leitfrage führt Graß anhand der einschlägigen Gelegenheitsschriften Schleiermachers Ablehnung jeder lehrgesetzlichen »Geltung« der Bekenntnisschriften

---

[26] SchlA 1,2, S. 1053–1060.

[27] Dietz Lange (ed), Friedrich Schleiermacher 1768–1834. Theologe – Philosoph – Pädagoge, Göttingen 1985.

vor, die er vor dem Hintergrund seiner Bemühungen um eine Verbesserung des kirchlichen Lebens und seiner Furcht vor einem Auseinanderbrechen der kirchlichen Einheit bzw. dem Auseinanderfallen von protestantischem Christentum und neuzeitlicher Kultur interpretiert (230−235).

Die Forschungsdefizite, die in dieser kurzen Literaturübersicht benannt worden sind, markieren die Aufgaben, denen sich die vorliegende Arbeit zu stellen hat. Zunächst ist in einem ersten großen Arbeitsschritt Schleiermachers Deutung der Reformation innerhalb seiner Auffassung der Gesamtkirchengeschichte zu erheben (Kap. I). Erst vor diesem Hintergrund gewinnt seine Interpretation der Werde- und Wirkungsgeschichte der reformatorischen Bekenntnisschriften, die in Kap. II nachgezeichnet wird, ihre deutliche Konturen.

Der dritte Hauptteil der Arbeit wendet sich dann der Bedeutung zu, die Schleiermacher diesen Dokumenten reformatorischer Theologie für das kirchliche Leben und die theologische Theoriebildung des neuzeitlichen protestantischen Christentums zugemessen hat. Weil Schleiermachers Beiträge zu den einschlägigen Debatten nur auf dem Hintergrund seiner deutenden Wahrnehmung des kirchlichen und theologischen Lebens seiner Zeit verständlich sind, wird diese präludierend in eher essayistischer Form umrissen (III.A), es folgt eine Analyse der der Bekenntnisfrage gewidmeten Gelegenheitsschriften (III.B). Der folgende Abschnitt (III.C) wendet sich systematisierend dem Stellenwert zu, den Schleiermacher den Bekenntnisschriften in der Frage der Lehrfreiheit und der Union zugewiesen hat. Im Zentrum der Erörterungen des letzten Abschnitts (III.D) steht die Glaubenslehre. Hier hat Schleiermacher seine Einsichten bezüglich der Bekenntnisschriften wie nirgends sonst in seinem Gesamtwerk gebündelt und sie für die wissenschaftstheoretische Begründung von Funktion und Aufgabe der Dogmatik genutzt und in der Ausgestaltung der materialen Dogmatik eindrucksvoll durchgeführt.

Der folgende letzte Abschnitt dieser Einleitung soll mit wenigen groben Strichen die historischen Voraussetzungen in Erinnerung rufen, auf die sich die Debatten des 19. Jahrhunderts in Anknüpfung und kritischer Absetzung bezogen haben.

C. Historische Voraussetzungen − Eine Skizze mit besonderer Berücksichtigung Johann Salomo Semlers

Es sind die reformatorischen Bekenntnisschriften, mittels derer sich im Leben der aus der Reformation hervorgegangenen Kirchentümer reformatorische Theologie schon auf institutionell-juristischer Ebene immer wieder geltend macht.

Gerade in Schleiermachers brandenburgisch-preußischer Heimat, die lebenslang sein Wirkungskreis blieb, hat sich das Verhältnis von kirchlichem Leben und den im Reichsrecht und in den Kirchenordnungen rezipierten Zeugnissen der reformatorischen Theologie schon von einem relativ frühen Zeitpunkt an problematisch gestaltet, denn seit 1613 herrschte ein reformierter Kurfürst über fast ausschließlich lutherische Untertanen[28]. Johann Sigismund und seine Nachfolger waren darauf angewiesen, im Interesse des Zusammenhalts ihres Territoriums ein möglichst friedliches Verhältnis der beiden protestantischen Schwesterkonfessionen in ihrem Herrschaftsbereich durchzusetzen. So wurde 1656 durch den Großen Kurfürsten die Verpflichtung der lutherischen Kandidaten auf die Konkordienformel aufgehoben und der Besuch der Wittenberger Universität als einer Hauptstätte konfessionellen Haders und Eifers 1664 verboten[29]. Die »Toleranzedikte« desselben Monarchen von 1662 und 1664 sind wegen der tragischen Wirkung des zweiten auf das Geschick Paul Gerhardts[30] noch heute über die Grenzen der Theologie bzw. Geschichtswissenschaft hinaus bekannt. Der Landesherr förderte und forderte so mit hartem Zugriff ein tolerantes Miteinander der beiden Schwesterkirchen auf Kosten der Bindung an die reformatorischen Bekenntnisschriften. Die Grenzen des landesherrlichen Kirchenregiments, wie sie das herkömmliche Episkopalsystem im protestantischen Staatskirchenrecht gesteckt hat[31], sind damit flagrant durchbrochen. Daß die Begründer der aufklärerischen kirchenrechtlichen Doktrinen, des Territorialismus und des Kollegialismus, Sam. Pufendorf, Chr. Thomasius und J. H. Boehmer, gerade in Brandenburg-Preußen, die beiden letztgenannten an der neugegründeten Universität in Halle, ihre Wirkungsstätten fanden, ist somit kein Zufall, sondern ergibt sich folgerichtig aus den besonderen Zuständen dieses Territoriums, desgleichen auch, daß der frühere Pietismus mit seiner biblizistisch bedingten distanzierten Stellung zur bindenden Kraft des kirchlichen Bekenntnisses am selben Ort seine erste akademische Heimstatt finden konnte[32] – der Ausdruck »Symbololatrie« ist – nach Angabe Em. Hirschs – eine Prägung Joachim Langes[33]. Diese Ausgangslage – eine Staatsgewalt, die alles Kirchenregiment entschlossen in die eigene Hand nimmt und gleichzeitig traditionskritischen Bestrebungen ein hohes Maß an Freiraum gewährt – hat die preußische Kirchengeschichte des 18. Jahrhunderts geprägt. Erscheinungen wie die schmähliche Entlassung Christian Wolffs[34] und das Woellnersche Religionsedikt

---

[28] Vgl. KARL MÜLLER, Kirchengeschichte, Bd II,2, S. 588−593.

[29] K. MÜLLER, aaO., S. 592.

[30] Ibd., S. 592f. Vgl. auch die Darstellung von W. TRILLHAAS: Paul Gerhardt, in: Die großen Deutschen, Bd I, S. 549−562, bes. S. 551f.

[31] Vgl. HIRSCH, Geschichte der neueren evangelischen Theologie, Bd I, S. 102f. Im folgenden zitiert mit dem Siglum »Geschichte« sowie Band- und Seitenzahl.

[32] Vgl. P. GRÜNBERG, Art. Spener, in: RE³ XVIII, S. 609ff., bes. 617f. und Hirsch, Geschichte, Bd II, S. 120−127; E. SEEBERG, Gottfried Arnold, S. 312ff. notiert die Beziehungen zwischen den Juristen und Theologen der Reformorthodoxie bzw. des Pietismus.

[33] HIRSCH, ibd., S. 124. Lange (1670−1744) gehörte als Student in Leipzig zu den ersten Schülern A. H. Franckes und war in Halle 1709−1744 Professor der Theologie, vgl. J. WAGENMANN/G. MÜLLER, Art. Lange, J., in: RE³ XI, S. 261−264.

[34] Vgl. H.-J. BIRKNER, Christian Wolff, in: M. GRESCHAT (ed), Gestalten der Kirchengeschichte, Bd 8, S. 187−197, bes. 189−191.

von 1788[35] erweisen ihren Charakter als Ausnahmeerscheinungen schon rein äußerlich dadurch, daß sie Episoden blieben: Wolff wurde mit allen Ehren in Halle wieder eingesetzt[36], das Religionsedikt verpuffte letztlich praktisch wirkungslos[37]. Auch daß der sogenannte Symbolstreit der späten sechziger und frühen siebziger Jahre[38] des 18. Jahrhunderts gerade von dem Berliner Diakonus Friedrich Germanus Lüdke[39] mit seinem Buch »Vom falschen Religionseifer« (1767) ausgelöst wurde, in dem er die Abschaffung jeglicher Verpflichtung der Geistlichen auf Bekenntnisschriften einforderte, fügt sich in dieses Bild. Das Buch beeinträchtigte die amtliche Stellung seines Verfassers nicht; es trat Lüdke mit dem Oberkonsistorialrat A. F. Büsching[40] sogar ein höchstrangiger Vorgesetzter zur Seite. Was den Initiator des Streits und seine Motive angeht, so handelt es sich hier also nicht um den Kampf eines bedrängten Gewissens um Freiheit, sondern eher um den Versuch, eine in ihrer eigentlichen Bedeutung ohnehin längst obsolet gewordene zeremonielle Formalität abzuschaffen.

Erich Foerster[41] hat gezeigt, daß bei dieser Führung des Kirchenregiments der einzelnen Gemeinde bzw. ihrem Geistlichen ein ungemein hohes Maß an Freiheit eingeräumt war. So war bei den Lutheranern die Art und Weise der Lehrverpflichtung der Geistlichen keineswegs einheitlich geregelt: Regional geprägtes Herkommen konnte nach Maßgabe der Bedürfnisse der Beteiligten beibehalten oder abgeändert werden[42]. Die reformierten Prediger gingen eine einheitliche Lehrverpflichtung ein, die jedoch so gehalten war, daß sie eine gesetzliche Bindung an die Bekenntnisschriften ausschloß[43]. Sie hat auch Schleiermacher bei seiner Ordination unterschrieben[44].

Während der vier Semester, die Schleiermacher studierend in Halle zubrachte (SS 1787 – WS 1788/89), bot J. S. Semler zweimal (WS 87/88, WS 88/89) Vorlesungen über die Bekenntnisschriften der evangelisch-lutherischen Kirche an[45]. Ob Schleiermacher eine dieser Vorlesungen gehört hat, ist nicht mehr auszuma-

---

[35] Vgl. E. FOERSTER, Die Entstehung der preußischen Landeskirche, Bd I, S. 38–43.

[36] Vgl. BIRKNER, aaO., S. 191.

[37] Vgl. FOERSTER, aaO., S. 95–99.

[38] Vgl. K. ANER, Die Theologie der Lessingzeit, S. 254–269, HIRSCH, Geschichte, Bd IV, S. 102–104.

[39] Vgl. Anm. 38 sowie Karl Aner, Friedrich Germanus Lüdke. Streiflichter auf die Theologie und kirchliche Praxis der deutschen Aufklärung, in: Jahrbuch für Brandenburgische Kirchengeschichte 11/12 1914, S. 160–232.

[40] »Allgemeine Bemerkungen über die symbolischen Schriften der evangelisch-lutherischen Kirche und besondere Erläuterungen der Augsburger Konfession« (1770). – Zu Büschings Lebensgang und theologischer Entwicklung s. A. RITSCHL, Geschichte des Pietismus, Bd II, S. 572–579.

[41] Die Entstehung der preußischen Landeskirche, Bd 1, S. 44 ff.

[42] Beispiele ibd., 51–55.

[43] Sie ist abgedruckt bei FOERSTER, ibd., S. 55.

[44] Vgl. Vorrede, I,5, S. 708 f., Anm. Vgl. auch diese Arbeit unten Kap. III. B.b.

[45] Praelectiones Academiae Fridericianae per hyemem 1787 ⟨...⟩ indicuntur, Halle o.J. (1787), S. 3: »*Libros ecclesiae lutheranae symbolicos* explicabit *Semler* h. X–XI« – Praelectiones in Academia Fridericiana publice et privatim per hyemem 1788 ⟨...⟩ habendae indicuntur, Halle o.J. (1788), S. 3: »*In libros Ecclesiae nostrae symbolicos* commentabitur *Semler*« (keine Zeitangabe).

chen. Seit Gottfried Hornigs einschlägiger Studie[46] ist dies jedoch nicht mehr mit der von Wilh. Dilthey aufgestellten[47] und erst jüngst von Kurt Nowak[48] wiederholten Behauptung, Semler habe sich damals, beschäftigt mit alchimistischen Experimenten und verstrickt in Händel mit Basedow und Bahrdt, schon selbst überlebt gehabt, von vornherein abzuweisen. Diese Vorlesung hatte damals schon sehr lange einen festen Platz in Semlers Lehrprogramm. Unter dem Titel »Apparatus ad libros symbolicos ecclesiae lutheranae« war der Leitfaden zu ihr schon 1775 im Druck erschienen, die »Praefatio« weist darauf hin, daß Semler schon damals über diesen Stoff »Inde a multis annis« (⟨I⟩) Vorlesungen gehalten hatte. Ungeachtet der wohl nicht beantwortbaren Frage, ob Schleiermacher eines der beiden genannten Kollegien gehört hat, ist Semlers Auffassung der Bekenntnisschriften, wie sie in diesem Buche gebündelt vorliegt, für diese Untersuchung von doppelter Bedeutung: Einmal darf sie als repräsentativ gelten für die wissenschaftlich-kritische, in ihrer Haltung zur kirchlichen Praxis jedoch konservativ-pietätvolle, allem geistlichen Hader und Herrschaftsstreben feindliche und treu zum staatlichen Kirchenregiment stehende Atmosphäre, in der Schleiermacher seine erste fachtheologische Bildung empfangen hat. Zum anderen spiegelt Semlers Schrift getreulich all die Probleme hinsichtlich der Bekenntnisfrage wider, die entstanden, als der preußische Staat die protestantischen Kirchentümer in sich hinein assimilierte, und die in der Periode der »Entstehung der preußischen Landeskirche«[49], die mit der Zeit von Schleiermachers Wirken nahezu koinzidiert, zur Lösung anstanden und Kontroversen entfachten.

Sein eigenes Unternehmen bezeichnet Semler[50] in deutlicher Absetzung von seinen literarischen Vorgängern einschließlich seines Lehrers und Freundes Siegmund Jacob Baumgarten (⟨I f.⟩. ⟨XIV f.⟩) nicht als thetisch-dogmatisches, sondern als historisches und damit kritisches. Der »Apparatus« verdankte sein Entstehen dem Mangel an einem Buch, »qui et ipsius doctrinae argumentum exhiberet, et iustae illustrationis frugiferum et liberalem modum informaret; a quo multi huius generis libri, magni et parvi, iusto longius abesse mihi videbantur; qui dogmaticam illam traditionem, quae inde ab avorum et patrum manibus ad nos pervenit, nimis sollicite et studiosissime servare solebant.« (⟨II f.⟩): Es ist nämlich kein Lehrsystem denkbar, das auf unverbesserlicher Weise ewig gültig die christliche Wahrheit aussagen könnte (⟨III⟩)[51]. Kritische Instanzen für die Beurteilung der symbolischen Lehre sind die seither erheblich verbesserten Kenntnisse in der Exegese und Dogmengeschichte (⟨XIV f.⟩). Besonders die Konkordienformel wird gleich in der Vorrede als in hohem Maße antiquiert

---

[46] Schleiermacher und Semler, in: SchlA 1,2, S. 875–897, bes. S. 876–881.

[47] Leben Schleiermachers, 2. Aufl., S. 42.

[48] Schleiermacher und die Frühromatik, S. 66.

[49] So der Titel von ERICH FOERSTERS eindrucksvoller Monographie (2 Bde, Tübingen 1905–1907). Die eigentliche Darstellung beginnt mit dem Regierungsantritt Friedrich Wilhelms III. (1797) und endet mit dessen Tod (1840).

[50] In den folgenden lateinischen Zitaten wird Semlers manchmal schwankende Orthographie stillschweigend vereinheitlicht.

[51] Vgl. auch SEMLER, Versuch einer freiern theologischen Lehrart, § 1.

dargestellt: Die rechtlichen und kirchenpolitischen Motive für die Verdammung und Ausgrenzung der Reformierten haben keine Gültigkeit mehr, ausdrücklich weist Semler auf die Maßnahmen der brandenburg-preußischen Herrscher gegen die Polemik zwischen den protestantischen Schwesterkonfessionen hin (⟨IV ff.⟩). So kommt schon in der Vorrede der folgende programmatische Satz zu stehen: »Nec abuti licet libris symbolicis ad sacrorum odiorum continuationem, aut ad impedimenta melioris cognitionis, amplioris eruditionis, iudiciorumque saniorum, quam ⟨!⟩ videmus isto tempore apud plerosque locum habuisse.« (⟨XXI⟩). Die Prolegomena des Werkes präzisieren und untermauern diesen Präliminarsatz in historischer, kirchenrechtlicher und systematischer Hinsicht (§§ 1−20). Historisch haben alle christlichen Bekenntnisse (lat.: symbola) eine doppelte Wurzel. Einerseits dienten sie in den Anfangszeiten der Kirche als Kommunikationsmittel im gemeinschaftlichen Gottesdienst, sie unterlagen, analog der Praxis anderer gleichzeitiger religiöser Gemeinschaften, der Arkandisziplin, ihre Kenntnis war zugleich Voraussetzung und Folge der Zugehörigkeit zur religiösen Gemeinschaft (vgl. § 2). Zugleich dienten die Symbole zur Abgrenzung der verschiedenen religiösen Gemeinschaften voneinander. Das Christentum hat von seinen ersten Anfängen an in verschiedenen Gemeinschaften existiert: Zuerst standen sich petrinisches und paulinisches Christentum gegenüber. Gegen den Gnostizismus siegte der um das Apostolicum gescharte »Katholizismus« (vgl. § 4). Das Apostolicum blieb weiterhin kontroversen Deutungen ausgesetzt, es sind die ersten christlichen Kanonsverzeichnisse, »qui non male *primi* christianorum libri *symbolici* nominari possunt;...« (§ 5). Der im Apostolicum implizierte dogmatische Gehalt dagegen wurde erst sukzessive durch Konzilienbeschlüsse verbindlich definiert[52].

Nun ist die Kirche bzw. die Vielzahl religiöser Gemeinschaften keinesfalls das alleinige autonome Subjekt dieser Entwicklung: Aller öffentliche Gottesdienst in ihrem Herrschaftsbereich untersteht der Verfügungsgewalt der weltlichen Obrigkeit (vgl. § 7). Diese Rechtslage ist auch für die protestantischen Kirchentümer in Semlers Gegenwart konstitutiv. So ist es allein Sache der Obrigkeit, zu entscheiden, ob auch noch gegenwärtig die polemische Widerspannung von Lutheranern und Reformierten aufrechterhalten werden soll, denn die Inhaber des weltlichen Regimentes sind es, »qui suo iure tam se opponere possunt vehementiori theologorum consuetudini, quam adiuvare et promovere mitiorem docendi modum, a quo superiorum temporum indoles solebat iusto longius abire.« (§ 13). Die individuell-persönliche religiöse Überzeugung also hat allein in Gott ihren Grund und Bestand, »externae ⟨scil. religionis⟩ exercitium, quia non potest non attingere ceterum reipublicae statum, subest externo imperio;...« (§ 7).

Diese naturrechtliche Grundlage sieht Semler in der Religionspolitik der vorchristlichen wie der christlichen römischen Kaiser verwirklicht. Auch die

---

[52] Zu Semlers Deutung der Dogmengeschichte vgl. in Kürze G. Hornig in: Carl Andresen (ed), Handbuch der Dogmen- und Theologiegeschichte, Bd. III, S. 139−141.

Christenverfolgungen der frühen Kirchengeschichte tun dem keinen Abbruch, denn sie betrafen nur solche, »qui fanaticam spem, disiicendi eius ⟨scil. Caesaris⟩ imperii, publice prae se ferre auderent...« (§ 3). Die Herrschaft, die der Kirche im Mittelalter zuwuchs, ist dagegen als Verfallssymptom zu bewerten, sie ging einher mit pfäffischer Ketzermacherei. Unzufriedene zogen sich zunächst in kleine Kreise zurück; die Reformation geschah, indem die weltlichen Obrigkeiten die »sacra servitus« abschüttelten, »atque ius sacrorum publicorum ad terrarum dominos feliciter rediit« (§ 8). Die Obrigkeiten waren es auch, »qui iam meliorem[53] *publicae doctrinae formulas* per selectos et liberalis animi viros perscribi iusserunt« (ibd.). Ziel dieser Bekenntnisse war es, die Abschaffung der papistischen Mißbräuche begründend zu deklarieren, zweitens die Verleumdungen der Gegner zu widerlegen, drittens endlich »ut imperitiorum ministrorum conatibus parum ad republicam salubribus obviam iretur« (§ 9), also die Distanzierung von revolutionären Gruppen. Als Bekenntnisschriften der lutherischen Kirche fungieren hier also nur die Bekenntnisse der Reformationszeit. Unter ihnen nehmen Confessio Augustana, Apologie und Schmalkaldische Artikel den höchsten Rang ein, weil sie »iuris et usus publici ceteros superant; adversus Papistarum conatus omnes editi« (§ 14). Die Reformatoren übernahmen die Resultate der altkirchlichen Dogmenbildung, weil sie die Autorität des kirchlichen Altertums auf ihrer Seite hatten »et nihil corruptionis ecclesiasticae ipsa adiuvarent« (§ 20). Andererseits diente dieses Verfahren dazu, den Verdacht der Ketzerei abzuwehren. Die Reformatoren haben jedoch damit ihren Nachfahren keineswegs die Pflicht auferlegt, am Buchstaben dieser Lehren zu bleiben: Der Erkenntnisfortschritt darf nicht an die Resultate einer Zeit gebunden werden, als »vis et arx christianae religionis in damnatione Haereticorum consistere crederetur« (§ 20).

Die Autorität der Bekenntnisschriften war so von Anfang an eine äußerliche, sie normierte die öffentliche Lehre der kirchlichen Amtsträger, ihre Wahrheit kann sich immer nur je neu in der Prüfung an der Schrift zeigen, deren Verständnis wiederum je nach Maßgabe der zur Verfügung stehenden Hilfsmittel der fortschreitenden Veränderung fähig und bedürftig ist (vgl. § 15).

Kann als Wahrheitskriterium für eine theologische Aussage allein deren Schriftgemäßheit gelten und ist die Schriftauslegung wegen der unterschiedlichen Verstehensvoraussetzungen der Ausleger nie einheitlich abgeschlossen, so ist religiöser und theologischer Pluralismus auf dem Boden des christlichen Glaubens notwendig und legitim und mit ihm zugleich die Existenz voneinander unabhängiger, lehrmäßig verschiedener Partialkirchen, die einander jedoch tolerieren können und müssen, weil die »Summa ⟨...⟩ christianae doctrinae, quae hominem ad amplectendam salutem maximam adducit, semper constat iisdem rebus, beneficiis atque adiumentis.« (§ 11). Diese Relativität gibt dem Einzelnen das Recht, nach Maßgabe seiner individuellen Fähigkeiten »privatim omni libertate illa sua ⟨uti⟩, in eligendis et praeferendis dogmatum christiano-

---

[53] Zu lesen ist wohl »meliores«.

rum definitionibus« (§ 12) – das Recht also, eine »Privatreligion« zu haben[54]. Diese Privatreligion kann, aber muß nicht notwendig mit der öffentlichen Religion inhaltlich koinzidieren[55]. Der weltlichen Obrigkeit legt es diese Einsicht nahe, individuelle Gewissensfreiheit zu gewähren (vgl. ibd.). Ob sie dies tut, hängt allein von ihrer – Klugheit ab (ibd.). Das obrigkeitliche Recht hat für Semler eindeutig den Vorrang vor dem individuellen Gewissensrecht der Untertanen. Aber auch die gewährte Gewissensfreiheit mindert nicht das Recht der Obrigkeit bezüglich der öffentlichen Religion in ihrem Herrschaftsbereich – es steht den Fürsten nach wie vor frei, den bestehenden Bekenntnisschriften neue Bestimmungen hinzuzufügen oder Bestimmungen für obsolet zu erklären – »sine ullo ipsius doctrinae et religionis incommodo et damno« (ibd.). Die Bekenntnisschriften gehören so ganz eindeutig auf die Seite der staatlich normierten, öffentlichen Religion. Trotz der Anerkennung ihrer rechtlichen Geltung sind sie daher inhaltlich kritisierbar und auch die Verpflichtung auf sie hat rein äußerlich – juridischen Charakter und fügt sich so in Semlers Verhältnisbestimmungen von öffentlicher und privater Religion ein, die G. Hornig folgendermaßen zusammengefaßt hat: »Man kann sagen, daß Semler in seiner Verhältnisbestimmung von privater und öffentlicher Religion ein Gleichgewicht zwischen der Freiheit zum persönlichen Christentum und der staatsrechtlichen Garantie für den Fortbestand der Religionsparteien zu wahren sucht.«[56]

So ist die Rede von einer Theopneustie der Bekenntnisschriften abzulehnen, will man diese nicht von allen Büchern behaupten, »quorum argumentum cum salubri scripturae sacrae doctrina convenit« (§ 13), es finden sich in ihnen hermeneutische, historische und dogmatische Irrtümer (ibd.). Es ist auch nicht angängig, die Bekenntnisse als »*doctrinae* ipsum principium« (§ 15) zu bezeichnen, denn dieser Rang kommt ausweislich ihres eigenen Zeugnisses der Schrift allein zu. Es geschah nicht ohne Einfluß des »odium theologicum«, daß ihre Verbindlichkeit auch für die akademisch-theologische Lehre urgiert wurde (ibd.). Auch die Verpflichtung aller Staatsdiener auf sie, wie etwa in Kursachsen üblich, ist ein Mißbrauch: Diese werden, sofern sie keine theologischen Fachleute sind, durch die Verpflichtung zur Bezeugung einer »fides carbonaria« (§ 18) veranlaßt. Die Lehrverpflichtung kann sich also legitimerweise allein auf die Geistlichen erstrecken.

Was die Verpflichtung angeht, so unterscheidet Semler zwischen einer inneren und einer äußeren (§ 16). Die innere stützt sich einesteils auf die Übereinstimmung der symbolischen Bücher mit der Heiligen Schrift, zum andern auf die Annahme, daß gleichförmige theologische Lehre eine unabdingbare Vorausset-

---

[54] Vgl. G. HORNIG, Die Freiheit der christlichen Privatreligion. Semlers Begründung des religiösen Individualismus in der protestantischen Aufklärungstheologie, in: NZSTh 21/1979, S. 198–211. »Privatreligion liegt da vor, wo der Christ einen selbständigen Zugang zu den Grundwahrheiten der christlichen Religion gefunden hat. Diese Grundwahrheiten sind nach Semler etwa im Apostolikum oder in Luthers Kleinem Katechismus formuliert worden«. (S. 200).

[55] Vgl. HORNIG, ibd., S. 201.

[56] HORNIG, ibd., S. 206.

zung für das Bestehen eines Kirchentums sei. Diese innere Verpflichtung ist abzulehnen, denn ihre Voraussetzungen halten nicht Stich: Die dogmatischen Lehrsätze und Formeln sind keinesfalls alle als in der Schrift enthalten anzusehen. Zweitens ist längst nicht alles in ihnen dargebotene Wissen allen Christen notwendig, sondern das meiste ist allein Sache der Fachtheologen, für die darüber hinaus gilt, daß sie ohne alle Störung der Gemeinschaft durchaus ausdifferenzierte individuelle dogmatische Anschauungen haben können.

Es bleibt also nur die äußere Verpflichtung, die auf dem Recht des Landesherrn beruht, die Art und Weise des öffentlichen Gottesdienstes in seinem Territorium zu bestimmen, für den Fall des landeskirchlich organisierten Protestantismus auf dem Entscheid des Fürsten, »qui suis in terris e. c. *papisticos* abusus et fallendae plebis istas improbas artes porro locum habere non patitur; imperata futuris ministris publicae doctrinae formula« (§ 16)[57].

Vorchristliche Beispiele der Ausübung eben dieses Rechtes sind die Reform des Josia und die durch Tiberius veranlaßte Neufassung der Sybillinischen Orakel.

Die Verantwortung dafür, wie der Modus der Verpflichtung und die angemessene Formel zu fassen sind, fällt ebenfalls in die Kompetenz des Landesherrn, ob sie eidlich oder nur im Sinne eines Versprechens geschieht, ob sie das spätorthodoxe »quia« oder das pietistisch-aufgeklärte »quatenus«[58] zum Inhalt hat, all das ist so der Entscheidung und damit auch dem Gezänk der Theologen entzogen (vgl. § 17).

Keinesfalls ist jedoch mit der Verpflichtung die Interpretation der Bekenntnisschriften festgelegt, sie bleibt Sache des Einzelnen (vgl. § 18). Ihm obliegt es, in sorgfältiger Interpretation der einzelnen Schriften als literarischer Einheiten sowie ihrer einzelnen Sätze solche Lehren auszuscheiden, die so beschaffen sind, »ut illarum continua repetitio nostrae aetatis hominibus parum utilitatis afferre possit« (ibd.). Das Recht dazu liegt darin begründet, daß die Verpflichtung sich bindend immer nur auf den Hauptinhalt der Bekenntnisschriften erstrecken kann (vgl. § 17), nicht aber auf Nebendinge, »quae proprie non

---

[57] Semler vertritt hier in der kirchenrechtlichen Theoriedebatte eindeutig den Standpunkt des Territorialismus. Über die Debatten im 18. Jahrhundert informiert eingehend KLAUS SCHLAICH, Kollegialtheorie – Kirche, Recht und Staat in der Aufklärung, Jus Ecclesiasticum Bd 8, München 1969, s. zum Territorialismus bes. S. 118–129. Die Darstellung stützt sich auf Thomasius und den älteren Boehmer, also zwei Hallenser. Semler vertritt seine Theorie zu einer Zeit, in der sich sonst allgemein der Kollegialismus durchgesetzt hat. Es könnte hier eine Art hallischer bzw. preußischer territorialistischer Sondertradtion vorliegen, die noch für das 1794 kodifizierte Allgemeine Landrecht leitend war: »Hier im rationalen Territorialismus hat die societas-aequalis-Formel (als soziologische Deskription bzw. Norm der Kirche, Verf.) neben der limitierenden Funktion, der Gewissensfreiheit des einzelnen ihren rechtlichen Standort auch in der Kirche zu geben, nur eine negative Funktion, die Möglichkeit eines innerkirchlichen imperium (der Kleriker katholischer oder orthodoxer Herkunft) und damit die Basis für eine angemaßte Souveränität der Kirche im Staat und die Gefahr des status in statu zu zerschlagen.« (ibd., 127f.).
[58] Zur vorpietistischen Herkunft dieser Formel vgl. A. RITSCHL, Geschichte des Pietismus, Bd II, S. 416.

pertinent ad doctrinam publicam maxime frugiferam« (§ 17) – »qua maxime opus est« (§ 18).

Im Blick auf Semler hat diese kurze Skizze aufgezeigt, daß man seine Verteidigung des Woellnerschen Religionsediktes vom Jahre 1788[59] zu Unrecht bis in unser Jahrhundert hinein als Ausdruck opportunistischer Inkonsequenz gegeißelt hat[60]: Im Gegenteil wäre eine Ablehnung des Edikts einer Ableugnung seiner eigenen schon lange Jahre zuvor niedergelegten, vom Territorialismus geprägten Grundsätze gleichgekommen[61], zumal das Edikt nicht nur die Rechte aller großen christlichen Konfessionskirchen (§ 1) und die »*von je her eigenthümlich gewesene Toleranz der übrigen Secten und Religionspartheien*« (§ 2), sondern auch die individuelle Gewissensfreiheit eines jeden Untertanen ausdrücklich bestätigte (ibd., s. auch § 3 [Recht auf Konversion]), und allein die Geistlichen in ihrer Lehre an die Bekenntnisschriften ihrer jeweiligen Gemeinschaft band (vgl. §§ 7 ff.).

Viel schwerer als die Frage nach Semlers persönlicher Ehrlichkeit oder Unehrlichkeit in diesen unerquicklichen Händeln wiegt die Einsicht, daß eben das Woellnersche Religionsedikt und die Kontroversen, die es auslöste, in einschneidender Weise deutlich machen, wie wenig die gewohnheitsrechtlichen Verfahrensweisen im friderizianischen Preußen, als deren Reflex Semlers theoretische Ansichten doch wohl auch zu gelten haben, auf die Dauer geeignet waren, den Zusammenhang zwischen dem gegenwärtigen Protestantismus und seinen reformatorischen Grundlagen auf einsichtige Weise zu repräsentieren und die Koexistenz der Gewissensfreiheit des Einzelnen mit der kirchlichen Ordnung zu sichern. Unter dem Regiment des allem kirchlichen Christentum ganz indifferent gegenüberstehenden Freigeistes auf dem Hohenzollernthron[62] konnte sich, bei Weitergeltung alter Rechtstitel und weitgehender Entmachtung aller innerkirchlichen Leitungsinstanzen, ein Zustand herausbilden, der aufklärerischem Streben in Kirche und Wissenschaft weiten Freiraum ließ, ohne daß jedoch dieser faktische Zustand in die Normativität rechtlicher Neubegründungen übergegangen wäre. So kann und muß der Aufklärungstheologe ein territorialistisches, letztlich autokratisches Kirchenregiment billigen und rechtfertigen, weil er seine Arbeit und deren kirchliche Wirkung eben von ihm getragen und ermöglicht weiß.

Mit dem Woellnerschen Religionsedikt tritt das Defizit offen zu Tage: Das harmonische Gleichgewicht ist abhängig vom Belieben des Herrschers; wie er kraft seiner territorialistisch gedeuteten Kirchenhoheit Toleranz, Gewissensfreiheit und Aufklärung auch im kirchlichen Leben zur Wirkung verhelfen kann, so

---

[59] Im folgenden zitiert nach Paragraphennummern nach dem Abdruck in: Akten, Urkunden und Nachrichten zur neuesten Kirchengeschichte, Bd I, Weimar 1789, S. 461–479.

[60] Vgl. ANER, Theologie der Lessingzeit, S. 100 f., 107–111.

[61] So auch A. RITSCHL, Geschichte des Pietismus, Bd II, S. 581–583.

[62] Vgl. den imposanten Aufsatz von W. DILTHEY, Friedrich der Große und die deutsche Aufklärung, in: Studien zur Geschichte des deutschen Geistes, ed P. RITTER, Leipzig/Berlin 1927, S. 83–205.

geben ihm eben dieselben Rechtstitel – grundsätzlich – die Möglichkeit, wieder gegen dieselben vorzugehen. Daß Friedrich Wilhelm II. und sein Günstling faktisch nicht durchdrangen, löste noch längst nicht die prinzipiellen Probleme: Kann es auf Dauer dabei bleiben, daß die Regelung wichtigster Teilbereiche des kirchlichen Lebens dem wandelbaren Willen des weltlichen Monarchen unterworfen sind? Ist es weiterhin auf Dauer erträglich, daß das Verhältnis des gegenwärtig-neuzeitlichen Protestantismus zu seiner reformatorischen Urgestalt, soweit es durch wie auch immer geartete Lehrverpflichtungen bestimmt ist, von derselben Instanz nach Maßgabe ihrer Eigeninteressen geregelt wird? – Werden diese beiden Fragen verneint, so fällt Semlers pragmatische Verhältnisbestimmung mit ihrer sorgsamen Austarierung der in der Privatreligion gewährten Freiheit und der für die öffentliche Religion notwendigen, vom Staat gewährleisteten Bindung dahin. Aufgeklärt-kritisches Denken und herkömmlicher Lehrbestand treten unmittelbar konkurrierend nebeneinander, wenn ihre Koexistenz nicht mehr selbstverständlich vom Staat reguliert wird.

Im preußischen wie insgesamt im deutschen Protestantismus tritt diese Krise im Gefolge der napoleonischen Kriege ein[63]. Mit dem Erlöschen des Heiligen Römischen Reiches deutscher Nation verlieren die staatskirchenrechtlichen Regelungen des Passauer Vertrages, des Augsburger Religionsfriedens und des Westfälischen Friedens ihre Gültigkeit. Der Reichsdeputationshauptschluß leitet eine tiefgreifende territoriale Umstrukturierung ein, die mit dem Wiener Kongreß einen – vorläufigen – Abschluß findet: Damit ist das Zeitalter des konfessionell einheitlichen Territorialfürstentums auf deutschem Boden beendet. Die Radikalisierung der aufgeklärten Kritik einerseits, das eruptive Wiederaufleben traditioneller Frömmigkeit andererseits stellen von innen heraus die überkommenen Strukturen in Frage: Der spätaufklärerische Rationalismus will der reformatorischen Überlieferung endgültig allen normierenden Einfluß auf Leben und Denken der Gegenwart abschneiden. Die zur Neuorthodoxie werdende Erweckungsfrömmigkeit will mit Rekurs auf eine wiederbelebte Bindung an die reformatorischen Bekenntnisse den neuzeitlichen Geist aus der Kirche verbannen[64]. Em. Hirsch hat hierfür die bissig-anzügliche, sachlich jedoch exakt treffende folgende Sentenz geprägt: »Der junge antirationalistische Kampfeswille der werdenden Neuorthodoxie ging mit der etwas ältlichen, unter dem damaligen Kirchenrecht den Protestanten aufgenötigten Kirchenjurisprudenz eine Verstandesehe ein und erzeugte mit ihr die theologische Idee der Bekenntniskirche.«[65]

Mit alledem wird der deutsche Protestantismus gezwungen, tiefer als im Zeitalter Semlers sein Verhältnis zu seinen reformatorischen Grundlagen unter den Bedingungen der heraufziehenden Moderne zu durchdenken.

Romantik und Idealismus befruchten die Denkbewegungen, indem sie Historik und Geschichtsphilosophie Impulse geben, die die kritischen Resultate der

---

[63] Vgl. hierzu HIRSCH, Geschichte Bd V, S. 145 ff. (»Der Streit um den Kirchenbegriff«).

[64] Belege zum hier pauschal Behaupteten bietet der dritte Hauptteil dieser Arbeit (Kap. III).

[65] Geschichte Bd V, S. 177.

Aufklärungsperiode in sich aufnehmen und mit systematischer Energie in neue Gesamtdeutungen des menschlich-geschichtlichen Lebens umsetzen.

In diese bewegte Umbruchsituation, die er selbst bestimmend mitgestaltete, gehört Friedrich Schleiermachers Deutung der Genese und gegenwärtigen Gültigkeit der reformatorischen Bekenntnisschriften, wie sie ihm auf der Grundlage seiner Deutung der Reformation und des Protestantismus im Rahmen der Gesamtgeschichte des Christentums entsteht.

I. Schleiermachers Deutung der Reformation

Vorbemerkung

Eine Untersuchung, die Schleiermachers Auffassung der protestantischen Bekenntnisschriften zum Gegenstand hat, kann nicht umhin, ihr Augenmerk auf Schleiermachers Deutung der Bekenntnisbildung als eines Einzelaspekts der Reformationsgeschichte zu richten, weil Schleiermacher bei der Erörterung der Frage nach der legitimen »Geltung« dieser Dokumente in der Gegenwart vielfach historische Tatbestände argumentativ verwendet (s. diese Arbeit unten III. B).

Diese einzelnen Bezugnahmen wiederum sind bestimmend geprägt von einer originellen, systematisch durchreflektierten Deutung der Reformation, deren Wurzeln tief in die Grundlagen von Schleiermachers theologisch-philosophischem System herabreichen. – Die Richtigkeit dieser These kann hier nicht vorgreifend erhärtet werden, sie muß sich im Gange der folgenden Untersuchung als ganzer erweisen.

Abgesehen von vielfachen Einzelaussagen hat sich Schleiermacher in zwei Zweigen seiner akademischen Lehrtätigkeit eingehend zum Thema »Reformation« geäußert, in den Vorlesungen über die christliche Sittenlehre und über die Kirchengeschichte.

Der »Christlichen Sitte« kommt hierbei die eindeutige Vorrangstellung zu. Wie im folgenden deutlich werden wird, entfaltet sie in der Trias von darstellendem, verbreitendem und reinigendem Handeln ein spekulativ gewonnenes Schema, das beansprucht, die Mannigfaltigkeit alles christlich-kirchlichen Handelns auf eine Einheit – die angefangene und ihrer Vollendung zustrebende Erlösung durch Christus – zu reduzieren und so ethisch-geschichtsphilosophisch deutbar und bewertbar zu machen[1].

Es folgt ein Abschnitt, in dem die Deutung der Reformation in den Vorlesungen über die Kirchengeschichte auf dem Hintergrund der methodologischen Prämissen, wie sie sich in den verschiedenen Fassungen des Einleitungsteils und in der »Kurzen Darstellung« finden, vorgestellt wird.

Gerundet wird das Kapitel durch einen Abschnitt, der wichtigen Gelegenheitsäußerungen zum Thema gilt.

---

[1] Außer Betracht bleiben muß im Rahmen dieser Untersuchung die Bedeutung dieses christologischen Ansatzes für Schleiermachers Geschichtsphilosophie. Dieses Defizit ist deshalb verantwortbar, weil WILH. GRÄB, Humanität und Christentumsgeschichte (Göttinger Theologische Arbeiten Bd 14, Göttingen 1980) hierzu einen umfassenden Beitrag vorgelegt hat.

A. Reformation als Thema der Christlichen Sittenlehre

Da Schleiermacher die Christliche Sittenlehre (im folgenden ChS) nicht selbst in den Druck gegeben hat, sind einige Bemerkungen zur Nachlaßausgabe, die Ludwig Jonas 1843 unter dem Titel »Die christliche Sitte nach den Grundsäzen der evangelischen Kirche im Zusammenhange dargestellt von Dr. Friedrich Schleiermacher« als Band 12 der I. Abteilung der »Sämmtlichen Werke« veröffentlichte, unumgänglich[2].

Das Hauptcorpus der vorliegenden Edition ist eine Kompilation von Vorlesungsnachschriften des Wintersemesters 1822/3. Allein durch Seitenzahl nachgewiesene Zitate sind diesem Haupttext entnommen, die von Jonas geradezu inflationär gehandhabten Sperrungen im Druck werden nicht reproduziert. Zur Ergänzung hat Jonas dem Haupttext in der Form von Anmerkungen Auszüge aus Vorlesungsnachschriften späterer Semester beigefügt. Sie werden mit Seitenzahl und Angabe des Semesters zitiert.

Schließlich enthält die Ausgabe in Form eines separat paginierten Anhangs als »Beilagen« A bis D sämtliche erhaltenen Manuskripte und Notizen Schleiermachers zur ChS. Die Beilage A, deren Abfassung in Leitsätzen und knappen Erläuterungen an die »Kurze Darstellung« erinnert, stammt aus dem Jahre 1809 und ist das älteste erhaltene Zeugnis für diese Vorlesung. Für das SS 1806, in dem Schleiermacher in Halle zum ersten Mal über dieses Thema las, sind leider bisher noch keine Zeugnisse bekannt (vgl. Birkner, Sittenlehre, 13). Die Beilage A wird im folgenden mit »Beil. A« und Paragraphenzahl zitiert. Das Resultat einer im WS 1822/23 vorgenommenen gründlichen, jedoch nicht vollendeten Überarbeitung dieses Grundheftes ist die Beilage B. Die Beilagen C und D bieten einzelne Ergänzungen aus den Jahren 1828 und 1831. Kenntlich gemacht werden Anführungen aus den drei letzten Beilagen mit dem entsprechenden Buchstaben und der Seitenzahl.

1. Die Grundlagen der Christlichen Sittenlehre

a) Ein Überblick[3]

Daß eine christliche Ethik das Thema Reformation in den Umkreis ihrer Erörterungen einbezieht, ist keine Selbstverständlichkeit. Grundlegend für die Tatsache, daß dies in Schleiermachers ChS geschieht, ist der ekklesiologische Horizont dieser Ethik, und zwar in zwiefacher Hinsicht: Einmal ist für alles Handeln des christlichen Individuums in jeder Sphäre dessen Gliedschaft in der

---

[2] Vgl. zum folgenden ChS VII–XX sowie Birkner, Schleiermachers christliche Sittenlehre, 11–20.

[3] Vgl. zum folgenden Birkner, Sittenlehre, S. 65–102. Die enzyklopädische Stellung der ChS wird in dieser Arbeit weiter unten (III.D.1) besprochen. Die beiden älteren der ChS gewidmeten Monographien von H. Samson, Die Kirche als Grundbegriff der theologischen Ethik Schleiermachers, Zollikon/Zürich 1958, und P. H. Jørgensen, Die Ethik Schleiermachers (FGLP 10/14), München 1959, müssen als durch Birkners Untersuchung überholt gelten.

Kirche konstitutiv und normgebend, ist sie doch in ihrer Gesamtheit der eigentliche Träger des Hl. Geistes[4] (173) im Gegensatz zum Einzelnen, von dem das nur kraft der Vermittlung eben der Gemeinschaft gilt. Schleiermacher vermeidet damit einen Fehler, den sein Freund und Kollege W. M. L. De Wette mit den folgenden Worten gerügt hatte: »Man kann die Verkennung dieser Idee der Gemeinschaft als die Hauptkrankheit unserer Zeit zumal der jüngst vergangenen ansehen; indem man den Menschen vereinzelte, beraubte man ihn seiner wahren Kraft, und daher schreibt sich auch der Verfall der christlichen Kirche.«[5]

Zum andern will die ChS eine dezidiert protestantische Ethik sein (vgl. die klarste Formulierung Beil. A § 34 f.). Sowohl in ihren Begründungsstrukturen (Rechtfertigung aus Glauben, allgemeines Priestertum, vgl. grundlegend 90 ff.) als auch bei der Behandlung der verschiedenen Lebenskreise wird auf Schritt und Tritt reformatorisch-protestantisches Argumentationspotential eingesetzt. Zudem ist der Ethik unter diesen Voraussetzungen die Aufgabe gestellt, die christlich-ethische Legitimität der Entstehung wie der Entwicklung und Fortdauer christlich-kirchlichen Lebens in seiner protestantischen Gestaltung nachzuweisen. Dieser zweite Modus, in dem das Thema »Reformation« in der ChS traktiert wird, ist der für die Zielsetzung dieser Arbeit vorrangig wichtige und kommt im folgenden allein zur Darstellung.

Die ChS ist »... die Darstellung der durch die Gemeinschaft mit Christo, dem Erlöser, bedingten Gemeinschaft mit Gott ⟨...⟩, sofern dieselbe das Motiv aller Handlungen des Christen ist; sie wird nichts sein können, als eine Beschreibung derjenigen Handlungsweise, welche aus der Herrschaft des christlich bestimmten religiösen Selbstbewußtseins entsteht.« (32 f.)[6]. Sie hat also kein geringeres Ziel, als die Grundmuster zu rekonstruieren, auf die alles christliche Handeln zu reduzieren ist; sie ist insofern eine historische Disziplin, als sie auf einer geschichtlich-individuellen Gestaltung des Christentums beruht und nur für sie Plausibilität und Gültigkeit beansprucht. Zudem eignet ihr aber auch systematisch-normatives Gewicht, weil sie »... das mannigfache nicht als Aggregat betrachtet, sondern es auf seine Einheit zurükkführt und in seinem Zusammenhange darstellt...« (9) und weil die Beschreibung zum Gebot wird, sobald ihr zuwidergehandelt wird (vgl. 34; Beil. A § 38 und Beil. C, 160 f.). Schleiermacher beschreibt

---

[4] Zu Schleiermachers Rekonstruktion der Lehre vom Heiligen Geist als Gemeingeist des christlichen Gesamtlebens vgl. in Kürze CG[1] §§ 140 f. Umfassend und materialreich ist Schleiermachers Pneumatologie bearbeitet bei WILFRIED BRANDT, Der Heilige Geist und die Kirche bei Schleiermacher (Studien zur Dogmengeschichte und Systematischen Theologie Bd 25), Zürich 1968, vgl. besonders S. 161 ff.

[5] Kritische Uebersicht der theologischen Sittenlehre in der evangelisch Lutherischen Kirche seit Calixtus, Zweiter Abschnitt, Theologische Zeitschrift (Berlin) 2, 1820, S. 1–82, hier: 28 f.

[6] Die hier vorausgesetzte Verhältnisbestimung von Dogmatik und Ethik: »Die Formel der dogmatischen Aufgabe ist die Frage, Was muß sein, weil die religiöse Form des Selbstbewußtseins ⟨...⟩ ist? Die Formel unserer ethischen Aufgabe ist die Frage, Was muß werden aus dem religiösen Selbstbewußtsein und durch dasselbe, weil das religiöse Selbstbewußtsein ist?« (23) basiert eindeutig auf KANTS Bestimmung des Verhältnisses von theoretischer und praktischer Erkenntnis, vgl. Kritik der reinen Vernunft, 2. Aufl., S. 661.

das christliche Handeln anhand eines dreigliedrigen Schemas, das die voneinander relativ verschiedenen Handlungsmotivationen, wie sie aus dem je verschieden modifizierten christlich-frommen Selbstbewußtsein hervorgehen, abbildet.

Das Kontinuum im christlich-frommen Selbstbewußtsein ist »Gemeinschaft mit Gott durch Christum« (Beil. A § 44), die sich als Gefühl der Seligkeit manifestiert (Beil. A § 45, vgl. auch 36 ff.). Die Seligkeit ist im Menschen nicht – wie bei Christus (S. 38) – absolute, sondern lediglich relative, durch »...einen Rest von Selbständigkeit, ⟨...⟩ ein Gelüst des Fleisches wider den Geist...« (44, vgl. Beil. A § 47) gebrochene. Die reine Seligkeit, wie sie nur in Christus urbildlich zur Wahrnehmung kommt, ist »...ein in sich selbst völlig ruhendes...« (36), »...das Bewußtsein des eigenen Seins als eines völlig abgeschlossenen...« (ibd.) und kann aus sich allein heraus nie Antrieb zu zweckorientiertem Handeln werden. Daß sie in Christus dennoch handelnd aus sich herausgetreten ist, liegt nicht in ihr selbst begründet, sondern verdankt sich der Tatsache, daß Christus »...das Dasein aller übrigen Menschen in sich aufgenommen hat, wie sein Selbstbewußtsein Gemeingefühl ist und er sympathetisch, so zu sagen, unseren Mangel an Seeligkeit trägt, ...« (39, wohl in Anlehnung an Joh 1,29). Die relative Seligkeit hingegen wird wegen ihres unabgeschlossenen und gebrochenen Charakters notwendig Impuls zum Handeln, und zwar zwiefach: Als Bewußtsein der *angefangenen* Gemeinschaft mit Gott ist sie Lust, als Bewußtsein der *noch nicht vollendeten* Gemeinschaft mit Gott ist sie Unlust (vgl. Beil. A §§ 48. 43). Die beiden Handlungsweisen unter der Potenz der Lust bzw. Unlust sind darin einig, daß sie zielorientiert, auf einen bestimmten Zweck gerichtet sind. Schleiermacher faßt sie unter dem Gattungsnamen »wirksames Handeln«[7] zusammen. Wenn dem christlich-frommen Bewußtsein ein Stück der niederen Natur entgegentritt, das sich dem Geist als aufnahmefähig und -willig erweist, so geht hieraus Lust als Antrieb zu verbreitendem Handeln hervor. Das christlich-fromme Bewußtsein wird zur Unlust modifiziert, wenn ihm ein der niederen Natur zugehöriger Faktor hemmend entgegentritt und wird damit zum Impuls zu einem reinigenden Handeln (vgl. Beil. A §§ 54 f., 44 f.).

Diesen beiden eng verwandten Handlungsweisen steht in relativer Eigenständigkeit das darstellende Handeln gegenüber. Es beruht auf dem Bewußtsein der relativen Seligkeit als solcher, wie sie weder als Lust noch als Unlust modifiziert ist. Es ist nicht zielorientiert, da sich ja nach dem eben bemerkten jedes zielorientierte Handeln notwendig der Lust oder der Unlust verdankt. Das darstellende Handeln ist ein solches, »...welches Ausdrukk des innern ist, ohne eigentliche Wirksamkeit zu sein. « (48)[8]

---

[7] Im Hintergrund steht hier die in SCHLEIERMACHERS Philosophischer Ethik entwickelte »Organisierende Funktion«, vgl. Brouillon, edd BRAUN/BAUER, S. 103 ff., Ethik 1812/13, ibd., S. 275 ff. Zum Verhältnis Philosophische Ethik – ChS vgl. BIRKNER, Sittenlehre, S. 81 ff., sowie E. HERMS, Reich Gottes und menschliches Handeln, in: D. LANGE (ed), Friedrich Schleiermacher 1768–1834, S. 163–192, bes. S. 181 ff.

[8] Zur Genese des darstellenden Handelns und zu seiner ethischen Relevanz siehe diese Arbeit unten S. 26 ff. In der Systematik der philosophischen Ethik entspricht dem darstellenden Handeln die erkennende (symbolisierende) Funktion, vgl. Brouillon, edd Braun/Bauer,

Jede der drei dargestellten Handlungsweisen ist durch zwei weitere relative Gegensatzpaare näher bestimmbar: Identisch und individuell, korrektiv und repräsentativ. Das identische Gefühl geht aus in ein Handeln, das in allgemeine Formeln faßbar ist: »Jeder würde an meiner Stelle eben so fühlen« (Beil. A § 59). Das individuelle Gefühl – »Keiner kann dieses gerade so fühlen wie ich« (Beil. A § 60) – begründet ein Handeln, das von der Individualität des Handelnden nicht ablösbar ist.

Das »Gemeingefühl«, die vorherrschende Selbigkeit des Gefühlsinhalts von Individuum und Gemeinschaft, läßt den Einzelnen als Repräsentanten des Ganzen handeln, dem er angehört (Beil. A § 57). Das »persönliche Gefühl«, hervorgerufen durch das Bewußtsein um eine Differenz zwischen dem Gefühl des Einzelnen und dem des Ganzen, geht über in ein Handeln, »wodurch der einzelne das Ganze nach sich zu ziehen sucht« (Beil. A § 58); dieses Gegensatzpaar nennt Schleiermacher anderweitig (Beil. A §§ 99 ff.) repräsentatives und korrektives Handeln.

Alle hier angesprochenen Gegensätze sind lediglich relativ: Keine einzelne Handlung ist ausschließlich reinigend, verbreitend oder darstellend, identisch oder individuell, korrektiv oder repräsentativ, sondern sie trägt immer – wenngleich nur als Minimum – einen Zug der anderen Formen in sich (S. 82, vgl. Beil. A § 61 Anm.: »Das Trennen ist nur Abstraction, das Leben ist Ineinandersein der Glieder des Gegensazes, aber eins überwiegend, und so auch die wahre Anschauung.«)

Für alle drei Handlungsweisen ist es konstitutiv, daß sie Sozialität als gegeben voraussetzen und Gemeinschaftsbildung oder -steigerung zum Ziel haben bzw. darstellend manifestieren (vgl. 173. 177 (rein. Handeln), 300 (verbr. Handeln), 510 (darst. Handeln)). Das Ethos des Einzelnen ist also der Reflexion allein unter der Bedingung zugänglich, daß es im Zusammenhang mit der Gemeinschaft, vielmehr den Gemeinschaften, denen der Einzelne angehört, erörtert wird. Das gilt auch und gerade dann, wenn der Einzelne gestaltend in das soziale Leben eingreift. Individual- und Sozialethik werden so zu einer unauflöslichen Einheit – um den Preis der »Ausschaltung aller dem ethischen Personalismus eignen Aussagen«. (Hirsch, Geschichte, Bd. IV, 558).

Die drei Grundarten sittlichen Handelns sind in allen Sphären menschlich-geschichtlichen Lebens aufweisbar, in denen der Geist sich der Natur organisierend bemächtigt oder symbolisierend seine bereits gewonnene Macht zur Wahrnehmung bringt. Was in der *christlichen* Sittenlehre vom ἅγιον πνεῦμα gilt, trifft auf dem Gebiet allgemein-menschlicher Sittlichkeit auch für den κοινὸς λόγος zu (vgl. 510 u. ö.)[9]. Dem entspricht es, daß jeder der drei Handlungsweisen, nach denen die ChS gegliedert ist, die Dichotomie »Innere Sphäre – Äußere Sphäre« subordiniert ist.

Die innere Sphäre bezeichnet die Kirche im engeren Sinne als Gebiet des

---

S. 150 ff., Ethik 1812/13, ibd., S. 292 ff. – Zu den handlungstheoretischen und ästhetischen Voraussetzungen vgl. WILH. GRÄB, Predigt als Mitteilung des Glaubens, S. 168 ff.

[9] Vgl. hierzu den Aufsatz von WALTER VERWIEBE, Pneuma und Nus in Schleiermachers Christlicher Sitte, in: ZThK NF 13/1932, S. 236–243.

christlichen Geistes, die äußere Sphäre das als das Gebiet der allgemeinen sittlichen Vernunft, in das der einzelne Christ wie die Kirche als ganze verwoben ist.

Die Trichotomie von reinigendem, verbreitendem und darstellendem Han-
deln qualifiziert sich dadurch auch zum Strukturschema der christlichen Sittenlehre, daß sie im Handeln Christi auf urbildliche Weise gesetzt ist. Die christliche
Sittenlehre als »Darstellung der durch die Gemeinschaft mit Christo, dem
Erlöser, bedingten Gemeinschaft mit Gott ⟨...⟩, sofern dieselbe das Motiv aller
Handlungen des Christen ist« (32) hat in Christus als demjenigen, in dem
»absolute Uebereinstimmung des Handelns mit dem Gebote der christlichen
Sittenlehre« (34) urbildlich erscheint, die Grundlage, die ihre Selbständigkeit
und Plausibilität bedingt. Christi absolute Seligkeit hätte für sich selbst niemals
Impuls zu wirksamem Handeln werden können, das sich ja immer einem
Mangel an Seligkeit verdankt. Allein dadurch, daß Christi Selbstbewußtsein,
zum Gemeingefühl erweitert, »sympathetisch, so zu sagen, unseren Mangel an
Seeligkeit trägt« (39, vgl. auch Beil. A § 46 Anm.), kann sein Handeln in der
dreifachen Form beschrieben werden.

Hier nimmt Schleiermacher lemmatisch Bezug auf seine Ausführungen über
Christus als wirkungsmächtiges Urbild in der Glaubenslehre, s. diese Arbeit
unten S. 41 ff.

Die Einordnung des Handelns Christi in das Dreierschema sichert den Zusammenhang von Christologie und Ekklesiologie. Nur aufgrund der struktu-
rellen Analogie kann behauptet werden: »Dieser Christus hat das Reich Gottes,
auf welches alles christliche Handeln abzwekkt, gestiftet und die Grundzüge
davon vorgezeichnet, so daß alles Handeln in der christlichen Kirche nichts ist,
als die Ausführung dieser Grundzüge« (219 f.)[10].

b) Das darstellende Handeln als ethisches Fundament der Ekklesiologie

Das darstellende Handeln ist kein christliches Spezifikum, sondern es liegt im
Wesen des Menschen, dem die gemeinschaftliche Beseelung seines natürlichen
Daseins durch die Vernunft vorgegeben und gleichzeitig aufgegeben ist. Grundlage des darstellenden Handelns ist das Bewußtsein der Herrschaft des Geistes
bzw. der Vernunft über die Natur, sofern es nicht als Lust oder Unlust affiziert,
d. h. zu wirksamem Handeln gedrungen ist. Das Handeln aus diesem Zustand
heraus ist nichts als die äußere Manifestation der inneren Befindlichkeit. Ethisch
relevant und sinnhaft ist es, weil es zugleich auf Gemeinschaft zielt und auf ihr
gründet.

Gemeinschaft ist hier sowohl verstanden als Gemeinschaft des Individuums
mit sich selbst als auch mit seinen Gattungsgenossen.

Der erste Aspekt wird von Schleiermacher nur in aller Kürze angesprochen
(vgl. 509 f., Beil. B, 147). Der Mensch muß für sich selbst darstellen, weil er
»unter der Form der Zeit steht« und deshalb der »Communication eines Mo-

---

[10] Wie SAMSON, aaO., S. 47, angesichts dieses Sachverhalts von einem »Verschwinden der
Christologie« reden kann, ist kaum verständlich.

mentes an den anderen« bedarf[11]. Indem der Mensch für sich selbst darstellt, wird er sich seines augenblicklichen Zustandes als unterschieden von einem vorigen ansichtig. Er projiziert sein Inneres nach außen und nimmt an der Projektion die Selbigkeit seines Wesens und die zeitlich-sukzessive Verschiedenheit seiner Zustände, wie sie durch reinigendes und verbreitendes Handeln hervorgebracht worden sind, wahr. Sodann realisiert der Mensch, indem er sein Inneres auf wahrnehmbare Weise veräußerlicht, sein Sein als Gattungswesen, weil er mit der Möglichkeit des Verstandenwerdens seiner Äußerung »ein gleiches inneres Sein in anderen« (511, Vorl. 1824/5), die »unpersönliche Identität des Geistes« (511, Haupttext) voraussetzt. Das darstellende Handeln als Kommunikationsakt bildet einerseits Gemeinschaft zwischen dem Darstellenden und den Verstehenden und setzt andererseits bereits Gemeinschaft als Verstehensbasis voraus. Gemeinschaft und darstellendes Handeln bedingen einander gegenseitig, sie sind »gleich primitiv« (513). Durch das darstellende Handeln wird die vorgegebene latente Gemeinschaft aktuell wahrnehmbar.

Wie das darstellende Handeln selbst, so ist auch die von ihm sichtbar gemachte Gemeinschaft in keine Zweck-Mittel-Relation eingebunden. Ihr »Princip« (514) kann also nur innerhalb ihrer selbst liegen. Schleiermacher nennt es die »brüderliche Liebe« (ibd.).

Das darstellende Handeln ist unter den drei Handlungsarten diejenige, aus der allein sich die Kirche als konstante Gemeinschaft deduzieren läßt (516). Gemeinschaft, die auf dem reinigenden oder verbreitenden Handeln beruht, ist bedingt durch etwas außerhalb ihrer selbst, nämlich die Nötigung bzw. Gelegenheit zum wirksamen Handeln. Entfällt diese, so verliert auch die Gemeinschaft ihre Grundlage. Allein das darstellende Handeln, »von der äußeren Veranlassung unabhängig und allein gegeben durch den Grundcharakter des ganzen menschlichen Wesens, sofern die Duplicität des Geistes und des Fleisches in ihm ist« (517), ist die Grundlage religiöser Gemeinschaft, zu der reinigendes und verbreitendes Handeln der Idee nach nur per accidens gehören[12].

Die Gemeinschaft des darstellenden Handelns umfaßt in beiden Sphären der Idee nach das gesamte Menschengeschlecht. Bei der Voraussetzung der Identität der Vernunft erhellt das für die äußere Sphäre ohne Schwierigkeit. In der inneren Sphäre verhält es sich anders: Der Hl. Geist hat in der Person Christi einen festen, historisch einmaligen Ausgangspunkt und kann nicht anders als durch die Fortwirkungen Christi in Erscheinung treten und angeeignet werden. Die Möglichkeit des darstellenden Handelns aber beruht nach dem oben Gesagten auf der Identität des Geistes im Darstellenden und Aufnehmenden. Wie also kann es bei vorgängiger Nicht-Identität im Geiste überhaupt zu einer Gemeinschaft des

---

[11] Als Schleiermachers eigene Ausführung dieses kommunikationstheoretischen Programms können seine Monologen gelten, vgl. Wilh. Gräb, Predigt als kommunikativer Akt, in: SchlA 1,2, S. 643 ff., bes. S. 647 f.

[12] Vgl. hierzu auch CG[1] § 140,2 wo dieser Aspekt bearbeitet wird, um die notwendige Sozialität christlicher Existenz gegen allen Separatismus zu sichern, vgl. dazu auch Brandt, aaO., 112 ff. 155–161.

darstellenden Handelns kommen? Diese gedankliche Schwierigkeit behebt Schleiermacher, indem er eine sekundäre Wirkungsweise des darstellenden Handelns konstruiert: Für diejenigen, die noch nicht vom Geist im christlichen Sinne ergriffen sind, bietet das darstellende Handeln eine »Anschauung«, die im Anschauenden die »Empfänglichkeit für den göttlichen Geist« hervorruft (515, vgl. auch Beil. B, 147 f.). – Das seiner Intention nach darstellende Handeln wird in seiner Wirkung zum verbreitenden.

Im Falle des Rückschritts, einer Minderung der Herrschaft des christlichen Geistes, kann sich analog ergeben, daß das seiner Intention nach darstellende Handeln zum reinigenden wird. Das darstellende Handeln ist hiernach ein Paradefall für den Grundsatz, »daß jede Form des Handelns die anderen in sich schließt« (526 u. ö.), daß also theoretisch die Möglichkeit besteht, die *ganze* christliche Sittenlehre unter *einer* der drei Formen auszuführen (55; vgl. auch Beil. A § 61).

Als darstellendes Handeln in der äußeren, allgemeinvernünftigen Sphäre werden Kunst und Spiel als Betätigungsfelder der freien Geselligkeit behandelt (620–705). Alles darstellende Handeln in der inneren, christlich-kirchlichen Sphäre wird unter dem Oberbegriff »Gottesdienst« zusammengefaßt, definiert als »Inbegriff aller Handlungen, durch welche wir uns als Organe Gottes vermöge des göttlichen Geistes darstellen« (525 f.).

Das kann auch von Handlungen gelten, die dem Bereich des Wirksamen angehören, insoweit sie auf einem hohen Grade an Durchbildung beruhen und nicht darauf berechnet sind, im Handelnden selbst eine Steigerung hervorzubringen. Diesen Bereich bezeichnet Schleiermacher als den Gottesdienst im weiteren Sinne, ausgeführt als Lehre von den Tugenden der Keuschheit, Geduld, Langmut und Demut. Demgegenüber ist der Gottesdienst im engeren Sinne ein Handeln, in dem das wirksame Element weitestgehend zurücktritt, er ist »das darstellende Handeln auf dem Gebiete der Kunst im weitesten Sinne des Wortes« (535, vgl. Beil. B, 149 f.). Gottesdienst im engeren und im weiteren Sinne stehen nicht in einem Konkurrenzverhältnis, sondern bedingen und erfordern einander gegenseitig. Gottesdienst allein im engeren Sinne stellt sich aus der Kontinuität des Lebens heraus, wird ein »opus operatum, Resultat der Superstition« (536, vgl. auch Beil. B, 150). Verkümmert der Gottesdienst im engeren Sinne zugunsten des Gottesdienstes im weiteren Sinne, so wird auch letzterer zum »opus operatum« (ibd.), weil die Betätigung von ihrer sittlichen Wurzel, der »Idee der Vollendung« (536) abgeschnitten wird.

2. Die Reformationsthematik in der Christlichen Sitte

Wie oben bemerkt wurde, ist es für die Architektonik der ChS charakteristisch, daß prinzipiell das Ganze unter einem der Teilaspekte der grundlegenden Trichotomie dargestellt werden könnte. Dem entspricht es, daß die einzelnen Sozialformen des menschlichen Lebens in mehreren Hauptteilen thematisiert werden, so Ehe und Familie und Staat. Dasselbe gilt auch für das Thema

Reformation. Hier ist der Sachverhalt zudem noch dadurch verwickelt, daß das Thema in zwiefacher Gestalt auftaucht: Einmal als typologischer Oberbegriff für alles reinigen wollende Handeln Einzelner auf das Ganze in der Kirchengeschichte ungeachtet seiner Berechtigung und seines Erfolges, zum andern in hervorgehobener Zuspitzung auf *die* Reformation des 16. Jahrhunderts, wie sie als Spezialfall einer Gattung interpretierbar und damit der ethischen Deutung zugänglich ist. Während jedoch bei den Themen Kirche und Familie jeweils einer der beiden Aspekte von fundierender Bedeutung für die beiden anderen ist – die Familie wird im verbreitenden, die Kirche wird im darstellenden Handeln deduziert – stehen die drei Abschnitte über die Reformation in keinem feststellbaren Begründungsverhältnis zueinander. Die Hauptmasse des Stoffes liegt in der Ausgabe von Jonas sub titulo »reinigendes Handeln« vor, die Durchführung kann aber nicht als vollständig gelten, weil wichtige Teilaspekte, so die Frage nach dem Fortschritt und seiner Begründung, nicht berührt werden. Analoges gilt von den Passagen in den Kapiteln über das darstellende und verbreitende Handeln. Das als Beilage A abgedruckte Manuskript von 1809 bietet mit der ausführlichen Behandlung des korrektiven Handelns im darstellenden (§§ 99–125) ein recht ausführliches Gerüst zum Thema, und Jonas berichtet, daß Schleiermacher in der Vorlesung 1817 den gesamten Stoff zur Reformation schon im darstellenden und verbreitenden Handeln abgehandelt habe, so »daß bei der Beschreibung des reinigenden kaum noch mehr darüber zu sagen blieb, als daß ihm seine Berechtigung neben der Kirchen- und Staatszucht nicht abzusprechen sei« (XIX, Anm. 1). In der Neufassung von 1822/3, wie sie von Beilage B und dem Haupttext repräsentiert wird, ist dieser Block aufgesprengt. Methodologisch muß diese Änderung als Fortschritt gewertet werden, weil sich in den o. g. Paragraphen der früheren Fassung viel Material findet, das seinem Inhalt nach eher in die beiden anderen Hauptteile paßt. Die Verbesserung ist aber auch durch einen spürbaren Verlust an Übersichtlichkeit erkauft. Die folgende Darstellung stützt sich auf die spätere, methodologisch eine höhere Stufe der Reflexion aufweisende Darstellungsweise und verzichtet auf rückschauende Vergleiche, da die Differenzen nicht im inhaltlichen, sondern im methodologischen Bereich liegen.

Zusammenfassend läßt sich feststellen, daß Schleiermacher offenbar im Aufriß der ChS nie *den* Ort gefunden hat, an dem das Thema Reformation notwendig und für die beiden anderen Handlungsweisen fundierend zur Sprache kommen mußte. Dieses Defizit hat seine Ursache darin, daß die Reformation des 16. Jahrhunderts, die – ausgesprochen oder unausgesprochen – immer als Modell Schleiermachers Ausführungen bestimmt, nach seiner eigenen Deutung eben nicht restlos unter die Rubrik »reinigendes Handeln« zu subsumieren ist, so wichtig auch diese Komponente in ihr war. Dies erhellt deutlich aus CG[1] § 27 L (vgl. unten S. 208 ff.).

Diese Umstände sind von Belang für die Interpretation der einschlägigen Textabschnitte: Zunächst muß jeder für sich untersucht werden, es geht nicht an, daß lediglich einer ausführlich bearbeitet wird, während die beiden anderen nur nach ihren Hauptzügen in die sich so ergebende Darstellung eingearbeitet werden. Sodann ist der Interpretation keine Reihenfolge durch etwaige Begründungsverhältnisse vorgegeben. Da es sich jedoch um einen ekklesiologischen Themenkomplex handelt, ist es m. E. ratsam, das darstellende Handeln als das primär kirchengründende und -erhaltende voranzustellen. Ob dann das reinigende oder das verbreitende als zweites zu folgen hat, ist im Grunde aus der Sache heraus nicht zu entscheiden. Da in dieser Darstellung jedoch das darstellende Handeln den ersten Platz einnimmt, wird als zweites das verbreitende folgen; so wird die Vorgehensweise abgebildet, in der Schleiermacher zunächst selbst seine Vorlesungen disponierte, bis er 1822/3 erstmalig das reinigende Handeln voranstellte und dem darstellenden den letzten Platz zuwies (vgl. Jonas, Einleitung, VIII sowie 83 ff.).

a) Die Reformationsthematik und ihre Voraussetzungen unter dem Aspekt des darstellenden Handelns

Im vorigen Abschnitt ist die Funktion des darstellenden Handelns für die Deduktion des Kirchenbegriffs kurz umrissen worden. Der Abschnitt »Gottesdienst im engeren Sinne« in der ChS hat die Aufgabe, die sozialen Strukturen und die kulturellen Medien der religiösen Kommunikation zu beschreiben und in ihren verschiedenen Ausformungen ethisch zu bewerten (Beil. B, 148 ff., 537 ff.). Die Darstellungsmittel, diejenigen Medien, mittels derer das christliche Bewußtsein kommuniziert wird, schafft sich der christliche Geist nicht selber, sondern eignet sie umformend aus dem Fundus der Resultate der allgemein-menschlichen Bildung des je gegenwärtigen Zeitalters an. Dem christlichen Geist ist es gemäß, sich vor allem der Kunstmittel der Sprache zu bemächtigen: Sie gehören dem κοινὸς λόγος als der obersten Stufe menschlich-vernünftiger Bildung an und sind weniger als die bildenden und darstellenden Künste von der Sinnlichkeit geprägt (Beil. B, 150 f. und 538 f.). Hauptelement des Gottesdienstes als eines Organismus von »Kunstelementen« (537) sind also Sprache und Gesang (539 f.), wobei zu berücksichtigen ist, daß das Verhältnis der sprachlichen und bildenden bzw. darstellenden Künste im Kultus in den christlichen Kirchengemeinschaften unterschiedlich festgesetzt ist (Beil. B, 150 f.).

Unter dem Leitbegriff »Form des Gottesdienstes« behandelt Schleiermacher die Frage, wie die prinzipielle Gleichheit aller Christen als sittlicherweise zusammen bestehend mit faktischer Ungleichheit, wie sie im gemeinschaftlichen Gottesdienst zu Tage tritt, gedacht werden kann. Die Möglichkeit des eigentlichen darstellenden Handelns – abgesehen von dem Spezialfall, der gegeben ist, wenn sein Resultat ein verbreitendes ist – beruht auf der Identität des Geistes in denen, die aktiv und passiv am Geschehen beteiligt sind, setzt also Gleichheit voraus (Beil. B, 148, 518). Dies gilt in besonderem Maße für die christliche Sphäre, wo die Gleichheit aller durch die Gemeinsamkeit des Abhängigkeitsverhältnisses zu Christus besonders dringlich eingeschärft wird (vgl. 521 u. ö.). Die diesem Tatbestand scheinbar widersprechende Ungleichheit beruht auf dem untergeordneten Gegensatz zwischen Spontaneität und Rezeptivität, wie er sowohl zwischen verschiedenen Individuen als auch im einzelnen Individuum in der zeitlichen Sukzession auftritt. Im Gottesdienst der Quäker, wo potentiell jedem Teilnehmer die Aufgabe der Darstellung zukommt, auf seiten der Gleichheit, und in der römischen Messe, wo die Kommunikabilität der Darstellung durch Unverständlichkeit verlorenzugehen droht, auf seiten der Ungleichheit, liegen die beiden Extrempunkte vor, zwischen denen eine sittlich angängige Gestaltung des Gegensatzes aufgesucht werden muß (543). Zur Lösung des Problems führt Schleiermacher ein weiteres Gegensatzpaar in die Betrachtung ein: Der Gottesdienst kann auf individuell-spontane Weise im privaten oder auf organisiert-kunstmäßige Weise im öffentlichen Bereich stattfinden (Beil. B, 151 f., 545 ff.). Der Gottesdienst der ersten Art ist, weil ganz individuell gestaltet, nicht auf bestimmte Zeiten festgelegt, er ist reines Produkt der individuell-momentanen religiösen Erregung. Die dem darstellenden Handeln inhärente Gemeinschaftlichkeit fordert aber daneben ebenso den Gottesdienst im größeren, öffentlichen Rahmen, der in seinem Zustandekommen an bestimmte Zeiten gebunden ist, nämlich an die »Pausen« im wirksamen Handeln (549). Er kann nicht allein die kontingent-unwillkürliche Darstellung zur Basis haben, er ist notwendig ein »Kunstganzes«, dessen Vollkommenheit darin liegt, auch als Objektives das religiöse Gefühl des Individuums an- und auszusprechen (550). Mit dieser Einbeziehung des individuell-spontanen Gottesdienstes ist erwiesen, daß jeder Einzelne – zumindest der Möglichkeit nach – aktiv und passiv am darstellenden Handeln teilnimmt und damit die Gleichheit oberhalb der empirischen Ungleichheit aufgezeigt. Öffentlicher und privater Gottesdienst sind aufeinander angewiesen: Der öffentliche Gottesdienst bedarf der Einflüsse des individuellen, um nicht erstarrend seine religiöse Lebendigkeit einzubüßen; der Privatgottesdienst bedarf des öffentlichen, will er nicht seines Zusammenhangs mit dem Ganzen der frommen Gemeinschaft verlustig gehen (Beil. B, 153 f., 547 ff.). Die Stellung, die der Einzelne im öffentlichen Gottesdienst einzunehmen hat, ist an das Maß seiner technischen Vorbildung gebunden (Beil. B, 152 f., 553 f.). Diese Differenzierung tut nach dem über den Privatgottesdienst Gesagten der Gleichheit keinen Abbruch, denn sie hat einen rein funktionalen, völlig unhierarchischen Charakter.

Der öffentliche Gottesdienst hat, wie bereits angedeutet, im Gesamtbereich des darstellenden Handelns eine Doppelaufgabe: Er soll einerseits die Einheit des größeren kirchlichen Ganzen repräsentieren, andererseits aber auch individuelle Frömmigkeit anregen und artikulieren. Der ersten Aufgabe dient die Liturgie, der zweiten die Predigt (561). In beiden Teilen liegt notwendig der Keim zu Konflikten, die Reformversuche und in deren Folge Spaltungen hervorrufen können. In die Predigt können Elemente eindringen, die ihrer Aufgabe widersprechen, auch in der individuellen Produktion das Bewußtsein des kirchlichen Ganzen zu repräsentieren (561 f.), die Elemente der Liturgie können veralten und dadurch unverständlich und unerbaulich werden (562). »In beiden Fällen bedarf es einer solchen Thätigkeit der einzelnen, in welcher sie über den gegebenen

Zustand des öffentlichen Gottesdienst hinausgehen« (ibd., vgl. auch Beil. B, 154), indem sie die Mißstände namhaft machen und auf Abhilfe dringen. Die nähere Gestaltung dieses korrektiven Handelns ist abhängig von der Verfassung der konkreten kirchlichen Gemeinschaft: Hat sie keinen besonderen geistlichen Stand, »... so wird es sich ganz von selbst machen, daß der nicht mehr darstellend hervortritt, gegen dessen Darstellung sich die gemeinschaftliche Mißbilligung ausgesprochen hat« (562). Ist ein geistlicher Stand vorhanden, so ist es seine Pflicht, kritische Stimmen zu beachten, auch dann, wenn sie nicht aus seiner Mitte stammen.

In groben Umrissen hat Schleiermacher das Konfliktpotential aufgezeigt, das mit dem darstellenden Handeln, auf dem die kirchliche Gemeinschaft fußt, untrennbar verbunden ist. Derartige Konflikte sind damit als konstante Motive des kirchlichen Lebens aufgewiesen. Die ethische Reflexion hat unter dieser Voraussetzung nicht mehr die Frage zu traktieren, ob es solche Konflikte geben dürfe, sondern ihr obliegt es, Richtlinien für ihre Lösung anzugeben. Diese Aufgabe bleibt, entsprechend dem schärferen methodologischen Bewußtsein, das die spätere Fassung der ChS der früheren gegenüber aufzeigt, den Abschnitten vorbehalten, die dem wirksamen Handeln gewidmet sind.

Nachdem Schleiermacher so die ethisch relevanten Fragen des Binnenlebens einer kirchlichen Gemeinschaft, wie sie durch das darstellende Handeln gestellt sind, behandelt hat, wendet er sich der Frage zu, wo auf das Ganze des Christentums gesehen die Grenzen der Gemeinschaft des darstellenden Handeln liegen. Hier sind wieder zwei Extrempunkte vorgegeben. Zunächst ist die Gemeinschaft aller Christen ungeachtet der konfessionellen und nationalen Sonderungen als potentielle Gemeinschaft des darstellenden Handelns gegeben (Beil. B, 154f.). Sie beruht auf der Einheit der Person Christi und der des Hl. Geistes und ist die »ethische Seite des Dogma von der Einheit der Kirche« (574)[13]. Dies hat die Kirche immer realisiert, sofern sie die Ketzertaufe als Taufe anerkannte. Auf der Seite der Empirie ist die Gemeinschaft des darstellenden Handelns gegeben in den lokal zusammengehörigen Gruppen, die sich regelmäßig zum Gottesdienst versammeln (Beil. B, 154f., 566). Ortsgemeinde und weltweite Christenheit sind also die beiden Eckpunkte, zwischen denen die anderen Mittelglieder eingezeichnet und nach ihrer ethischen Daseinsberechtigung befragt werden müssen. »Mittelglieder entstehen theils aus Individualisirung der Darstellungsmittel, mehr äußerlich; theils aus Individualisirung des Gefühls selbst, mehr innerlich« (Beil. B, 155). Diese Ansicht ist spezifisch protestantisch, da die katholische Kirche nicht nur die Sittlichkeit der zweiten, sondern auch die der ersten Differenzierung bestreitet, indem sie ohne Rücksicht auf die Landessprache die Ausübung des lateinischen Ritus fordert (ibd.).

Die Strukturierung der Gesamtchristenheit nach sprachlich-kulturellen Sphären und – dieser nachgeordnet – durch die Grenzen der politischen Gemeinwesen stellt die ethische Reflexion nicht vor Schwierigkeiten, ist sie doch lediglich eine

---

[13] Vgl. zum Folgenden CG¹ §§ 165–168 (≙ CG² §§ 149–152).

Folgerung aus dem Satz, daß der Hl. Geist sich die Darstellungsmittel aneignet, wie er sie ausgebildet vorfindet (569), wenngleich im Christentum daneben immer die Tendenz zur Überwindung dieser Schranken wahrzunehmen ist, die sich einerseits im Bestreben äußert, Fremdsprachen zu erlernen, andererseits in Versuchen, sich als Christ auf nichtsprachlichem Wege eindeutig zu erkennen zu geben; Schleiermacher nennt als Beispiel die Sitte des Kreuzschlagens (584 ff., Vorl. 1824/5).

Weit schwieriger steht es um die ethische Deutung von Individuationen, die ihren Grund allem Anschein nach nicht in der Vielfalt der menschlichen Natur haben, so die Mannigfaltigkeit von Konfessionskirchen innerhalb eines sprachlich-kulturellen Raumes. Wie alle historisch-kontingenten Erscheinungen im geistigen wie auch im natürlichen Leben kann auch diese Mannigfaltigkeit in ihrer konkreten Erscheinung a priori nicht konstruiert werden (Beil. B, 155, 572), – individuum est ineffabile –, sondern nur in ihrem Dasein wahrgenommen und analysiert werden. Die ethische Betrachtung hat zwei Ziele: Sie muß nachweisen, ob Individualisierung des darstellenden Handelns nach seinen Inhalten aus dem Wesen des darstellenden Handelns abzuleiten ist, und, wenn das gelungen ist, muß sie zweitens den Individuationen ihre Berechtigung und ihre Begrenzung innerhalb der übergeordneten Einheit »Christentum« bzw. »Kirche« zuweisen. Die Genese organisierter Individuationen muß hier außer Betracht bleiben, da sie in den Abschnitten über das wirksame Handeln bearbeitet wird.

»Ein wirkliches Zusammentreten zu religiöser Darstellung ist nur möglich unter denen, deren religiöses Bewußtsein identisch ausgebildet ist« (570) – das gilt nach dem dritten Glaubensartikel für die ganze Christenheit, empirisch aber nur eingeschränkt: »... wenn man die Masse als Aggregat von einzelnen betrachtet: so ist eine so große Differenz von Aehnlichkeit und Verschiedenheit unter ihnen, daß man sie doch nicht als ein gleichmäßiges ganzes ansehen kann, sondern einiges in ihnen ist sich näher verwandt, anderes ferner, ...« (ibd., vgl. auch 64, Vorl. 1824/5). Diese Differenzen sind durch rationales Argumentieren nicht einzuebnen, die Alternative »wahr-unwahr« findet an ihnen keinen Halt (64, Vorl. 1824/5). Sie begründen die freie Wahlanziehung. Diese Beobachtung auf dem Gebiet des individuellen religiösen Lebens legt es nahe, auch analog konstituierte »gemeinschaftliche Eigenthümlichkeiten« (572) anzunehmen. Ihre Berechtigung muß im Rekurs auf die beiden unverrückbaren Eckdaten – Ortsgemeinde und Christenheit – untersucht werden. Zunächst darf die Individualität einiger nicht willkürlich die Einheit der lokalen Gemeinde aufheben (573 f.). Das ist aber nicht so zu verstehen, als ob diese Gemeinschaft unter allen Umständen absolut bindend wäre, so daß sich die kleinere Gruppe ihr unter allen Umständen bedingungslos unterordnen müßte, sondern lediglich so, daß es unsittlich ist, wenn sich die kleinere Gruppe aus freien Stücken aus dem Leben der Gemeinde zurückzieht, um sich nur noch untereinander zu erbauen. Schleiermacher charakterisiert diese Spaltungen als Separatismus und geistlichen Hochmut (574). Im Gegensatz zu sittlich legitimen Spaltungen, die »entstehen«,

d. h. als solche nicht intendiert sind, sind solche Spaltungen »gemacht« (ibd.).
Diesem Kanon entsprach der Prozeß, der in der Reformationszeit zur Spaltung
der abendländischen Kirche geführt hat: Keine der beiden Parteien arbeitete auf
die Trennung als solche hin. Die Reformierenden konnten nicht im Verbande
einer kirchlichen Organisation bleiben, die Änderungen, die ihnen eine Gewissenssache waren, nicht zuließ. Auf der anderen Seite hatte ihre Exkommunika-
tion keinen anderen Zweck, »als diejenigen auf den vermeintlich rechten Weg
zurükkzuführen, die für irrende gehalten wurden« (576), also die Einheit zu
erhalten.

Zweitens darf eine solche auf Individuation beruhende Organisation bei Verlust ihres eigenen christlichen Charakters nicht absolut die Gemeinschaft mit der
Totalität der anderen Christen aufheben, weil sie sich damit aus der »Identität des
göttlichen Geistes in allen Gläubigen« (574) herausstellte. Diese Kautele wird in
der Regel so konkretisiert, daß die Trennung, die vom Gebiet des darstellenden
Handelns ausgegangen ist, auch auf dieses Gebiet beschränkt bleibt. Positiv
heißt das, »daß sie ⟨die Glieder der Partialkirchen⟩ . . . die Gemeinschaft des
Wahrheitsuchens in Liebe festhalten« (576; Anspielung auf Eph 4,15), d. h. an
Aufgaben, die nicht unmittelbar zum kirchlichen Leben gehören, zusammenar-
beiten und auch auf religiösem Gebiet den Faden des Gesprächs nicht abreißen
lassen, eines Gesprächs, das sich zwar kontrovers gestaltet, aber auf der gegenseitigen Anerkennung beider Parteien als christlicher fußt[14].

Für das Verhalten des Einzelnen gibt es weder für die Zeit der anhebenden
Trennung noch für die Zeit der bestehenden Individuationen allgemeingültige
Regeln darüber, wie er sein Verhältnis zu seiner Partialkirche einerseits, zur
übergreifenden Gesamtchristenheit andererseits zu gestalten hat. So war das
Verhalten des Erasmus nicht weniger sittlich als das Luthers, weil sein Bestreben
nicht darauf zielte, die Mängel und Schäden als solche zu erhalten. Die Differenz
zwischen beiden beruhte auf ihren individuellen Charakteren und ist deshalb
ethisch nicht verrechenbar (577 f., vgl. auch Beil. B, 156). Für das Verhalten des
Einzelnen zur gegenwärtig bestehenden Kirchenspaltung lassen sich wieder nur
zwei Extrempunkte festlegen, die die Grenzen des Sittlichen markieren: Der
Eifer für die Partialkirche einerseits, der deren Zugehörigkeit zur Gesamtkirche
vergißt, Indifferentismus, der den Zusammenhang mit dem historischen Christentum überhaupt lockert, andererseits (580 ff., vgl. Beil. B, 156).

Die principia individuationis, denen sich die Partialkirchen verdanken, sind
vergänglich und mit ihnen die Partialkirchen selbst, ohne daß mit ihnen die eine
Kirche selbst aufgehoben würde. Ein Beispiel dafür bietet nach Schleiermacher

---

[14] In der 11. Erläuterung zur 4. Rede (SW I,1, 366–368) entwickelt Schleiermacher in
Kürze einen genuin protestantischen Begriff von »Ökumene«, der in dem hier aufgezeigten
Individualitätsgedanken wurzelt: »Wie nun auch jezt das Christenthum keine äußere Einheit
darstellt, sondern das höchste, was wir können zu sehen wünschen, nichts anders ist als eine
solche friedliche Verbindung seiner verschiedenen Gestaltungen: so haben wir auch keine
Ursache zu glauben, daß es jemals eine äußere Einheit darstellen werde, sondern auch dann
wird es nur eine solche weltbürgerliche Verbindung sein« (ibd., 367).

die Union der beiden protestantischen Kirchen (578 f.). Hatten die Reformatoren, vor allem Luther, noch mit subjektiver Ehrlichkeit gemeint, lutherischem und reformiertem Protestantismus liege jeweils ein principium individuationis zugrunde (66 f., Vorl. 1826/7), so hat sich in der nachfolgenden Geschichte erwiesen, daß die Unterschiede diesen Rang nicht haben, sondern »als untergeordnete Differenz nach Analogie der persönlichen Individualitäten betrachtet werden müssen« (67). – Damit steht einer Vereinigung bzw. Wiedervereinigung nichts im Wege[15].

Anders steht es um den protestantisch-katholischen Gegensatz. Hier war mit der Reformation zunächst ein reinigendes Handeln, das sein Ziel nur teilweise erreichte, die Ursache dafür, daß er sichtbar in Erscheinung trat. In der katholischen Kirche bestehen die Mißbräuche, gegen die die Reformatoren sich polemisch wandten, bis heute fort. Mit der Reinigung vollzog sich jedoch im Werden des Protestantismus zugleich die Genese einer neuen Individuation des Christentums. Reinigung und Individuationsprozeß fallen aber nicht in eins.

So wahr es ist, daß die evangelische Kirche »so lange in der Polemik gegen die katholische Kirche beharren ⟨muß⟩, bis diejenige Organisation derselben, gegen welche sich die Reformatoren ursprünglich gestemmt haben, aufgehoben ist« (211, Vorl. 1824/5), so impliziert diese Aussage nicht, daß der Protestantismus mit dem Erreichen dieses Zieles seine historische Mission erfüllt hätte. Die Wahrheit dieses Postulats vermag allein die Abstraktion zu erweisen:

Substrahiert man im Geiste vom gegenwärtigen Erscheinungsbild des Katholizismus alle diejenigen Züge, gegen die sich die reformatorische und die spätere Polemik gewandt haben, so ist das zurückbleibende Bild vom Protestantismus immer noch charakteristisch verschieden (S. 212, Vorl. 1824/5). Da die Verwirklichung dieses Zustandes noch aussteht, »ist noch niemand im Stande gewesen, den Gegensaz des katholischen und des evangelischen in einer bestimmten Formel auszudrükken« (572).

Im real existierenden Katholizismus ist sein eigentümliches Wesen bis hin zur Unkenntlichkeit unter der Masse der vom Protestantismus als Mißbräuche zu bewertenden Differenzen verborgen, die für das Wesen hinter der historischen Erscheinung eben nicht konstitutiv sind[16].

Der Versuch, die wahre Differenz der Individualitäten zu ermitteln, ist also

---

[15] Schleiermachers Deutung des Verhältnisses von Mannigfaltigkeit und Einheit in der reformatorischen Bewegung des 16. Jahrhunderts, das dem hier in apodiktischer Kürze formulierten Urteil zugrunde liegt, wird in den beiden folgenden Abschnitten dieses Kapitels (B und C) näher charakterisiert. Als Kurzinformation kann die 16. Erläuterung zur 4. Rede dienen (I, 1, S. 373).

[16] Grundlegend für Schleiermachers Darstellung des Katholizismus ist die Untersuchung von H.-J. BIRKNER: Deutung und Kritik des Katholizismus bei Schleiermacher und Hegel, in: DERS. u. a., Das konfessionelle Problem in der evangelischen Theologie des 19. Jahrhunderts, SGV 245/6, Tübingen 1966. SAMSON (aaO., S. 77 ff.) verzeichnet Schleiermachers Katholizismusdeutung völlig mit dem Resultat, es handle sich hier um einen Vorläufer deutschchristlicher Ideologie (82). FLÜCKIGER (Philosophie und Theologie, S. 129) dagegen nimmt allein die Deutung des Gegensatzes als eines Widerspiels von gleichwertigen Individuen wahr.

allein an das divinatorisch durch Substraktion zu ermittelnde Idealbild gewiesen. Diesen Versuch hat Schleiermacher in der Vorlesung 1824/5 unternommen: Würden die Katholiken all das ändern, was protestantischerseits als Mißbrauch qualifiziert werden muß, »so würde dennoch z. B. im Cultus in unserer Kirche immer das Wort, in der katholischen die symbolische Handlung vorherrschen« (212).

In der Glaubenslehre (CG¹ § 28, CG² § 24) faßt Schleiermacher die Differenz bekanntlich anders, nämlich als je verschieden akzentuierte Ausformung der Dreierrelation Christus – Einzelner – Kirche (s. diese Arbeit unten III.D.2.a). Nach dem eben Festgestellten ist die in dieser unvermittelten Doppelheit sich kundtuende Aporie kein mehr oder minder zufälliges Versehen, sondern ein Reflex der Tatsache, daß der protestantisch-katholische Gegensatz noch nicht zu seinem Kulminationspunkt, der ihn vollendet verdeutlichen wird, herangereift ist: In der gegenwärtigen Situation, die nur tastende Versuche zuläßt, kann auch ein einzelner Denker den Gegensatz nicht in eine einzige Formel fassen, die alle Aspekte des Phänomens abdeckt. In Schleiermachers Gesamtwerk tritt die Anwendung des Individualitätsgedankens auf den Konfessionsunterschied besonders deutlich in den Predigten hervor[17], und zwar dort, wo nicht dessen Genese, sondern der gegenwärtige Zustand reflektiert wird.

b) Die Reformationsthematik unter dem Aspekt des verbreitenden Handelns:
Schleiermachers Umprägung der Lehre von der Perfektibilität des Christentums

Das verbreitende Handeln, neben dem reinigenden das zweite Glied des wirksamen Handelns, wie es in relativem Gegensatz neben dem darstellenden steht, beruht auf der als »Lust« wahrgenommenen Modifikation des Gefühls im Subjekt einerseits, der Empfänglichkeit des Objekts andererseits (219, vgl. auch 35 ff.). Das Objekt ist menschliches Leben, von dem der christliche Geist noch gar nicht oder nicht vollständig Besitz ergriffen hat, und das sich empfänglich zeigt.

Die Duplizität von νοῦς und πνεῦμα begründet auch hier eine äußere und eine innere Sphäre (vgl. 300f., Beil. B, 130). Subjekt des Verbreitungsprozesses in der inneren Sphäre ist die christliche Kirche, denn auch das verbreitende Handeln begründet Gemeinschaft und setzt sie gleichzeitig voraus[18]. Das verbreitende Handeln in der inneren Sphäre zielt auf Gesinnungsbildung, das in der äußeren auf Talentbildung[19].

Nächstdem nimmt das verbreitende Handeln in beiden Sphären die doppelte Richtung von Extension und Intension, je nachdem, ob das Handeln zum Ziel hat, »daß die Herrschaft des Geistes sich über immer mehrere Punkte verbreiten soll«, oder »daß sie als Herrschaft, wo sie schon ist, soll gesteigert werden.« (317)[20]

---

[17] Vgl. z. B. II,1, 400ff.; II,2, 228ff.; II,3, 110ff. 718; II,5, 280f.; II,6, 384f.; II, 10,181. 250f. 693.
[18] 300; 322f.; Beil. B, 133, Beil. A § 186.
[19] 307ff., Beil. B, 130, Beil. A § 187f.
[20] Vgl. Beil. B, 130f., Beil. A § 240f.

Das extensive verbreitende Handeln hat in der inneren Sphäre zwei Wirkungs-
gebiete, nämlich die Heidenmission und die religiöse Erziehung der jeweils
nachwachsenden Generation (373), der extensive Prozeß ist ebenso unendlich
wie der Wechsel der Generationen.

Der intensive Prozeß teilt sich in zwei Richtungen: Zunächst geht er aus in ein
Handeln, in dem die Kirche als »Schule« wirkt, »indem sie ihr Princip in jedem
ihrer Mitglieder immer von neuem erregt und so sich permanent in ihnen und
durch sie fortbildet« (389, vgl. Beil. B, 142, Beil. A § 202). Spontane und rezeptive Teilnehmer an diesem Prozeß sind Glieder der Kirche, insofern ist er ein
»Handeln der Kirche auf sich selbst« (368 u. ö.). Die Entwicklung der Gesinnung vollzieht sich als Bildung der Willenstätigkeit und der Verstandestätigkeit
(vgl. dazu 371 f.). Bezüglich der Willenstätigkeit vollzieht sich der intensive
Prozeß, indem sich der Einzelne der christlichen »Sitte« assimiliert. Als Sitte
definiert Schleiermacher die »gesammte christliche Handlungsweise, die sich in
der Gesammheit der christlichen Tugenden darstellt« (390 f., vgl. Beil. B 142).
Träger dieses Traditionsprozesses ist die als integraler Bestandteil der Kirche
verstandene christliche Familie (397 f.), das Medium ist das »gute Beispiel«
(391).

Der intensive Prozeß in bezug auf die Verstandestätigkeit hat zur Grundlage,
»daß mit dem Eintreten des christlichen Geistes eine veränderte Ansicht von
allem, was die Gedankenbildung des Menschen ausfüllt, entstehen müsse«
(393). Diese Veränderung des Denkens erfordert und bewirkt ein ihr adäquates
Sprach- und Begriffssystem. Es bildet auf der Seite des Denkens das Äquivalent
zur Sitte auf dem Gebiete des Handelns. Der intensive Prozeß vollzieht sich,
indem der Einzelne dieses Sprachsystem, das ihm zunächst in Gestalt des ihm
noch fremden Gemeinbewußtseins gegenübertritt, so in sich aufnimmt, daß es
ihm zum geistigen Eigentum wird – mit dem Ziel, daß er es seinerseits wiederum zu repräsentieren vermag (394).

Die Form, in der dieser Traditionsvorgang vonstatten geht, ist die »Belehrung« (395). Sie kann auf formlos-spontane und auf organisierte Weise geschehen, als zwanglos-zufälliges Gespräch über religiöse Fragen oder als regelmäßi-
ger, institutionalisierter Unterricht (396). Die Pflichten des Lehrens und Lernens
sind jedem Christen aufgegeben, sie erhalten ihre je individuelle Gestalt nach
Maßgabe der Stellung, die der Einzelne in der kirchlichen Organisation einnimmt (396). Die organisierte Belehrung teilt sich in zwei Zweige, die dem
relativen Gegensatz von Gesinnungs- und Talentbildung korrespondieren. Die
»populäre« Belehrung, wie sie in Katechese und Predigt ihren Ort hat, hat die
Gesinnungsbildung zum Ziel, die wissenschaftliche steht auf Seiten der Talentbildung, hat aber auch ihrerseits wieder die Gesinnungsbildung zum Ziel[21].

Für Sprachsystem und Sitte gilt nun, daß beide veränderlich sind. Ihre Veränderung bzw. Verbesserung ist neben dem Thema »Kirche als Schule« der andere
Zweig des intensiven verbreitenden Handelns. Obgleich Schleiermacher den

---

[21] 395. 400 f. Beil. B, 142 f., Beil. A § 208.

Begriff nur selten benutzt[22], liegt hier die ethische Seite von Schleiermachers Auffassung der Perfektibilität des Christentums vor, sie hat ihr dogmatisches Gegenstück in CG[1] §§ 170–172, s. u. III.D.2.b.

Zunächst scheint sich eine Aporie aufzutun, wenn das intensiv-verbreitende Handeln, das ja ein Handeln der Kirche auf sich selbst ist, einen Fortschritt des Ganzen der Kirche bewirken soll, dem nicht von vornherein unverrückbare Grenzen durch das Dasein der Kirche als organisierter Institution gesetzt sind. Schleiermacher skizziert denn auch mit wenigen Strichen zwei Denkmodelle, nach denen der Fortschrittsgedanke auf je verschiedene Weise durch den Rekurs auf als normativ gesetzte empirische Lebens- und Lehrformen limitiert wird. Wird der gegenwärtige Zustand der Kirche als Vollendung gesetzt – und das ist nach Schleiermacher die katholische Theorie im Gegensatz zur protestantischen (72. 384. Beil. B, 141) – so muß das Recht zum intensiv-steigernden Handeln allein demjenigen Personenkreis innerhalb der Kirche eignen, der der Garant der erreichten Vollkommenheit ist, dem Klerus. Die Vollmacht des Klerus verdankt sich dem grundsätzlich abgeschlossenen Komplex der Glaubens- und Sittenlehre, zu dessen Hut er berufen ist. So kann alles steigernde Handeln nur darin bestehen, daß der als fertig und unverbesserlich angesehenen Theorie vermittels einer dazu berechtigten und befähigten Institution zur Durchsetzung verholfen wird. Das steigernde Handeln geht somit ganz im Schema »Kirche als Schule« auf.

Eine äußerlich andere, innerlich jedoch der erstgenannten analoge Theorie ergibt sich, wenn ein Abschnitt vergangener Christentumsgeschichte mit dem ihm zugehörigen Komplex von Lehr- und Lebensregeln als unüberschreitbare Norm postuliert wird, nach biblizistischer Ansicht das Urchristentum (vgl. 374). Auf der Grundlage dieses Postulats wird dann ein Bild der Geschichte entworfen, das allein von den Faktoren Korruption und Restitution beherrscht wird. Der erstrebenswerte Zustand wäre ungebrochene Kontinuität; Motor der Diskontinuität, die erst Geschichte hervorbringt, kann dieser Ansicht zufolge allein die Korruption sein: »... es wird ein Fortschritt nur denkbar sein, wenn zuvor ein Rükkschritt stattgefunden hat« (374).

Beiden Ansichten gegenüber vertritt Schleiermacher einen Fortschrittsgedanken, der der Lehre von der Perfektibilität des Christentums, wie sie in der Nachfolge Semlers vor allem durch Teller, Krug und Röhr ausgebildet worden war[23], verwandt ist, ihr aber durch einen betonten Überbietungsanspruch verschieden gegenübersteht.

Es kann an dieser Stelle nicht darum gehen, die Entwicklungsgeschichte der

---

[22] Vgl. Beil. B 140, § 31 d, Anm. (von Jonas auf 1824 datiert), 377 (Vorl. 1824/5).

[23] Zur Geschichte des Perfektibilitätsgedankens vgl. Eduard Zeller, Die Annahme einer Perfektibilität des Christenthums historisch untersucht, in: Theologische Jahrbücher, Bd 1, 1842, S. 1–50. Friedrich Michael Schiele, Der Entwicklungsgedanke in der evangelischen Theologie bis Schleiermacher, in: ZThK 7/1897, S. 140–170. Werner Elert, Der Kampf um das Christentum, S. 159–167. Hans-Walter Schütte, Die Vorstellung von der Perfektibilität des Christentums im Denken der Aufklärung, in: H.-J. Birkner und D. Rössler (edd): Beiträge zur Theorie des neuzeitlichen Christentums, Berlin 1968, S. 113–126.

Perfektibilitätslehre ausführlich nachzuzeichnen, sondern sie wird hier nur in groben Zügen in ihrer ausgereiften Gestalt vorgestellt, damit an ihr Schleiermachers Umprägung verdeutlicht werden kann und seine Fassung des Fortschrittsgedankens ihre spezifische Färbung erhält. Bei dieser Beschränkung der Aufgabe eignet sich als Quelle vorzüglich die Dogmatik J. A. L. Wegscheiders (Institutiones Theologiae Christianae Dogmaticae, zuerst erschienen 1815, hier wird die 6. Auflage (1829) mit »W« und Paragraphennummer zitiert).

In Schleiermachers Nachlaß[24] befindet sich der Brief, mit dem Wegscheider ihm die erste Auflage seines Lehrbuches zusandte. Die wenigen Zeilen bieten eine eindrückliche Selbstcharakteristik der systematischen Intentionen dieses vielgelesenen und einflußreichen Werks; sie lassen darüber hinaus schon in ihrer Terminologie die in ihm leitende selektive Kant-Rezeption deutlich erkennen. Da der Brief bislang noch ungedruckt ist, soll er hier vollständig wiedergegeben werden:

»Halle, den 23sten April. 1815.

Erlauben Sie mir, Verehrungswürdiger, Ihnen als einen geringen Beweis meiner Achtung Ihrer großen literarischen Verdienste hiebei ein Exemplar meines Lehrbuchs der Dogmatik zu übergeben, mit der Bitte um eine nachsichtsvolle Aufnahme desselben. Mein Zweck bei der Ausarbeitung dieses Werks war vorzüglich dahin gerichtet, auf den Trümmern des veralteten Dogmatismus, der bei der fortschreitenden Verstandesbildung und deren nothwendigem Einflusse auf die religiösen Ansichten nicht wohl gerettet werden kann, durch innige Verbindung der religiösen mit moralischen Ideen einen vernunftmäßigen Glauben nachzuweisen, welcher den Verirrungen des Aberglaubens wie des Unglaubens mit gleicher Kraft zu begegnen vermöchte.
Um jenen Religionsglauben desto fester zu begründen, suchte ich nicht nur die reinen Religionsideen durch veredelte Mystik zu beleben, sondern sie auch biblisch zu begründen, theils durch klare Aussprüche der biblischen Schriftsteller, theils durch Andeutung einer symbolischen Benutzung der nicht mehr haltbaren dogmatischen Vorstellungen, wobei ich insbesondere auf die Bedürfnisse christlicher Volkslehrer Rücksicht nahm. Da mir ähnlicher Zweck auch Ihre theologisch-literarische Thätigkeit geleitet zu haben scheint, so würde es mir um so schmeichelhafter seyn, wenn ich mich in Beziehung auf die Art und Weise meines Strebens zu jenem Zwecke Ihres Beifalls erfreuen könnte. Mit dem Ausdruck der innigsten Achtung verbinde ich die aufrichtigsten Wünsche für Ihr ungetrübtes Wohlseyn und empfehle mich

    Ihnen
        angelegentlichst
        Wegscheider«.

Das Werk ist weniger durch das Streben nach positioneller Originalität geprägt, als daß es »einfach *das Ergebnis aus dem letzten Jahrhundert geistiger und*

---

[24] Zentrales Archiv der Akademie der Wissenschaften der DDR, Berlin (Ost), Signatur SN 414, Bl. 3r–3v.

theologischer Arbeit in einsichtiger und nachprüfbarer Rechenschaft vor den Leser hinstellen...« will (Hirsch, Geschichte Bd. V, S. 23 f.)[25].

Zur Erläuterung von Schleiermachers Gedanken, die in der ChS an dieser Stelle vielfach nur in der Gestalt fertiger Ergebnisse vorliegen, muß mehrfach auf die Grundlagen in der Glaubenslehre rekurriert werden.

Der Perfektibilitätslehre und Schleiermachers Fortschrittsgedanken ist die Voraussetzung gemeinsam, daß die gedankliche und vorstellungsmäßige Gestalt, in der sich Religion und Ethos des Urchristentums in den Schriften des Neuen Testaments niedergeschlagen haben, nicht in alle Zukunft unüberholbare Norm christlichen Glaubens und Lebens sein können; dasselbe gilt natürlich von den Resultaten der altkirchlichen und mittelalterlichen dogmatischen Arbeit. Die differentia specifica liegt auf dem Gebiet der Christologie. Die neologisch-rationalistische Theorie fußt auf der Behauptung, daß Jesu besonderer Vorzug auf der von ihm verkündigten Lehre beruhe, zu der seine Person und seine Geschichte lediglich bestätigend und bezeugend hinzutreten (vgl. W § 133, 142 u. ö.). Jesus ist der »sapientissimus generis humani praeceptor« (W § 26), die Dreiämterlehre wird auf den Satz reduziert, »... totum ⟨...⟩ servatoris opus inesse in prophetae s. doctoris divini nomine...« (W § 144). Jesu Lehre ist, wenn auch in unterschiedlichen »τρόποι παιδείας« (W § 25) – einem mehr an Jesu Zeit und ihre Vorstellungen gebundenen und einem allgemein vernünftig einsichtigen – in den Schriften des NT, vorzüglich den Evangelien, aufbehalten. Was nun das überzeitlich Allgemeingültige, nicht an antiquierte Vorstellungen Gebundene (Akkommodation) ist, das erkennt die gesunde Vernunft daran, daß es mit den im menschlichen Geist gesetzten Einsichten über Gott, Welt und Mensch, der natürlichen Religion und dem Sittengesetz also (vgl. W § 2), in Einklang ist. Dies ist nun der Maßstab zur Scheidung von Wahrem und Falschem in allen geschichtlich-positiven Religionen, auch in der christlichen (W § 3), die ihren Vorzug darin hat, daß ihr Stifter natürliche Religion und Sittengesetz in einer allgemeinverständlichen Form verkündigt und durch sein Leben sinnenfällig bekräftigt hat.

Sobald die menschliche Vernunft ihrer selbst so weit inne geworden ist, daß sie die natürliche Religion und das Sittengesetz aus sich selbst heraus erkennen kann, lockert sich die Bindung an ihren Lehrer. Die Tatsache, daß eine bestimmte Einsicht gerade von Jesus verkündigt wurde, ist für ihren Wahrheitsgehalt prinzipiell ohne Belang, hat jedoch insofern Bedeutung, als sie die pädagogische Mitteilbarkeit und Wirksamkeit fördert, wie eine jede Lehre, die auch rein aus sich selbst heraus völlig plausibel ist, doch »apud rudes praesertim« (W § 120 a) durch die Autorität eines überragenden Lehrers an Überzeugungskraft gewinnt.

Dadurch, daß die höchsten Sätze natürlicher Religion und Moral schon Gegenstände der Verkündigung ihres Stifters waren, ist die Vervollkommnungsfähigkeit der christlichen Religion gesetzt. Die Perfektibilität realisiert sich, indem

---

[25] Vgl. das ähnliche, in der Bewertung jedoch charakteristisch andere Urteil bei Karl Barth, Die protestantische Theologie im 19. Jahrhundert, S. 425 ff.

sich die positiv-historische christliche Religion ihrer prinzipiellen Übereinstimmung mit der natürlichen Religion und Moral immer mehr bewußt wird und mythologische und magische Züge, die im Widerspruch zu dieser stehen oder von ihr her überflüssig sind, von sich abstößt. Sie entwickelt sich so sukzessive zur autonomen, auf Universalität Anspruch erhebenden Menschheitsreligion, in der natürliche Religon und Moral vollgültig verwirklicht sind. Jesu erinnert sie sich als eines verdienstlichen Lehrers, dessen Autorität jedoch erlischt, sobald der Kern seiner Lehre eben als sachidentisch mit der natürlichen Religion und Moral erkannt ist.

Wenn das Christentum auch in diesem Prozeß Denkformen und Lebensregeln von sich abstößt, die ihm seit seiner frühesten Geschichte zugewachsen sind und die lange Zeit scheinbar sein Wesen ausgemacht haben, so bleibt es doch kraft der materialen Gleichheit der natürlichen Religion und des Sittengesetzes mit den – von diesen aus! – als Spitzensätzen eingeschätzten Inhalten des NT mit sich selbst identisch und darf sich in seiner aufgeklärten Gestalt als legitimer Erbe und Sachwalter der Lehre Jesu und damit des Wesens des Christentums wissen.

Von dieser Perfektibilitätstheorie, die – wie gezeigt – auf einer Christologie beruht, die in Jesus allein den Lehrer religiös-moralischer Wahrheiten ehrt, zu denen sich seine Person letztlich akzidentiell verhält, ist Schleiermachers Fassung dieser Lehre durch ihre spezifisch andere christologisch-pneumatologische Grundlage unterschieden. In Christus, dem kraft seines »schlechthin kräftige⟨n⟩ Gottesbewußtsein⟨s⟩«, das, weil es in einzigartiger Weise von sinnlichen Hemmungen und Verunreinigungen frei und allein tätig, als »Sein Gottes in ihm« zu bezeichnen ist, die ausschließliche Würde des »Urbildes« eignet (CG² § 94,2; vgl. CG¹ § 116)[26], ist sich als christlich verstehender Frömmigkeit ein absoluter Anfangs- und Zielpunkt gesetzt, an den es nur eine asymptotische Annäherung geben kann. Dieser Annäherungsprozeß vollzieht sich innerhalb des durch Christus gestifteten neuen Gesamtlebens, der Kirche (CG² § 113), durch das Wirken des Hl. Geistes, »die Vereinigung des göttlichen Wesens mit der menschlichen Natur in der Form des das Gesamtleben der Gläubigen beseelenden Gemeingeistes« (CG² § 123 Leits.).

Die Annahme, ihn erreicht oder gar überschritten zu haben, liegt jenseits der Grenze dessen, was als christlich gelten kann (vgl. 72 f., 435 f. [Vorl. 1826/7])[27]. Diese Grenze bildet allein die Forderung der Anerkennung dieser ausschließlichen Würde Christi. Die verschiedenen gedanklich-sprachlichen Fassungen dieser Anerkennung, wie sie in den unterschiedlichen Gestaltungen christlicher Lehre vorliegen, haben an dieser absoluten Normativität keinen Anteil. Diese Begrenzung der Autorität erstreckt sich auch auf das NT, sofern es neben der

---

[26] Zum Hintergrund des Urbild-Begriffs vgl. SCHOLZ, Christentum und Wissenschaft, S. 194, Anm. 3.

[27] SCHLEIERMACHERS wohl leidenschaftlichste Ablehnung einer so verstandenen Perfektibilitätstheorie liegt im Schlußteil der 4. Augustanapredigt vor (II,2, 661 ff.), vgl. dazu HIRSCHS Anmerkung z. St. KSP III, S. 359, Anm. 34, SCHOLZ, Christentum und Wissenschaft, S. 186 ff., bes. S. 197 f. und GRÄB, Humanität und Christentumsgeschichte, S. 140 f.

»Norm für alle folgenden Darstellungen« auch »das erste Glied in der seitdem fortlaufenden Reihe aller Darstellungen des christlichen Glaubens« ist (CG² § 129 Leits.). Ihren Charakter als Norm verdankt die Schrift der Tatsache, daß das in ihr vorliegende Zeugnis alles Wissen um Christus begründet. Autorität kommt ihr wegen ihrer Authentizität zu, d. h. weil und soweit ihr Zeugnis von Christus auf der geistig vergegenwärtigten Erinnerung der Autoren an den lebendigen Umgang mit ihm selbst beruht (vgl. CG² § 129)[28].

Damit ist jedoch noch nicht die vollständige Erkenntnis und Aneignung alles dessen, was durch die Erscheinung Christi gesetzt ist, vollzogen, und das gilt in doppelter Hinsicht: Als von menschlichen Autoren verfaßt, enthält auch die Schrift Irrtümer, wenn auch nur in geringem Umfang (vgl. CG² § 154f.). Zudem ist es durch die Entstehungssituation und die ursprüngliche Intention der einzelnen ntl. Bücher bedingt, daß sie weder ein vollständiges System der Glaubens- (vgl. CG² § 27,3) noch der Sittenlehre (vgl. ChS 94) enthalten, das zeitlos gültig nur noch tradiert werden müßte. Diese Relativität, die also auch schon – wenn auch im relativ geringsten Maße – das NT betrifft, gilt für alle gedanklich-lehrmäßigen Formulierungen der christlichen Glaubens- und Sittenlehre. Sie verbessernd zu verändern ist also eine der Kirche gestellte Daueraufgabe.

Der eigentliche Motor der Fortbildung ist der Hl. Geist: »Seine Gewalt in der Kirche entwickelt sich in beständiger Steigerung ⟨...⟩, indem er seine Vereinigung mit ihr steigert« (375, vgl. auch Beil. B, 140). In welchem Maße diese Steigerung auch die Naturbeherrschung sowie die Erkenntnis des Menschen seiner selbst als eines geschichtlichen Wesens in sich schließt, das macht die letzte Augustanapredigt deutlich (II,2, 748ff.): Christus hat die Dominium-terrae-Verheißung nicht aufgehoben, deshalb kann der Rückzug von der Arbeit an der Naturbeherrschung und Kultursteigerung im weitesten Sinne sich nicht als spezifisch christlich geltend machen[29].

Als causae instrumentales in diesem Steigerungsprozeß fungieren hervorragende Individuen. Ihr Auftreten ist kontingent, kann also von der Ethik nicht vorgängig konstruiert werden. Es ist »eine neue Gnadenwirkung Gottes in Christo« (376) – »Aber ist sie da: so muß sie Natur werden, und dabei ist sie dann auf dem Gebiete der sittlichen Vorschriften« (ibd.). Der ethischen Reflexion obliegt es also, Richtlinien für den Umgang mit dem, was sich als verbessernde Neuerung christlicher Lehre und Sitte zur Geltung bringen will, aufzustellen. Sie hat sich dabei drei Leitfragen zu stellen: Wie muß die kirchliche Organisation beschaffen sein, damit sich überhaupt Neuerungsversuche in ihr entwickeln

---

[28] Zum Verhältnis Christus – Schrift vgl. auch Br. IV, S. 334 (9. IV. 1825 an K. H. Sack): »Die Schrift ist nichts für sich, sondern nur etwas als der fortlebende vor Augen gemalte Christus, der denn in der Schrift wie mündlich von sich selbst zeugt, und sein Zeugniß ist wahr.« – Die Nähe zu ähnlichen Sätzen Luthers ist frappierend, vgl. ALTHAUS, Die Theologie Martin Luthers, S. 71ff. Zu Schleiermacher vgl. weiterhin die materialreichen Bemerkungen bei SCHOLZ, Christentum und Wissenschaft, S. 13ff.

[29] Vgl. hierzu H.-G. FRITZSCHE: Schleiermacher zur biblischen Dominium-terrae-Verheißung, in: SchlA 1,2, S. 687–697, bes. S. 687 – S. 689.

können? – Welches ist die Grundlage, an der eine Neuerung ihre christliche Legitimität zu erweisen hat? – Welches endlich ist das sachgemäße Verfahren für die Prüfung der christlichen Legitimität einer Neuerung?

Die erste und dritte Frage haben ihre gemeinsame Antwort im Postulat der »Freiheit der Mittheilung« (383) auch und gerade dessen, was dem gemeinschaftlichen Bewußtseinsstand der Kirche, wie er in hergebrachter Lehre und Sitte vorliegt, widerspricht. Diese Freiheit ist eine Folgerung aus dem Satz, daß »die erscheinende Kirche als werdend und als in keinem Momente der Idee völlig entsprechend« (384, vgl. auch 72) anzusehen ist. Diese Ansicht ist nach Schleiermacher seit der Reformation ein protestantisches proprium, das gegenüber dem Katholizismus das Erbe der vorreformatorischen Kirchengeschichte bewahrt: »Aber ehe der Gegensaz zwischen Katholicismus und Protestantismus ausgesprochen war, herrschte weniger Zwang« (384). Diese Freiheit eignet jedem Christen und ist nicht etwa nur ein Sonderrecht des geistlichen Standes im engeren Sinne oder der speziell theologisch Gebildeten (385 f.), denn der Satz von der Unvollkommenheit der Kirche impliziert die Folgerung, daß Menschen, die dazu durchaus durch ihre Begabung befugt wären, diesem Kreis nicht angehören und umgekehrt (ibd.). Selbstverständlich darf das Besserung und Fortschritt wirkende Walten des Geistes auch nicht durch kirchliche Lehrnormen beschränkt werden, wird doch auch ihre lehrgesetzliche Geltung durch den Satz von der Unvollkommenheit der Kirche als unprotestantisch und darüberhinaus als unchristlich erwiesen (vgl. Beil. B, 139, Beil. D, 184, 384).

Das einzige subjektive wie objektive Kriterium für die christliche Legitimität einer Neuerung besteht darin, daß sie sich als »Folge von dem Willen, in der Erkenntniß Christi zuzunehmen«[30] weiß und das dadurch plausibel zu machen vermag, »daß sie mit dem göttlichen Wort übereinstimmt« (434, Vorl. 1826/7), d. h., daß sie sich als Resultat eines nachvollziehbaren Auslegungsaktes des ntl. Christuszeugnisses erweisen kann. Daß dies nicht biblizistisch zu verstehen ist, versteht sich nach dem oben über die Autorität der Schrift Gesagten von selbst.

Die Einsicht in die zu jeder Zeit gegebene Verbesserungsfähigkeit und -bedürftigkeit christlicher Lehre und Sitte setzt nicht nur Rechtsansprüche, sondern erlegt jedem Christen nach Maßgabe seiner Fähigkeiten und Kenntnisse Pflichten auf: Wer Einsichten und Erkenntnisse hat, die ihm nach den beschriebenen Maßstäben Verbesserungen zu sein scheinen, ist verpflichtet, diese mitzuteilen und ihnen so zu Wirkung und Geltung zu verhelfen. Den anderen obliegt es, diese Gedanken zur Kenntnis zu nehmen und zu prüfen, um dann ihr Urteil wiederum publik zu machen, so daß die Situation eines Diskurses entsteht, dessen ungehinderter Abschluß allein über Recht und Unrecht eines Neuerungsversuches entscheiden kann. An biblische Wendungen angelehnt, ist dieser Diskurs eine Ausführung der Mahnung 1. Thess 5,21 (vgl. 437, Vorl. 1826/7) und hat seine Verfahrensregel in Eph 4,15 (384), dem »christlichen Princip in diesem Verkehre« (ibd.). »Liebe« bedeutet hier, daß dem Diskurs ein gegenseiti-

---

[30] Beil. B 140 (Anm. zu § 31 d, von JONAS datiert auf 1824), vgl. auch 377 (Vorl. 1824/5).

ges Vertrauensverhältnis zwischen dem neuern wollenden Einzelnen und der
»Masse« (385) zugrunde liegt. Der Einzelne vertraut darauf, daß die Masse sich
seiner Überzeugung anschließen wird, wenn er sie ihr als christlich zu erweisen
vermag. Die Masse wiederum setzt voraus, daß der Einzelne bona fide handelt,
d. h. eine Verbesserung anstrebt, die in dem ihren Grund hat, was mit Christus
gesetzt ist, und daß er von seiner Meinung ablassen wird, wenn er vom Gegenteil überzeugt werden kann. Das Gegenteil hierzu wäre die »Kezermacherei«
(385), wenn nämlich infolge der Annahme, die Kirche habe im gegenwärtigen
Zeitalter ihren höchstmöglichen Entwicklungsstand erreicht, der Einzelne eine
abweichende Meinung nur um den Preis äußern kann, daß er sich damit selbst
aus der kirchlichen Gemeinschaft ausschließt[31].

Mit dieser Konstruktion ist die Perfektibilität aller historisch-empirischen
Gestaltungen des Christentums postuliert, nicht jedoch die des Wesens des
Christentums selbst. Zu Christus, dem absolut urbildlichen Erlöser und Stifter
des neuen Gesamtlebens, stehen alle empirischen Ausprägungen christlichen
Lebens und christlicher Lehre in nur graduell verschiedener Relativität. Das Bild
des Erlösers, das in den ersten Zeugnissen von ihm enthalten ist und durch das
Wirken des Hl. Geistes gegenwärtige vollmächtige Wirksamkeit erhält, läßt sie
sich dieser Relativität stets von neuem bewußt werden und wirkt so Steigerung
und Fortschritt. Der Motor des Fortschritts ist hier also identisch mit dem
Prinzip, das die diachronische Identität des fortschreitenden Gesamtlebens mit
sich selbst sicherstellt: Christus[32].

In der gegenwärtigen Situation ist diese Einsicht, wie erwähnt, ein proprium
des Protestantismus, das damit zugleich dem geschichtlich gewordenen Protestantismus die Anmaßung verwehrt, er sei die vollendete Gestalt des Christentums (384). Vielmehr ist nach dieser Theorie die Reformation des 16. Jahrhunderts als ein wichtiger Anfangspunkt zu werten, von dem an das Wissen um die
Notwendigkeit und Legitimität des Fortschritts verstärkt anfing, sich geltend zu

---

[31] Vgl. hierzu schon die frühe Predigt (1794) über 1. Thess 5,21 »Worin die Pflichten des
Christen in Absicht auf die Berichtigung seiner Religionserkenntnisse bestehn« (II,7, 104 ff.).

[32] Dieser Sachverhalt ist völlig verkannt in der Kritik, die FLÜCKIGER an Schleiermachers
Lehre von und Umgang mit der Schrift übt (Philosophie und Theologie, S. 100 ff.) und an
seinen Offenbarungs-(124 f.)- und Kirchenbegriff wendet (103 f.): Wenn FLÜCKIGER behauptet:
»Nicht das Wort Gottes im Zeugnis seiner Offenbarung begründet die Wahrheit des Glaubens,
diese Wahrheit gründet sich jetzt *auf das unmittelbare Zeugnis der Kirche*, welches identisch ist mit
dem Zeugnis des Heiligen Geistes.« (100), so kann er das nur tun, weil er die *christologische*
Verankerung der Pneumatologie Schleiermachers verkennt, kraft derer es gerade pneumatologisch plausibel wird, daß der an das ntl. Christuszeugnis gebundene Glaube wider das in der
Kirche »Geltende« polemisch wird. Auf diesem Mißverständnis beruht auch die Kritik, die er in
dem Exkurs »Über Schleiermachers Stellung zur Reformation und zum Katholizismus«
(128–133) übt: »Die Kirche, welche er darstellt, lebt nicht von dem Wort Gottes, unter dessen
Souveränität sie gestellt ist, sondern sie lebt ganz und ohne Vorbehalt aus ihrer eigenen
Offenbarungsmächtigkeit. Ihr eigenes christlich-frommes Selbstbewußtsein ist selber das gött-
liche ›Wort‹, das sie verkündet, und in dem jeweils höchsten Stand der Entwicklung dieses
Bewußtseins besitzt sie den höchsten erreichbaren Ausdruck der christlichen Wahrheit.« (128) –
Im ganzen richtig ist der Sachverhalt getroffen von GYULA BÁRCZAY, Ecclesia semper refor-
manda, Zürich 1961, S. 70–82.

machen. Darum kann Schleiermacher die hier wiedergegebenen Erörterungen abschließend kennzeichnen: »Und das ist der Geist, in welchem wir die Reformation fortsezen« (436, Vorl. 1826/7).

Es ist Schleiermacher und den neologischen und rationalistischen Vertretern der These von der Perfektibilität des Christentums gemeinsam, daß sie die kirchlich-theologischen Lehrgebäude für historisch relativ und deshalb für verbesserungs- und umformungsbedürftig halten. Schleiermacher hat in dieser Hinsicht das Erbe der theologischen Aufklärung voll und ganz rezipiert, und es ist völlig zutreffend, wenn Hirsch (Geschichte Bd. IV, 89) schreibt: »Schleiermacher kann bauen, weil ihm von Semler der Baugrund vermessen und zubereitet worden ist.«[33] Diese Gemeinsamkeit macht es auch einleuchtend, daß Schleiermacher trotz seiner unverhohlenen Abneigung gegen Resultate der ausgereiften Aufklärungstheologie seiner Zeit[34] mit deren Vertretern Seite an Seite gegen repristinatorische Tendenzen in Theologie und Kirche kämpfte. Diese Doppelstellung ist exemplarisch an seinen Schriften zum Hallischen Theologenstreit 1830/31 zu beobachten und wird in einem späteren Abschnitt näher analysiert (III.B.2).

c) Die Reformationsthematik unter dem Aspekt des reinigenden Handelns

Das wirksame Handeln umfaßt neben dem verbreitenden das reinigende Handeln, das seine spezifische Differenz darin hat, daß es aus dem »als Unlust bestimmte⟨n⟩« Gefühl (Beil. A § 54) hervorgeht.

Dieser Affekt tritt ein, wenn die Herrschaft des Geistes über das Fleisch als partiell aufgehoben ins Bewußtsein tritt, und drängt zu einem Handeln, das die Herrschaft wieder herstellt (53 f.), im weitesten Sinne »Strafe Zucht Büßung« (54).

Weil der Geist im christlichen wie im allgemein-menschlichen Sinne immer der Gemeingeist einer Gemeinschaft ist, der sich im Einzelnen individualisiert, ist für das reinigende wie für das darstellende und verbreitende Handeln sein Gemeinschaftsbezug konstitutiv. Nach ihm werden seine verschiedenen Unterarten entwickelt. Ob der Einzelne das reinigende Handeln auf sich selbst ausüben kann, ist problematisch: Der positiven Antwort liegt die Annahme zugrunde, der Verstand könne modifizierend auf den Willen einwirken, der negativen die Hypothese, der Verstand vermöge dies nicht und der individuelle Wille könne nur durch den Gesamtwillen der Gemeinschaft beeinflußt werden (112–116). Wie es sich in Wahrheit verhält, »Dieses kann gleichsam nur durch das theoretische Gewissen des Einzelnen entschieden werden« (115).

Unbeschadet der Entscheidung dieser theoretischen Streitfrage ist jedoch

---

[33] Auf dieses Kontinuitätsverhältnis weist auch G. Hornig, Schleiermacher und Semler, SchlA 1,2, S. 875–895 mit Nachdruck hin. Allerdings krankt seine These, schon in den Reden zeigten sich Einflüsse Semlers, daran, daß sich in den Briefen und Aufzeichnungen Schleiermachers aus jener Zeit keinerlei Spuren etwaiger Beschäftigung mit Semler finden.

[34] Vgl. z. B. CG[1] § 114; Sendschreiben an Lücke, ed. Mulert, 37 f.

festzustellen, daß Fälle gegeben sind, in denen Einzelne hinter den Zustand der Herrschaft des Geistes über das Fleisch, wie er in der Gemeinschaft gegeben ist, zurückgefallen sind und die Gemeinschaft daher auf die Einzelnen mit dem Ziel einwirkt, diesen Rückschritt wieder aufzuheben. Damit es sittlich sei, muß dieses reinigende Handeln auf der Übereinstimmung zwischen den Einzelnen und dem Ganzen bezüglich seiner Notwendigkeit beruhen (116–121). Umgekehrt gibt es auch Situationen, in denen Einzelne zu der Überzeugung gelangen, die Gemeinschaft als ganze sei in einem Rückschritt begriffen und sich ihrerseits zu reinigendem Handeln auf das Ganze berufen wissen[35]. Die Anwendung dieser Regel auf die Kirche ist ein protestantisches Spezifikum (123 f.). Sie setzt – wie schon beim verbreitenden Handeln gezeigt – die Unvollkommenheit der erscheinenden Kirche voraus, die Differenz wird hier lediglich etwas anders akzentuiert: In der katholischen Kirche, die für ihre Organisation »Infallibilität und Imperfectibilität« (123) in Anspruch nimmt, ist notwendig alles legitime reinigende Handeln repräsentativ, die Organisation macht ihre Wahrheit gegenüber abgewichenen und irrenden Individuen geltend. Im Protestantismus hingegen wird auf die Möglichkeit gerechnet, daß der Rückschritt auch und gerade innerhalb der kirchenleitenden Organisation stattgefunden habe, auf die dann korrektives reinigendes Handeln geboten ist. »Denn woher stammt unsere evangelische Kirche? Ist sie nicht aus dem wiederherstellenden Handeln einzelner auf das ganze entstanden?« (121).

Da in der Erscheinung Christi schon der urbildliche Maßstab aller Vollkommenheit gegeben ist, kann alles Handeln, das auf Vervollkommnung des kirchlichen Lebens abzielt, als wiederherstellendes Handeln begriffen werden, da es die Rückkehr zu einem Zustand erstrebt, der in Christus schon einmal in Erscheinung getreten ist. So gesehen fallen reinigendes und verbreitendes Handeln in eins (vgl. 123).

Eine besondere Theorie des reinigenden Handelns ist dennoch nötig, weil in ihren Geltungsbereich solche Handlungen fallen, die sich der Unlust an einem bestehenden Zustand verdanken, der als das Produkt des Verfalls eines vorherigen besseren aufgefaßt wird. »Wer es also selbst auf etwas neues anlegt in der Kirche, aber so, daß er das bestehende für eine Verdunkelung oder Verunreinigung eines früheren Momentes erklärt, der übt ein reinigendes Handeln auf das ganze« (181).

Ein Handeln nach diesem Muster war nicht nur die Reformation des 16. Jahrhunderts, sondern das Handeln unter dem Typus »Kirchenverbesserung« ist ein im Gesamtverlauf der Kirchengeschichte kontinuierlich wirksamer Faktor, weil sich die geschichtliche Bewegung immer in einem Hin und Her zwischen Fortschritt und Rückschritt vollzieht. Ein erstes Beispiel bietet schon der Konflikt zwischen Petrus und Paulus (Gal 2; Acta 15): Hier waren es die Judenchristen, die reinigendes Handeln versuchten, denn sie hielten die

---

[35] 122ff., Beil. A § 58, Beil. B, 102ff., 111ff.

gesetzesfreie Heidenmission, wie sie Paulus praktizierte, für eine illegitime Abänderung geltender Normen (178 f.)[36].

Der geschichtliche Verlauf eines solchen Reinigungsversuchs nun ist abhängig von der Organisationsform der kirchlichen Gemeinschaft, innerhalb derer er sich geltend zu machen versucht. Existiert eine funktionierende Repräsentativverfassung, werden also die Inhaber der leitenden Positionen von der Gemeinde periodisch neu bestimmt, so entfällt die Notwendigkeit eines besonderen reinigenden Handelns, weil dann stets nur solche in Leitungsfunktionen gelangen, die Zustände, die mehrheitlich als Mängel gelten, abstellen werden (124).

Dieser Zustand war in der Kirchengeschichte erstmals mit der frühkatholischen Periode erreicht, die Schleiermacher deshalb im Gegensatz zu »denen, die die Geschichte des Christentums mit Unparteilichkeit behandeln«, (187, Arnold!), positiv bewertet.

Alles, was dem Einzelnen in diesem Zustand zur Reinigung zu tun bleibt, geht im darstellenden Handeln auf.

Nun sind noch zwei weitere Fälle denkbar, die, obwohl scheinbar völlig verschieden, doch strukturell analoges Handeln verlangen: Die Kirche kann völlig der Organisation ermangeln, oder ihre »Repräsentation« ist so weit entartet, daß sie von solchen gebildet wird, »in welchen die Unvollkommenheit des ganzen am stärksten ausgedrükkt« (127) ist. In beiden Fällen muß eine – neue – Organisation geschaffen werden, und eben dies ist dann der einzig legitime Zweck des reinigenden Handelns (ibd., vgl. Beil. B, 103). In solchen Krisen- und Umbruchssituationen vertritt der Einzelne gleichsam interimistisch das Ganze, auch wenn er dabei scheinbar dem Ganzen oppositionell gegenübersteht. Er handelt faktisch als Organ des Ganzen, weil seine Einzelstellung dadurch begründet ist, daß in ihm der Geist des Ganzen stärker wirksam ist als in der Masse, auf die er wirken will[37]. Diese Differenz ist jedoch sekundär gegenüber der grundsätzlichen Identität des Geistes in der Masse und im Einzelnen: »Und

---

[36] Dieser ganze Abschnitt stünde wohl nicht in der ChS, wenn es sich so verhielte, wie FLÜCKIGER (Philosophie und Theologie, S. 129) es darstellt: »Daß die Kirche von der Wahrheit abweichen kann und zu dieser wieder zurückgerufen werden müßte, ist für Schleiermacher undenkbar.« (vgl. auch diese Arbeit o. S. 44). Im Hintergrund der Kritik FLÜCKIGERS steht die Schleiermacher-Deutung EMIL BRUNNERS, vgl. die Mystik und das Wort, S. 288 ff., bes. 300.

[37] Dieser Gedanke ist einem Aspekt von LUTHERS Deutung seines reformatorischen Handelns zumindest wahlverwandt, vgl. »Wider Hans Worst« (1541): »Wie aber wenn ich beweiset / das wir bey der rechten alten Kirchen blieben / ja das wir die rechte alte Kirche sind / jr aber von uns / das ist / von der alten Kirche abtrünnig worden / eine newe Kirchen angericht habt / wider die alte Kirche.« (Cl. IV, S. 330). Im folgenden zeigt LUTHER, daß die Änderungen der Reformation eine Rückkehr zur altkirchlichen Praxis bedeuten, demgegenüber stehen die »Altgläubigen« als Neuerer da. – Vgl. zum Problemkreis Einzelner – Geist – Ganzes auch BRANDT, Der Heilige Geist und die Kirche, S. 145–147. Die Aporien, die BRANDT hier konstatiert, hat er selbst hervorgerufen, indem er den Geist hier ganz als empirischen Gemeingeist faßt und ihm – was Schleiermacher fremd ist – das »Wort« gegenüberstellt. Er verstellt sich so den Blick dafür, daß der *Heilige* Geist der Motor des ganzen Prozesses ist, er bedient sich des Einzelnen als eines Werkzeuges. Der als Gemeingeist gedeutete Heilige Geist ist eben mehr als nur eine Chiffre für das jeweils empirisch herrschende Gemeinbewußtsein.

betrachten wir die Sache so: so wird uns nun aller Gegensaz zwischen dem
einzelnen und dem ganzen verschwinden und das ganze Handeln erscheinen rein
als ein Handeln des ganzen auf sich selbst und für sich selbst« (195).

An diesem Einzelproblem tritt ein wichtiger Grundzug der ChS zutage:
Einerseits ist alles Handeln des Individuums nur sittlich, wenn es auf Gemeinschaftlichkeit beruht und auf Gemeinschaftlichkeit hinwirkt. Die Theorie ist
aber davor gesichert, »kollektivistisch« (Birkner, Schleiermachers christliche
Sittenlehre, 95) zu werden, weil die historisch-empirische Gemeinschaft stets als
hinter ihrem Ideal zurückbleibend und deshalb als verbesserungsbedürftig gesetzt wird[38]. Hierdurch wird Raum geschaffen für ein Handeln, in dem der
Einzelne über den gegebenen Zustand des Ganzen hinausgeht und durch sein
Einwirken auf das Ganze zu geschichtlicher Wirksamkeit gelangt. Daß bei den
umwälzenden Veränderungen an solchen epochalen Punkten die Identität der
Gemeinschaft mit sich selbst über die Friktionen hinweg gewahrt bleibt, ist
durch den sich selbst gleichbleibenden Geist gewährleistet, der die Gemeinschaft
konstituiert, und zu dem sich die hervorragenden Individuen lediglich als Werkzeuge verhalten.

Der Anfangspunkt für ein reinigendes Handeln ist gesetzt, wenn ein Einzelner
zu der Überzeugung gelangt, der gegenwärtige Zustand seiner kirchlichen
Gemeinschaft sei ein »Rükschritt« (185). Wie sein aus dieser Überzeugung
hervorgehendes Handeln sich sittlicherweise zu gestalten hat, ist aus den gegebenen Bedingungen leicht zu folgern. Aus der Einsicht muß zunächst das Bestreben erwachsen, diese weitestmöglich zu verbreiten; wollte der Einzelne sie nur
für sich behalten, so schlösse er sich dadurch faktisch aus der kirchlichen Gemeinschaft aus, der er seinen Christenstand dankt (ibd.). Über die Sittlichkeit
entscheidet allein der Wille zur Öffentlichkeit. Wieweit er sich verwirklichen
läßt, muß der Einzelne nach Maßgabe seiner Einschätzung der Situation entscheiden.

Bei diesem Problem schwankt Schleiermacher, an anderer Stelle (196) läßt er
die Pflicht zur Mitteilung unbedingt sein.

So kann es unter Umständen geboten sein, daß der Einzelne seine Einsicht
für sich behält, weil er befürchten muß, er werde doch nichts bewirken. Ihm
bleibt dann nur die Hoffnung, daß seine Einsicht sich später, unter günstigeren
Umständen, einmal durchsetzen wird (vgl. 181 f.). Normalerweise wird der
Einzelne jedoch, sobald seine Überzeugung zu einiger Festigkeit gediehen ist,
versuchen, eine Gruppe Gleichgesinnter um sich zu sammeln. Auf dieser Stufe
besteht die Gefahr, daß die kleine Gruppe »ein Gesammtleben unter sich« (186)
aufrichtet und separatistisch die Kirche ihrem Verderben überläßt. Sittlich ist es
dagegen geboten, daß die Gruppe zur dritten Stufe des Prozesses übergeht,
indem sie ihre Einsicht öffentlich macht und dadurch versucht, eine Reformation der Organisation des Ganzen zu bewirken. In der öffentlichen Diskussion

---

[38] Die Kirche ist ihrem wahren Wesen nach immer nur dem Glauben erkennbar, vgl. CG[1]
§ 133,3; CG[2] § 113,4, das gilt auch gerade im Hinblick auf das vor Augen stehende vorfindliche
Sozialgebilde.

muß es sich dann erweisen, ob der Neuerungsversuch dem Bestehenden gegenüber im Recht ist. Die Aufteilung des Prozesses in diese drei Stufen ist nur von abstrahierend-verdeutlichendem Wert, in der Wirklichkeit sind die verschiedenen Phasen ineinander verschlungen (vgl. 192 f.).

Ob der Reformversuch erfolgreich war oder nicht, er endet sittlicherweise immer damit, daß die reformierenden Individuen sich dem Ganzen wieder ein- und unterordnen. Hat der Verbesserungsversuch zu einer Änderung geführt – und das ist der Fall, sobald sich die Leitenden das Anliegen zu eigen gemacht haben, nicht etwa erst, wenn es von jedem einzelnen Glied des Ganzen anerkannt und verwirklicht wird – so erlischt das Recht der Individuen auf eine hervorragende Stellung. Der Reformversuch scheitert sittlicherweise, wenn es den Repräsentanten des Ganzen gelingt, die Oppositionellen davon zu überzeugen, daß das Unrecht auf ihrer Seite war. Auch damit ist die Reintegration in die Gemeinschaft gegeben (197).

Die hier dargelegten Regeln für das reinigende Handeln des Einzelnen auf das Ganze stoßen sich in der Wirklichkeit daran, daß Handlungen dieser Art vielfach zu Spaltungen geführt haben, anstatt, wie in der Theorie vorgesehen, in der Einheit zu enden. Deshalb ist zu erläutern, ob und wann diese Spaltungen sittlich legitim sind (ibd.). Diesen Anspruch können zunächst all solche Spaltungen nicht machen, die von einzelnen Streitpunkten in der Glaubens- und Sittenlehre herrühren, denn solche Differenzen müssen innerhalb der Kirchengemeinschaft zum Austrag kommen, wodurch allein es Fortschritt geben kann (vgl. 138, 214 [Vorl. 1826/7], Beil. B, 103 f.). Dieser Grundsatz impliziert ein Negativurteil über die altkirchliche Praxis, auf Konzilien Glaubensfragen mit Stimmenmehrheit zu entscheiden und so Spaltungen hervorzurufen oder zu zementieren (ibd.)[39]. Das Musterbeispiel für eine solche unsittliche Spaltung innerhalb der neueren Kirchengeschichte ist die Trennung der Lutheraner und der Schweizer im Verlauf der Abendmahlsstreitigkeiten des 16. Jahrhunderts (vgl. z. B. 214 f., bes. 215 Vorl. 1826/7).

Sittlich gerechtfertigt dagegen sind Spaltungen, wenn sie einerseits auf einem »individualisirende⟨n⟩ Element« (Beil. B 104) beruhen, andererseits die kirchliche Einheit nicht restlos aufheben.

Wäre die Reformation des 16. Jahrhunderts allein ein reinigendes Handeln gewesen, so läge der aus ihr entstandenen Trennung ein unsittliches Motiv zugrunde. Mit dem reinigenden Handeln, das die Reformatoren – sittlich richtig – mit gesamtkirchlicher Zielrichtung verfolgten, ging die Manifestation eines vorher latent gewesenen individualisierenden Prinzips einher: »Die Wiederherstellung ging vorzüglich auf Rechtfertigung, Abendmahl und Priesterstand; alles wie es früher gewesen war, und wollte keine Spaltung werden, sondern diese wurde aufgedrungen. Eben dadurch aber wurde das individualisirende Element frei, welches schon lange hätte thätig sein sollen. Wie besonders stark

---

[39] Vgl. hierzu auch die Ausführungen SCHLEIERMACHERS in einem Brief an den Bonner Historiker Delbrück, Br. IV, S. 373, 2. I. 1827.

dieses in Luther war, so daß der Prozeß von ihm ausgehen konnte, sieht man aus Uebersezung und Liedern« (Beil. B, 104, vgl. auch 138 f., 197).

Seit der Christianisierung der Germanen hatte die römische Kirche das ganze Mittelalter hindurch die germanischen Sprachen daran gehindert, selbst zum Gefäß des christlichen Geistes zu werden, indem sie an der lateinischen als Gottesdienstsprache festhielt. So konnte lange die natürliche Individuation verhindert werden. Das Konfliktpotential mußte jedoch wirksam werden, sobald »lebendiges Interesse für das Christenthum entstand« (137), und somit war die Kirchenspaltung, die mit der Reformation entstand, der historisch notwendige Kulminationspunkt jahrhundertelanger Entwicklungen.

Wie die reinigende Bewegung ihr gesamtkirchliches Ziel nicht erreichte, sondern von der römischen Kirche abgestoßen wurde, so auch nicht die individualisierende: »... es wäre ihr zugekommen, sich auf alle germanischen Kirchen im Gegensaze zu den romanischen zu verbreiten...« (139). So ergibt sich das Idealbild, daß eines Tages alle germanischen Völker protestantisch sein werden, wohingegen die romanischen einem – freilich von den Mißbräuchen, die die Reformation bekämpfte, gereinigten – Katholizismus angehören.

B. Schleiermachers Deutung der Reformation nach den Vorlesungen über die Kirchengeschichte

Die »Geschichte der christlichen Kirche«, herausgegeben von E. Bonnell und als 11. Band der ersten Abteilung der »Sämmtlichen Werke« 1840 erschienen (im folgenden zitiert als »KG«), ist wohl dasjenige Werk Schleiermachers, das bis heute in der Forschung am wenigsten beachtet worden ist.

Schleiermacher hat im Laufe seiner Lehrtätigkeit dreimal kirchengeschichtliche Vorlesungen gehalten, und zwar im SS 1806 in Halle und in den Wintersemestern 1821/22 sowie 1825/26 in Berlin. Die Vorlesung im Sommersemester 1806 – »*Frid. Schleiermacher publ.* de methodo et fine *studii historiae ecclesiasticae disseret* d. Ven. hor. II–III.«[40] war offensichtlich mehr ein vertiefter Auszug aus der theologischen Enzyklopädie als eine kirchengeschichtliche Vorlesung im landläufigen Sinne. So schreibt Schleiermacher auch im Sommer 1821 an Gaß: »... zumal ich, wie Du aus unserm Catalog sehen wirst, im Winter ein funkelnagelneues Collegium lese...«[41]. Die beiden letztgenannten Vorlesungen waren jeweils fünfstündig. Sie hatten eine Gesamtdarstellung zum Ziel, das aber nicht erreicht wurde: Gelangt die Vorlesung 1821/22 noch bis an die Zeit der Gegenreformation und zieht einige Linien knapp bis in die Gegenwart aus, so bricht die letzte schon mit dem Tode von Johann Hus ab (vgl. KG IX). Schleiermachers Vorgehensweise war für die damaligen Verhältnisse an seiner Fakultät höchst

---

[40] Catalogus Praelectionum ⟨...⟩ in Academia Regia Fridericiana per aestivum semestre Anni MDCCCVI ⟨...⟩ habendarum, Halle o.J. (1806), S. 3.

[41] Br. IV, S. 273. (vgl. ibd., S. 280 (an Blanc), dort wird die Kirchengeschichte als zweites laufendes Kolleg neben der Dogmatik genannt).

ungewöhnlich. Marheineke und Neander traktierten die Kirchengeschichte jeweils über mehrere Semester hinweg und abgetrennt von der Dogmengeschichte.

Der Haupttext der Bonnell'schen Ausgabe ist ein Konglomerat aus handschriftlichen Notizen Schleiermachers und Nachschriften der beiden Berliner Vorlesungen. Anhangsweise sind zwei längere Textabschnitte von Schleiermachers Hand abgedruckt: Die »Einleitung in das Studium der Kirchengeschichte, angef. den 9. Mai 1806« (Beil. A, 623 ff.) und »Aphorismen zur Kirchengeschichte. (zum Grunde liegend der Vorlesung im Winter 1821/22)« (Beil. B, 632 ff.).

Die Qualität der Edition ist – nicht nur an neueren Maßstäben gemessen – völlig unzureichend, was schon allein ein Vergleich mit Jonas' Edition von ChS zeigt. Als Beispiel für grobe Ungenauigkeiten und Fehler mag die konsequent durchgehaltene »Frühdatierung« des Marburger Religionsgesprächs auf 1527 genügen (vgl. 587 u. ö.).

Soweit ich sehe, liegt bis jetzt nur eine Untersuchung zur KG vor: H. Jursch, Schleiermacher als Kirchenhistoriker, Buch I: Die Problemlage und die geschichtstheoretischen Grundlagen der Schleiermacherschen Kirchengeschichte, Jena 1933. Wie der Titel andeutet, wird die materiale Seite der KG nur am Rande behandelt. Eine »Analyse der Kirchengeschichte« (Jursch, Vorwort), die das vorliegende Werk ergänzen sollte, ist nicht erschienen.

Schon im 19. Jahrhundert fand die KG kaum Beachtung. In Diltheys »Leben Schleiermachers« findet die Vorlesung von 1806 überhaupt keine Erwähnung. F. Chr. Baur[42] erwähnt die »... im Jahre 1840 aus Schleiermacher's Nachlaß und nachgeschriebenen Heften herausgegebenen Vorlesungen über die Geschichte der christlichen Kirche die nur in der Sammlung seiner Werke ⟨...⟩ an ihrer Stelle sind, ...« nur in einer Anmerkung (S. 245, Anm. 1). K. v. Hase[43] würdigt die KG bei seiner Schilderung von Schleiermachers breitgefächerter akademischer Lehrtätigkeit mit der Bemerkung: »...; doch manches, wie die Kirchen-Geschichte, hat er offenbar nur vorgetragen in der Lust, das ganze Reich der Theologie und Philosophie zu durchstreifen mittelst der ihm bequemen Anregung akademischer Mittheilung.« W. Nigg[44] zieht das Fazit: »Schleiermachers Bedeutung für die Kirchengeschichtsschreibung liegt nicht in seinen eigenen historischen Ausführungen, sondern in seinen Hinweisen und in seiner Theologie, die eine neue Kirchengeschichtsschreibung möglich gemacht hat. Er ist nicht ihr Schöpfer, wohl aber ihr Inspirator.« – Diese Einschätzung Niggs wird dadurch illustriert und bekräftigt, daß August Neander ein Hörer der Vorlesung im Jahre 1806 war[45].

---

[42] Die Epochen der kirchlichen Geschichtsschreibung, Tübingen 1852.
[43] Kirchengeschichte III,2, S. 393.
[44] Die Kirchengeschichtsschreibung. Grundzüge ihrer historischen Entwicklung, 157.
[45] Vgl. A. HARNACK, Reden und Aufsätze Bd I, 195–218, bes. 201 sowie M. LENZ, Geschichte der Berliner Universität I, 615.

1. Die Grundlagen von Schleiermachers »Kirchengeschichte«[46]

»Wer eine eigene Ansicht hat, will sie auch, da sie doch organisch sein und durch das ganze hindurchgehen muß, in dem Zweige mittheilen, den er nicht selbst genauer bearbeiten kann. Solche Winke sollen diese Vorlesungen sein« (Beil. A, 623). Mit diesen Worten beginnt Schleiermachers eigenhändiges Manuskript zu seiner ersten kirchengeschichtlichen Vorlesung. Sie rechtfertigen und begründen es, daß er sie als Nicht-Fachmann doch in den Kreis seiner Lehrtätigkeit einbezieht.

Originalität nimmt er nicht für die Rekonstruktion von Details der historischen Empirie in Anspruch, sondern er will die Ergebnisse, die andere auf diesem Felde erzielt haben, in einem neuen und eigenen ethisch-geschichtsphilosophischen Deutungsrahmen zur Geltung bringen[47].

Dies stellt der Interpretation auch nur eines Teilabschnitts die Aufgabe, zuvor die wissenschaftstheoretischen und methodologischen Voraussetzungen des Ganzen offenzulegen. Hierzu ist neben den aphoristisch-stichwortartigen beiden Versionen der Einleitung von Schleiermachers Hand und dem Haupttext der Bonnell'schen Ausgabe als Quelle die »Kurze Darstellung« einschlägig. Als Grundlage der Interpretation verdient sie den Vorzug, einmal wegen ihres weitaus größeren Umfangs, zum anderen weil sie von Schleiermacher selbst veröffentlicht worden ist. Ihre durchgängig nur fachwerkartigen Ausführungen erfahren durch die Herbeiziehung der erstgenannten Textgruppe eine wertvolle Ergänzung.

a) Die »Kurze Darstellung«[48]

Im Organismus der theologischen Wissenschaften, wie ihn Schleiermacher sowohl nach seiner Stellung im Gesamtsystem der Wissenschaften als auch nach seiner Binnenstruktur in der KD rekonstruiert[49], hat die Kirchengeschichte ihren Ort in der Mitte der historischen Theologie zwischen der exegetischen Theologie und dem Abschnitt über die geschichtliche Kenntnis von dem gegenwärtigen Zustand des Christentums (vgl. § 85).

Der Ort der historischen Theologie innerhalb des Organismus der theologi-

---

[46] Vgl. zum folgenden H. JURSCH, Schleiermacher als Kirchenhistoriker, S. 51−91.

[47] Daß Schleiermachers Reformationsdeutung geschichtsphilosophisch durchreflektiert ist, nimmt FLÜCKIGER wahr, wendet aber keine Mühe an die Rekonstruktion der Grundlagen. Vgl. Philosophie und Theologie, S. 130 ff.

[48] Die »Kurze Darstellung« wird im folgenden zitiert nach der kritischen Ausgabe von HEINRICH SCHOLZ (Quellenschriften zur Geschichte des Protestantismus Heft 10, Leipzig 1910, Nachdruck Darmstadt 1982), und zwar in der Regel nach der 2. Aufl. mit dem Siglum »KD²« und Angabe der Paragraphennummer. − Eine meisterhafte Einführung bietet H.-J. BIRKNER, Schleiermachers »Kurze Darstellung« als theologisches Reformprogramm, in: H. HULTBERG u. a. (edd), Schleiermacher, Text und Kontext Sonderreihe Bd 22, Kopenhagen/München 1986, S. 59−81.

[49] Vgl. hierzu H.-J. BIRKNER, Theologie und Philosophie, bes. S. 25 ff., T. RENDTORFF, Kirche und Theologie, S. 139−150. W. GRÄB, Humanität und Christentumsgeschichte S. 64−75.

schen Wissenschaften wird im zweiten Teil der Einleitung (§§ 21–31) bestimmt, wo Schleiermacher, an die Definition der Theologie als einer positiven Wissenschaft vermöge ihres Bezugs auf die Aufgabe der Kirchenleitung[50]
anknüpfend, die Einteilung der Theologie in den philosophischen, historischen und praktischen Zweig durchführt, die dann den Aufbau des gesamten
Werks bestimmt. Die philosophische Theologie hat die Aufgabe, einen in der
philosophischen Ethik, verstanden als »Wissenschaft der Geschichtsprinzi-
pien« (§ 35) fundierten und legitimierten normativen Wesensbegriff von Kirche und Christentum zu erarbeiten. Damit tritt neben die wissenschaftstheoretische Einordnung der Theologie als *positive* Wissenschaft noch eine zweite,
nämlich als positive *Wissenschaft*[51]: Sie, die keinen »vermöge der Idee der Wissenschaft notwendigen Bestandteil der wissenschaftlichen Organisation« (§ 1)
ausmacht, ist hinsichtlich der Auffassung ihres Gegenstandes auf die Ethik als
Wissenschaft der Prinzipien der Geschichte (§ 35) angewiesen. Zwar kann das
Christentum als gegebene historisch-empirische Größe von ihr nicht a priori
deduziert werden (§ 32), aber lediglich durch empirische Wahrnehmung kann
es zu keinem Wissen um dasselbe kommen. Die philosophische Theologie hat
also eine zwiefache Aufgabe: Sie entnimmt der Ethik die Begründung dafür,
daß Religion und religiöse Gemeinschaften »ein für die Entwicklung des
menschlichen Geistes notwendiges Element«[52] (§ 22) sind sowie die »Gegensätze, vermöge deren fromme Gemeinschaften können voneinander verschieden sein« (§ 32), um dann durch das Einzeichnen des empirisch wahrgenommenen Christentums in das ethisch gewonnene Koordinatenkreuz das »eigen-

---

[50] Zum theologiegeschichtlichen Hintergrund vgl. RENDTORFF, Kirche und Theologie,
S. 139 ff. – Zum *theologischen* Charakter der theologischen Wissenschaften s. auch die einleitenden Sätze von SCHLEIERMACHERS Gutachten über die Einrichtung der Theologischen Fakultät vom 22. Mai 1810, abgedruckt in R. KÖPKE, Die Gründung der Friedrich-Wilhelms-
Universität, S. 211.

[51] Vgl. hierzu auch GRÄB, Humanität und Christentumsgeschichte, S. 73 f.

[52] In der Erläuterung zu diesem Paragraphen findet sich die kryptische Aussage: »Das
erste ist noch neuerlich in den Betrachtungen über das Wesen des Protestantismus geschehen.« Sie bezieht sich auf den oben im Text nicht zitierten ersten Teil des Leitsatzes: »Wenn
fromme Gemeinschaften nicht als Verirrungen angesehen werden sollen: . . .«. Schleiermacher nimmt hier Bezug auf die anonym veröffentlichte Schrift von CARL GUSTAV JOCHMANN:
Betrachtungen über den Protestantismus, Heidelberg 1826. Der Autor interpretiert alles Kir-
chenwesen, anknüpfend an David Hume, als Resultat des Aberglaubens, der vom Klerus aus
dessen Eigeninteresse heraus am Leben erhalten und gefördert wird. Jesus hat die reine,
kirchen- und kultlose Menschheitsreligion gestiftet. In der Nachfolge Pauli hat das Christentum dann doch wieder – jüdischem Vorbild folgend – eine Kirche ausgebildet. Die Reformation hat den Anfang der Auflösung allen Kirchentums gemacht, ihn aber nicht vollendet:
»Der erhabene Gedanke des Christenthums von einer in Tugend und Liebe verbrüderten
Menschheit, schrumpfte noch einmal zu jener engherzigen Vorstellung von einem bloßen
Priesterstaate, von einer Kirche zusammen. Was eine Wiederherstellung der sittlichen Reli-
gion hatte werden sollen, das wurde zu einer bloßen Kirchenverbesserung« (S. 153). Zu
Jochmann vgl. W. KRAFT, Art. Jochmann, Carl Gustav, in: NDB Bd 10, Sp. 448–450, dort
weitere Literatur. – Vgl. zum Hinweis auf Jochmann jetzt auch W. SACHS (ed), Friedrich
Schleiermacher, Theologische Enzyklopädie (1831/32), Nachschrift David Friedrich Strauß,
SchlA Bd 4, S. 22 mit Anm. 2.

tümliche Wesen des Christentums« »kritisch« zu »bestimmen« (ibd., vgl. Birkner, Sittenlehre, 52).

Das Wissen um die Erfordernisse und Grundsätze der Kirchenleitung wird
von der praktischen Theologie bearbeitet (vgl. § 25).

Von beiden anderen Zweigen der Theologie wird die historische benötigt: Die
praktische Theologie bedarf ihrer, weil die kirchenleitende Tätigkeit auf die
Kenntnis ihres Objekts, der gegenwärtigen Kirche, als eines Resultats der Vergangenheit angewiesen ist (vgl. § 26)[53].

Zur philosophischen Theologie steht die historische in einem Doppelverhält-
nis: Die historische Theologie hat die philosophische zur Voraussetzung, weil
erst der von dieser ermittelte Wesensbegriff es ihr ermöglicht, innerhalb der
Stoffmassen Wichtiges von Unwichtigem, Krankes von Gesundem zu unterscheiden (vgl. § 65). Andererseits bedarf die philosophische Theologie der historischen als »Bewährung«, insofern diese »jeden Zeitpunkt in seinem wahren
Verhältnis zu der Idee des Christentums darstellt« (§ 27).

So steht die historische Theologie mit ihren beiden Schwesterdisziplinen, die
die Eckpunkte des theologischen Organismus bilden, in engstem Kontakt und
»ist sonach der eigentliche Körper des theologischen Studiums« (§ 28).

In der Realität des theologischen Lehrbetriebes hat diese Dreigliederung noch
keinen augenfälligen Ausdruck gefunden, weil die philosophische Theologie
noch nicht zur geschlossenen Disziplin durchgebildet ist (§ 29). »Jetzt hingegen
können die einzelnen Teile derselben nur fragmentarisch mit dem Studium der
historischen Theologie gewonnen werden; aber auch dieses nur, wenn das
Studium der Ethik vorangegangen ist...« (§ 29). In Schleiermachers Werk ist
das bekannteste Beispiel eines solchen »Fragments« der philosophischen Theologie die Einleitung in die Glaubenslehre, weniger bekannt ist es, daß er auch
seinen Vorlesungen über die Kirchengeschichte solche lemmatischen Ausführungen vorangeschickt hat. Sie werden weiter unten vorgeführt.

Nachdem somit Schleiermachers wissenschaftstheoretische Begründung der
historischen Theologie und damit der Kirchengeschichte in Umrissen dargestellt ist, gilt es nun, das Augenmerk auf die methodischen Prinzipien für die
Erfassung und Darstellung des Stoffs zu richten.

In der Einleitung zum zweiten Teil der KD, der der historischen Theologie
gewidmet ist, macht Schleiermacher noch einmal auf deren doppelte wissenschaftstheoretische Verankerung aufmerksam. Sie ist ihrem »Inhalte nach ein
Teil der neueren Geschichtskunde« und ihren entsprechenden Nachbarwissen-
schaften koordiniert (§ 69). Als theologische Wissenschaft verdankt sie sich den
Anforderungen, die die Aufgabe der Kirchenleitung stellt, und so gesehen sind

---

[53] Das illustriert der markante Schlußsatz der kirchengeschichtlichen Vorlesung: »Das nüzli-
che und wesentliche der Geschichte ist daher, diejenigen Momente, die durch die Geschichte
fortlaufen, bis jezt zu erkennen und in der Vergangenheit einen lebendigen Spiegel zu haben für
die Gegenwart, in der ⟨!⟩ man die Zukunft erblicken kann, um desto besser auf sie zu wirken«
(KG, S. 622).

ihr die profanhistorischen Nachbardisziplinen subordiniert (§ 70). Gliederungs-
prinzip für alle Geschichte ist der relative Gegensatz Epoche – Periode
(§§ 71–73). Durch diese Begriffe werden verschieden qualifizierte Zeiträume
des geschichtlichen Verlaufs bezeichnet: Ein als Periode zu kennzeichnender
Zeitraum zeichnet sich dadurch aus, daß in ihm »die ruhige Fortbildung überwiegt« (§ 73), während einer Epoche findet »eine zerstörende Umkehrung der
Verhältnisse«, ein »plötzliches Entstehen« (ibd.) statt.

Alle Geschichte bildet grundsätzlich *eine* Totalität (§ 78). Daher ist es durchaus
subjektiv bedingt, ob ein Faktum als Resultat ruhiger Fortbildung oder plötzlichen Entstehens interpretiert wird. Das Urteil hängt davon ab, wie weit bei der
Interpretation jeweils der Rahmen des geschichtlichen Ganzen gesteckt wird, in
den das Einzelfaktum eingeordnet wird (vgl. § 78). Demnach sind auch für das
Faktum »Christentum« zwei mögliche Perspektiven der historischen Betrachtung gegeben: Einmal als durch eine Epoche eingeleitete Periode innerhalb des
Ganzen der Religionsgeschichte, sodann aber auch als »ein besonderes geschichtliches Ganzes, das als ein Neues entsteht, und abgeschlossen für sich in
einer Reihe durch Epochen getrennter Perioden verläuft« (§ 79). Die Entscheidung für eine der beiden Sichtweisen kann am empirischen Stoff nicht zwingend
begründet werden. Daß die historische Theologie ihrer Arbeit das zweite Glied
der Alternative zugrunde legt, liegt also allein an ihrer Zugehörigkeit zum
Organismus der theologischen Wissenschaften, die als *theologische* ihre ratio
essendi außerhalb ihrer selbst haben (vgl. § 80).

Gegenstand der Kirchengeschichte ist »das Wissen um die gesamte Entwicklung des Christentums, seitdem es sich als geschichtliche Erscheinung festgestellt hat« (§ 149). Bei der Produktion dieses Wissens hat sie eine überwiegend
konstruktive Aufgabe, denn bloßes Faktensammeln ergibt noch kein Wissen
(vgl. §§ 150 ff., bes. § 152). Ein Wissen um ein historisches Ganzes kann nur
hervorgebracht werden, indem es aus zwei Blickwinkeln wahrgenommen wird,
nämlich nach seiner inneren Einheit und seiner äußeren Mannigfaltigkeit (ibd.).
Die innere Einheit ist »der eigentümliche Geist des Ganzen« (§ 150 Anm.). Das
kontingente Einzelfaktum wird erst dann eine »geschichtliche Einzelheit«
(§ 151), wenn in der empirischen Faktizität die Identität mit der inneren Einheit
des übergeordneten Ganzen gesetzt wird. Hieraus ergibt sich die generelle
Aufgabe der Kirchengeschichte als einer theologischen Wissenschaft: Sie soll in
dem Aggregat der historischen Fakten das spezifisch Christliche namhaft machen, indem sie es unternimmt, dasjenige, »was aus der eigentümlichen Kraft
des Christentums hervorgegangen ist« (§ 160), zu trennen von dem, was sich
ihm akzidentiell beigesellt hat, indem es vom Christentum schon existierend
vorgefunden und aufgenommen wurde oder von »fremden Prinzipien« aus
eingedrungen ist.

Das Prinzip des Christentums hat von Anfang an in verschiedenen »Funktionen« seine Wirkung geübt, die einander unaufhörlich beeinflußt haben (vgl.
§§ 161 f.). Die wichtigsten unter ihnen sind die Ausbildung der Lehre und der
Lebensformen, letztere untergliedert in Kultus und Sitte sowie – ihnen unterge-

ordnet – der Kirchenverfassung[54]. Die Ausbildung der Lebensformen und der
Sitte wird beeinflußt durch die politisch-sozialen Verhältnisse und das geistig-
religiöse Gemeinbewußtsein der Umwelt (vgl. § 167, § 169). Der Kultus wird
mitgeprägt durch die in der Gesellschaft entwickelten künstlerischen »Darstellungsmittel« (§ 169). Die Entwicklung der Lehre verdankt sich zum einen dem
Prozeß der internen Selbstverständigung, zum anderen dem Bestreben, »ihn
⟨scil. den Lehrbegriff⟩ auf anderweitig zugestandene, nicht aus dem christlichen
Glauben erzeugte Sätze, die dann Philosopheme sein werden, zurückzuführen«
(§ 180).

Wie alle Geschichte so wird auch die Kirchengeschichte durch den relativen
Gegensatz Epoche – Periode gegliedert. Die wichtigsten epochalen Einschnitte
sind in ihr immer solche, die nicht nur für die verschiedenen Funktionen des
kirchlichen, sondern auch des politisch-sozialen Lebens von einschneidener
Bedeutung sind (§ 175).

Einzelfakten werden in ihrer geschichtlichen Bedeutung erst dann richtig
erfaßt, wenn sie in den durch den Gegensatz Epoche – Periode strukturierten
Gesamtverlauf eingeordnet werden. Innerhalb einer Periode müssen die Einzelfakten daraufhin untersucht werden, ob sie eher Wirkungen der nächstvorange-
gangenen Epoche oder Hinweise auf und Vorbereitungen für die folgende sind
(vgl. § 91). Dies zeigt deutlich, daß der Gegensatz Epoche – Periode nur relativ
ist. Die Epoche ist kein unvorhersehbares und wunderhaftes Ereignis, sondern
sie ist derjenige Zeitraum, in dem Entwicklungen der vorausliegenden Periode,
die schon über diese hinausgewiesen haben, kulminieren. Dieser Aspekt ist, wie
später deutlich werden wird, grundlegend für wichtige Spezifika von Schleiermachers Reformations- und Protestantismusdeutung.

Der Deutungs- und Darstellungsrahmen für die Kirchengeschichte, wie er
hier anhand der KD skizziert worden ist, bietet ein höchst formales Netz von
Regeln, unter das sich durchaus verschieden akzentuierte Auffassungen subsumieren lassen. Er steckt lediglich Arbeitsfelder ab und weist Aufgaben zu.
Schleiermachers eigene Auffassung der Entwicklungsgesetze des Christentums,
wie sie in den beiden Fassungen der Einleitung zur KG vorliegt, verhält sich zu
diesem Rahmen wie ein Spezialfall zur Regel. Sie soll nun in ihren Hauptzügen
vorgeführt werden, bevor sich das Augenmerk auf die materiale Kirchengeschichte richtet. Als Hauptquelle soll dabei wegen ihrer relativ größten Ausführlichkeit die »Einleitung« von 1806 dienen. Die Aphorismen von 1821/22 sind
von ihr abhängig, sie kommen zur Sprache, sofern sie inhaltlich von der Einleitung abweichen. Die Einleitung des Bonnell'schen Haupttexts kann den beiden
erstgenannten gegenüber nicht als gleichwertige Quelle angesehen werden,
bietet sie doch kein Material über die Aphorismen hinaus.

---

[54] Vgl. § 161 f., § 166, § 168, § 174.

b) Die Einleitungen zur Kirchengeschichte

Die Einleitung wird eröffnet mit einem programmatischen Abschnitt, der kurze Reflexionen zum Geschichtsbegriff und zur Geschichtsschreibung zum Inhalt hat. Zur Entfaltung seines eignen Programms setzt sich Schleiermacher zunächst überbietend von zwei anderen Positionen ab: Die Behandlung der Geschichte in Form einer Chronik beschränkt sich darauf, Fakten zu sammeln und sie synchronisch und diachronisch zu ordnen. Da sie auf die Wertung und Gewichtung der Fakten verzichtet, bringt sie keinen Erkenntnisgewinn (Beil. A, 623, vgl. auch 2 f.).

Die Plausibilität einer solchen Darstellung ist unabhängig von jeder vorgängigen Übereinstimmung zwischen dem Darstellenden und dem Rezipienten, da sie das subjektive Urteil ja gerade suspendiert (vgl. 2 f.). Die zweite Geschichtsauffassung, mit der sich Schleiermacher kurz auseinandersetzt, ist die »sogenannte pragmatische, Erklärung des gegenwärtigen aus dem vergangenen, eigentlich psychologische« (Beil. A, 624)[55].

Bei diesem erkenntnisleitenden Interesse wird die Gegenwart verabsolutiert, indem sie als abschließendes Resultat der Vergangenheit angesprochen und dieser in unzulässiger Verselbständigung gegenübergestellt wird. Ein weiterer Fehler der pragmatischen Geschichtsschreibung ist nach Schleiermacher ihre Tendenz zu monokausalen Betrachtungsweisen: Indem sie für bestimmte Ereignisse in der Geschichte in der Gestalt des sittlichen Charakters einer einflußreichen Persönlichkeit eine isolierbare Ursache aufsucht, wird letztlich unableitba-

---

[55] Auf die pragmatische Kirchengeschichtsschreibung als Leistung der Aufklärungstheologie kann hier nicht ausführlich eingegangen werden. Verwiesen sei auf die Werke zur Geschichte der Kirchengeschichtsschreibung von BAUR und NIGG, als repräsentative Quelle auf J. M. SCHROECKH, Kirchengeschichte Bd 1², 255–324, bes. 269 ff., zur geistesgeschichtlichen Einordnung E. SEEBERG, Gottfried Arnold, S. 79, 566 ff. – Die hier erwähnte Kritik SCHLEIERMACHERS findet sich schon in den Jugendmanuskript »Über den Geschichtsunterricht« (1793), vgl. KGA I.1, 495, s. auch die 1807 erschienene Kritik von FICHTES »Grundzügen des gegenwärtigen Zeitalters«, Br. IV, S. 624 ff., bes. S. 634. – Die Begriffsverbindung »pragmatisch« und »psychologisch« verdient Aufmerksamkeit. Ihr liegt ein bestimmter Begriff von Psychologie zugrunde, wie er exemplarisch von K. PH. MORITZ in seinem »psychologischen Roman« – so der Untertitel – »Anton Reiser« (1785–1790) durchgeführt worden ist. Die folgenden Zitate (nach der Ausgabe von W. MARTENS, Reclam Lese-Klassiker, Stuttgart 1986) können natürlich nur Hinweise sein. »Wer den Lauf der menschlichen Dinge kennt, und weiß, wie dasjenige oft im Fortgange des Lebens sehr wichtig werden kann, was anfänglich klein und unbedeutend schien, der wird sich an die anscheinende Geringfügigkeit mancher Umstände, die hier erzählt werden, nicht stoßen.« (Vorrede zum ersten Teil, S. 6). »Wem nun an einer solchen getreuen Darstellung (scil. einem psychologischen Roman bzw. einer Biographie, Verf.) etwas gelegen ist, der wird sich an das anfänglich unbedeutende und unwichtig scheinende nicht stoßen, sondern in Erwägung ziehen, daß dies künstlich verflochtene Gewebe eines Menschenlebens aus einer unendlichen Menge von Kleinigkeiten besteht, die alle in dieser Verflechtung äußerst wichtig reden, so unbedeutend sie an sich scheinen.« (Vorrede zum zweiten Teil, S. 122). Das von Schleiermacher kritisierte Deutungsmuster »kleine Ursachen – große Wirkungen« wird hier auf der Ebene der individuellen Biographie theoretisch reflektiert und erschöpfend durchgeführt. – Moritz gab von 1783–93 das »Magazin für Erfahrungsseelenkunde«, die »erste psychologische Zeitschrift deutscher Sprache« (W. MARTENS, ibd., S. 547) heraus.

re Kontingenz zur Triebfeder der Geschichte: »Daher dieser Ansicht eigen, das Bestreben zu großen Begebenheiten kleine Ursachen aufzufinden, also das ganze Resultat der Geschichte für zufällig anzusehen, weil man es nämlich in einem falschen Sinn für nothwendig ansieht« (Beil. A, 624).

Diesen skizzenhaften Abgrenzungen läßt Schleiermacher – ebenfalls skizzenhaft – seine eigenen theoretischen Ansätze folgen: »Zu diesen Ansichten verhält sich die wahre, wie sich die organische Potenz zur mechanischen und chemischen verhält« (ibd.)[56].

Die Geschichte hat einen teleologischen Gesamtsinn, in ihr ist nichts »falsch« oder »überflüssig«. Sie ist kein bloßes Aggregat kontingenter Einzelfakten oder das zufällige Resultat der guten und bösen Handlungen der einzelnen Individuen, sondern sie ist die sinnhafte Totalität allen Lebens in seiner zeitlichen Sukzession (vgl. Beil. A, 624). Was hier nur angedeutet wird, ist im gerade ein Semester zuvor entstandenen »Brouillon zur Ethik« weiter ausgeführt (s. Brouillon edd Braun/Bauer, S. 87). Ihr teleologischer Charakter ist der ethischen Reflexion zugänglich und offenbart sich im faktischen Verlauf: »Ihr Wesen ist das Aufgehn der Zeit in die Idee. Also in ihr aller Gegensaz zwischen Empirie und Speculation aufgehoben, und volle Beruhigung überall nur in der historischen Ansicht« (Beil. A, 624). Die Geschichtsdarstellung, die sich aus der »höheren Ansicht« ergibt, ist notwendig Kunst (ibd.).

Wenn nach dieser Ansicht ein einziges Movens aller Geschichte zugrunde liegt, so drängt sich unabweislich die Frage nach der Bedeutung des Individuums im geschichtlichen Prozeß auf, anders gewendet, das Problem des Verhältnisses Einzelner – Masse. Hier führt Schleiermacher als verbindende Kategorie den »Geist« (Beil. A, 625) ein. Als Gemeingut der Individuen konstituiert er die Masse und ist der Motor der geschichtlichen Entwicklung. Die Tatsache, daß zu einem bestimmten Zeitpunkt nicht alle Individuen gleichmäßig am Geiste partizipieren, berechtigt dazu, bestimmte Individuen, in denen der Geist vorzüglich wirksam ist, als besonders wirksame Faktoren im Geschichtsverlauf namhaft zu machen: »Daher ist es gerade das Amt der Geschichte, den einzelnen unsterblich zu machen, sowol indem sie ihn heraushebt, als indem sie ihn in der Masse begraben läßt. Also bekommt auch das einzelne erst Haltung und bestimmtes

---

[56] Hier begibt sich Schleiermacher auf ein Gebiet, das in der damaligen philosophischen Debatte breiten Raum einnahm. Seine eigene Stellung in ihr genau nachzuzeichnen, wäre Aufgabe einer eigenen Untersuchung. Hier sei nur pauschal angemerkt, daß Schleiermacher sich eng an SCHELLING anschließt, vgl. Methode des akademischen Studium, Vorlesung 8–10. In SÜSKINDS Studie »Der Einfluß Schellings auf die Entwicklung von Schleiermachers System« findet der hier thematische Gesichtspunkt keine Berücksichtigung, ebensowenig in der Untersuchung von E. HERMS, Herkunft, Entfaltung und erste Gestalt, die nur bis 1803 reicht. Vgl. aber GRÄB, Humanität und Christentumsgeschichte, S. 159f. – Den Einfluß Schellings auf Schleiermachers Theorie der Kirchengeschichte betont besonders W. MAURER, Das Prinzip des Organischen in der Kirchengeschichtsschreibung des 19. Jahrhunderts, in: KuD 8/1962, S. 265–292, bes. 266–271; er hebt ihn jedoch so stark hervor, daß die Originalität und Leistungsfähigkeit von Schleiermachers Entwurf weithin unterbelichtet bleibt. Als wichtigstes Verständnishemmnis erweist sich dabei, daß MAURER die Prämissen in SCHLEIERMACHERS Philosophischer Ethik nicht hinreichend berücksichtigt.

Dasein in der Geschichte durch die höhere Behandlung« (625). Hier liegt deutlich sichtbar eine Anwendung der in ChS pneumatologisch und handlungstheoretisch gewonnenen Aussagen über die Wirksamkeit herausragender Individuen vor (s. diese Arbeit o. S. 47 ff.).

Plausibilität erlangt diese Geschichtsauffassung nur, wenn zwischen Darstellendem und Rezipienten Einigkeit bezüglich der ethisch-geschichtsphilosophischen Grundlagen besteht (ibd.).

Der nächste Fragenkreis, dem sich Schleiermacher zuwendet, ist die wissenschaftstheoretische Begründung für die relativ eigenständige Behandlung der Kirchengeschichte. »In der Geschichte ist eigentlich alles Eins und nur insofern etwas abzusondern, als man bei der Betrachtung eines Organismus ein System der Lebensaction von den übrigen absondern kann« (Beil. A, 625). Der Hinweis auf die empirisch vorhandene Kirche ist zu diesem Zweck nicht hinreichend, denn er besagt noch nichts über die Legitimität religiösen Lebens und seiner sozialen Gestaltung. Vielmehr müssen Religion und religiöse Gemeinschaftsbildung im fundamentalen Schematismus der menschlichen Lebensvollzüge, der allem sozialen Leben und aller Geschichte zugrundeliegt und den die philosophische Ethik spekulativ zu erarbeiten hat, verortet werden.

Ohne ausdrückliche Bezugnahme expliziert Schleiermacher – freilich in änigmatischer Kürze – eine Deduktion der Kirche, wie sie seiner philosophischen Systematik entspricht: »Das Gefühl, die eine Form, unter der sich die Vernunft in dem organischen offenbart, durchbricht zufolge seiner Natur die Schranken der Persönlichkeit, um sich als Eins in Allen darzustellen, durch Bildung eines gemeinsamen Lebens. Dies ist die Kirche.«[57] Hier liegt – wenn auch in andern Worten – derselbe Sachverhalt wie in ChS vor, wo die Kirche im darstellenden Handeln begründet wird: KG und ChS bearbeiten denselben Gegenstand, nur in je anderer perspektivischer Akzentuierung, die KG vertikal-diachronisch, die ChS horizontal-synchronisch, wobei ihnen das begriffliche Werkzeug grundsätzlich gemeinsam ist, im einzelnen aber je nach den besonderen Erfordernissen der Disziplin verschieden ausdifferenziert wird.

In einem nächsten Schritt unternimmt es Schleiermacher, die Richtigkeit der Deduktion an der empirischen Kirche zu bewähren: »In der Kirche selbst, auch wie sie erscheint, ist nichts anderes gegeben als dies. Denn ihr ostensibles Thun ist Erregung des Gefühls, in welchem sich das Verhältniß des Menschen zu Gott ausspricht. Dies ist aber die Totalität aller andern Verhältnisse, und ist auch wieder nichts anderes als diese Totalität« (627). Auch hier handelt es sich wieder um die terminologisch leicht veränderte Wiedergabe eines Theorems der philosophischen Ethik (vgl. Brouillon, edd Braun/Bauer, 176 f.).

Jede Empfindung wird dadurch fromm, daß sie auf das Gottesverhältnis, die Totalität aller Verhältnisse, bezogen wird. Hiermit ist in nuce ein normativ-kritischer Wesensbegriff für Religion und Kirche gegeben: Die Berechtigung

---

[57] Beil. A, 626. Für die Grundlagen in der phil. Ethik vgl. Brouillon, edd Braun/Bauer, S. 180 ff., S. 189–191.

und Wichtigkeit einzelner Tatsachen im faktischen Zustand der Kirche zu einem gegebenen Zeitpunkt kann danach bemessen werden, in wie enger bzw. weitläufiger Beziehung sie zu dieser Grundtatsache religiösen Lebens stehen. Zudem ist hiermit ein Maßstab für die Unterscheidung von »Kirche« und »Nichtkirche« gegeben: »Was wir im Gefühle noch außer Verbindung finden mit jener Totalität, das ist eben das noch nicht aufgenommene aber aufzunehmende« (Beil. A, 627). Die Aufnahme dieses noch außerhalb Befindlichen ist ein Movens für die Entwicklung der Kirche: Wird die Aufnahme freiwillig und widerstandslos vollzogen, so ist dies Fortschritt, vollzieht sich die Aufnahme gar nicht oder unter Widerstreben, so ist die Voraussetzung für Hemmung und Rückschritt gegeben.

Explizit sind diese Bestimmungen noch auf keine historisch-positive Religion bezogen. Bei näherem Hinsehen jedoch erweisen sie sich als vom Christentum aus und auf das Christentum hin, besonders in seiner protestantischen Gestalt, konzipiert. Die formalen Überlegungen zum Verhältnis Einzelner – Masse bieten zum einen den Anknüpfungspunkt für die Christologie, zum andern bereiten sie den Themenkreis »Fortschritt und Reformation« vor. In dieselbe Richtung verweist die exklusive Beziehung des Kirchenbegriffs auf das religiöse Gefühl mit der in ihr implizierten Relativierung von Kultus und Dogma. Endlich ist die Verhältnisbestimmung von Kirche und Welt eindeutig von christlichem Universalismus geprägt.

Mit diesen Voraussetzungen hat sich Schleiermacher das theoretische Raster geschaffen, in das er die Geschichte der christlichen Kirche einzeichnen will. Durch »Lehnsätze« aus der philosophischen Ethik sind Religion und religiöse Gemeinschaft so definiert, daß sie als notwendiges Glied der als Organismus verstandenen Gesamtgeschichte eine so weitgehende relative Selbständigkeit haben, daß die Geschichte einer bestimmten Religion und Kirche in relativer Eigenständigkeit verstanden und dargestellt werden kann.

Im nächsten Abschnitt werden die oben nur angedeuteten Kategorien zur Deutung der Kirchengeschichte näher ausdifferenziert (Beil. A, 627 f.). Die historische Analyse hat zunächst zwei Hauptaspekte: Die »Einwohnung des Gefühls« und die »Organisation der Mittheilung«. Der erste Aspekt umfaßt die äußere Mission sowie die »innere Befestigung« des Gefühls. Letztere wiederum hat eine negativ-polemische Seite, »nämlich auszuscheiden, was noch von der vorigen Epoche 〈scil. der Religionsgeschichte, der die Menschen angehörten, bevor sie Christen wurden〉 übrig war und vielleicht voreilig als schon assimilirt angesehen wurde« und eine positive, die »fortschreitende Belebung selbst« (627). Es liegt auf der Hand, daß hier dieselben Handlungsweisen angesprochen werden, die in ChS als reinigendes bzw. intensiv erweiterndes Handeln erörtert werden.

Die »Organisation der Mittheilung« bezeichnet die kirchliche Verfassung, deren Probleme Schleiermacher auf die Frage des Verhältnisses Klerus – Laien reduziert und für deren nähere Ausführung er auf die christliche Sittenlehre verweist.

Ist der Einzelne in seinem religiösen Leben nur Produkt und Organ des Ganzen, so ist er Laie, übt er seinerseits selbständig Einfluß auf die Masse, so gehört er dem Klerus an – derselbe relative Gegensatz, dessen Glieder in der ChS Spontaneität und Rezeptivität genannt werden (627 f.).

Zu diesen beiden Blickrichtungen des Interesses tritt ein dritter Aspekt hinzu, der sie an Wichtigkeit übertrifft: »*Das Gehalt des religiösen Lebens* ist nun abzunehmen aus der Reaction des Gefühls, wo das innere mit hervorragender Activität dem ganzen entgegentritt« (Beil. A, 628). – es ist dies der Bereich, der in ChS als darstellendes Handeln firmiert. Der religiöse Impuls bewirkt einerseits die Darstellung des religiösen Gehaltes als Kunst im Kultus und prägt sich andererseits dem sozialen Leben als Sitte ein. So zerfällt dieser dritte Aspekt in die christliche Kunst- und Sittengeschichte. Der Bereich ist denkbar weit gefaßt: Er enthält die Geschichte der Theologie, insoweit sie sich als Ausdruck der Frömmigkeit zu erweisen vermag, ebenso wie die Geschichte des Gottesdienstes, der Kirchenmusik und der christlichen Kunst und Erbauungsliteratur, andererseits die Geschichte der christlichen Sittlichkeit sowie des religiösen Brauchtums.

Bis hierher hat Schleiermacher mit wenigen knappen Markierungen die Skizze eines Programms der Kulturgeschichte des Christentums gegeben, das von einer ungemeinen Weite des Horizonts gekennzeichnet ist[58].

Nun folgen – eher als Nachträge – noch zwei weitere Aspekte des historischen Interesses, die in der aufklärerischen Kirchengeschichtsschreibung von überragender Wichtigkeit waren: Die politischen Verhältnisse der Kirche und die Dogmengeschichte. Die Wirrnisse im Verhältnis Kirche – Staat sind nicht notwendige Bestandteile der Geschichte des Christentums, wie sie sich nach den ethisch deduzierten Gesetzen gestalten muß, sondern haben nur zufällige Ursachen in gegenseitigen Mißverständnissen von Kirche und Staat; ihre Nachzeichnung bringt in bezug auf das Interesse am Wesen des Christentums keinen Erkenntnisgewinn: »Für die politische Historie ist dies alles interessant, in der Kirchengeschichte hat es nur Gewicht zur Vernachlässigung des wichtigeren« (Beil. A, 629).

Die Behandlung der Dogmengeschichte ist nach Schleiermachers Ansicht durch diese Abirrung vom Wesentlichen stark in Mitleidenschaft gezogen worden, was darin zum Ausdruck kam, daß der Prozeß der Dogmenbildung überwiegend lediglich als Resultat politischer Ränkespiele gedeutet wurde. Dadurch hat man sich den Blick für den wahren Gehalt der Dogmen versperrt: »Daher muß das Studium des Systems dem der Geschichte vorangehen. Dann sieht man leicht, daß das wesentlichste ganz ohne politische Bewegung abgegangen ist (Augustin), und daß troz allem falschen politischen Interesse doch nur das herrschend blieb, was aus dem Wesen des Christenthums hervorging, z. B. die

---

[58] Wie Ausführungen dieses programmatischen Ansatzes lesen sich die einschlägigen Erwägungen K. Sells und J. v. Walters, die U. Köpf jüngst der Vergessenheit entrissen hat, vgl. Johannes von Walter und die Konzeption einer Religonsgeschichte der Christentums, in: E. Herms/J. Ringleben (edd), Vergessene Theologen des 19. und frühen 20. Jahrhunderts, Göttingen 1984, S. 155–164.

athanasianische Lehre«. (Beil. A, 629) – auch dies fundamentale Widersprüche zur aufklärerischen Kirchengeschichtsschreibung[59].

Auf den ersten Blick wirken diese Sätze aus der Feder des Mannes, der ungefähr ein halbes Jahr zuvor die »Weihnachtsfeier« veröffentlicht hat, befremdlich. Isoliert betrachtet legen sie die Annahme nahe, ihr Verfasser wolle Sätze der vorkritischen Dogmatik repristinieren. Ihre Intention ist jedoch eine andere: Es geht darum, das Axiom, die Religion sei ein relativ selbständiger Faktor sittlichen Lebens, am historischen Stoff zu bewähren. Dem widerspräche es diametral, wollte man einen so gewichtigen und folgenreichen Teil der Christentumsgeschichte als Wirkung außerreligiöser Faktoren deuten, statt ihn als notwendigen Abschnitt des Prozesses der Selbstverständigung über das Wesen des Christentums zu werten[60].

Ein ausgeführtes eigenes Programm zur Neugestaltung der Dogmengeschichte bleibt Schleiermacher schuldig, er begnügt sich mit der Andeutung, es sei vor allem nötig, »... die Bedeutung des Dogma zu trennen« (ibd.). Darunter ist wohl zu verstehen, daß hinter die Formulierung des Lehrsatzes auf die ihm zugrunde liegende religiöse Motivation zurückgegangen werden muß, die dann ihrerseits zu interpretieren und zu prüfen ist.

Der Rest dieses frühesten Schleiermacherschen Manuskripts zur Kirchengeschichte ist nicht von der Art, daß er hier vorgeführt werden müßte.

Gegenüber dieser Erstfassung weist das Manuskript von 1821/22 einige charakteristische neue Motive auf. Neu an der Theorie der Kirchengeschichte beim reifen Schleiermacher ist die dogmatisch-christologische Fundierung, die scheinbar die ethisch-geschichtsphilosophische Argumentation verdrängt, in Wirklichkeit aber auf sie aufbaut. Sie ist es, die dem Christentum als historisches Phänomen einen so hohen Grad an relativer Eigenständigkeit sichert, daß es ein selbständiger Gegenstand der Geschichtsschreibung zu werden vermag. Die Würde der Person Christi kann nicht a priori geschichtsphilosophisch konstruiert werden, sondern erschließt sich allein a posteriori dem Glauben: »Mein Glaubensbekenntniß ist, Daß das Christenthum mit Christo anfängt; keine Fortsezung des Judenthums, kein gleichstehendes mit heidnischen Anfängen« (Beil. B, 633). Aus diesem Neuen in der Erscheinung Christi »folgt, daß eine neue Offenbarung also göttliches in Christo war; ...« (ibd.). Was in der Erstfassung der Einleitung lediglich als Konstante allen sittlichen Lebens deduziert

---

[59] S. die prägnanten Beispiele bei ANER, Die Theologie der Lessingzeit, S. 223–233.

[60] Wenn EM. HIRSCH (KSP III, S. 367f., Anm. 62, zur 8. Augustanapredigt) feststellt, Schleiermacher sei noch ganz in den Denkbahnen der neologisch-rationalistischen Dogmenkritik befangen, so erfährt das von hier aus eine deutliche Korrektur. Präzise hat T. RENDTORFF das Verhältnis bezeichnet: »Anders als Semler, für den diese Kritik noch eine originäre Leistung darstellt, der er den größten Teil seiner Lebensarbeit gewidmet hat, schaut Schleiermacher auf die Kirchen-, Dogmen- und Theologiekritik bereits zurück. Das Interesse an ihr ist nicht mehr unmittelbar. Es gehört bereits den Konsequenzen, die sich ergeben, wo das durch Kritik freigewordene Feld durch diejenige neue und bessere Einsicht in das Wesen der Religion besetzt wird, um derentwillen die Kritik unternommen worden ist und die deren eigentliche Rechtfertigung darstellt.« (Kirche und Theologie, S. 117).

wurde, nämlich religiöses Leben und seine soziale Gestaltung, wird hier sofort mit einem konkreten historischen Inhalt gefüllt.

Das Leitthema der Kirchengeschichte lautet sonach: »Hauptagens ist es also das Bestreben, das göttliche in Christo sich anzueignen und es auf andere zu verbreiten« (Beil. B, 634). An diese Konstante heften sich die Variablen, die in den »menschlichen Motiven« (ibd.) liegen und dem geschichtlichen Verlauf dieses Aneignungsprozesses seine wechselvolle, vielfach disparate Ausprägung geben. Es lassen sich Kategorien finden, die es erlauben, die Mannigfaltigkeit der Ereignisse auf bestimmte Handlungstypen zu reduzieren und somit vernünftig verstehend zu rekonstruieren. Zugrundezulegen sind dabei die allgemeinen Gesetzmäßigkeiten, nach denen »irgend eine geistige Kraft etwas geschichtliches wird« (15). Dem »Inneren«, dem »Geist« kommt die Priorität vor seinen historischen Manifestationen zu. Schleiermacher unterscheidet zwei Arten von »Zeugung«: Bei der »natürlichen Zeugung« bildet der Geist den ihm zukommenden physischen Organismus selbst, bei der »geschichtlichen Zeugung« hingegen findet der Geist das Äußere, das er aneignend durchdringen soll, schon als anderweitig gegeben und ausgebildet vor (16). In Christus selbst ist die ursprüngliche Einheit von Innerem und Äußerem gegeben, in ihm gibt es keine zwischen Fortschritt und Rückschritt oszillierende Geschichte, sondern nur einsinnige Entwicklung (17). In denjenigen, die sich das durch ihn in die Welt gekommene »neue Princip« (ibd.) aneignen, ist das anders. Die Geschichte dieses Aneignungsprozesses hat also zwei Seiten: »1) die Stärke, mit welcher der christliche Geist das in Besiz genommene durchdringt, Intension; und 2) wie der Geist in diesem Besiz sich immer mehr nach außen verbreitet, Extension« (16, vgl. Beil. B, 634). Es ist unschwer zu erkennen, daß hier diejenigen Handlungstypen angesprochen werden, die in ChS als reinigend und intensiv verbreitend einerseits, als extensiv verbreitend andererseits systematisiert werden. Auffälligerweise wird das darstellende Handeln hier nicht genannt. Das hat seinen Grund darin, daß es für die diachronisch-geschichtliche Betrachtung, der es um den Aufweis von Entwicklungen zu tun ist, nur insoweit in Betracht kommt, als es seiner Wirkung nach unter das reinigende und verbreitende Handeln subsumiert werden kann.

Der christliche Geist findet die Organe, die er anbildend durchdringen soll, Spekulation und sittliches Gefühl in ihren individuellen und sozialen Ausgestaltungen, immer schon als unabhängig von ihm entwickelte vor. Geschichtlich wirksam werden kann er nur vermittelst dieser Organe. So ist der Geist für die Anschauung immer nur in der durch die Organe individualisierten, d. h. modifizierten und gebrochenen Weise gegeben.

Im extensiven Prozeß werden die Organe zunächst so, wie sie gegeben sind, in den Einflußbereich des christlichen Geistes hineingenommen. Die intensive Einwirkung geschieht in doppelter Richtung: Polemisch durch Ausscheiden vor-, unter- und widerchristlicher Elemente, konstruktiv durch Erfüllung mit dem christlichen Geist. Diese Grundrichtungen des Einwirkens zielen sowohl auf das menschliche Individuum als auch auf die Organisationsformen des menschlichen Gemeinschaftslebens wie Ethos, Kunst und Wissenschaft. Ermangelt es dem intensiven Wirken an Stärke, so entartet der Prozeß zur »Incrustation antichristlichen Sinnes« (Beil. B, 633), widerchristliche Anschauungen und Lebensregeln werden nicht als solche erkannt und daher integriert. Überlagert die intensive Richtung einseitig das extensive Streben, so sind »unfruchtbares in sich brüten, Separatismus und Anachoretismus« (Beil. B, 634) die Folge.

Wegen der vorgegebenen individuellen Prägung des Einzelnen wie der großen überindividuellen Lebenskreise kann der intensive Prozeß nicht zur allgemeinen Einheitlichkeit des christlichen Denkens und Lebens führen, obwohl das Streben danach dem christlichen Geist, der ja nur einen einzigen Ausgangspunkt, Christus, hat, wesenseigen ist (Beil. B, 635, vgl. auch 22). Jede Differenz ruft deshalb durch ihr bloßes Auftreten den Wunsch nach ihrer Aufhebung hervor, wobei aber vielfach gerade die Tendenz, die Differenz aufzuheben, erst recht eigentlich zum Streit führt (22). »Es giebt Differenzen, die im Christenthum nicht zu vermeiden sind, und es giebt andere, die mit dem Typus des Christenthums streiten« (ibd.). Zu der erstgenannten Gruppe gehört vorzüglich die Differenz zwischen Kirchengemeinschaften, die in verschiedenen Sprach- und Kulturräumen leben (vgl. Beil. B, 635 sowie 26 f.). Das Christentum als nicht an die Schranken der Nationalität gebundene Religion versucht seinem Wesen gemäß, diese Verschränkung aufzubrechen, was wiederum zu national akzentuiertem Widerstand führt: »Daher ist hier aufgegeben eine nie ganz vollendete Verständigung« (Beil. B, 635). In der Konsequenz der Beseelung des gesamten menschlichen Lebens durch den christlichen Geist liegt es, daß die Differenz zwischen hervorragenden Einzelnen und der breiten Masse im Verlauf der Christentumsgeschichte immer mehr abnehmen muß: »Das Ziel soll sein πάντες διδακτοὶ θεοῦ ⟨Joh 6,45⟩[61], also Ende aller Auszeichnung« (Beil. B, 635). Im Verhältnis Christi zu seinen Zeitgenossen und Jüngern war die Differenz am größten, in der Reihenfolge »Apostel, Kirchenväter, Zeugen, Reformatoren« (ibd.) nimmt sie ab. Die Einflußmöglichkeit »großer Männer« ist immer durch den Herrschaftsgrad des Gemeingeistes in der Masse bestimmt:

Ist er gering, so können Individuen Hemmung oder Förderung bewirken (vgl. ibd., s. auch 27). Darum ist eine Darstellung der Kirchengeschichte verfehlt, die sich auf Porträts hervorragender Individuen konzentriert.

Damit sind Schleiermachers Parameter für die Deutung und Darstellung der Kirchengeschichte aufgezeigt. – Vergleicht man sie mit seiner eigenen Durchführung des Projekts, so kommt man nicht umhin, ein Mißverhältnis zu konstatieren. Geht man mit der Erwartung einer nach den genannten Grundsätzen klar gegliederten, die Stoffmassen konsequent auf die grundlegenden Motive hin

---

[61] Vgl. hierzu schon die Zukunftsvision der 4. Rede. Der endgeschichtliche Idealzustand ist hier ermöglicht durch die Höchststeigerung der menschlichen Naturbeherrschung, die alle sklavisch-mechanische Arbeit an Maschinen delegiert und so jeden Einzelnen zur vollen Teilhabe an der Religion freistellt (Reden, 1. Aufl., S. 231 f., KGA I.2, S. 290). – Die Vorstellung, daß Arbeit u. U. dem Vollzug der Frömmigkeit hinderlich sein könne, ist Schleiermacher aus dem radikalen lutherischen Pietismus zugewachsen, vgl. E. SEEBERG, Gottfried Arnold, S. 208 f.

analysierenden Darstellung an die Lektüre, so wird man alsbald eines anderen belehrt. Es ist – jedenfalls nach dem Zeugnis der von Bonnell verarbeiteten Nachschriften – Schleiermacher nicht gelungen, den Stoff nach seinen eigenen methodologischen Prinzipien zu bändigen. Über weiteste Strecken hin erschöpft sich die Stoffdarbietung in nur grob nach Sachgebieten geordneten Schilderungen von Einzelpersonen und -ereignissen, in die geschichtstheoretische, auf das Verstehen des Gesamtzusammenhangs zielende Reflexionen nur sporadisch eingestreut sind.

Eine Zusammenschau von Schleiermachers Deutung liegt allein im letzten Abschnitt der späteren Fassung der Einleitung vor. Dieser Textabschnitt soll im folgenden so interpretiert werden, daß Schleiermachers Deutung der Voraussetzungen der Reformation zutage tritt. Zu diesem Zweck werden die Ausführungen der Einleitung gegebenenfalls mit Material ergänzt, das die Vorlesungen bieten.

Beim Aufsuchen der epochalen Wendepunkte, die die Kirchengeschichte strukturieren, bedient sich Schleiermacher einer Methode, die er schon 1793 in seiner Schrift »Über den Geschichtsunterricht« beschrieben hat: »Man sage ihnen sie sollen lernen: wie der jezige Zustand der Menschen nach und nach entstanden ist...« (KGA I.1, 493). Dementsprechend hat die Periodisierung der Kirchengeschichte ihren Ausgangspunkt beim gegenwärtigen Zustand zu nehmen und ihn »in seinen Hauptmomenten und Gegensäzen unter sich und mit dem Anfang zu vergleichen« (Beil. B, 636, vgl. auch 32). Als Hauptgegensatz ergibt sich dabei zuerst der zwischen Ost- und Westkirche, die ein voneinander in höherem Maße abgeschlossenes Eigenleben führen als Protestantismus und Katholizismus. Der dieser Trennung vorangehende Zeitraum der Einheit begann mit der Feststellung des Christentums im römischen Reich unter Konstantin (ibd.). Sein definitives Ende fand er durch »Die Consolidation der neu entstandenen occidentalischen Staaten durch die Regierung Karls des Großen« (35). Die auf diesen Einschnitt folgende Periode war gekennzeichnet durch die »Oberherrschaft der lateinischen Sprache und des römischen Stuhles als das, woran ⟨...⟩ die Gemeinschaft hing« (35 f., vgl. Beil. B, 637). Mit dem epochalen Einschnitt der Reformation, die diese Einheit zersprengte, war diese Periode abgeschlossen[62].

Der erste Zeitraum der Kirchengeschichte ist geprägt durch die sich allmählich durchsetzende Selbständigkeit des Christentums gegenüber Judentum und Heidentum. Diese polemisch-extensive Richtung der Tätigkeit spiegelt sich auch in den Außenverhältnissen wider: »Verfolgung und Apologeten gehören zusammen« (Beil. B, 636). Auch die Anfänge der Dogmenbildung, die in diese

---

[62] Die Einteilung der Kirchengeschichte durch diese vier Hauptepochen ist keineswegs originell, sie liegt schon bei Pfaff (vgl. MEINHOLD, Geschichte der kirchlichen Historiographie, Bd 2, S. 70) und Schroeckh (ibd., S. 87–89) vor. Neu ist bei Schleiermacher die ethisch-geschichtsphilosophische Theorie, anhand derer die epochalen Einschnitte gedeutet werden, während bei Pfaff und Schroeckh die Voraussetzung einer Verfallsperiode von Konstantin bis Luther das Rückgrat der Betrachtung bildet.

Zeit fallen, verdanken sich den Bedürfnissen der Apologetik und der Mission, zielen also mehr nach außen als auf die interne Selbstverständigung (vgl. 39). Sie haben die Christologie und Soteriologie zum Inhalt (ibd.). Die zweite Periode ist charakterisiert durch die weitere, nach innen gerichtete Ausbildung des Dogmensystems unter dem Einfluß der hellenistischen Philosophie (vgl. Beil. B, 636 f.). Aus der Vergrößerung der Bildungsunterschiede wächst eine klerikale Aristokratie hervor. Die Versammlungen dieser Aristokratie, die Konzilien, sanktionieren die Dogmenbildung. Sie konstituieren und repräsentieren die Einheit der Kirche. Sie finden mit kaiserlicher Unterstützung und Billigung statt, ihre Beschlüsse erlangen reichsrechtliche Geltung. Insofern steht und fällt diese Repräsentation der kirchlichen Einheit mit der politischen Einheit und Stabilität des römischen Reiches (ibd., s. auch 42 f.).

Mit diesem Prozeß der intensiven Steigerung geht die Christianisierung von Randvölkern des römischen Reiches einher. Der Niedergang der durch diese beiden Entwicklungen gekennzeichneten Periode wird durch das Erschlaffen der Tätigkeit in beiden Richtungen markiert: Die dogmatische Arbeit verkommt zur »bloßen Repetition«, in den Missionsgebieten entsteht »Herrschaft der Gebräuche, um das Christenthum unter den jungen Völkern festzustellen« (Beil. B, 637). Weitere Faktoren, die zur Auflösung beitragen, sind die Auseinanderentwicklung des östlichen und westlichen Reichsteils und die Bedrohung durch äußere Feinde in den peripheren Gebieten.

Die durch die Errichtung der Herrschaft Karls des Großen eingeleitete Periode ist gekennzeichnet durch Papsttum und Scholastik (Beil. B, 637). Mit dem Zerfall des römischen Reiches ist die Repräsentation der kirchlichen Einheit durch Gesamtkonzilien unmöglich geworden. Zugleich ist die Machtfülle der Metropoliten, außer der des römischen, geschwunden, so daß es in der Logik des geschichtlichen Verlaufs liegt, daß die Autorität des römischen Metropoliten zum einheitsstiftenden Band der Kirche in der Westhälfte des früheren römischen Reiches wird (Beil. B, 637, vgl. auch 44 sowie 206 f.). Das Papsttum festigt seine Machtstellung als Gegenpol zur kaiserlichen Zentralgewalt einerseits und zu den zentrifugalen Kräften der Aristokratie andererseits (Beil. B, 637). Ein wichtiges Machtmittel hierbei ist die exklusive Stellung des Lateinischen als Kirchensprache. Sie hat ihre Wurzel in den Bedürfnissen der Germanenmission: »... da die Sprachen der neueren Völker noch viel zu roh waren, die christliche Lehre auszudrükken: so war die lateinische Sprache das Medium, nur freilich ging die Fortpflanzung des Geistes, die lebendige Entwikklung durch das Wort und die wahre Auffassung desselben verloren, und so wurden die unendlichen Corruptionen veranlaßt...« (206 f.). Diese Entwicklung ist zudem noch dadurch begünstigt, daß auch in den christlichen Kerngebieten die kultisch-rituelle Seite des Christentums vorherrschend wird (207). Seit Gregor dem Großen schon sind die Päpste bestrebt, die Kirchen rechtlich, verfassungsmäßig und in der Ausgestaltung des Kultus an den römischen Stuhl zu binden (351). In dieser Beziehung ist das Wirken des Bonifatius von besonderer Bedeutung. Er läßt sich vom Papst zum Bischof weihen und bekommt dadurch das Recht und die

Pflicht, in seinem Missionsgebiet die römischen Gebräuche einzuführen. Durch seinen dem Papst geleisteten Huldigungseid besiegelt er das Abhängigkeitsverhältnis seines Missionsgebietes zu Rom (vgl. 368 f.).

Seit Karl dem Großen (sic!) werden zudem die Bischöfe zu Reichsfürsten: »der Grund aller späteren Verwirrung, Verwechselung und gegenseitiger Beeinträchtigung des weltlichen und geistlichen Regiments« (383). Vom inneren Zustand des Christentums nach der Christianisierung fast aller europäischen Völker zeichnet Schleiermacher zusammenfassend folgendes Bild: »Wenn wir uns das innere dieses Christenthums vorstellen wollen: werden wir sehen, wie bei der Ausbreitung in Masse das innere und die Reinheit des Christenthums aufgeopfert wurden, und eine neue Bewegung nöthig war dies wiederherzustellen, nur war jezt die Zeit dazu noch nicht gekommen« (432).

Soll die Christianisierung zu echter christlicher Durchbildung der neugewonnenen Völker führen, so muß das Christentum in deren Sprachen und Kulturkreise eingeprägt werden. Es muß sich individualisieren, und die Individuation bildet zum Festhalten an der äußeren Einheit einen Widerspruch, der nur aufgehoben werden kann, indem ein Glied der Alternative das andere eindeutig überwiegt. So muß zwangsläufig beim Überwiegen des Strebens nach der äußeren Einheit die Individuation, die allein einen Prozeß der vertieften Intension freisetzen könnte, zu kurz kommen.

Die Folge ist, daß die mittelalterliche Kirche de facto in zwei verschiedene Gruppen zerfällt: Auf der einen Seite der international orientierte, lateinisch sprechende Klerus, auf der anderen Seite das ungelehrte Volk, das mit dem Christentum nur im Ritus und in Bildern in Berührung kommt – ein Nährboden, auf dem Aberglaube gedeihen und wuchern kann, der dann seinerseits auf die gelehrte Theologie zurückwirkt (vgl. z. B. 369. 503).

Während der Zeit der rapiden Ausbreitung des Christentums ist es auf dem Gebiet der Theologie zu einer Periode des völligen Stillstandes gekommen, deren Ende Schleiermacher bei Anselm von Canterbury ansetzt (vgl. 468). Die einzigen dogmatischen Fragenkomplexe, über die nicht schon im vorigen Zeitraum verbindliche Entscheidungen getroffen worden sind, sind die Lehren vom Abendmahl und von den Höllenstrafen (vgl. 391).

Die Scholastik charakterisiert Schleiermacher als »neue Formation der speculativen Richtung aus den carolingischen Schulen entstanden oscillirend im Kampf mit der clerikalischen Autorität und dem symbolischen Buchstaben« (Beil. B, 637). Beide Eckdaten der scholastischen Theologie werden von Schleiermacher als irrig qualifiziert, sowohl das Übergewicht der Spekulation – »Den Glauben begründen auf dem Wege, auf dem man fortgehen wollte, ist eben das fehlerhafte...« (478) – wie auch die Überschätzung der kirchlichen Autorität (479), die in der Umprägung der anselmischen Satisfaktionslehre durch Petrus Lombardus kulminiert (vgl. 503).

Dieser ganze Prozeß kann sich jedoch nicht vollziehen, ohne auch entgegengesetzte Bewegungen hervorzurufen: Die Albigenser bestreiten der katholischen Kirche wegen ihrer Verderbnisse die Apostolizität (512). »Die Waldenser sind gewiß als Vorläufer der Reformation anzusehen, indem sie den Saz aussprachen, Es lasse sich nichts als kirchliche Lehre aufstellen, was nicht durch die Schrift sich beweisen lasse; alle Traditionen in Gebräuchen und Buchstaben seien ein Pharisäismus« (513).

Mit Beginn des 14. Jahrhunderts wird das Papsttum selbst Gegenstand theologischer Kontroversen, die die Zeit des abendländischen Schismas begleiten, während derer die Macht des Papsttums sinkt (vgl. 545 f.). Johann Hus löst eine Reformbewegung aus, die nach ihrer theoretischen Seite »... eine große Annäherung an die augsburger Confession...« (556) darstellt. Neben solchen Umwälzungsversuchen wirkt unterschwellig die Renaissance, gespeist von neuer Bekanntschaft mit Literatur und Geistigkeit der Antike, und trägt dazu bei, die Herrschaft der Papstkirche und der von ihr approbierten Theologie zu erschüttern (vgl. 564 f.).

Aber auf den Konzilien von Konstanz und Basel kann das abendländische Schisma aufgehoben und Hus unschädlich gemacht werden, so daß am Ende des 15. Jahrhunderts die Papstkirche nach außen hin völlig restituiert ist. Mit dieser Restitution sind jedoch die wirklichen Gründe für die Wirren der vergangenen Zeit nicht beseitigt worden, sie bleiben bestehen und führen zu neuen, größeren Umwälzungen, bei denen das Bestreben leitend ist, »Masse und Geist mehr in einander zu bilden« (Beil. B, 637): zur Reformation.

Sie, die am Anfang der – bis in die Gegenwart dauernden – vierten Periode steht und ihr den Namen gibt, ist »mit bedingt durch die Aussicht, mit neuen Mitteln die Gegenwart an das Urchristenthum zu binden« (ibd.). Die Ausbreitung der Schriftkenntnis und der Gottesdienst in der Landessprache – vornehmlich ein Bedürfnis der germanischen Völker – mindern die Trennung zwischen Volk und »Schule« (ibd.). Die Fehlentwicklungen, die die Reformation mit sich brachte, bestehen in der Unterordnung der protestantischen Kirchen unter die weltliche Gewalt und im unterentwickelten Streben nach äußerer kirchlicher Einheit.

Das besondere Signum dieser kirchengeschichtlichen Periode ist der protestantisch-katholische Gegensatz. Es besteht keine einheitliche Meinung darüber, ob dieser Gegensatz noch gar nicht zu seiner deutlichsten Ausprägung gekommen ist, oder ob er schon wieder schwindet, d. h., ob sich die Periode erst auf ihren Kulminationspunkt zu entwickelt oder ob sie bereits ihrem Ende entgegengeht.

So weit dieser kurze Überblick über den Aufriß von Schleiermachers Kirchengeschichte, der sich hauptsächlich auf die kurze Charakteristik der vier Epochen in der Einleitung von 1821/22 stützte, die, trotz des Fehlens der geschichtstheoretischen Terminologie, auf höchst charakteristische Weise von Schleiermachers theoretischen Überlegungen geprägt ist. Zunächst ist es auffällig, daß bis auf Karl den Großen keine Persönlichkeiten namentlich genannt werden. Die epochalen Umbrüche sind nicht Werke hervorragender Individuen, ohne die sie nicht stattgefunden hätten, sondern in den Individuen kulminieren Entwicklungstendenzen, die auch ohne sie verständlich sind.

Keiner der epochalen Umbrüche ist so beschaffen, daß seine unmittelbaren Ergebnisse in einen auf unabsehbare Zeit andauernden Zustand übergehen. In ihnen sind von Anfang an jeweils die Keime zu neuen Entwicklungen angelegt. Eine epochale Wende bedeutet demnach nicht den Endpunkt, sondern vielmehr den Anfangspunkt einer neuen Entwicklungsreihe, in deren Verlauf sich wieder ein epochaler Umbruch vorbereitet.

Die Kurzschilderung der vier Perioden läßt sich leicht nach dem Schema des Gegensatzes Extension – Intension systematisieren: In der ersten Periode zeigt sich ein relativ stabiles Gleichgewicht: Das Christentum kommt zum klaren Wissen um seine eigene Unterschiedenheit von Judentum und Heidentum, womit gleichzeitig eine erfolgreiche Verbreitungstendenz verbunden ist. In der zweiten Periode zeigt sich anfangs ein ähnliches Bild, beide Richtungen nehmen jedoch mit der Zeit Züge des Verfalls an: Die dogmatische Tätigkeit wird zur »bloßen Repetition«; indem die Mission zur Christianisierung wird, trennt sich die Extension von der Intension ab. In der dritten Periode sind Papsttum und Scholastik zunächst konstruktive Faktoren bei der Verselbständigung der westlichen Kirche, in der Folge jedoch hemmt das monarchische Papsttum den intensiven Prozeß und die Theologie schließt sich, mit Spitzfindigkeiten beschäftigt, von der Masse ab. Wieder sind Intension und Extension aus dem Gleichgewicht geraten, das durch einen epochalen Umbruch neu hergestellt werden muß.

Das Interesse hinter diesem Periodisierungsversuch ist deutlich: Die Epochen der Christentumsgeschichte sollen aus den ihr wesentlich inhärenten Lebensgesetzen verstanden werden, nicht als Resultate anderswoher stammender Faktoren. Auch soll das Muster einer Verfallsgeschichte vermieden werden. Indem sich das Christentum nach dem ihm innewohnenden Lebensgesetz in der Doppelbewegung von Intension und Extension entwickelt, müssen unausweichlich Störungen des Gleichgewichts zwischen beiden Tätigkeitsrichtungen auftreten, die zu Fehlentwicklungen führen, die dann wiederum in Umbrüchen ihre Berichtigung finden.

Das so konstruierte Periodenschema hat jedoch in der Ausführung eine nicht zu übersehende Schwachstelle: Der Übergang von der ersten zur zweiten Periode, markiert durch die Konstantinische Wende, verdankt sich keiner vorherigen innerkirchlichen Fehlentwicklung, ebensowenig der Übergang von der zweiten zur dritten, der chronologisch durch die Herrschaft Karls des Großen bestimmt wird.

Der Grund für diese offenkundige Inkonsistenz wird darin liegen, daß Schleiermacher mit neuen grundsätzlichen Überlegungen ein hergebrachtes System der Periodisierung verbindet (s. oben S. 65, Anm. 62), anstatt aus dem Stoff selbst ein eigenes neues zu erheben.

2. Die Darstellung der Reformation

Nach dem oben Ausgeführten ist es nur folgerichtig, daß Schleiermachers Darstellung der Reformation nicht mit einem Charakterbild Luthers oder Zwinglis ihren Anfang nimmt, sondern mit einer kurzen Zusammenfassung derjenigen Faktoren in der politischen, kulturellen und kirchlichen Gesamtlage Europas, die an der Wende vom 15. zum 16. Jahrhundert die reformatorischen Bewegungen erforderlich machten und begünstigten. Die neue, vom Humanismus geprägte Wissenschaft und die kirchlich-scholastische Theologie kommen durch die Gründung neuer Universitäten, besonders im deutschen Sprachraum, in Berührung und Konflikt (574). Ein besonders spektakulärer Fall ist die Auseinandersetzung um Reuchlin, durch deren Verlauf der kirchlichen Autorität schwerer Schaden zugefügt wird (575). Die sich ausbreitende Buchdruckerkunst ist ein neues Mittel, neue Lehren und Einsichten mit vorher ungeahnter Schnelligkeit bekannt zu machen, so dient sie zur schnellen Verbreitung des von Erasmus von Rotterdam herausgegebenen griechischen Neuen Testaments.

Für Deutschland spezifisch ist ein weiterer Konfliktherd, nämlich das komplizierte Verhältnis von Kirche und weltlicher Obrigkeit (574). Die »allgemeine Opposition« (576) ist die eigentliche Ursache des epochalen Entwicklungsknotens. Die herausragenden Persönlichkeiten sind lediglich Exponenten, »in denen sich ein gemeinsamer Geist und gewisse Grundsäze concentrirten« (ibd.)[63]. Gemeinsam ist ihnen die Opposition gegen die herrschenden Zustände. Die Art ihres individuellen Wirkens ist jedoch verschieden geprägt durch die Umstände, unter denen sie tätig werden, die dann auch ihrem Wirken die je eigentümlichen Hemmungen und Grenzen entgegensetzen.

So schildert Schleiermacher eigentlich nicht eine »Reformation«, sondern drei »Reformationen«. An drei Stellen manifestiert sich die Opposition in reformatorischem Handeln, nämlich jeweils eigenständig in Kursachsen, in der Schweiz und – »Das lezte wird oft ganz übersehen« (576) – Frankreich[64].

Luther wird nicht aus eigenem Antrieb, sondern durch die kirchliche Reaktion auf seine Ablaßthesen zum Reformator (577f.), in der Auseinandersetzung mit den römischen Theologen bildet sich ihm seine Rechtfertigungslehre. Melanchthon faßt dann die oppositionelle Lehrweise in den Loci zusammen, die im Vergleich zu Zwinglis Commentarius eine eher vermittelnde Stellung einneh-

---

[63] Diese Deutung, die die spätmittelalterlichen Reformbewegungen und die »allgemeine Opposition« höher bewertet als die Originalität der Reformation des 16. Jahrhunderts, ist kein origineller Gedanke Schleiermachers. Er findet sich z. B. schon bei J. S. SEMLER, s. diese Arbeit oben Einleitung S. 14f. sowie SEMLER, Versuch eines fruchtbaren Auszugs aus der Kirchengeschichte, Bd 2, S. 72–195, bes. S. 78: »Wenn man diese Stellen zusammen setzt, und dazu nimt, was die sogenannten *Ketzer* immer mehr behauptet haben; so ist es ganz ausgemacht, daß kein einiger Artikel im 16 Jahrhundert von den Protestanten wider das unwürdige Pabsttum behauptet worden, der nicht schon in diesem 15 Jahrhundert wäre eben so von vernünftigen unparteiischen Christen eingesehen worden«.

[64] Auch dieser Zug findet sich schon bei SEMLER, vgl. z. B. Versuch eines fruchtbaren Auszugs, Bd 2, S. 345, Versuch einer freiern theologischen Lehrart, §§ 14–18 passim.

men (578 f.). Bei der eigentlichen Reform des kirchlichen Lebens betont Schleiermacher wiederholt die vorsichtig-schleppende Gangart, die er auf die komplizierten staats- und kirchenrechtlichen Verhältnisse in Kursachsen zurückführt (581, 583)[65].

Die schweizerische Reformation verdankt sich der »Freiheit, welche ein einsichtsvoller und gut gesinnter Lehrer, *Zwingli in Zürich* fand« (577). Die Obrigkeit konnte durch Disputationen von der Notwendigkeit und Rechtmäßigkeit des Reformunternehmens überzeugt werden. Zwinglis Commentarius ist Melanchthons Loci an kritischer Schärfe überlegen, die Reinigung des Gottesdienstes von papistischen Elementen fällt konsequenter aus als in Sachsen (vgl. 577, 583). Die Zürcher Reformation ist als ein ganz eigenständiges, nicht erst durch Beeinflussung von außen in Gang gesetztes Unternehmen zu bewerten. In ihrer Eigenart ist sie bedingt und geprägt durch die städtisch-republikanische Verfassung.

Wieder einen anderen Charakter hat der Beginn der Reformation in Frankreich, dort »brachte die ersten Lebensregungen die reine theologische Gelehrsamkeit hervor« (576), vornehmlich in der Person des Faber Stapulensis. Von ihm lernten die Schweizer, andererseits studierten auch Franzosen in Wittenberg: »So muß man diese französische Reformation gleichsam als vermittelnd ansehen zwischen der sächsischen und schweizerischen« (577). Diesen vermittelnden Charakter behält der französische Protestantismus auch späterhin bei (vgl. 595).

Nach Italien kamen reformatorische Gedanken durch schriftliche Vermittlung (vgl. 579 f.). Dort besteht jedoch keinerlei Möglichkeit zu praktischer kirchlicher Reformarbeit. So wirken die reformatorischen Impulse ausschließlich in intellektuellen Zirkeln, die die Scholastik- und Dogmenkritik verschärfen. Auch die Dogmen der Alten Kirche, die die deutschen und schweizerischen Reformatoren nicht antasteten, werden auf ihre exegetischen Grundlagen hin geprüft und teilweise verworfen. Schleiermacher liegt daran, nachzuweisen, daß dies in berechtigter Konsequenz aus dem reformatorischen Ansatz geschah, und daß Sozinianismus und Antitrinitarismus von den Kirchen Deutschlands und der Schweiz zu Unrecht verdammt wurden: »Solche Bestrebungen und Kraft muß

---

[65] BRIAN A. GERRISH stellt in seiner Studie »From Calvin to Schleiermacher: The Theme and the Shape of Christian Dogmatics« (SchlA 1,2, S. 1033–1051) mit Bezug auf KG S. 582 die These auf, Schleiermacher habe Erasmus für die eigentliche positive Hauptfigur der Reformationszeit gehalten (vgl. S. 1038). Die These findet sich übrigens auch schon bei K.-M. BECKMANN, Der Begriff der Häresie, S. 92. Angesichts der Tatsache, daß die hier angeführte Akzentuierung auf das Gesamtwerk Schleiermachers gesehen ganz singulär ist, wird diese Interpretation fragwürdig. Zudem ist darauf hinzuweisen, daß Schleiermachers Würdigung des Erasmus an der angegebenen Stelle doch ambivalent bleibt: Erasmus konnte gar keine volle Wirksamkeit entfalten, weil er die Zeichen der Zeit nicht mit der hinreichenden Schärfe erkannte und der kirchlichen Einheit die Reinheit seiner Ideale nachordnete (vgl. KG, S. 582 f.). Nimmt man dies zusammen mit der Emphase, mit der Schleiermacher gerade die durch die Reformation hervorgerufene Kirchentrennung als providentielles Ereignis würdigt (vgl. 2. Augustanapredigt, II,2, 631), so verliert die These noch mehr an Boden.

man im Gebiete des Christenthums festhalten, und keine Untersuchung, sie mag so alt sein wie sie wolle, für abgeschlossen und jede neue Revision derselben für unnöthig erklären« (600).

Der Bruch zwischen den sächsischen und schweizerischen Kirchen beruht nicht auf ethisch legitimer Individuation, sondern gründet allein in Luthers Unnachgiebigkeit in der Abendmahlskontroverse mit Zwingli.

Bei Luther verbindet sich mit dem Insistieren auf der leiblichen Gegenwart Christi im Abendmahl, das in seiner persönlichen Frömmigkeit wurzelt (587 f.), die ihm ebenso fest stehende Überzeugung, zur Einheit der Kirche sei die Einigkeit in der Lehre die unabdingbare Voraussetzung (582). So ist es ihm subjektiv unmöglich, auf dem Marburger Religionsgespräch auf den Vorschlag der Schweizer einzugehen, an der Kirchengemeinschaft unbeschadet der Differenz in der Lehre festzuhalten (587). Aus demselben Grunde ist er es dann auch, der die Aufnahme der Schweizer in den Kompromiß der Wittenberger Konkordie verhindert (594). Daß der Dissensus in dieser Lehrfrage zur kirchlichen Spaltung geführt hat, »ist freilich ein großes Uebel und hat der Kirche nur Schaden gestiftet; die Vereinigung der Kräfte wurde dadurch gehemmt« (588). Ein positives Gegenbild zu dieser Art des Umganges mit theologischen Streitfragen bietet der Kompromiß der Genfer und Züricher Kirchen in der Abendmahls- und Prädestinationslehre von 1549: Hier haben Lehrunterschiede in Einzelfragen nicht zur Trennung geführt (601 f.).

Auf die politischen Faktoren der Reformationsgeschichte geht Schleiermacher kaum ein: Der Reichstag von Worms wird nur am Rande erwähnt (581 f.), kaum ausführlicher der Reichstag von Speyer (585). Mit wenigen Strichen wird das Zustandekommen des Augsburger Reichstags 1530 skizziert.

CA, Confutatio und Apologie werden demgegenüber immerhin auf mehr als vier Seiten dargestellt (588–592), der Abschnitt wird im Kapitel über Schleiermachers Deutung der Bekenntnisbildung interpretiert werden.

Das Tridentinum – hier werden auch die Schmalkaldischen Artikel kurz erwähnt – und die Gründung des Jesuitenordens werden nur im Vorübergehen genannt. Dagegen nimmt die Schilderung des Fortgangs der Reformation in den europäischen Ländern außerhalb des deutschen Sprachraums breiten Raum ein. Es handelt sich jedoch dabei jeweils nur um die stichwortartige Nennung einzelner Fakten, so daß die entsprechenden Passagen hier außer Betracht bleiben.

Mit dem Jahre 1541, dem Wormser Religionsgespräch also und – damit verbunden – der Entdeckung der CA variata, beginnt die Reihe der innerlutherischen Lehrstreitigkeiten (603 ff.). Auch sie werden von Schleiermacher eher aufgelistet, als daß sie eingehend analysiert würden. Die Streitigkeiten kommen mit der Konkordienformel zu einem Abschluß. Eine Nebenwirkung der Konkordienformel besteht darin, daß sie der Verbreitung der reformierten Lehre in Deutschland Vorschub leistet, weil sie die auch im Luthertum umstrittene Ubiquitätslehre sanktioniert. Schon 1562 ist in der Pfalz, einem ursprünglich lutherischen Territorium, die reformierte Lehre eingeführt worden; trotzdem wird Kurfürst Friedrich III. weiterhin als augsburgischer Konfessionsverwandter angesehen und bleibt damit unter dem Schutz des Religionsfriedens (611). Weiteren Zuwachs erhalten die Reformierten durch wallonische Emigranten (611). Die wichtigste Änderung zu ihren Gunsten ist der Übertritt des Kurfürsten Sigismund von Brandenburg. Ein Charakteristikum der deutsch-reformierten Lehrbildung besteht darin, daß die wichtigsten Bekenntnisschriften, der Heidelberger Katechismus und die Confessio Sigismundi, die streng calvinische Fassung der Prädestinationslehre nicht übernehmen (611 f.). »So entstand derjenige Zustand beider Kirchen, wie er noch jezt dasteht« (612).

Für den inneren Parteigegensatz im Protestantismus, »welchen man durch den Ausdruk *Rationalismus* und *Supranaturalismus* oder *Neologie* und *Orthodoxie* zu bezeichnen pflegt« (ibd.), sucht Schleiermacher die Wurzeln schon in der Geschichte des späten 16. und frühen 17. Jahrhunderts. Nach dem tridentinischen Konzil sieht sich der Protestantismus einem Katholizismus gegenüber, der seine antireformatorische Gestalt neu definiert und gefestigt hat, und der mit politischen Mitteln auf eine Erweiterung seines Einflusses hinarbeitet. Dabei kommen ihm die Bestimmungen des Augsburger Religionsfriedens entgegen: Die Jesuiten interpretieren ihn dahingehend, daß seine schützende Geltung für die Protestanten davon abhänge, ob sie bei der Lehre der CA geblieben seien. Das bedeutet eine besondere Gefahr für die Territorien, in denen die reformierte Lehre herrscht, die ja in den Religionsfrieden nicht expressis verbis aufgenommen ist. »Jede Abweichung beider Parteien suchten sie ⟨scil. die Jesuiten⟩ daher immer wieder geltend zu machen, um kleinliche Händel zu erregen, die ohne Resultat blieben, und dadurch wurde zumal in der lutherischen Kirche die innere Neigung, auf den Buchstaben der *symbolischen Bücher* zu halten, sehr begünstigt« (615). Der »religiöse Impuls« (ibd.) selbst wird mit einer seiner ersten kirchlich-verbindlichen lehrmäßigen Fassung verwechselt und daher in der Folgezeit wirkungslos. Dieses Festhalten an der kirchlich sanktionierten Lehrtradition prägt auch die erste Periode der lutherischen Dogmatik: Sie ist in ihrer ganzen Anlage von der Auseinandersetzung mit der katholischen und reformierten Lehre durchzogen und kann daher nicht wahrhaft systematisch werden, d. h. ein Lehrganzes stringent »rein aus den evangelischen Principien« (616) konstruieren. Innerhalb der akademischen Theologie tritt dieser Art von Orthodoxie der Helmstedter Lehrtypus entgegen, gekennzeichnet durch das Bemühen, im Evangelischen das Gemeinchristliche geltend zu machen (ibd.). Darüberhinaus erwächst außerhalb der Schulmauern »eine Neigung sich dessen recht bewußt zu werden, daß der ursprüngliche Impuls mit dem Buchstaben nichts zu thun habe« (615). Diese Neigung entwickelt sich in zwei Richtungen: Der Pietismus will unter Rekurs auf das Bibelwort bei dogmatischer Indifferenz der kirchlichen Gemeinschaft dienen (617), seine Väter sind – noch vor der Reformation – Tauler und im 17. Jahrhundert Johann Arndt. Die Mystik eines Weigel oder Böhme hingegen ist individualistisch angelegt, sie neigt zur spekulativen Naturbetrachtung (617 f.).

Die erste prinzipielle Durchbrechung der symbolischen Orthodoxie innerhalb der Universitätstheologie ereignet sich im Zuge der remonstrantischen Streitig-keiten in den Niederlanden. Die Gruppe, die in Widerspruch zur calvinischen Fassung der Prädestinationslehre geraten ist, vermag ihre Lehre zwar nicht gesamtkirchlich zur Geltung zu bringen, erringt sich aber das Recht, »als eine ganz freie Religionsgesellschaft, an keinen Buchstaben gebunden« (620) zu leben. Schleiermacher interpretiert den ganzen Konflikt so, als sei es in ihm in erster Linie um die Geltung kirchlicher Lehrnormen, in zweiter Linie erst um die Fassung der strittigen Lehre gegangen (vgl. 618f.).[66]

Die Arminianische Freikirche erlangt durch ihre »exegetischen Forschungen, die Freiheit der Hermeneutik und die spekulative Behandlung« (620) auch in Deutschland Ansehen, und ihr Beispiel trägt dazu bei, auch hier die theologische Wissenschaft von der Bindung an statutarische Lehrgesetze zu befreien.

Mit dem Ende des dreißigjährigen Krieges finden in Deutschland auch die Schriften englischer und französischer Aufklärer Eingang und rufen, zusammen mit dem »an sich löblichen Bestreben, die Freiheit der wissenschaftlichen Theo-logie zu erhalten« (620), »das verkehrte Streben einer ungezügelten Aeußerung des Widerspruchs gegen das Christenthum in allen Ständen hervor« (620f.). Repressalien erweisen sich als völlig wirkungslos: »Das ganze remonstrantische Princip hat auf diese Weise in ganz Deutschland stillschweigend so überhand genommen, daß nicht mehr daran zu denken ist, daß die Kirche durch einen symbolischen Buchstaben gefesselt werden könnte« (621).

Damit hat Schleiermacher die Darstellung der Kirchengeschichte in wenigen Linien bis in die Gegenwart durchgeführt. Die Grundlagen zur weiteren Ausbil-dung der kirchlichen Lehre können als gesichert gelten. Es bleibt der Gegenwart die Aufgabe gestellt, allen Tendenzen zur Zersplitterung, deren Resultate in den kirchlichen Verhältnissen Großbritanniens und Nordamerikas vor Augen lie-gen, entgegenzuwirken. Als Mittel dazu soll »eine in sich selbst festere Organi-sation der evangelischen Kirche« (621) dienen, die als Band der Einheit an die Stelle des Lehrgesetzes, das seine autoritative Geltung auf immer verloren hat, tritt.

Soweit der Überblick über Schleiermachers Behandlung der Reformation in den Vorlesungen über die Kirchengeschichte. Wie fragmentarisch und flüchtig sie beim Herannahen des Semesterendes geraten ist, springt Seite für Seite ins Auge.

Immerhin sind dieser vierten Periode von 622 Seiten nur 49 gewidmet. Trotz-dem können aus dem dargestellten Text einige wichtige Charakteristika für Schleiermachers Reformationsdeutung gewonnen werden. Ein Spezifikum liegt schon darin, daß die ganze vierte Periode der Kirchengeschichte den Titel »Die Reformation« trägt. Die Reformation des 16. Jahrhunderts hat keine »fertigen«, für die Folgezeit normativen Ergebnisse geschaffen, sondern sie ist der Anfang eines Entwicklungsprozesses, der bis in die Gegenwart hinein noch nicht abge-schlossen ist. Folgerichtig ist es daher, daß die Vorlesung nicht mit Darlegungen

---

[66] Ähnlich Karl Müller, Kirchengeschichte II,2, S. 432f.

über das Wesen des Protestantismus o. ä. schließt, sondern mit Erörterungen über die Basis seiner weiteren Fortentwicklung (621 f.), in deren Verlauf erst sein Wesen immer reiner zu Tage treten wird.

»Die Reformation geht noch fort«: Dieser berühmte Satz aus Schleiermachers anonymer kirchenpolitischer Kampfschrift »Gespräch zweier selbst überlegender evangelischer Christen...« (SW I,5, 537ff., S. 625) ist kein Produkt momentaner Polemik, sondern faßt plakativ eine wichtige Seite seiner Reformationsdeutung zusammen.

In engem Zusammenhang hiermit steht das geringe Interesse, das den Persönlichkeiten der Reformatoren und ihren Theologien entgegengebracht wird: Die Reformation des 16. Jahrhunderts verdankt sich nicht dem Willen einzelner Männer, Kirche und Theologie nach ihren Einsichten umzugestalten, sondern in ihr kulminieren kirchengeschichtliche Entwicklungen, deren Gründe bis in die Zeit der Völkerwanderung zurückreichen. Die einzelnen Männer sind in diesem Prozeß nur Durchgangspunkte. Im Vergleich zu ihrer gemeinsamen historischen Aufgabe, nämlich eine lange vorbereitete Entwicklung zu exekutieren, sind ihre individuellen Unterschiede geringfügig. So kann Schleiermacher Luthers Unnachgiebigkeit im Abendmahlsstreit nur tadeln und für sich in Anspruch nehmen, die Situation des 16. Jahrhunderts besser zu verstehen als die damals Lebenden, wenn er die Sozinianer und Antitrinitarier als Vertreter legitimer reformatorischer theologischer Positionen würdigt.

Sie waren durch ihren kritischen Gebrauch der Freiheit gegenüber der traditionellen Lehre diejenigen, die den kritischen Impuls der Reformation hüteten und dadurch die Keime eines individuell-selbständigen Protestantismus zum Treiben brachten. Diese Tendenzen fanden in der Folgezeit auch Aufnahme in den großen aus der Reformation hervorgegangenen Kirchentümern, und so befinden sich auch diese gegenwärtig auf einem Wege der Fortentwicklung, dessen Ende, das ein neuer epochaler Wendepunkt der Christentumsgeschichte sein wird, noch nicht in Sicht ist.

Dieser Sicht der Reformation korrespondiert eine Deutung der kirchlichen und theologischen Gegenwartslage, die deren problematischen Charakter, hervorgerufen durch das Widereinander progressiver und konservativer Kräfte, ernst nimmt und diese Situation als notwendigen Durchgangspunkt innerhalb einer weitläufigen Entwicklung sehen lehrt. Schleiermachers Einschätzung dieses Problemkreises wird im dritten Hauptteil dieser Arbeit näher analysiert werden.

C. Aspekte der Reformationsdeutung in Gelegenheitsschriften und Predigten

Außer in seinen der akademischen Lehrtätigkeit angehörenden und sein philosophisch-theologisches System entfaltenden Werken hat sich Schleiermacher auch in Gelegenheitsschriften und in Predigten zum Thema Reformation geäußert. Als Hauptquellen kommen zunächst solche Gelegenheitsäußerungen in

Betracht, die direkt Bezug auf unser Thema nehmen, so die »Predigten in Bezug
auf die Feier der Uebergabe der Augsburgischen Confession«[67], die beiden
erhaltenen eigentlichen Reformationspredigten[68] und die akademische Festrede
zum 300jährigen Reformationsjubiläum[69].

Zudem werden von Schleiermacher in kirchenpolitischen und dogmatischen
Gelegenheitsschriften schon seit den beiden »Unvorgreiflichen Gutachten« von
1804 Einzelzüge sowie ansatzweise Gesamtdeutungen der Reformationsgeschichte als Argumente und Argumentationshilfen herbeigezogen, insbesondere bei den Themen Union, Bekenntnis und Agende.

Im folgenden sollen nicht alle Äußerungen chronologisch vorgeführt und in
ihrem jeweiligen Kontext interpretiert werden, sondern es wird der Versuch
unternommen, ein thematisch gegliedertes Gesamtbild zu entwerfen. Hierbei
braucht die Chronologie nicht die Rolle eines leitenden Gesichtspunkts zu
spielen, da Akzentverschiebungen m. E. nicht auf einen Wandel des Deutungs-
rahmens, sondern auf das jeweilige literarische Genus und die spezifische Intention zurückzuführen sind.

1. Reformation – Reformationen – Reformatoren

Wie schon im Abschnitt über die KG ausgeführt wurde, ist es für Schleiermachers Reformationsdeutung charakteristisch, daß ihr Hauptakzent nicht auf dem
Wirken der hervorragenden Individuen, sondern auf der Hervorhebung ihrer
historischen Notwendigkeit als Ausbruch von längst schon vorhandenen Spannungen im kirchlich-kulturellen Gefüge Europas liegt. Schon 1804 formuliert er
programmatisch-zusammenfassend: »Die Kirchenverbesserung ist anzusehen als
eine natürliche Explosion des Zeitgeistes, die an verschiedenen Orten und unter
verschiedenen Umständen zugleich erfolgte, also auch von diesen verschiedene Modifikationen annehmen mußte, welche die Einwirkung des National-

---

[67] SW II, 2, 613–758, im folgenden: PrCA, die Augustanapredigten sind wieder abgedruckt
und vorzüglich erläutert in KSP III, S. 11–154. Alle Predigten und Gelegenheitsschriften, die in
dieser Auswahl enthalten sind, werden jedoch im folgenden nach der Band- und Seitenzahl der
SW zitiert; die Parallelstellen in KSP sind anhand der den Bänden jeweils beigegebenen
Synopsen der Seitenzahlen leicht zu ermitteln. Dieses Verfahren empfiehlt sich, weil die alte
Ausgabe der Vollständigkeit näher und wohl auch weiter verbreitet ist. Daß die wertvollen
Erläuterungen GERDES' und HIRSCHS dankbar benutzt worden sind, versteht sich von selbst.

[68] II,4, 65ff. von 1817 und II,4, 729ff. diese letztere gleichsam »versteckte« Reformationsfestpredigt ist von TRILLHAAS, Schleiermachers Predigt..., Leipzig 1933, S. 86–96, offenbar
nicht als solche erkannt worden. In welchem Jahre sie gehalten wurde, ist aus etwaigen
Anspielungen auf zeitgeschichtliche Ereignisse nicht zu ermitteln. Daß sie zwischen dem 31. X.
und dem 10. XI. entstanden ist, geht aus Schleiermachers Anspielungen auf Luthers Geburtstag
und seinen Thesenanschlag (vgl. 729) mit Bestimmtheit hervor.

[69] »Oratio in Solemnibus ecclesiae per Lutherum emendatae saecularibus tertiis in Universi-
tate litterarum Berolinensi III. Nov. habita«, SW I,5, 309–325, im folgenden: Oratio; zur
Entstehungsgeschichte etc. vgl. meine im Erscheinen begriffene Edition in KGA I.10.

charakters oder der Verfassung und anderer mitwirkenden oder collidirenden Kräfte bezeichnen«. (Unvorgreifliche Gutachten, I, 5, 47 f.)[70].

Alle diese Äußerungen stehen im Zusammenhang mit der Unionsthematik und beabsichtigen, das Bewußtsein für die höhere Einheit der beiden protestantischen Schwesterkirchen jenseits ihrer historisch-empirischen Verschiedenheiten in Leben und Lehre zu wecken und zu stärken. Die Einzelpersönlichkeiten in ihrer jeweiligen Bedingtheit treten hinter dem großen Umbruch, der sich in ihrem Wirken vollzogen hat, zurück. Die Auswirkungen ihrer Taten waren ihnen selbst in letzter Konsequenz noch verborgen: Als Luther seine Ablaßthesen anschlug, ahnte er nicht, welche grundstürzenden Folgen diese Tat einmal zeitigen würde[71].

Ausdrücklich lehnt Schleiermacher die Ansicht ab, »... quicquid exinde Lutherus cum amicis peregerit, ex hoc conamine progressum esse...« (Oratio 312, vgl. auch II, 4, 729). Erst seine Behandlung durch die römische Kirche in der Folgezeit trieb ihn zum Bruch, den er öffentlich-sichtbar durch die Verbrennung der Bannandrohungsbulle vollzog – der Jahrestag dieser Tat wäre nach Schleiermacher der adäquatere Reformationstag[72] (I, 5, 312 f.). Und wenn Schleiermacher in der ersten CA-Predigt darauf dringt, den Konfessionsnamen »lu-

---

[70] Vgl. außerdem z. B. An Ammon, I, 5, 400 f., Oratio, I, 5, 311 f., II, 4, 236 f. (31. III. 1822, Union) sowie Praktische Theologie, I, 13, 641 f.

[71] Vgl. Oratio, 312 f., II, 4, 238 f., Vorrede zu den Predigten in Bezug auf die Feier der Uebergabe der augsburgischen Confession, I, 5, 706.

[72] Vgl. dazu EM. HIRSCH, Fichtes, Schleiermachers und Hegels Verhältnis zur Reformation, S. 11, Anm. 15: »Das Beste an der ganzen Rede ist die Bemerkung, daß der eigentliche Gedenktag der Reformation der Tag der Verbrennung der Bannbulle sei, ⟨...⟩ Das war angesichts dessen, was am 18. Oktober 1817 auf der Wartburg geschehen war, ein mutiges Wort«.
Hirschs hierin implizierte Vermutung, die Bemerkung wegen des »falschen« Datums für das Reformationsjubiläum sei eigentlich eine versteckte positive Würdigung des Wartburgfestes (tertium comparationis: die Verbrennung von Schriftstücken) oder doch zumindest eine Geste der Sympathie für die Teilnehmer, die inzwischen polizeilichen Repressalien ausgesetzt waren, wird durch SCHLEIERMACHERS Brief an Arndt vom 9. XII. 1817 (Br. Meisner III, 268 f.) erhärtet. Mit unverhohlener Befriedigung schildert er seinem Schwager den Zorn, den sein Plädoyer für die Freiheit des akademischen Lebens bei den der Feier beiwohnenden Regierungsvertretern ausgelöst hat, freilich ohne bestimmte Einzelheiten zu nennen. Er vermutet wohl, daß Arndt die anstößigen Stellen der Rede, von der er ein Druckexemplar mitschickt, ohne Schwierigkeiten selbst finden wird. Luthers Verbrennung der Bannandrohungsbulle findet schon in der »Weihnachtsfeier« hervorgehobene Erwähnung (SW I, 1, S. 471, s. dazu auch HIRSCH, Schleiermachers Christusglaube, S. 27 f.).
Schleiermachers Sätze über den angemessenen Termin für das Reformationsgedenken stehen in direktem Widerspruch zur königlichen »Ankündigung« des Jubelfestes: »Der 31ste October war der erste Tag, an welchem der Reformator Luther die merkwürdigen Lehrsätze zu Wittenberg bekannt machte, durch welche er sich zuerst öffentlich gegen mehrere herrschend gewordene Irrthümer und Mißbräuche erklärte; *eine Folge dieses Schrittes* war *Alles, was nachher* zur Reinigung der Lehre und zur Verbesserung der Kirchengebräuche *von Luther und seinen Gehülfen* in freudigem Vertrauen auf Gott und durch Gottes Beistand und Segen so herrlich hinausgeführt wurde.« (Zit. nach R. F. EYLERT, Charakterzüge, Bd III, 2, S. 64 f. Die Hervorhebungen stammen vom Verf. und markieren die wörtlichen Berührungen mit Schleiermachers Festrede.)

therisch« nur als »geschichtliche Erinnerung« ohne den Beiklang einer normativen Bindung an Person und Lehre des Reformators zu verstehen (II,2, 616), so tut er es in dem Bewußtsein, damit lediglich Luthers eigener Selbsteinschätzung zur Geltung zu verhelfen: »Niemand ist weiter davon entfernt gewesen, daß man an ihn glauben sollte, als der Diener Gottes, Luther, dessen treuer Arbeit an dem Werke des Herrn wir so vieles verdanken in Beziehung auf die reinere Erkenntniß der christlichen Wahrheit. ⟨...⟩ Wiewol er sagte: ich wollte, daß alles weiter wäre, und wiewol er dagegen stritt, daß keiner sollte lutherisch sein, sondern alle christlich, so konnte er doch nicht diese Neigung der Menschen bezwingen« (Epiph. 1824, Text: Joh 3,22−30, II,8, 210, vgl. auch II,2, 652)[73].

Besonders in den Predigten findet sich häufig der Topos von der Reformation als einem Werk Gottes, dessen »Rüstzeug« (II,2, 616) die Reformatoren gewesen seien; eine Belegstelle sei wegen ihrer Drastik angeführt: »Als es zu arg geworden war, daß es schien, als könne es nicht mehr ärger werden, da drehte er ⟨scil. Christus⟩ wieder eine Geißel zusammen, das waren Luther und Zwingli und alle, die mit ihnen an dem großen Werke der Reinigung des kirchlichen Lebens und der christlichen Lehre arbeiteten, und die trieben aus seinem geistigen Tempel wieder alle diejenigen, soviel sie reichen konnten, die das Haus des Gebetes und der Lehre zu einem Kaufhaus gemacht hatten« (II,8, 133f., Predigt über Joh 2,12−17, 23.p. Trin. 1823).

Was hier nur bildhaft angedeutet ist, nämlich die Einordnung des Themas Reformation in die dogmatische Ekklesiologie bzw. die religiöse Interpretation des historischen Faktums, hat Schleiermacher an zwei anderen Stellen weiter ausgeführt, nämlich in der o. g. »versteckten« Reformationsfestpredigt (II,4, 729ff.) und in der letzten Predigt der Augustanareihe (II,2, 739ff.). Der erstgenannten Predigt »Die schützende Verheißung Christi an seine Kirche« liegt Lk 21,15 zugrunde: »Denn ich will euch Mund und Weisheit geben, welcher nicht sollen widerstehen noch widersprechen können alle eure Widersacher«. Nachdem Schleiermacher in der Einleitung (II,4, 729f.) betont hat, daß einerseits die gesamte Kirchengeschichte eine Bewährung dieser Weissagung sei, und daß andererseits »die christliche Kirche ⟨...⟩ auch niemals was ihr auch noch bevorstehe eine andere Unterstüzung von oben zu erwarten« (ibd. 730) haben werde, legt er anschließend im dreigegliederten Corpus der Predigt den Vers nach drei Leitfragen aus: »... *was verheißt* hier der Herr zunächst? zweitens, *was für Umstände sind es,* unter denen wir die Erfüllung dieser Verheißung zu erwarten haben? endlich auch drittens *wem eigentlich* verheißt er zu geben, was er hier sagt?« (ibd.).

Zunächst werden »Mund und Weisheit« als Gaben abgesetzt von jedwedem Gedanken an äußerliche Machtfülle (ibd. 730f.). Der »Mund« ist die Kraft der ehrlichen, Überzeugung weckenden und stärkenden Rede, »die unmittelbarste und innigste Wirksamkeit des Geistes« (ibd., 731). Die Dignität dieser Gabe

---

[73] Vgl. hierzu auch die Studie KARL HOLLS »Luthers Urteile über sich selbst«, in: DERS., Gesammelte Aufsätze zur Kirchengeschichte Bd I, Luther, Tübingen ⁶1932, S. 381−419, bes. 396−398.

wird dadurch sinnenfällig, daß sich menschlich über Gottes Schöpfermacht nichts höheres aussagen läßt, als daß in ihr Wort und Werk eines sind, und daß das Wort *das* Medium der Wirksamkeit Christi ist (ibd.). Das Wirken der Apostel faßt Schleiermacher darin zusammen, daß sie die Sprachen ihrer Zeit und ihres Kulturkreises so reinigten und umformten, daß sie zur Aufnahme und Weitergabe des Evangeliums befähigt wurden. Analog dazu war auch die Reformation eine Reinigung der Sprache und des Denkens: »Unter Buße verstand man willkührliche Uebungen und Peinigungen, unter Glauben ein todtes Wissen und Nachsprechen unverstandener Formeln, und unter Liebe eine Menge von großentheils unfruchtbaren äußerlichen Werken« (ibd., 733). Indem die Reformatoren wider diese Mißbildungen polemisch wurden, bildeten sie »der christlichen Frömmigkeit unter unserem Volk eine Sprache« (ibd.). Im Hintergrund dieser Ausführungen stehen deutlich die dem Thema »Reformation« gewidmeten Überlegungen in ChS. Bezeichnend ist es, daß beim konkret-historischen Faktum der reinigende und verbreitende Aspekt des Handelns ineinander fließen.

Die Weisheit setzt Schleiermacher entschieden von List und Schläue ab, indem er sie nach Anspielung auf Mt 6,33, beschreibt: »Das ist die schlichte Weisheit, nach dem Einen streben was noth thut ⟨vgl. Lk 10,42⟩ und ganz einfältig an dem Einen hangend, sonst weder kleines noch großes achten oder verachten, und sich immer da halten, wo dieses Eine zu finden ist.« (ibd., 734). Dieser »schlichten Weisheit« verdankt sich aller bleibende Erfolg der Reformation, was ihr nicht entsprang, war zum alsbaldigen Untergang verurteilt (ibd., 735). Die gänzliche Erfüllung der Weissagung steht bis zum endgeschichtlichen Sieg Christi aus, deshalb stehen die Widrigkeiten, die Christus selbst sowie die Apostel und Reformatoren erdulden mußten, nicht im Widerspruch zu ihr (ibd., 736 f.). Der Weg zur Vollendung ist voll solcher Ereignisse, in denen Mund und Weisheit Widerstände bezwingen, die Reformation ist nur ein Beispiel unter vielen. Dem Einzelnen gibt die Verheißung die unverbrüchliche Zusage, daß sein rechtes Tun nicht fruchtlos bleibt, auch wenn ihm selbst der Erfolg völlig verborgen bleibt oder sich nicht im erwarteten Ausmaß einstellt: Dieser Trost galt auch den Reformatoren angesichts der Tatsache, daß ihr Werk nicht die ganze Christenheit durchdrang (737 f.).

Der zweite Hauptteil der Predigt schärft ein, daß die Verheißung nicht nur für außerordentliche Krisensituationen Gültigkeit hat, sondern daß das in ihr Versprochene ein Datum ist, das allem christlich-kirchlichen Leben zugrunde liegt (738 ff.).

In der »Normalität« bewahrheitet sie sich im Prozeß des Lehrens und Belehrtwerdens innerhalb der Gemeinde, indem »der Geist des Herrn in der Gemeinde der gläubigen« (II,4, 739) waltet. Hierin liegt die Pointe von Schleiermachers Auslegung dieses Verses: Christus verheißt den Aposteln und mit ihnen der ganzen Kirche auch für krisenhafte Situationen eben dieselbe Hilfe, derer sie immer schon teilhaftig ist, die ihr Dasein begründet.

Durch den zweiten Hauptteil ist die Beantwortung der Leitfrage für den dritten schon vorgezeichnet: Die Verheißung gilt allen Christen. Im Verhältnis

Christi zu den Jüngern ist hier der größtmögliche Unterschied gesetzt, denn in Christus selbst hat diese Verheißung ihre einmalig-unwiederholbare Erfüllung gefunden, seit der Zeit Christi und der Jünger aber ist der quantitative Unterschied der individuellen Teilhabe an dieser Verheißung im Schwinden begriffen (ibd., 744 f.). Wenn der Unterschied in einer bestimmten Situation groß ist, dann ist das ein Krisenzeichen. Deutlich wird das an der Reformation: »... das Verderben war tief eingesenkt und weit verbreitet, darum mußte der Herr wieder zunächst einige wenige aussenden. Ihr Zeugniß mußte großen Widerspruch finden, darum wurden sie auch besonders ausgerüstet, einige mehr mit Kraft der Rede, andere mit wahrer Weisheit, andere mit beidem. Ein kleines Häuflein, das sich indeß bald mehrte; aber je größer es wurde, je mehr die Gaben sich verbreiteten, um desto mehr nahm die Auszeichnung einiger wenigen wieder ab« (ibd., 745 f.). Die Reformation war ein Schritt in der Richtung auf das endgeschichtliche Ziel – »eine völlige Gleichheit aller« –, indem sie die römische Lehre vom Priestertum verwarf und die Bibel in die Hände des Volkes gab (ibd., 747). Hier erscheint in homiletischer Umsetzung ein wichtiger Topos aus Schleiermachers Theorie der Kirchengeschichte (s. diese Arbeit oben S. 64).

In der letzten Predigt der Augustana-Reihe (II,2, 739 ff., Text: Phil 1,6–11) zeichnet Schleiermacher die Reformation ein in den Gang des fortschreitenden Erlösungswerkes, das mit Christus begonnen hat und die »Schöpfung des neuen Menschen im einzelnen und im großen« (ibd., 744) zum Ziel hat. Die Erkennbarkeit dessen, was zum neuen Menschen gehört, ist durch Christus, *den* neuen Menschen, gegeben: »... so eignet auch alles dem neuen Menschen und ist ihm angemessen und gehörig, was aus der Fülle Christi kann genommen werden, alles was der Geist der Wahrheit aus derselben nimmt und immer mehr verklärt...« (ibd.). Das Gotteswerk vollzieht sich immer mit und durch Menschenwerk (ibd., 740 f.): »Aber so wie das Wort Fleisch werden mußte, damit das Werk Gottes geschähe, und es nur in dieser menschlichen Gestalt und Weise beginnen konnte: so kann es auch nur in menschlicher Gestalt und Weise vollendet werden« (ibd.). Daher ist die Hoffnung auf Außermenschliches und Übernatürliches verfehlt, denn: »Hand anlegen sollen wir« (ibd., 741). Freilich ist es Gott, der »sich in jeder Zeit die Werkzeuge im voraus zu bereiten weiß, deren er bedarf« (ibd.). Aber das konkrete Handeln dieser Menschen untersteht den allgemeingültigen Gesetzen menschlich-geschichtlichen Lebens: Es ist an die Voraussetzungen der jeweiligen Zeit gebunden und es hat in seinen Resultaten vollen Anteil an der Überholbarkeit und Vergänglichkeit alles menschlichen Bildens. Das »Werkzeug« dient zu einem bestimmten Zweck, ist er erfüllt, so müssen für neue Aufgaben neue Werkzeuge entstehen. Bestand und Geltung kann allein das für sich beanspruchen, was auch gegenwärtig zur Aneignung des in Christus Gesetzten, zur Verbreitung und Festigung des Reiches Gottes auf Erden dienen kann.

Es ist offenkundig, in welch hohem Maße die hier skizzierte religiös-erbauliche Deutung der Reformation mit den aus ChS und KG erhobenen theoretischen Leitlinien konform geht. Die Reformation ist in ihrem Entstehen und ihrem

Verlauf das Ergebnis von Entwicklungsgesetzen, die ihr wie aller Kirchengeschichte zugrunde liegen. Dem widerspricht es nicht, wenn sie als Werk Gottes
angesprochen wird: Werk Gottes ist sie für den Christen zunächst kraft des im
Gefühl der schlechthinigen Abhängigkeit enthaltenen Wissens um die Allmacht
Gottes (vgl. CG² § 54), dann aber auch in besonders qualifizierter Weise, weil sie
auf die reinere Erkenntnis und Anerkenntnis Christi zielte. Damit wird keiner
wunderhaft-supranaturalistischen Deutung Vorschub geleistet, weil sich das
Werk Gottes in verstehbarem menschlich-geschichtlichem Handeln vollzogen
hat, dessen Träger und Resultate die Relativität alles menschlich-geschichtlichen
Lebens ausnahmslos teilten. Die Vorrangstellung, die bestimmte Individuen im
Prozeß der Reformation eingenommen haben, war eine durch die Anforderungen der konkreten Situation begründete und begrenzte. Was sie dachten und
taten ist für die Gegenwart nur insoweit verpflichtend, als es nach wie vor der
Sache dienen kann, der sich auch die Reformatoren ihrerseits verpflichtet wuß-
ten.

2. Die Reformation als Reinigung und Intension

Wenn Schleiermacher auf solche Leistungen der Reformationszeit zu sprechen
kommt, die auch noch für die Gegenwart von unersetzlicher Bedeutung sind,
dann nennt er solche Einzelzüge, die demjenigen Aspekt der Reformation
zuzuordnen sind, der in der Terminologie der ChS reinigendes oder wiederherstellendes Handeln genannt wird. Diese Seite von Schleiermachers Reformationsdeutung kann treffend mit Harnacks Formel von der »kritischen Reduktion«[74] bezeichnet werden. Nach dieser polemisch-reduktiven Seite herrschte
bei den Reformatoren unbeschadet ihrer sonstigen Differenzen ein einheitlicher
Wille. Dieser Umstand rechtfertigt es auch, daß der Reformierte Schleiermacher
die Festrede zum Gedenktag der Lutherischen Reformation hält[75]: »Cuius enim
rei memoriam his festissimis diebus pie celebramus, ea Luthero ac Zuinglio
communis est: auctoritatem supremam dico in rebus ad christianam fidem
pertinentibus libris sacris feliciter restitutam, superstitionem operum arbitra-
riorum et mere externorum profligatam, mediatores fiduciae in deum ponendae
praeter Christum omnes excussos, sacerdotii ethnici et iudaici speciem ex cultu
christiano penitus sublatam, certaminis ecclesiam inter et rem publicam occasio-
nem et causam omnem ademtam« (Oratio, I,5, 311).

Die in diesem Satz rhetorisch-formelhaft zusammengefaßten Aspekte sollen
im folgenden anhand anderer Äußerungen genauer untersucht werden.

Die Wiedereinsetzung der Schrift in ihre exklusive Autoritätsstellung durch

---

[74] Vgl. A. HARNACK, Das Wesen des Christentums, ³1900, S. 168.

[75] Die Stellen, an denen Schleiermacher seine Zugehörigkeit zur reformierten Konfession
betont, hat WILHELM NIESEL in seinem Aufsatz »Schleiermachers Verhältnis zur Reformierten
Tradition« (ZdZ 8/1930, S. 511–525) zusammengestellt. Die hier genannte Stelle ist ihm
entgangen, ebenso Schleiermachers Erwähnung seiner Verpflichtung auf die Confessio Sigismundi (Vorrede, I,5, S. 708, Anm.).

die Reformation hat zwei Seiten: Zunächst bedeutet sie den Sturz jeder menschlichen Lehrautorität, allein durch jene wollten Luther und Zwingli sich widerlegen lassen[76]. Dieser Aspekt wird von Schleiermacher am ausführlichsten in den Schriften zur Bekenntnisfrage behandelt und dort gegen jede lehrgesetzliche Bindung ins Feld geführt; die einschlägigen Texte werden im Kapitel über die Bedeutung der Bekenntnisschriften für den gegenwärtigen Protestantismus näher erörtert.

Mindestens gleichrangig mit dem eben Angedeuteten ist für Schleiermacher die Tatsache, daß die Reformation die Bibel allen Christen gab. Die Zeit vor der Reformation war dadurch gekennzeichnet, daß die Schrift im Volk weitgehend in Vergessenheit geraten war: »Schon in der Ursprache selten genug für die Schriftgelehrten, in der Muttersprache aber für das Volk so gut als gar nicht vorhanden vernahmen die meisten wenig mehr davon als das, was nicht selten noch verstümmelt und mißverstanden den Predigten zum Grunde gelegt wurde; ...« (II,4, 68, Reformationsfest 1817). Das Christusbild des Neuen Testaments wurde durch Schulstreitigkeiten um die Christologie mehr und mehr verdeckt, »Und als in der Folge das Christenthum ausartete in eine Fülle von einzelnen Vorschriften und äußerlichen Gebräuchen: wie wurden da abermals die Bestrebungen der gläubigen auf ganz andere Dinge abgelenkt von der Betrachtung seines Lebens, mit dem sie übrigens dem ihrigen auch gar keine Aehnlichkeit einzuprägen suchten« (II,2, 555, Pfingstpredigt). So ist es »der freie Gebrauch des göttlichen Wortes« (II,4, 67), an dem neben der Wiederherstellung der Lehre von der Gerechtigkeit aus dem Glauben alle Leistungen der Reformation hängen. Damit, daß die Reformation die Schrift in seiner Muttersprache in die Hand eines jeden Christen gegeben hat, ist jedem die formale Möglichkeit der individuell-unmittelbaren Aneignung des christlichen Glaubens aus seiner ursprünglichen Quelle, Christus selbst, gegeben (II,2, 556, Pfingstpredigt).

Untrennbar verknüpft mit diesem formalen Aspekt ist inhaltlich die Rückführung des Glaubens zu seinem wesentlichen Inhalt: Er wird wieder als rechtfertigender Christusglaube (vgl. II,2, 653) verstanden, der sich polemisch wider alle verdunkelnden Beimischungen wendet und von seinem Lebenszentrum her seine Peripherie kritisch sichtet und reinigt.

Diesen Deutungsansatz führt Schleiermacher am ausführlichsten und eindrucksvollsten in den Predigten III bis VII der Augustana-Reihe durch. In den Predigten III und IV umreißt er Inhalt und Bedeutung der Rechtfertigungslehre im Anschluß an den polemischen (III) und den thetischen (IV) Teil von CA IV unter Zugrundelegung von Gal 2,16–18 (III) und Gal 2,19–21 (IV).

Die dritte Augustanapredigt expliziert den Satz, daß Gesetzeswerke nicht die Gerechtigkeit vor Gott erlangen können. Zunächst deutet Schleiermacher kurz die Kampfsituation an, der die Verse des Predigttextes entstammen und stellt daneben die Situation der spätmittelalterlichen Kirche, in der sie neue Aktualität erlangten. Das Gesetz, gegen das Paulus und die Reformatoren sich wandten,

---

[76] Vgl. Oratio, I,5, 318, s. auch II,2, 632 u. ö.

war zwar inhaltlich ein je anderes, in seiner Wirkung jedoch von gleicher Schädlichkeit für das religiöse Leben (vgl. II,2, 639f.). Gegenwärtige Aktualität erhalten die Verse dadurch, daß auch der gegenwärtige Protestantismus in der Gefahr steht, durch gesetzliches Wesen in verschiedenen Ausprägungen zu entarten (ibd., 646ff.).

Jedes Gesetz, im staatlich-politischen wie im kirchlich-religiösen Bereich, verdankt sich einem doppelten Zwiespalt zwischen dem Gesetzgeber und denen, für die das Gesetz gilt, und zwar im Bereich des Willens und des Verstandes (vgl. II,2, 642). Durch die Differenz im Bereich des Willens ist der Gesetzgeber genötigt, durch das Versprechen von Lohn und die Androhung von Strafe das Tun des Guten und das Unterlassen des Bösen bei den seiner Obhut Anvertrauten zu erreichen.

Auch muß er voraussetzen, daß der einheitliche Gesamtwille, der hinter den Einzelvorschriften des Gesetzes steht, der Einsicht seiner Untertanen nicht erschwinglich ist. Deshalb muß der einheitliche Gesamtwille sich im Gesetz notwendig in eine Vielzahl von Einzelvorschriften auseinanderlegen – Gesetz und Kasuistik sind untrennbar miteinander verbunden (ibd., 642f.). Da das Gesetz die Differenz in Verstand und Willen zur Voraussetzung seines Daseins hat, kann es nicht ihre Aufhebung bewirken. Der qualitative Umschlag eines höchstmöglich gesteigerten Gesetzesgehorsams zum Liebesgehorsam ist damit unmöglich. Im bürgerlich-sozialen Leben ist der Faktor Gesetz ein notwendiges Übel. Dem Gottesverhältnis hingegen ist es völlig inadäquat, denn das gewinnt seine Wahrheit allein in der Liebe, die die Willenseinheit in sich begreift (ibd., 644f.). So hatte das Gesetz seinen Dienst darin, ein Verlangen nach diesem erfüllten Gottesverhältnis zu erwecken und wachzuhalten. »Nun aber die Liebe Gottes ausgegossen ist in die Herzen der gläubigen, seitdem Gott durch die Sendung seines Sohnes seine Liebe verkündigt hat und gepriesen, ist durch den Glauben an ihn eine andere Gerechtigkeit aufgerichtet« (ibd., 645). Diese »andere Gerechtigkeit« ist nicht *ein* Bestandteil der christlichen Religion, der, wenn auch hervorgehoben, neben anderen stünde, sondern das, »...was Paulus sich und den seinigen als das Wesen des Christenthums beilegt, das gerecht werden wollen durch den Glauben« (ibd., 653).

Dieser rechtfertigende Glaube ist Christusglaube[77], nicht verstanden als kognitive Anerkennung der besonderen Vorzüge Christi oder bestimmter diesbezüglicher Lehrsätze, sondern: »Der Glaube ist nur jenes seinem Einfluß sich hingeben; und er wäre also gar nicht, wenn Er ihn nicht hervorriefe« (ibd., 657). Als erklärende Analogie hierzu kann die Wirkung dienen, die »ein großer Mann« (ibd.)[78] auf seine Mit- und Nachwelt ausübt: Auch sie kommt erst zu ihrem eigentlichen Ziel bei denen, »die ein solcher in eine mit ihm übereinstimmende und doch freie Bewegung sezt, die sich so seinem Einfluß hingeben!« (ibd.). –

Ähnlich verhält es sich mit der Wirkung Christi, »aber freilich in einem so

---

[77] Zum Zusammenhang von Christologie und Rechtfertigung vgl. H. GERDES, Der geschichtlich-biblische Jesus und der Christus der Philosophen, Kap. VII, S. 99–113.

[78] Vgl. die Akademierede »Ueber den Begriff des großen Mannes«, SW III,3, 73–84.

ungeheuer anderen Maßstab, daß eigentlich keine Vergleichung statt findet«
(ibd., 657). Der rechtfertigende Glaube ist auch nicht Glaube an die Bibel (ibd.,
632), denn der Glaube ist älter als sie. Das hat schon Luther selbst durch seine
praktizierte Freiheit dem biblischen Buchstaben gegenüber zur Geltung gebracht (ibd., 620).

Die »Vollkommenheit« (ibd., 658) Christi ist es, die den Menschen zur vollen
Erkenntnis seiner Sündhaftigkeit bringt, denn das Gesetz kann nur einzelne
Verfehlungen zu Bewußtsein bringen. Die Vergegenwärtigung Christi vertieft
demgegenüber das Sündenbewußtsein zu dem Grade, daß »...alles Sünde
⟨wird⟩, was wir uns in ihm nicht denken können, was seiner Vollkommenheit
unähnlich ist; und so ist er auch in dem Sinne das Licht, daß er uns die ganze
Sünde zeigt« (ibd.). Dem so zu seiner Wahrheit gebrachten Verlangen nach der
Gerechtigkeit vor Gott gewährt Christus die Erfüllung: »Er bietet sich an als das
Brot des Lebens; er ladet zu sich ein als zu einer Quelle lebendigen Wassers, und
die aus ihm schöpfen sind die gläubigen« (ibd., 657).

Christus ist dabei der allein Handelnde, die einzige Aktivität auf Seiten des
Menschen ist die Hingabe an sein Wirken – »So entsteht und gedeiht sein Leben
in uns;...« (ibd.).

Die Rechtfertigung erschöpft sich nun nicht in der Sündenvergebung – »sind
wir reich, weil wir keine Schulden mehr haben?« (ibd., 658) – oder in einem
deklaratorischen Akt Gottes, der den faktisch Ungerechten wegen des als Er-
satzleistung verstandenen Glaubens an Christus dennoch für gerecht erklärt
(vgl. ibd., 658f.), sondern der Glaube macht gerecht: »Denn Christus ist gerecht; und lebt er in uns, so müssen denn auch wir gerecht sein durch sein Leben
in uns« (659). Die dem Glauben geschenkte Einwohnung Christi konstituiert
den innersten Kern der gläubigen Persönlichkeit, sie ist ihr wesentliches Leben,
das für das Urteil Gottes maßgeblich ist (vgl. ibd., 659f.). Die gläubige Innerlichkeit ist die Konstante, zu der sich alles Äußerliche als akzidentielle Variable
verhält; doch durchdringt sie die äußere Sphäre immer mehr, und auf ihre
endliche und gänzliche Durchsetzung ist das Rechtfertigungsurteil – »analy-
tisch-proleptisch«! – bezogen (vgl. ibd., 660).

Das Streben nach Werkgerechtigkeit und die Aneignung der Glaubensgerechtigkeit schließen einander aus, mit der Bejahung des einen ist unweigerlich die
Verneinung des anderen Gliedes des Gegensatzes gesetzt. Die Werkgerechtigkeit
kann nicht in eine Art Ergänzungsverhältnis zur Glaubensgerechtigkeit treten,
ohne sie dadurch sofort unwahr und hinfällig zu machen (vgl. ibd., 646f.). – Es
war eine solche unstatthafte Vermengung des rechtfertigenden Christusglaubens mit gesetzlichen Elementen, gegen die die Reformatoren zu Felde zogen:
»Denn es lag zu Tage, daß der größere Theil der Christen durch das Vertrauen
auf diese äußeren Genugthuungen zurükkgekommen war in der lebendigen
Gottseligkeit, und daß der wahre Glaube an Christum in Schatten gestellt war,
während ein nur äußerlicher Glaube mit zu den äußeren Werken gehörte. Darum
that es noth die Christen darauf zurükkzuführen, daß kein Fleisch gerecht
werden kann durch äußere Werke, sie mögen sein welche sie wollen, und daß

beides nicht mit einander bestehen kann, in Christo eine neue Kreatur sein und doch noch eine Nothwendigkeit äußerer Werke annehmen« (645 f.).

In den drei folgenden Predigten der Augustanareihe zeigt Schleiermacher auf, warum die Reformation in der Konsequenz der Wiederbelebung des Rechtfertigungsglaubens drei Grundpfeiler spätmittelalterlicher Theologie und Frömmigkeit, nämlich das Meßopfer, die Beichtbuße und – als deren gemeinsame Grundlage – das Priestertum, bekämpfen und auflösen mußte. Die Motive dieses reinigenden Handelns sind auch für den gegenwärtigen Protestantismus verpflichtend, weil es sich gegen Entstellungen richtete, die das Wesen des Christentums unkenntlich zu machen drohten.

In der fünften Augustanapredigt »Das vollendende Opfer Christi« (II,2, 666–678; Text: Hebr 10,12) entwickelt Schleiermacher zunächst im ersten – thetischen – Teil, inwiefern der Terminus »Opfer« überhaupt Christus angemessen sein kann[79]. Die Rede vom Opfer im Hebräerbrief, die von Jesu Selbstdeutung abweicht, ist historisch so zu erklären und zu rechtfertigen, daß der Verfasser gerade indem er sich terminologisch der Vorstellungswelt seiner jüdischen Leser akkommodierte, es diesen plausibel machen konnte, daß mit dem »Opfer« Christi etwas gemeint ist, das den jüdischen Opferkultus überwunden und entwertet hat (666 f.). Dieser Opferkultus konnte nur das Sündenbewußtsein periodisch stärken, nicht aber wie der Christusglaube die Sünde tilgen (vgl. ibd., 668). Das Opfer Christi bestand in seinem lebenslangen ungebrochenen Gehorsam, der in seinem Kreuzestod sich vollendete (ibd., 669). Die Gemeinschaft mit dem Erlöser schenkt dem Gläubigen dessen ungebrochenes Gottesbewußtsein, die »Seeligkeit« (ibd., 670), die zwar im Fortgang der Heiligung vertieft wird, aber keiner qualitativen Steigerung mehr fähig noch bedürftig ist: »Aber doch hat er uns mit diesem einen Opfer vollendet, sein Dienst an uns ist vollbracht; weder braucht er wieder zu erscheinen, noch bedürfen wir irgend eines anderen.« Charakteristisch ist es, wie in dem zitierten Satz einerseits das reformatorische »solus Christus« eingeschärft wird, andererseits aber gerade auf diesem Grunde eine völlig unverblümte, einschneidende Kritik am Lehrbestand der CA (Art. XVII) geübt wird.

Alle Steigerung und aller Fortschritt sind nur die immer neuen Wirkungen des einen »Opfers« Christi: »Heiligung ist nur, wo der Geist Gottes wirkt, aber ⟨...⟩ da ist auch schon Friede und Freude.« (Anspielung auf Röm 14,17; ibd., 671). Die Heiligung geschieht in der Liebesgemeinschaft der Gläubigen, deren Steigerung die Reformation zum Ziel hatte.

In der mittelalterlichen Kirche hatte sich im Gefolge der Transsubstantiationslehre die Anschauung durchgesetzt, in jeder Messe werde das Kreuzesopfer Christi wiederholt, und zwar zur Sühnung der peccata actualia, während Christus mit dem einmaligen Opfer auf Golgatha für das peccatum originale genuggetan habe (vgl. ibd., 671 f.). Dieser schriftwidrigen Lehre wurde schon durch

---

[79] Vgl. hierzu H.-M. Müller, Die Auseinandersetzung mit der biblischen Opferlogik in der Predigt Schleiermachers, in: SchlA 1,2, S. 699–715, bes. S. 704–707, und die Predigt »Der Tod des Erlösers das Ende aller Opfer« (Hebr 10,8–12, SW II,2, 161–175).

Luthers Abendmahlslehre – trotz ihrer relativ größten Nähe zur römischen –
der Boden entzogen. »Und daß wir von diesem Verderbniß freigeworden sind,
müssen wir mit dem innigsten Dank erkennen, weil durch jene Lehre unser
ganzes Verhältniß zum Erlöser theils unmittelbar theils vermöge der Ungleichheit, welche sie zwischen den Christen hervorruft, gänzlich verschoben und
verworfen wird« (ibd., 672). Diesen Sachverhalt expliziert der zweite – polemische – Teil der Predigt (671 ff.). Die Zerspaltung in Erbsünde und Tatsünde
raubt dem Sündenbewußtsein wie dem Glauben an den Erlöser seine eigentümliche Spitze: Echtes Sündenbewußtsein ist das Wissen um die aus eigener
Kraft unüberwindliche Unfähigkeit, »sich zum Siege des Geistes über das
Fleisch zu erheben«, das sich »in unserm unkräftigen Wohlgefallen an dem
reinen und vollkommenen Gotteswillen« (ibd., 672; vgl. Röm 7,26) kundtut.
Dem entspricht die richtige Deutung des Werkes Christi: In Christus wurde
dem Menschengeschlecht die Fülle der göttlichen Kraft geschenkt, »aus welcher alle diejenigen, die ihn aufnehmen, Gnade um Gnade schöpfen« (ibd.).
Damit Christus zum Erlöser werden konnte, mußte er seinen Gehorsam im
Leiden am Kreuz vollenden. Durch sein Leben und Sterben ist »jene angestammte Sündhaftigkeit, oder wenn ihr so lieber wollt jene Erbsünde ⟨...⟩
ganz abgethan« (ibd., 674). Das ist die Grundlage, nicht das Ziel der Heiligung, denn Christi einmaliges Erlösungswerk erstreckt seine Wirkungen auch
auf die Einzeltaten, an und in denen allein die »angestammte Sündhaftigkeit«
erfahrbare Wirklichkeit ist.

Christi Leben und sein Sterben sind als Erlösungswerk untrennbar miteinander verzahnt, und Theorie und Praxis des Meßopfers zerschneiden diese Einheit. Das Bestreben, »das Leben Christi geistig in sich aufzunehmen«, wird
durch die Willensanstrengung, die der Glaube an das Transsubstantiationswun-
der erfordert, erschwert oder gar aufgehoben (ibd., 673). Die Genugsamkeit
der einmaligen Erlösung durch Christus wird faktisch geleugnet, wenn postuliert wird, sein Tod müsse sich immer wieder ereignen, damit auch die einzelnen Tatsünden ihre Sühnung finden.

Beim einzelnen Gläubigen kann diese Theorie – je nach individueller charak-
terlicher Disposition – zu entgegengesetzten, aber gleich verderblichen Konsequenzen führen: Der Leichtfertige wird möglichst viel von dem, was ihm als
Sünde bewußt ist, auf fremde Einflüsse zurückführen und sich über den so
nicht tilgbaren Rest »durch die Theilnahme an der Wiederholung des Opfers
beschwichtigen« (ibd., 675). Der Skrupulöse hingegen kann durch den Gedanken an Sünden, die noch abgesehen von der einmaligen Erlösung durch Christus besonderer Genugtuung bedürfen, unerträglich geängstigt werden (ibd.).
Er muß sein Gewissen der Leitung anderer anvertrauen, die für ihn festlegen,
was Sünde ist und was nicht, damit er die Ruhe der Vergebung findet (ibd.).

Der zweite – mittelbare – Schaden, den die Meßopfertheorie der christlichen
Frömmigkeit zufügt, besteht darin, daß in ihrem Gefolge unweigerlich ein
besonderes Priestertum entsteht, an dessen Tun die Heilsvermittlung hängt
(ibd., 676 ff.). Hat dieser Stand einmal die Macht, die Vergebung zu gewährlei-

sten, so ist es nur konsequent, daß er auch festlegt, was überhaupt vergeben werden muß, was Sünde ist.

»So haben denn diese die Gewissen der andern in ihrer Hand, und nur sie sind eigentlich die Kirche, in welcher die Gabe des Geistes ruht, die andern müssen Gebot und Lehre von ihnen annehmen; und so giebt es denn nicht mehr Einen Meister, dessen Jünger alle unter einander Brüder sind, sondern unter seinen Jüngern viele Meister, deren untergebene zu viel auf sie zu achten haben, als daß sie noch könnten viel unmittelbar von dem Erlöser empfangen« (ibd., 676).

Die sechste Augustanapredigt »Ermunterung zum Bekenntniß der Sünden« über Jak 5,16 ist der Beichte gewidmet. Schleiermacher verbindet sie eng mit der vorangegangenen, indem er die Verbindung von Meßopfertheorie und mittelalterlicher Beichtbuße einleitend ins Gedächtnis ruft (ibd., 679). Im ersten Hauptteil der Predigt (680 ff.) schildert er in Auslegung des Predigttexts die konstitutive Bedeutung des Sündenbekenntnisses und der Fürbitte für die christliche Lebensführung, um dann im zweiten Teil (685 ff.) anhand des so gewonnenen Kanons die Abweichungen von der römischen Beichtpraxis, wie sie seit der Reformation entstanden sind und sich bis zur Gegenwart entwickelt haben, als sachgemäß zu erweisen. Das wiederholte Sündenbekenntnis hat seinen Ort im Prozeß der Heiligung, dessen Anfang die »lebendige Erkenntniß und Anerkenntniß des Erlösers« (ibd., 681) ist. Sie erst führt zur vollen Erkenntnis der Sünde, die zuvor durch verschiedene Verdrängungsmechanismen (vgl. ibd., 680 f.) verdunkelt war. »Wo aber diese Wahrheit im Herzen so befestigt ist, daß die Stimme Gottes im innern nicht mehr schweigt, oder zum Schweigen gebracht wird, wenn unreines sich regt: da erst beginnt eigentlich der redliche Kampf des Menschen gegen die Sünde,...« (ibd., 682). Der Einzelne ist nun oftmals damit überfordert, diesen Kampf siegreich zu beenden, indem er sich den Erlöser vergegenwärtigt (vgl. ibd., 682 f.), deshalb bedarf er der Möglichkeit, bei einem Vertrauten um Rat und Hilfe nachzusuchen, indem er sich ihm bekennend öffnet (vgl. ibd., 683). Die Fürbitte, die auf ein solches Bekenntnis folgt, hat ihren Wert nicht im naiven Hoffen auf ein direktes Eingreifen Gottes zur Wendung der Not, sondern sie stärkt die innere Kraft des Angefochtenen, der seine Not im Gebet der anderen vor Gott gebracht weiß (vgl. ibd., 684). Dieses gegenseitige Bekennen ist Recht und Pflicht aller Christen in ihrem gemeinschaftlichen Leben und nicht etwa auf das Verhältnis zwischen Geistlichem und Gemeindeglied beschränkt.

Im zweiten Teil der Predigt deutet Schleiermacher drei Züge an, in denen seit der Reformation die mittelalterliche Praxis abgeändert worden ist. Zunächst ist den Geistlichen ihre Monopolstellung als Empfänger der Beichte genommen worden. Schleiermacher räumt ein, daß diese in der Missionssituation ihr gutes Recht hatte. Ist jedoch diese Situation nicht mehr gegeben, so bedeutet sie eine unerträgliche Beschränkung der Freiheit (vgl. ibd., 685): Einerseits kann das Verhältnis zum Geistlichen auf vielfache Weise gestört sein, so daß nicht die notwendige Vertrauensbasis besteht, andererseits ergeben sich im beruflichen oder geselligen Leben viele Kontakte und Situationen, in denen die so verstandene Beichte ihren natürlichen Ort hat und spontan – ungezwungen stattfinden kann.

Zweitens ist in der Folge der Reformation der Zusammenhang von Einzelbeichte und Abendmahl aufgehoben worden. Für diese Praxis sprechen zwei Gründe: Die Bindung der Beichte an bestimmte Termine hatte aus einem kontingenten und situationsgebundenen Lebensakt ein regelmäßiges, von den anderen Lebensvollzügen unabhängiges Ritual gemacht (vgl. ibd., 686). Beichte und Absolution als Bedingung der Zulassung zum Abendmahl verliehen den Geistlichen eine unzulässig große Machtfülle über die Gewissen, die zudem in der Gefahr stand, zu weltlicher Herrschaft ausgemünzt zu werden (ibd., 686f.). Demgegenüber ist der Zusammenhang zwischen Abendmahl und Sündenbekenntnis durch einen liturgischen Akt der ganzen Gemeinde gesichert, der neben die individuell-spontane Einzelbeichte tritt, ohne deren Wert zu mindern (vgl. ibd., 687f.).

Drittens endlich hat die Reformation die Nötigung aufgehoben, in der Beichte soweit irgend möglich alle sündhaften Handlungen und Regungen aufzuzählen. Diese Aufzählung ist unmöglich, sobald ein vertieftes Sündenverständnis zum Maßstab genommen wird: Es müßten dann nämlich die unvollkommenen Züge an einer jeden Tat aufgezählt werden, weil sich ja in jeder Tat die allgemeine Sündhaftigkeit, wenn auch nur minimal, manifestiert. Das Streben nach Vollzähligkeit muß zu einem Suchen und Forschen in der Vergangenheit führen, das die Kräfte von der Bewältigung der Gegenwart abzieht. »Sollen wir wahrhaft vergessen was dahinten ist, so müssen wir auch das unvollkommne und sündliche darin vergessen, und wir dürfen es in dem redlichen Bewußtsein, daß die Gewalt des Fleisches von einer Zeit zur andern gedämpft worden ist, und daß wir wahrhaft streben nach dem, was vor uns liegt« (ibd., 688f.).

Zudem kann der genannte Zwang auf ängstliche und leichtfertige Gewissen verderbliche Wirkungen zeitigen: Der Ängstliche wird tiefer in seine Skrupel hineingetrieben, der Leichtfertige wird in seiner Selbstzufriedenheit bestärkt.

Im Schlußabschnitt stellt Schleiermacher noch einmal explizit den Rückbezug zu den beiden grundlegenden Predigten über den Rechtfertigungsglauben her: Gegenüber der Veräußerlichung in der römischen Beichtpraxis ist ihre reformatorisch-protestantische Reduktion ein Stück Verinnerlichung und Individualisierung christlicher Frömmigkeit. Der Einzelne wird auf die Selbstprüfung seines »innersten Grund⟨es⟩ des Herzens« (ibd., 690) und auf die Gewißheit der »Hülfe Christi« (ibd.) verwiesen. Um das Bewußtsein der Vergebung zu erlangen, bedarf er keiner autoritativen Mittlerinstanz, es fließt aus dem Wissen darum, »daß Gott größer ist als unser Herz« (ibd., 1. Joh 3,20), das den Schuldspruch fällt. Das Wissen wird getragen durch die Vergegenwärtigung des Erlösers (vgl. ibd., 682f.), des »wahren Hohenpriester⟨s⟩« (ibd., 690), dessen Werk keiner menschlichen Zutat bedarf (ibd.) und das in der gläubigen Aneignung zu Christi »Leben in uns« (ibd., 659) wird, das den eigentlichen Kern der Persönlichkeit konstituiert.

In der fünften hier zu besprechenden Predigt »Vom öffentlichen Dienst am

göttlichen Wort« (Nr. VII der Reihe, Text: Eph 4,11 f., II,2, 692–709) wird nun
ein Aspekt thematisiert, der in den beiden vorangegangenen Predigten schon
angeklungen war: das geistliche Amt[80].

Im Einleitungsabschnitt stellt Schleiermacher zwei Leitfragen auf, die jeweils
in einem der beiden Hauptteile der Predigt bearbeitet werden, nämlich einmal
nach dem Daseinsrecht eines geistlichen Amtes unter der Voraussetzung des
allgemeinen Priestertums aller Gläubigen und sodann nach dem Recht der
besonderen Ausformung des geistlichen Amtes, die Reformation und Protestantismus gegenüber dem römischen Priestertum hervorgebracht haben (vgl. ibd.,
692f.).

Schleiermacher leitet den ersten Hauptteil ein, indem er die in Eph 4,11
genannten vier Ämter kurz skizziert. Die »Apostel« und »Evangelisten«, deren
Wirkungsbereiche über die Einzelgemeinden hinausgingen, gab es nach der Zeit
des Urchristentums nicht mehr, erhalten blieb das Amt der Hirten und Lehrer
(vgl. ibd., 693–695). Dann wendet er sich der Frage zu, wie sich ein institutiona-
lisiertes Amt damit vertrage, daß im Neuen Bund alle von Gott gelehrt seien
(vgl. Joh 6,45) und postuliert: »Gewiß werden wir finden m. g., daß sich beides
nicht nur sehr wohl mit einander verträgt, sondern daß, wo die wahre christliche
Vollkommenheit sein soll, beides sich mit einander vereinigen muß« (ibd., 696).
Im folgenden Abschnitt wird die Wirksamkeit des geistlichen Amtes nach
evangelischem Verständnis anhand des Dreierschemas von darstellendem, verbreitendem und reinigendem Handeln – die termini technici fehlen freilich –
beschrieben (ibd., 696–699). Jede der Handlungsweisen obliegt jedem Christen;
das, was demgegenüber die Aufgabe des Amtes ist, verhält sich dazu wie *ein*
Spezialfall zur allgemeinen Regel und verdankt sich den Erfordernissen eines
vielfältig ausdifferenzierten gesellschaftlichen Lebens. Die religiöse Erziehung –
verbreitendes Handeln – ist zunächst wie alle andere Erziehung auch Aufgabe
des Elternhauses. Den Notwendigkeiten einer mannigfach ausdifferenzierten,
arbeitsteiligen Gesellschaft entspricht es jedoch, daß von einem bestimmten
Alter an die religiöse Erziehung – analog zu anderen Erziehungsgebieten – an
gesellschaftliche Funktionsträger delegiert wird, die kraft ihrer speziellen Ausbildung besser dazu befähigt sind, »sie gehörig zu üben in dem Verständniß der
Schrift und ihnen den ganzen Zusammenhang der göttlichen Ordnung des Heils
zu klarem Bewußtsein zu bringen, als auch die treusten selbstdenkenden Eltern
es vermögen« (ibd., 696f.). – Mit der Konfirmation werden die Jugendlichen als
mündige Mitglieder in die christliche Gemeinschaft aufgenommen, sie hören
auf, in dieser Hinsicht einer Erziehungsgewalt unterworfen zu sein.

Damit sie aber ihr ganzes Leben christlich einrichten und meistern, können sie
»weitere Anleitung, ⟨...⟩ kräftige Anfassung« nicht entbehren – Seelsorge,
verstanden als reinigendes Handeln (697).

Drittens liegt es im Wesen der religiösen Gemeinschaft begründet, daß sie sich

---

[80] Vgl. hierzu die grundlegenden Ausführungen über das geistliche Amt in ChS, S. 516–525.
544–560 sowie den Aufsatz von WOLFGANG STECK: Der evangelische Geistliche. Schleiermachers Begründung des religiösen Berufs, in: SchlA 1,2, S. 717–770.

ihres Grundes im Austausch der lebendigen Rede versichert – darstellendes
Handeln. Dies geschieht immer spontan – formlos, kann aber allein auf diese
Weise keine größere, über das Maß des Freundeskreises herausgehende Gemeinschaft begründen und tragen, ja, wenn es als einzige sachgemäße Form religiöser
Kommunikation verabsolutiert wird, so zersprengt es die religiöse Gemeinschaft in Konventikel, die sich wiederum durch Spaltungen beständig vermeh-
ren (vgl. ibd., 698). Wo also überhaupt Ungleichheit herrscht bezüglich der
Fähigkeit, religiöse Gemütszustände in Rede mitzuteilen, muß, wenn die Gemeinschaft erhalten bleiben soll, »dieses hochwichtige ja unentbehrliche Ge-
schäft der öffentlichen christlichen Rede mit allem was daran hängt nur einigen
übertragen sein und auf bestimmte Weise geordnet« (ibd., 698f.). Unterricht,
Seelsorge und Predigt, verstanden als der ganzen Gemeinschaft aufgegebene
Handlungsweisen, die an den berufsmäßigen Geistlichen wegen der Erfordernisse einer großen Gemeinschaft kraft dessen spezieller Ausbildung übertragen
sind, bilden die Daseinsberechtigung und die Tätigkeitsfelder des geistlichen
Amtes als eines Spezialfalles des allgemeinen Priestertums aller Gläubigen (vgl.
ibd., 700)[81].

In drei Hinsichten haben die Änderungen der Reformation dafür gesorgt, daß
der Geistliche seinen im ersten Teil geschilderten Aufgaben besser gerecht
werden kann, als das vorher der Fall war. Die Abschaffung der Beichtbuße hat
die Seelsorge erneuert. Dadurch, daß jedem Christen die Schrift zum persönlichen Gebrauch übergeben ist, ist anerkannt und gefordert, daß er ein eigenständiges, individuelles Gottesverhältnis hat, das nicht durch priesterliche Vermittlung immer neu zustande gebracht werden muß, dem jedoch der Geistliche als
Seelsorger in Krisensituationen mit Rat und Zuspruch aufhelfen kann: Die
Herrschaft des Priesters ist dem freundschaftlichen Rat des Seelsorgers gewichen
(vgl. ibd., 702f.).

Zweitens ist auf zwiefache Weise die Möglichkeit der Entstehung priesterli-
cher Willkür gemindert worden: Einerseits ist der Geistliche in allem, was nicht
unmittelbar seine Amtsgeschäfte betrifft, den übrigen Untertanen bzw. Bürgern
völlig gleichgestellt (vgl. ibd., 703). Andererseits untersteht er hinsichtlich der
Führung seiner Amtsgeschäfte der – synodal oder konsistorial verfaßten –
Aufsicht seiner Kollegen, aus der aber keine hierarchische Ordnung entsteht
(ibd., 703f.).

Drittens – und hierbei verweilt Schleiermacher am längsten (704–708) – hat
die Abschaffung des Zölibats dafür gesorgt, daß der Geistliche als glaubwürdig
mit seiner Gemeinde Lebender zu wirksamer Verkündigung in Beispiel und
Lehre in Stand gesetzt wurde. Der Zölibatär konnte nicht Vorbild im häuslichen
Leben sein, in dem sich »die ganze Kraft der Gottseligkeit« – »Ernst und
Strenge«, »Geduld«, »Sanftmuth«, »Freundlichkeit«, »Hoffnung«, »Vertrauen«

---

[81] W. TRILLHAAS' eingängige Formulierung »Die Entwicklung vom Priester über den Prediger zum Bruder bezeichnet am besten Schleiermachers Auffassung vom Predigtamt.« (Schleiermachers Predigt, S. 93) ist also abzuändern: Die Entwicklung vom Priester zum Bruder, der
zugleich Prediger ist, ist nach Schleiermacher der Beitrag der Reformation zum Thema »Amt«.

zeigt, und das die Grundlage allen gesellschaftlichen und staatlichen Lebens bildet (ibd., 705). Die Predigt mußte verkümmern, wenn zwischen dem Prediger und der Gemeinde dieses wichtige Feld gemeinsamer Lebenserfahrung fehlte (ibd., 705 f.). Ihr unnatürlich – vereinzeltes Leben versetzte die Geistlichen zudem in eine verderbliche Distanz zum sozialen und politischen Leben ihres Umfeldes, eine Quelle schädlicher Machtkämpfe zwischen Kirche und weltlicher Obrigkeit. Zuletzt bedeutete die Isolation der Geistlichen auch eine Verschiebung der allgemeinen ethischen Wertvorstellungen: Als »gut« galten solche Werke, die auch der Geistliche tun konnte – Schleiermacher nennt als Beispiel das Almosengeben (ibd., 706) – während demgegenüber das tägliche Leben in Haus und Beruf zum ethischen Handlungsfeld minderen Ranges wurde. Durch die Aufhebung des Zölibats ist das Verhältnis Geistlicher – Gemeinde zu einem gegenseitigen Vertrauensverhältnis entschränkt worden, das »gemeinsames Wachsthum in der Heiligung« (ibd., 708) zum Ziel hat. Die Gemeinsamkeit der grundlegenden Lebensvollzüge ermöglicht dem Geistlichen eine für die Gemeindeglieder glaubwürdige Verkündigung, weil sie wissen, »daß uns nichts menschliches fremd ist« (ibd., 708). Geistlicher und Gemeinde sind »Glieder am Leibe Christi« (ibd.), und darum »ist dieses beides, was anfänglich einander zu widersprechen schien, nur eins und dasselbe, daß der Herr gesezt hat einige zu Hirten und Lehrern, und daß doch alle von Gott gelehrt sind; daß der Leib des Herrn erbauet wird durch den Dienst einzelner, und daß doch diese nichts vermögen ohne die Mitwirkung derer, zu deren Dienst sie gesezt sind« (ibd., 708 f.).

»Kein wirkliches Handeln enthält Ein Glied eines dieser Gegensäze ausschließend. Das Trennen ist nur Abstraktion; das Leben ist ein Ineinandersein der Glieder des Gegensazes, aber eins überwiegend; und so auch die wahre Anschauung« (ChS, Beil. A § 61). – Diesen Grundsatz illustrieren und verifizieren Schleiermachers eben skizzierte Ausführungen, die die Reformation vorwiegend unter dem Aspekt des reinigenden Handelns interpretierten. Das reinigende Handeln dient immer einem übergeordneten Zweck. Es will Hemmnisse beseitigen, um religiösem Leben Raum zu schaffen und Entfaltungsmöglichkeiten bereitzustellen. So geht dem polemisch-kritischen Handeln immer eine konstruktive Zielsetzung voraus und zur Seite: Die Rückführung des christlichen Glaubens zu seinem Lebenszentrum, wie es in den beiden Predigten über den Rechtfertigungsglauben eindringlich geschildert wird. Alles reformatorisch-reinigende Handeln empfängt dadurch seine Berechtigung, daß es diesem Ziel dient. Es entfaltet sich, indem es die Institutionen des religiösen Lebens – hier exemplifiziert durch Abendmahl, Beichte und geistliches Amt – so umformt, daß sie die individuelle Aneignung des Christusglaubens dienend fördern, anstatt durch hypertrophes Eigengewicht von ihm abzulenken. So ist das reinigende Handeln ein Mittel zum Zweck des intensiv-erweiternden.

3. Gesellschaftliche Auswirkungen der Reformation

In Schleiermachers Gelegenheitsäußerungen zur Reformation läßt sich eine weitere Themengruppe feststellen, die die über den engeren religiös-kirchlichen Bereich hinausgehenden Wirkungen der Reformation umfaßt. Die Schwerpunkte liegen dabei in den Bereichen Bildung und Wissenschaft und dem Verhältnis zwischen Staat und Kirche, das die Problematik der Kirchenverfassung in sich begreift.

Das Thema »Bildung« wird besonders in der letzten Augustanapredigt »Das Ziel der Wirksamkeit unserer evangelischen Kirche« (II,2, 739–758, Text: Phil 1,6–11) bedacht. Die Bemühungen der Reformatoren galten dem »Reichwerden an Erkenntnis«, deren »Erwerb und Verbreitung« (ibd., 751). Durch die Verdeutschung der Bibel wurde die Volksbildung vertieft und erweitert. Der einzelne Christ konnte sich selbst anhand der Schrift ein fundiertes Urteil über die Berechtigung der reformatorischen Maßnahmen bilden. Es wurde Mühe daran gewandt, das Wissen um die Ursachen des vorangegangenen Verfalls ins Gemeinbewußtsein zu bringen.

In seinen beiden Festansprachen zum Reformationsjubiläum 1817 hat sich Schleiermacher dem Thema Bildung mit besonderer Betonung zugewandt. Die Predigt (»Daß wir der Jugend wollen behülflich sein zum freien Gebrauch des göttlichen Worts und sie erziehen zu der Gerechtigkeit, die aus dem Glauben kommt, über Matth 18,5.6. Am zweiten Tage des Reformationsjubelfestes den 1. November 1817«, II,4, 65–76)[82] ruft in ihrem ersten Hauptteil dazu auf, die Kinder frühzeitig mit der Bibel bekannt zu machen, und erhellt im zweiten Teil Konsequenzen der Rechtfertigungslehre für die Erziehung. Einleitend weist Schleiermacher darauf hin, wie sehr den Reformatoren – analog zu Jesus, dem »erste⟨n⟩ Kinderfreund« (ibd., 66) – die Erziehung der Jugend am Herzen lag. Ihnen lag nicht lediglich daran, »ein äußeres Joch abzuwerfen« (ibd.), sondern sie zielten konstruktiv auf »Erneuerung des innern Lebens« (ibd.): So war es nur folgerichtig, daß die Reformatoren alles daran setzten, der Jugend als der nachwachsenden Generation die Aneignung des gereinigten Glaubens zu ermöglichen, indem sie sich der Einrichtung von Elementarschulen annahmen (Pädagogik, Vorlesung 1826, in: Pädagogische Schriften 1, edd. Weniger/Schulze, S. 118); die *kirchliche* Aufsicht über die Volksschulen ist ein bewahrenswertes Erbe der Reformationszeit, denn so ist es gewährleistet, daß die Kinder frühzeitig mit der christlichen Überlieferung bekannt gemacht werden (vgl. II,4, 71 f.).

In der lateinischen Festrede vor der Universität begründet Schleiermacher

---

[82] Die Predigt wurde in einem Festgottesdienst für Lehrer und Schüler gehalten, vgl. 66 f., 67 f., 71, außerdem die offizielle Festankündigung des Königs, die am 26. X. 1817 von allen Kanzeln verlesen wurde: »Gleichmäßig soll am zweiten Tag der Feier, Sonnabend den 1sten November, Vormittags in allen evangelischen Kirchen öffentlicher Gottesdienst sein, zu solchem die Schuljugend in feierlicher Procession in die Kirche geführt, und zu derselben und der christlichen Eltern Erweckung, in Beziehung auf den Segen, welchen auch das Schulwesen der Reformation zu verdanken hat, eine Schulpredigt gehalten werden« (Zitiert nach R. F. EYLERT, Charakterzüge III,2, 65 f.).

seinen Aufruf zum Neubau der Praktischen Theologie mit historischen Reminiszenzen an die praktische Wirksamkeit der Reformatoren: Wenn sich Luther nicht scheute, Kirchenlieder zu dichten, einen Katechismus »usui iuventutis plebeiae aptum« (Oratio, I,5, 317) zu schreiben, wenn er sich – wie auch Zwingli und Melanchthon – den Mühen kirchlicher Visitationsarbeit unterzog – wie sollte dann die Praktische Theologie des gelehrten Theologen unwürdig sein? (vgl. ibd.).

Ausführlicher und breiter gestreut sind Schleiermachers Äußerungen über die Bedeutung der Reformation für die Wissenschaft, insbesondere für die wissenschaftliche Theologie und ihr Verhältnis zu anderen Disziplinen, aber auch über die Bedeutung der theologischen Wissenschaft für das Zustandekommen und den Fortgang der Reformation. Bezogen auf Luthers Thesenanschlag kann – wenn man ihn denn als Anfangspunkt der Reformation festhalten will – gesagt werden, sie sei »ex valuis academicis« hervorgegangen (Oratio, I,5, 313f., vgl. auch II,2, 338f.). Die Wichtigkeit der wissenschaftlichen Theologie für die Kirche stieg im Verlauf der Reformation: Sie mußte durch Forschungen in Schrift und Kirchengeschichte die Legitimität der Reformation erweisen (vgl. II,2, 752). Theologen leiteten die Neuordnung des Kirchenwesens (vgl. Oratio, I,5, 317 und Pacificus sincerus, I,5, 519f.), sie wurden von den Fürsten konsultiert, wenn es um religionspolitische Maßnahmen ging (Oratio, I,5, 314).

Die Reformation bedeutete für Gegenstand und Wahrheitskriterium der wissenschaftlichen Theologie einen Reduktionsprozeß, wie er parallel im vorigen Abschnitt für die Frömmigkeit dargestellt wurde. »Quippe caput omnis in doctrina novationis id fuit, quod Zuinglius et Lutherus commune et consuetum genus demonstrationis et refutationis theologicae ex locis patrum et doctorum omnino declinabant et si quis redarguere vellet, solam scripturam controversiarum iudicem deposcebant« (Oratio, I,5, 318)[83]. Gegenstand und Wahrheitskriterium der Theologie wie der Frömmigkeit wird der im NT bezeugte Christus, die »Menschensazungen« (II,2, 338f. u.ö.) verlieren ihren bindenden Charakter. Im Hinblick auf den Umgang mit der dogmatischen Lehrtradition kann Schleiermacher auch den »edlen Grundsaz der Freiheit, daß keine Versammlung das Recht hat, Glaubensartikel zu stellen« betonen (II,2, 632)[84]. So nahm die Exegese einen vorher ungeahnten Aufschwung, indem sie in Arbeitsgemeinschaft mit der noch jungen philologischen Wissenschaft trat (vgl. Oratio, I,5, 318). Dem Rekurs auf die Schrift ist es auch zu danken, daß die Dogmatik eine »edlere Gestalt« (Werth, I,5, 441) gewann: War für die vorreformatorische und katholische Dogmatik das Bestreben leitend, sich der Übereinstimmung mit der Tradition zu versichern, so ist die protestantische Theologie bemüht, aus den ersten christlichen Zeugnissen, die gleichsam die »Samen« (Oratio, I,5, 318) enthalten, den Komplex christlicher Lehre zu errichten und daneben zu einem wahrheitsgetreuen Bild der Ursprünge des Christentums zu gelangen (ibd.).

---

[83] Vgl. F. C., Von dem summarischen Begriff, BKSELK 767.
[84] Vgl. auch KD² § 323 sowie die 10. Anmerkung zur 2. Rede, I,1, 274.

Alle diese Entwicklungen haben im Wirken der Reformatoren des 16. Jahrhunderts erst ihre Anfänge gehabt, besonders auf dem Gebiet der Lehre war eine lange Folgegeschichte notwendig, um die Konsequenzen aus dem »sola scriptura« ans Licht treten zu lassen. Alles weitere hierhin gehörige wird im Abschnitt dieser Arbeit über Schleiermachers Deutung der Bekenntnisbildung erörtert. – Die Freiheit der Forschung und Lehre, deren Entstehung hier für die Theologie als Folge der Reformation aufgezeigt worden ist, kam an den protestantischen Universitäten allen Wissenschaften zugute, während die katholischen Hochschulen »magis magisque in formam scholarum coactae sunt« (Oratio, I,5, 320).

Die Auswirkungen der Reformation auf die Kirchenverfassung und das Verhältnis Kirche – Staat waren, abgesehen von den sich aus der gemeinreformatorischen Lehre vom Priestertum aller Gläubigen unmittelbar ergebenden Konsequenzen, sehr verschiedenartig[85].

Die konkreten Organisationsformen waren abhängig von den differenten Bedingungen, die das politisch-soziale Umfeld jeweils bot[86]. Die verschiedenen Modifikationen rühren jeweils von der Haltung her, die das weltliche Regiment der Reformation gegenüber einnahm, und von den Machtmitteln, die ihm dabei zu Gebote standen. Am bruchlosesten vollzog sich die Reformation dort, wo sie einerseits von der Obrigkeit unterstützt wurde und diese andererseits auch in der Lage war, die Widerstände innerhalb der kirchlichen Hierarchie zu bezwingen, so in England, Dänemark und Schweden: Hier behielten die Kirchen die Episkopalverfassung mit unterschiedlichen konsistorialen Modifikationen[87], diejenige, die Schleiermacher für am wenigsten spezifisch protestantisch hält[88], weil sie durch die Tendenz zur geistlichen Hierarchie katholische Züge festhält[89]. Anders verlief die Entwicklung dort, wo zwar die Regierung die Reformation begünstigte, die kirchliche Hierarchie sich ihr jedoch nicht anschloß: Hier bildete sich ein Machtvakuum, weil es über der Ebene der Einzelgemeinde keine kirchenleitende Instanz mehr gab. Sollte sich dennoch ein größerer Kirchenverband mit einer gemeinsamen Verfassung bilden, so mußten dem Landesherrn als der einzigen dazu befähigten Institution die entsprechenden kirchlichen Rechte ausdrücklich oder stillschweigend übertragen werden; so entstand das landesherrliche Kirchenregiment mit der ihm entsprechenden Konsistorialverfassung[90], die in der Folgezeit zur nivellierenden Einordnung der kirchlichen Behörden in die innere Staatsverwaltung führte[91]. Diese Gestaltungsform, die sich mit geringen Abweichungen in Deutschland und der Schweiz herausbildete, hatte in der

---

[85] Über Schleiermachers Entwürfe zu Kirchenverfassungsfragen unterrichtet präzise M. HONECKER, Schleiermacher und das Kirchenrecht, ThExh Nr. 148, München 1968, S. 12–18.

[86] Vgl. PrTh, I,13, 666, Pac. Sinc., I,5, 510f. 528.

[87] Vgl. PrTh, I,13, 546, Pac. Sinc., I,5, 528 Anm.

[88] Vgl. Pac. Sinc., I,5, 528f.

[89] Ibd., s. auch PrTh, I,13, 552f.

[90] Vgl. Oratio, I,5, 314, Pac. Sinc., ibd., 510f., PrTh, I,13, 541, 566.

[91] Vgl. Oratio, I,5, 315, Pac. Sinc., ibd., 522f. 527f.

Reformationszeit das Recht und die Notwendigkeit auf ihrer Seite, kann jedoch wegen ihrer offenkundigen Mängel nur als provisorischer »Durchgangspunkt« (Pac. Sinc., I,5, 528, vgl. auch ibd., 522) gelten.

Episkopal- und Konsistorialverfassung sind einander nach ihren Entstehungsbedingungen und in ihrem monarchischen bzw. aristokratischen Grundcharakter analog: »Das Consistorialsystem ohne Episcopat ist nur eine abgestumpfte Pyramide, die Spize latitirt in dem Landesherrn« (PrTh, I,13, 541, vgl. auch 666).

Ihnen steht als dritte Organisationsform protestantischen Kirchenwesens die Presbyterialverfassung gegenüber: Sie entstand in solchen Gebieten, wo die Reformierenden weder von der geistlichen noch von der weltlichen Obrigkeit Unterstützung erhielten, wo die einzelnen Gemeinden allein auf ihre eigenen Gestaltungskräfte angewiesen waren, so vor allem in Frankreich. Ihr gehört auf dem Gebiet der Kirchenverfassung Schleiermachers ganze Zuneigung als derjenigen, »welche den Laien diejenige Stelle in den Berathungen der kirchlichen Angelegenheiten anweiset, welche im Geiste des Urchristenthums und der Reformation ihnen als der eigentlichen Gemeine gebührt« (Pac. Sinc., I,5, 500, vgl. auch PrTh, I,13, 543).

In engem Zusammenhang mit dem Thema »Kirchenverfassung« steht die Bedeutung, die die Reformation für das Verhältnis zwischen Staat und Kirche hatte. Allgemein gilt, daß die Reformation die Gründe für den Dauerkonflikt zwischen Kirche und weltlicher Gewalt, der in seinen verschiedenen Formen das ganze Hoch- und Spätmittelalter geprägt hatte, ausgeräumt hat (vgl. Oratio, I,5, 311)[92], indem festgelegt wurde, »daß die kirchliche Gemeinschaft sich alles Einflusses auf die Führung des bürgerlichen Regiments entschlagen wolle, aber daß auch dieses wiederum dem geistlichen Schwert, nämlich der Verkündigung des göttlichen Wortes solle freien Lauf lassen« (II,2, 717, 8. PrCA). Die Neuordnung ist jedoch, wie im Falle der Kirchenverfassung, bisher noch zu keinem allgemein als genuin protestantisch angesehenen Ergebnis gekommen.

4. Die fortgehende Reformation

In den vorigen Abschnitten wurde Schleiermachers Einschätzung der positiven Errungenschaften der Reformation, wie sie in den Predigten und Gelegenheitsschriften breiteren und farbigeren Ausdruck findet als in der Kirchengeschichte, umrissen. Dabei ist es auffällig, daß nicht die konkreten Resultate der Aufbauarbeit, die von den Reformatoren geleistet wurde, als verpflichtendes und zu bewahrendes Erbe für Kirche und Theologie gewertet werden. Der Akzent liegt vielmehr auf der durch die Reformation vollzogenen Befreiung, die sukzessive Erneuerung ermöglichte. Diese Deutung der Reformation erweist sich ganz eindeutig als Exemplifikation des geschichtsphilosophischen Ansatzes, der im Schema des relativen Gegensatzes von Perioden und Epochen ausge-

---

[92] Vgl. auch Pac. Sinc., I,5, 483.

sprochen ist: Der epochale Umbruch schafft keine statisch-festen Verhältnisse, sondern setzt neue Entwicklungen frei, die sich erst sukzessive im Verlauf der folgenden Periode vollziehen.

Epochal und bleibend normativ war und ist die Negation der Mißbildungen, die die vorhergegangenen Perioden hervorgebracht hatten, sowie der aus der Negation hervorgehende Impetus zu Änderung und Erneuerung. An dieser Würde haben die ersten Resultate der beginnenden Neuordnung keinen Anteil: Wenn z. B. in der III. und IV. Augustanapredigt der Rechtfertigungsglaube als das Wesen des Christentums eindrücklich eingeschärft wird, so tut Schleiermacher das, indem er gleichzeitig die forensisch-imputative Fassung der Rechtfertigungs*lehre* ausdrücklich als unangemessen verwirft (s. o. S. 84). Schleiermachers Einschätzung der reformatorischen Theologie und ihrer Bedeutung für die Gegenwart soll in den nächsten Kapiteln am Beispiel der Bekenntnisschriften zur Sprache kommen. Schleiermachers Insistieren auf der prinzipiellen Zeitgebundenheit und Verbesserungsbedürftigkeit der Leistungen der Reformationszeit soll am Schluß dieses Kapitels an einem anderen Gegenstand exemplarisch verdeutlicht werden, nämlich an seinen Stellungnahmen zu den reformatorischen Gottesdienstordnungen und ihrer gegenwärtigen Bedeutung.

Im seit 1816 schwelenden, seit 1822 offen ausgetragenen Kampf um die von Friedrich Wilhelm III. betriebene preußische Agendenreform gehörte Schleiermacher zu den schärfsten und profiliertesten Kritikern[93] des Königs, der die Gottesdienstformen der – unierten – preußischen Kirche mit Hilfe einer von ihm selbst verfaßten, eng an reformatorische und denen nahestehende Vorbilder angelehnten Agende vereinheitlichen wollte[94].

In einer anonymen Verteidigungsschrift für seine Agende, die der König 1827 unter dem Titel »Luther in Beziehung auf die preußische Kirchenagende« ausgehen ließ, betonte er die Nähe seines Werks zu den reformatorischen Gottes-

---

[93] Welches Interesse diese Kämpfe und Schleiermachers Rolle in ihnen auch außerhalb spezifisch »kirchlicher« Kreise fanden, das verdeutlicht eindrücklich der folgende Bericht HEINRICH HEINES: »Auch über die neue Liturgie, die schon längst in der Domkirche eingeführt und Hauptgegenstand des Stadtgespräches ist, will ich nicht schreiben, weil mein Brief sonst zu einem Buche anschwellen würde. Sie hat eine Menge Gegner. Schleiermacher nennt man als den vorzüglichsten. Ich habe unlängst einer seiner Predigten beigewohnt, wo er mit der Kraft eines Luthers sprach, und wo es nicht an verblümten Ausfällen gegen die Liturgie fehlte. Ich muß gestehen, keine sonderlich gottseligen Gefühle werden durch seine Predigten in mir erregt; aber ich finde mich im bessern Sinne dadurch erbaut, erkräftigt, und wie durch Stachelworte aufgegeißelt vom weichen Pflaumenbette des schlaffen Indifferentismus. Dieser Mann braucht nur das schwarze Kirchengewand abzuwerfen, und er steht da als Priester der Wahrheit.« (Briefe aus Berlin (1822), in: Sämtliche Schriften, ed K. BRIEGLEB, Bd II, ed G. HÄNTZSCHEL, München/Wien 1976, S. 36 f.).

[94] Auf den preußischen Agendenstreit kann hier nicht en detail eingegangen werden. Verwiesen sei neben FOERSTER, Die Entstehung der preußischen Landeskirche Bd II, S. 55–210 auf die ebenso umsichtige wie materialreiche Darstellung bei CHR. ALBRECHT: Schleiermachers Liturgik, Göttingen 1963, Beilage B, S. 136–161. Zu den kirchenrechtlichen Theorien, die für Schleiermachers Engagement leitend waren, s. HONECKER, Schleiermacher und das Kirchenrecht, S. 26–36, und M. DAUR, Die eine Kirche und das zwiefache Recht (Jus ecclesiasticum Bd 9), München 1970.

dienstordnungen, um dessen protestantischen Charakter zu erweisen. Der Hinweis auf die Übereinstimmung mit Luther sollte diejenigen widerlegen, die an der Agende katholisierende Tendenzen monierten. – Gegen dieses Beweisverfahren nun wendet sich Schleiermacher in seiner 1827 ebenfalls anonym erschienenen Kampfschrift »Gespräch zweier selbst überlegender evangelischer Christen über die Schrift: Luther in bezug auf die neue preußische Agende« (I,5, 537 ff.)[95].

Schleiermacher geht davon aus, die Verteidigungsschrift beruhe auf der Annahme, »der Gottesdienst von 1523 habe sich durch die Reformation gestaltet und spreche ihren Geist und Charakter aus« (I,5, 593 u. ö.). Eben dies bestreitet er: Luther hat eigentlich gar keine neuen gottesdienstlichen Formen geschaffen, sondern sich darauf beschränkt, die vorhandenen durch Reinigung brauchbar zu machen (ibd., 545, 567). Hieraus folgt zwingend, daß eben auch Luthers agendarische Entwürfe katholisches Gut enthalten (ibd., 542). Die Entwicklung vom überkommen – Katholischen weg zum echt Protestantischen hin fand schon in Luther selbst statt: »Daher kann freilich wol niemand lutherischer sein als Luther, sondern nur irgend ein buchstäblicher Nachbeter kann sich das einbilden; aber evangelischer, oder – denn wir sind ja unter uns – protestantischer[96] als Luther ist Luther selbst gewesen, der spätere nämlich als der frühere, und weniger katholisch eben so jener als dieser« (ibd., 542 f.). Luther selbst hat seinen eigenen agendarischen Entwürfen immer nur interimistischen Gebrauchswert beigemessen und sich scharf dagegen verwahrt, etwa aus ihnen eine verpflichtende Norm zu machen (vgl. ibd., 551 ff.). Vergleicht man seine Entwürfe von 1523 und 1526, so ist ein deutliches Gefälle hin zu mehr Schlichtheit nicht zu verkennen, so daß man voraussetzen kann, daß Luther all das, was im zweiten Entwurf fehlt, schon als unprotestantisch verworfen hat. In seiner Vorrede zur Deutschen Messe von 1526 hat er schon auf eine neue Gottesdienstform vorausgewiesen, die ohne alles Zeremonienwesen allein Predigt, Gebet und Lied zum Inhalt haben sollte, die aber wegen der mangelhaften Bildung der Gemeinde damals noch nicht durchführbar war (ibd., 569).

So lag es denn ganz legitim in der Konsequenz des mit der Reformation begonnenen Prozesses, daß die reformatorischen Kirchenordnungen in späterer Zeit vereinfachend umgestaltet wurden (ibd.)[97]. Ist nicht zu erweisen, daß sich die schrittweise Abänderung der Agenden durch Rechtsbrüche vollzogen hat, so existiert kein Rechtstitel, der die Rückkehr zu alten, längst außer Gebrauch geratenen Formen vorschreibt.

Ganz zu recht wird eine Agende, die ihren eigentümlichen Charakter darin

---

[95] Vgl. FOERSTER, aaO., S. 151 ff.

[96] Anspielung auf ein »Circularschreiben des königlichen Ministeriums des Innern an die evangelische Geistlichkeit der preußischen Monarchie« vom 30. Juni 1817, abgedruckt in KGA I.7,3, S. 389. Es wird darauf gedrungen, den Namen »Protestanten« zugunsten der Derivate von »evangelisch« zu meiden, weil jener einerseits historisch rechtmäßig allein den protestierenden Reichsständen in Speyer zukomme und andererseits »mancherlei Mißdeutung« zulasse.

[97] Vgl. auch Pac. Sinc., I,5, 501–504.

hat, daß sie sich an reformatorische Vorbilder anlehnt, als zum Katholizismus zurücklenkend empfunden.

Wenn eine solche Repristination abgelehnt wird, so beruht das nicht auf »Anmaaßung Modegeschmakk Zeitgeist Sophisterei« (Gespräch, I, 5, 571), sondern auf dem richtigen Wissen darum, daß »die Reformation 〈...〉 nicht mit einem Schlage und auf einmal fertig geworden 〈ist〉, sondern nach und nach« (Pac. Sinc. I, 5, 501), und »daß Gott sei Dank die evangelische Kirche kein sich versteinerndes Institut ist, sondern frei lebendig aus sich selbst heraus sich weiter entwikkelnd und bildend wie in Lehre und Sitte so auch im Gottesdienst und in der Form der kirchlichen Gemeinschaft...« (ibd., 503).

D. Zusammenfassung und Ausblick

Das eben beendete Kapitel hat einen weiten Weg durchmessen, indem es bei Schleiermachers Deduktion allen christlichen Handelns aus dem Bewußtsein der angefangenen Erlösung durch Christus seinen Ausgang nahm und abschließend Gelegenheitsäußerungen zur Reformation des 16. Jahrhunderts interpretierend vorführte. Im folgenden soll der Versuch unternommen werden, die Ergebnisse der vorangegangenen Untersuchungen noch einmal so zu bündeln, daß wichtige Züge von Schleiermachers Reformationsdeutung markant ans Licht treten.

Dabei wird die folgende Zusammenfassung die Gliederung des Kapitels nochmals abbilden[98] und in der thetischen Zuspitzung der Ergebnisse hoffentlich auch die sachliche Angemessenheit und Fruchtbarkeit der gewählten Anordnung erweisen.

Das Grundanliegen von Schleiermachers Reformationsdeutung läßt sich folgendermaßen bestimmen: *Einerseits* soll die Reformation begriffen werden als ein epochaler Wendepunkt der Christentumsgeschichte, dessen Wirkungen sich seither über ihren ganzen Verlauf hin erstreckt haben und dessen Impulse auch in der Gegenwart noch keineswegs erschöpft sind. *Andererseits* aber soll eben dieser Wendepunkt eingeordnet werden in die als Einheit verstandene Gesamtgeschichte des Christentums, die ihren Anfang und ihr immer fortwirkendes Bewegungsprinzip in Christus hat und sich nach bestimmten konstanten, der ethischen Reflexion erschließbaren Handlungsmustern vollzieht. Diese Doppelaufgabe gehen die der Reformation gewidmeten Erörterungen der ChS und der KD/KG auf je verschiedene, methodisch jedoch verwandte und gleichgerichtete Weisen an.

Der hier als zweite genannten Intention entspricht die Bearbeitung der Reformationsthematik in der ChS (I.A). Sie erfährt hier auf zwiefache Weise Berücksichtigung: *Zunächst* ist der ChS als einer *historisch*-systematischen Disziplin ihre Bezogenheit auf das Christentum in einer bestimmten geschichtlichen Gestal-

---

[98] Im folgenden werden die Abschnitte des I. Kapitels, auf die die Zusammenfassung jeweils Bezug nimmt, im Text unter Nennung ihrer gliederungstechnischen Bezeichnung in Klammern kenntlich gemacht (Bsp.: [I.B.1.a] = Die »Kurze Darstellung«).

tung vorgegeben. Jonas hat das deutlich gemacht, indem er den Titel des Werkes in Anlehnung an CG formuliert hat: »Die christliche Sitte nach den Grundsäzen der evangelischen Kirche im Zusammenhange dargestellt...«. Dieses protestantische Fundament der ChS scheint bei der Behandlung der einzelnen Sektoren ethischer Lebensgestaltung des Individuums wie der Gemeinschaft immer wieder hervor. Es sei nur hingewiesen auf die völlig unhierarchische Fassung der Lehre vom geistlichen Amt, die Hochschätzung von Ehe und Familie sowie die antitheokratische Gestaltung des Verhältnisses von Staat und Kirche.

Zweitens aber beansprucht die ChS anhand des spekulativ gewonnenen und christologisch-ekklesiologisch gefüllten Rahmens der relativen Trichotomie von reinigendem, verbreitendem und darstellendem Handeln die grundlegenden Parameter allen christlich-kirchlichen Handelns aufzuweisen (I.A.1). Damit obliegt es dieser Ethik, die Genese und das Bestehen der kirchlichen Gemeinschaft, auf der sie fußt und auf die sie zielt, in den Umfang ihrer Erörterungen einzubeziehen und ihre christlich-ethische Legitimität zu erweisen. Dies geschieht in zwei Perspektiven. Aus dem Blickwinkel des darstellenden Handelns lautet die Leitfrage: Wie ist es angesichts der durch die Einheit ihres Ursprungs verbürgten Einheit der Kirche ethisch zu rechtfertigen, daß nebeneinander verschiedene kirchliche Gemeinschaften bestehen, die gerade im Zentrum des religiösen Lebens, im darstellenden Handeln, voneinander geschieden sind? (I.A.2.a) – Die Antwort ist nicht eindeutig. Allgemein zwar gibt Schleiermacher sie durch das Postulat kollektiver Individualitäten, deren Wesen nicht deduzierbar, sondern allenfalls beschreibbar ist. Worin aber bestehen die principia individuationis, die Protestantismus und Katholizismus voneinander scheiden? Hier liegen zwei Betrachtungsweisen ineinander: Schleiermacher kann das principium individuationis einerseits rein national-kulturell fassen (s. o. S. 32f. 49f.). Hier ist jedoch, wie der Zusammenhang zeigt, allein die erste Entstehungszeit der Spaltung im Blick. Andererseits (s. o. S. 33ff.) postuliert er darüber hinaus Differenzen, die über die kulturellen Schranken hinausgehen, weil sie in der Gestalt des religiösen Gefühls selbst wurzeln. Sie sind allein der nicht an der empirischen Außenseite stehenbleibenden, divinatorischen Wahrnehmung zugänglich. Schleiermacher selbst hat zwei solche Versuche unternommen, in ChS und in der Glaubenslehre. Ihre Duplizität und der tastende, unsichere Charakter, der beiden eigen ist, sind nicht zufällig, sondern das Resultat eines wichtigen Zuges von Schleiermachers Reformationsdeutung: Die Reformation des 16. Jahrhunderts hat keine fertigen Ergebnisse gezeitigt, sondern sie markiert den Anfangspunkt einer neuen Entwicklungsreihe innerhalb der Christentumsgeschichte, an deren Ende erst, das noch nicht erreicht ist, erschöpfende, allgemein plausible Definitionen stehen können.

Aus der Perspektive des wirksamen Handelns kommen die Genese des Protestantismus in der Reformation und seine weitere Entwicklung in den Blick (I.A.2.b.c.). Sie sind daraufhin zu befragen, inwiefern sie sich als Resultate von reinigendem und erweiterndem Handeln, wie es aller Christentumsgeschichte zugrunde liegt, verstehen lassen. Gemeinsamer Einsatzpunkt für die Behandlung der Reformationsthematik in den Schemata des wirksamen Handelns ist die immer wieder in unterschiedlichen Konstellationen auftretende Situation, daß ein Einzelner oder eine Minderheit bestimmte Zustände des kirchlichen Lebens für änderungs- bzw. verbesserungsbedürftig hält.

Das Recht und die Pflicht zu solchen Wahrnehmungen und dem aus ihm folgenden Handeln sind allen Christen gemein, sie gelten nicht etwa allein den Angehörigen der kirchenleitenden Organisation. Hier ist die Stelle, an der innerhalb der Systematik der ChS Raum ist für das Auftreten hervorragender Individuen. In der Normalsituation handelt das Individuum, indem es seine Gliedschaft in der Gemeinschaft betätigt, und so sein Handeln geradezu im Handeln der Gemeinschaft aufgeht. Anders in Situationen des Umbruchs oder der Krise: Hier steht der hervorragende Einzelne der Masse gegenüber als einer, der durch sein Wissen um einen aufzuhebenden Rückschritt oder einen möglichen Fortschritt von den übrigen getrennt ist. In solchen Situationen konzentriert sich der Geist des Ganzen gleichsam im Einzelnen oder in der Minderheit. Der Einzelne oder die Minorität repräsentieren interimistisch so lange das Ganze, bis die neue Erkenntnis in den geordneten Lebensprozeß des Ganzen eingegangen oder als Irrtum erwiesen worden ist.

Die differentia specifica zwischen reinigendem und erweiterndem Handeln liegt in der je unterschiedlichen Motivation: Will sich bewußt eine Neuerung geltend machen, so liegt erweiterndes Handeln vor (I.A.2.b). Liegt der Impuls in der Wahrnehmung der gegenwärtigen Situation als einer durch Verschlechterung aus einer vergangenen entstandenen, so ist die Handlung als reinigende zu qualifizieren (I.A.2.c.).

Als reinigendes Handeln nun ist ihrer eigenen usprünglichen Intention nach die Reformation des 16. Jahrhunderts anzusehen, und sie steht als solches innerhalb der Gesamtgeschichte des Christentums ganz und gar nicht analogielos da. Der Wille der Reformatoren war ursprünglich auf die Abstellung bestimmter Mißbräuche innerhalb des bestehenden kirchlichen Systems gerichtet, keinesfalls sollte die kirchliche Einheit gesprengt werden. Dieses Bemühen blieb erfolglos, es rief seinerseits den Ausschluß der Reformatoren aus der kirchlichen Gemeinschaft hervor – freilich als pädagogische Maßnahme, die dazu dienen sollte, die Irrenden auf den rechten Weg zurückzuführen.

Keiner der beiden Teile arbeitete also ursprünglich auf die Spaltung als solche hin. Erst als sie entstanden war, trat ihr eigener Grund letztlich zu Tage: In ihr wurde die im Mittelalter vernachlässigte und unterdrückte Synthese von Christentum und Germanentum vollzogen. Das principium individuationis lag auf dieser Stufe der Entwicklung in der Sprach- und Kulturverschiedenheit der germanischen und romanischen Völker.

Die Ausführungen über das reinigende Handeln haben in den korrespondierenden Sätzen über das verbreitende insofern ein Widerlager, als diese eine christologisch begründete Fortschrittstheorie entwerfen, die es verbietet, geschichtlichen Wandel allein als das Resultat des Widerspiels von Korruption und Restitution zu verstehen.

Voraussetzung dieser Theorie ist der Satz, daß alle historischen Gestaltungen christlichen Lebens und christlicher Lehre grundsätzlich hinter der ausschließlich im Urbild Christus selbst gesetzten reinen Herrschaft des Gottesbewußtseins zurückbleiben, sowohl schon in ihrer ersten Gestaltung, die sich im NT niedergeschlagen hat, als auch in allen späteren Formen. Ziel- und Richtpunkt aller Verbesserungs- und Steigerungsversuche ist der im NT bezeugte Christus. Ein Verbesserungsversuch, der ihn seiner einzigartig-urbildlichen Stellung entsetzen will, überschreitet die Grenze dessen, was als christlich anerkannt werden kann. Der Prozeß der Steigerung vollzieht sich als Werk Christi durch den Hl. Geist innerhalb des von ihm gestifteten Gesamtlebens und kommt erst im Eschaton zu seinem Ziel.

Die Bedeutung dieses Gedankenganges für die Reformationsthematik liegt nicht so deutlich vor Augen, wie das beim reinigenden Handeln der Fall war. Der Selbstdeutung der Reformatoren widerspräche die Subsumption ihres Handelns unter dieses Schema. Das Gewicht des Gedankens in diesem Zusammenhang beruht darauf, daß er erst durch die Reformation zu klarer Geltung gekommen ist, indem sie das Recht kirchlicher Lehr- und Lebensordnungen, die Gewissen zu binden, durch Wort und Tat bestritt und durch ihr Insistieren auf der alleinigen Autorität Christi und der Schrift die Geltung aller kirchlichen Lehrordnungen auch theoretisch relativierte. Gleichwohl ist es nun nicht so, daß dieser Gedanke mit der Reformation erstmalig aufgetreten wäre; Handlungen dieses Typus und die grundsätzliche Anerkennung ihrer Berechtigung finden sich schon in der vorreformatorischen Kirchengeschichte. Neu hingegen an der Reformation war, daß in ihrer Folge das Wissen um die prinzipielle Notwendigkeit solchen Handelns zur Klarheit gelangte, während im Gegenzug der nachreformatorische Katholizismus die Bestreitung der Rechtmäßigkeit solchen Handelns in seinem Einflußbereich normativ geltend machte und damit seinerseits einen Traditionsbruch mit der vorreformatorischen Praxis vornahm. Die systematische Intention dieses Gedankens liegt auf der Hand: Er soll erweisen, daß auch der spezifisch protestantische Fortschrittsgedanke nicht durch die Reformation als etwas grundstürzend Neues, die Kontinuität mit der vorherigen Geschichte des Christentums Sprengendes entstanden ist, sondern daß er lediglich die Aktualisierung und Zuspitzung einer Praxis bedeutet, die als kontinuierlicher Faktor auch der vorreformatorischen Kirchengeschichte wirksam war. Sowohl die Reformation als auch die Geschichte des nachreformatorischen Protestantismus werden so unbeschadet ihrer charakteristischen Eigentümlichkeit fest in der als Einheit verstandenen Kontinuität der Gesamtkirchengeschichte verankert, indem sie als Exponenten von Handlungstypen erwiesen werden, die in aller Kirchengeschichte wirksam sind.

In der ChS kommt die Reformationsthematik zur Erörterung, indem die Reformation des 16. Jahrhunderts als exemplarischer Exponent bestimmter Handlungstypen erläutert und dadurch zugleich ethisch interpretiert und legitimiert wird. In der kirchenhistorischen Wahrnehmung ist die Perspektive eine andere: Hier besteht die Aufgabe, die Reformation einzuzeichnen in den sukzes-

siven zeitlichen Verlauf der als organische Einheit verstandenen Kirchengeschichte.

Schleiermachers wissenschaftstheoretische und methodologische Konstruktion der historischen Theologie und damit der Kirchengeschichte, wie er sie in
der KD vollzogen hat, gibt der Disziplin »Kirchengeschichte« eine zwiefache
Basis: Da die Kirchengeschichte ein Glied im Ganzen der Weltgeschichte ist, hat
ihre wissenschaftliche Bearbeitung anhand derselben methodologischen Richtlinien zu erfolgen wie die aller anderen Geschichte auch, ihren wissenschaftlichen
Status hat sie als eine historische Spezialdisziplin neben gleichberechtigten anderen. Daneben aber ist sie zugleich eine theologische Disziplin, weil das Wissen,
das sie erarbeitet, für die Aufgaben der christlichen Kirchenleitung ein unver-
zichtbares Rüstzeug ist. Dasjenige, was sie zur theologischen Wissenschaft
macht, ist also nicht ein besonderer Kanon von Prämissen und Methoden,
sondern allein ihre Notwendigkeit für die reflektierte Gestaltung der kirchlichen
Praxis (I.B.1.a).

Wie alle Geschichte, so verläuft auch die Religionsgeschichte in der Abfolge
von Zeitabschnitten, die entweder durch ruhige Fortentwicklung oder durch
revolutionäre Neuerung charakterisiert sind, in Perioden und Epochen. An den
epochalen Wendepunkten kommen Spannungen und Konflikte zum Austrag,
die sich während der vorangegangenen Periode akkumuliert haben. Die Resultate der epochalen Umwälzung werden ihrerseits wieder Anknüpfungspunkte
einer neuen Entwicklung, in deren Verlauf sie vertieft und präzisiert werden.
Der epochale Umbruch setzt also nicht fertige, statische Verhältnisse, sondern
leitet lediglich eine neue Entwicklungsperiode ein, die wieder auf einen neuen
epochalen Wendepunkt zuläuft. Ob ein für sich zu betrachtender Abschnitt der
Geschichte ein relativ eigenständiges Ganzes ist, dessen Entwicklung sich in
Epochen und Perioden vollzieht, oder ob er lediglich eine Periode innerhalb
eines übergeordneten Zusammenhanges ist, läßt sich am empirischen Stoff
allein nicht zwingend begründen. Ob also das Christentum als Periode der
allgemeinen Religionsgeschichte oder als selbständiges Ganzes, das sich in Epochen und Perioden entwickelt, behandelt wird, liegt letztlich in der vorwissen-
schaftlichen Entscheidung des Historikers begründet. Daß die theologische
Kirchengeschichtsforschung das zweite Glied der Alternative bejaht, beruht auf
ihrem theorieextern vorgegebenen Status als theologischer Wissenschaft. Die
wissenschaftliche Aufgabe der Kirchengeschichte erschöpft sich nicht im bloßen
Faktensammeln. Ihre eigentliche Arbeit ist die Deutung und Wertung des vorgegebenen Materials anhand vorher festgestellter Grundsätze und Leitfragen. Die
Einzelfakten sind zu beziehen auf den Geist des geschichtlichen Ganzen, dem sie
angehören. So hat die Kirchengeschichte ihr Augenmerk darauf zu richten, was
im empirischen Stoff »aus der eigentümlichen Kraft des Christentums hervorgegangen ist« (KD² § 160).

Schleiermachers inhaltliche Ausfüllung dieser Variablen findet sich nicht in
der KD, die ja als formale Enzyklopädie allein Arbeitsfelder absteckt und Aufgaben zuweist, sondern in den Einleitungen, die er seinen eigenen kirchenge-

schichtlichen Vorlesungen vorangestellt hat (I.B.1.b). Voraussetzung und Anfangspunkt der Kirchengeschichte ist Christus. Durch ihn ist ein »neues Princip«
(KG, 17) in die Welt gekommen, bestimmt zu universaler Verbreitung. Thema
der Kirchengeschichte ist nun die geschichtliche Selbstdurchsetzung dieses Prinzips, seine Aneignung und Umformung der verschiedenen Lebenskreise, die in
sein Kraftfeld eintreten. Dieser Expansionsprozeß vollzieht sich als echte, zwischen Fortschritt und Rückschritt oszillierende Geschichte. Der christliche Geist
findet die individuellen und kollektiven Lebenskreise, die er durchdringt, als
schon anderweitig vorgeprägte und ausgebildete vor. Die beiden Hauptrichtun-
gen dieses Geschichtsprozesses sind Extension und Intension. Im extensiven
Prozeß nimmt der christliche Geist menschliches Leben in seinen Wirkungsbe-
reich so auf, wie er es vorfindet. Im intensiven Prozeß wird es nach und nach
geläutert und umgeformt. Die beiden Handlungsweisen decken sich inhaltlich
mit den Typen, die in ChS als extensiv-verbreitendes, intensiv-verbreitendes
einerseits und reinigendes Handeln andererseits deduziert und klassifiziert werden. Fortschritt vollzieht sich, indem der Prozeß gleichmäßig in beiden Richtungen verläuft, Rückschritt und Verfall treten ein, wenn eine Seite die andere
überwiegt und außer Kraft setzt. Die verschiedenen Felder der Forschung und
Darstellung sind die unterschiedlichen Lebensbereiche, die sich der christliche
Geist aneignet und durchdringt, wie die Frömmigkeit, die Theologie, die Sittlichkeit etc. In all diesen Bereichen findet der christliche Geist schon ausgebildete
Lebensformen vor, die er sich umprägend aneignet, um sie zu seinen Gefäßen
und Organen zu machen, indem er Vor- und Unterchristliches aus ihnen aus-
scheidet und sie mit neuem Leben erfüllt.

Dieser Ansatz steht in diametralem Widerspruch zu allen Versuchen, die
Christentumsgeschichte als Verfallsgeschichte zu deuten. Zwar ist er weit davon
entfernt, Mißbräuche und Entstellungen aus dem Bild der Kirchengeschichte
hinwegzuretuschieren, er vermag sie aber als durch das Widerspiel von Intension
und Extension bedingte notwendige Durchgangspunkte zu begreifen. So ist es
nur folgerichtig, daß Schleiermacher z. B. in aphoristischen Ansätzen nach einer
Neukonzeption für das Verständnis der altkirchlichen Dogmenbildung tastet,
die in der neologischen Kirchengeschichtsschreibung als Verfallssymptom gedeutet wurde.

Neu zu definieren ist bei diesem Ansatz auch das Verständnis der Bedeutung
des Individuums für den Verlauf des Geschichtsprozesses, auch sie hat ihre
Parallele in der ChS. Die Differenz zwischen einem Einzelnen und der ihn
umgebenden Masse hatte in dem Verhältnis Christi zu seinen Jüngern ihre
höchstmögliche Steigerung, weil in ihr der urbildliche Träger der vollendeten
Herrschaft des Gottesbewußtseins Menschen gegenüberstand, die ihre Prägung
noch vorchristlichem religiösen Leben verdankten. Seitdem schwindet die Differenz Einzelner – Masse konstant und damit auch die Bedeutung hervorragender Individuen für den Verlauf der Christentumsgeschichte. Den Zustand der
Vollendung sieht Schleiermacher in der Weissagung in Joh 6,45, der vollendeten
Gleichheit aller, antizipiert. Von Bedeutung für den geschichtlichen Prozeß sind

hervorragende Individuen bis zu diesem endgeschichtlichen Zeitpunkt an Punkten der Krise und des Umbruchs, weil und insofern sich in ihnen allgemeine
Desiderate konzentrieren und sich geschichtsmächtigen Ausdruck verschaffen.

In der materialen Epocheneinteilung ist Schleiermacher nicht originär, sondern lehnt sich an ein hergebrachtes Modell an. Neu hingegen ist, daß er das
Fachwerk der Daten ansatzweise unter Rückgriff auf die von ihm als Motoren
der kirchengeschichtlichen Entwicklung diagnostizierten Handlungstypen ausfüllt. Die erste Periode, die von den Pfingstereignissen bis zur konstantinischen
Wende reicht, ist geprägt von einem harmonischen Ineinandergreifen von Intension und Extension. In der zweiten Periode – von Konstantin bis zu Karl dem
Großen – geraten die Faktoren aus dem Gleichgewicht, indem sie sich gegeneinander abschließen: Einer Mission, die zur oberflächlichen Christianisierung
entartet, steht eine wissenschaftlich-theologische Arbeit gegenüber, die sich
vom kirchlichen Handeln und seinen Erfordernissen gelöst hat. Die Periode von
Karl dem Großen bis zur Reformation, gekennzeichnet von den Faktoren Papsttum und Scholastik, vollbringt zunächst große Leistungen bei der Konsolidation
der Kirche nach dem Zusammenbruch des weströmischen Reiches, versagt aber
bei der Aufgabe der echten Ineinanderbildung von Christentum und Germanentum.

– Es liegt auf der Hand, daß sich in diesem Entwurf der neue Ansatz und das
hergebrachte Schema nicht zur Einheit fügen: Die beiden ersten epochalen
Umbrüche verdanken sich nicht primär innerkirchlichen Entwicklungen. Allein
bei der Reformation, der Epoche, die die vierte von der dritten Periode trennt,
erweist sich das Muster als tragfähig. Das gibt zu der Vermutung Anlaß, das
ganze Schema sei konstruiert, um insbesondere die Reformation zu erfassen und
erst sekundär auf die traditionelle Epocheneinteilung übertragen worden.

Nach dem Auseinanderbrechen des römischen Reiches, das auch das konzilia-
re Leitungssystem der Reichskirche vernichtete, war im westlichen Reichsteil
der Metropolit von Rom die einzige intakte politische und kirchliche Leitungsin-
stanz geblieben. Er baute seine Machtstellung als Gegenpol zur neu sich bildenden kaiserlichen Zentralgewalt und zu zentrifugalen aristokratischen Kräften
aus. Die Christianisierung der Germanen vollzog sich als Einbeziehung in den
kirchlichen Herrschaftsbereich des römischen Stuhles. Da die germanischen
Sprachen kulturell noch unterentwickelt waren, war es in der Anfangszeit nur
konsequent, allein die lateinische als Kirchensprache gelten zu lassen. Weiterhin
bedeutete es einen kirchlichen Machtzuwachs, daß die Bischöfe zu Reichsfürsten
wurden. Für die kirchliche Binnenentwicklung, vor allem der germanischen
Völker, hat diese Entwicklung auf die Dauer verheerende Folgen gehabt. Die
Kirche bricht faktisch in zwei Teile auseinander: Den lateinisch sprechenden,
international orientierten Klerus und die landessprachigen, bodenständigen Lai-
en. Das Christentum kann unter diesen Umständen an das einfache Volk lediglich durch Bilder und Rituale vermittelt werden, die Wirksamkeit durch das
Wort tritt zurück. Dieser Mißstand schafft dem Aberglauben Raum. Andererseits wird die Theologie, die vom alltäglich-kirchlichen Leben abgeschnitten ist,

esoterisch und steril, auch wirkt der verbreitete Volksaberglaube auf sie selbst zurück. Die Herrschaft des römischen Stuhles und der lateinischen Kirchensprache, die als erzieherische Maßnahmen in der Zeit des extensiven Prozesses wichtige missionarisch-pädagogische Hilfsmittel waren, erweisen sich als Hindernisse der intensiven aneignenden Durchformung der gemanischen Völker durch den christlichen Geist. Als Ausprägungen dieses Grundkonflikts, in dem das Streben nach äußerer kirchlicher Einheit und individualisierender Intension widereinander kämpfen, interpretiert Schleiermacher die Konflikte innerhalb des spätmittelalterlichen Kirchentums.

Zum wirksamen Ausbruch gelangt dieses Konfliktpotential in der Reformation des 16. Jahrhunderts, die sich damit als Vollstreckerin von Entwicklungen erweist, deren Wurzeln in ferner Vergangenheit liegen (I.B.2).

Dem entsprechen zwei Charakteristika von Schleiermachers Vorlesungen über die Geschichte der Reformation: Einmal zeigt er wenig Interesse an der Persönlichkeit und Theologie der einzelnen Reformatoren – sie sind ja auch aus dieser Perspektive von geringfügiger Bedeutung angesichts der Tatsache, daß sich in ihrem Wirken ein längst vorbereiteter Umbruch vollzog, in dessen Verlauf sie eher die Funktion von Katalysatoren als von freien Gestaltern hatten. In engem Zusammenhang damit steht, daß Schleiermacher bemüht ist, die Reformation als ein gesamteuropäisches Ereignis zu deuten. Die drei ersten Ausbrüche der Bewegung in Sachsen, Zürich und Frankreich entstanden unabhängig voneinander und sind in ihren positiven Resultaten durch die unterschiedlichen politisch-sozialen Vorgegebenheiten, auf die sie sich bezogen, unterschieden.

Dem historischen Blick erweist sich jedoch die höhere Einheit hinter der konkreten Mannigfaltigkeit, und so muß er die im Abendmahlsstreit aufgebrochene Trennung innerhalb der Bewegung ebenso als irrtümliches Selbstmißverständnis beurteilen wie die Ausscheidung der radikaleren dogmenkritischen Geister aus den großen Reformationskirchentümern.

Hervorzuheben ist ferner, daß in den Vorlesungen »Reformation« nicht etwa allein den Zeitraum von Luthers Thesenanschlag bis 1555 oder 1580 bezeichnet, sondern daß dieser Titel der Gesamtkirchengeschichte – jedenfalls des Westens – seit dem epochalen Einschnitt am Beginn des 16. Jahrhunderts gilt. Er begreift damit auch den die seitherige Kirchengeschichte bestimmenden Gegensatz von Protestantismus und Katholizismus unter sich. Implizit ist hiermit angedeutet, daß der tridentinische und nachtridentinische Katholizismus nicht für sich in Anspruch nehmen kann, gegenüber dem Protestantismus die ungebrochene Kontinuität mit der vorreformatorischen Kirchengeschichte zu repräsentieren.

Auch er ist ein Produkt der Umwälzungen des frühen 16. Jahrhunderts wie die protestantischen Konfessionskirchen. Mit dem epochalen Einschnitt der Reformation ist somit die gesamte westliche Christenheit in eine neue Periode eingetreten, deren Ende erst erreicht sein wird, wenn der protestantisch-katholische Gegensatz, der ihr das eigentümliche Signum gibt, erloschen ist, nachdem er zuvor seine – noch ausstehende – letzte und schärfste Ausprägung gefunden hat.

Auch die gesamte Folgegeschichte des Protestantismus bis zur Gegenwart ist in diesen weiten Periodenbegriff integriert. Er postuliert die Möglichkeit, die Entwicklung des Protestantismus bis in seine neuzeitliche Gegenwart hinein trotz aller Diskontinuitäten, die sie enthält, als ein Weiterwirken der im epochalen Umbruch des 16. Jahrhunderts freigesetzten Impulses zu verstehen. Diese Diskontinuitäten brauchen dabei nicht verleugnet oder eingeebnet zu werden, indem etwa den Reformatoren die Intentionen der Aufklärung des 18. Jahrhunderts untergeschoben werden. Daß in der Geschichte des Protestantismus auch solche theologischen Richtungen zur Geltung gekommen sind, denen die Reformatoren noch die christliche Legitimität abgesprochen haben, ist nicht als Verfallsprozeß zu brandmarken, sondern als notwendige Stufe der Wirkungsgeschichte des reformatorischen Ansatzes zu würdigen: Verwirklichen sich doch die in einem Epochenumbruch wirksam werdenden Impulse generell erst sukzessive im Verlauf der nachfolgenden Periode. Dem, was gemeinhin als reformatorische Theologie bezeichnet wird, ist unter dieser geschichtsphilosophischen Voraussetzung jede von vornherein normative Sonderstellung verwehrt: Die Beweislast für ihre eigene Plausibilität liegt bei ihr selbst.

Wird die Reformationsthematik in ChS und den kirchenhistorischen Überlegungen von Schleiermacher vom Standpunkt der geschichtsphilosophisch geleiteten Reflexion auf das Ganze der Christentumsgeschichte behandelt, so tritt in den Predigten und Gelegenheitsäußerungen ein anderer Aspekt in den Vordergrund (I.C.). Die Aufnahme der Reformationsthematik dient hier unmittelbar der innerprotestantischen Selbstbesinnung. Der Rückgriff auf die eigene Anfangsgeschichte soll bei der Deutung der kirchlich-theologischen Gegenwart und der Zukunftsgestaltung klärend eingreifen. Trotz dieser Akzentverschiebung finden sich auch hier dieselben inhaltlichen Grundlinien, wie sie bisher dargestellt wurden. Das ist besonders evident bei der sehr nüchternen Einschätzung der persönlichen Bedeutung der Reformatoren, auch in Predigten und Gelegenheitsschriften läßt Schleiermacher die Individuen ganz hinter dem großen Umbruch zurücktreten, der sich in ihrem Wirken vollzogen hat.

– Zu notieren ist, daß diese Äußerungen oft im Zusammenhang von Erörterungen der Unionsproblematik stehen: Sie sollen das Bewußtsein für die höhere Einheit des Protestantismus oberhalb der individuellen Mannigfaltigkeit wecken und stärken (I.C.1).

Die zentralen, zukunftsweisenden Leistungen der Reformation für das religiöse und kirchliche Leben des Protestantismus sind denn auch – wie Schleiermacher betont – den verschiedenen Modifikationen der einen reformatorischen Bewegung gemeinsam. Sie sind alle so beschaffen, daß sie unter die Schemata des reinigenden und des intensiv erweiternden Handelns zu befassen sind, denn sie zielten darauf ab, den einzelnen Menschen die individuell-persönliche Aneignung des christlichen Glaubens im Umgang mit seinem Ursprung zu ermöglichen und räumten zu diesem Zweck Hindernisse beiseite (I.C.2).

Die vertiefende und reinigende Arbeit hat zwei Einsatzpunkte, die Konzentration allen religiösen Lebens auf den rechtfertigenden Christusglauben und die

Wiedereinsetzung der Hl. Schrift in ihre singuläre Stellung als Quelle und Norm alles individuellen wie kirchlichen religiösen Lebens. Indem der einzelne Christ die Bibel in seiner Muttersprache zur eigenen Lektüre erhält, ist ihm die Möglichkeit gegeben, mit Christus als dem Grund des rechtfertigenden Glaubens in persönlichen Verkehr zu treten und gleichzeitig Lehre und Leben seiner kirchlichen Gemeinschaft daraufhin zu prüfen, wieweit sie ihrem Zweck entsprechen, eben diesen Verkehr zu ermöglichen und zu fördern.

Gemäß den Grundsätzen des solus Christus, sola scriptura und sola fide sind die Reformatoren darangegangen, Lehre und Leben ihrer Kirchentümer umzuformen. Abendmahl, Priestertum und Beichte wurden theoretisch und praktisch so umgestaltet, daß sie den persönlich-individuellen Christusglauben nicht mehr überfremdeten, sondern ihn dienend förderten. Die positiven Neufestsetzungen kirchlichen Lebens und kirchlicher Lehre sind mit den überkommenen Denkmitteln der damaligen Zeit und unter deren spezifischen sozialen und kulturellen Bedingungen vorgenommen worden. Die kritischen und konstruktiven Impulse haben in ihnen die erste, aber längst noch nicht ihre endgültige geschichtlich wirksame Ausformung gefunden. Zwangsläufig mußten daher die folgenden Wandlungen in Welterkenntnis und Lebensgestaltung auch die kirchliche Lehre und das kirchliche Leben modifizieren.

Die Reformen im Zentrum des religiösen und kirchlichen Lebens strahlten auch auf dessen Peripherie aus (I.C.3). Volksbildung und Wissenschaft nahmen einen vorher nicht gekannten Aufschwung. Durch die Konzentration der Kirche auf die Förderung des religiösen Lebens endeten die Konflikte mit der weltlichen Obrigkeit, die für die vorangegangene Periode charakteristisch gewesen waren. Auch in den Predigten und Gelegenheitsäußerungen bringt Schleiermacher den Aspekt zur Geltung, daß die Reformation des 16. Jahrhunderts nur den Anfangspunkt, längst aber noch nicht die endgültige Gestaltung der von ihr heraufgeführten neuen Periode darstellt. Von bleibender normativer Bedeutung sind die Neugestaltungen der Reformation in Leben und Lehre insofern, als sie die Verunreinigungen und Entstellungen des religiösen Lebens, die ihm zuvor zugewachsen waren, als solche namhaft machte und wirkungsvoll ihre christliche Legitimität bestritt.

So hat die durch reinigendes Handeln Einzelner auf das Ganze vollzogene epochale Wende weiterem reinigenden und intensiv steigerndem Handeln nicht die Berechtigung genommen, sondern es im Gegenteil durch ihr eigenes Beispiel mit einer neuen Legitimation ausgestattet und ihm durch die reinere Wesensbestimmung des Christentums klare Ziele gegeben (I.C.4). Dies alles gilt zunächst nur für die unmittelbar aus der Reformation hervorgegangenen Kirchentümer, von hier aus stehen aber auch Wirkungen auf andere Kirchen zu erwarten.

Die in diesem Kapitel erarbeiteten Grundzüge von Schleiermachers Reformationsdeutung sollen für die folgenden Teile dieser Arbeit, in denen Schleiermachers Deutung der Entstehung und der Wirkungsgeschichte der protestantischen Bekenntnisschriften untersucht und seine Auffassung von Recht und

Grenzen gegenwärtiger Geltung dieser Dokumente dargestellt wird, als Basis dienen.

Es wird sich zeigen, daß Schleiermachers Stellung zu den Bekenntnisschriften eine konsequente Exemplifikation seiner Deutung der Reformation und des Verhältnisses Reformation – neuzeitlicher Protestantismus darstellt.

II. Schleiermachers Deutung der Bekenntnisbildung und ihrer Wirkungsgeschichte

A. Was ist eine protestantische Bekenntnisschrift? – Die historische Präzisierung eines Begriffes durch Schleiermacher

Der Dresdener Oberhofprediger Ammon schrieb 1817 in seiner Schrift »Bittere Arznei für die Glaubensschwäche der Zeit« – einer Würdigungs- und Verteidigungsschrift für die ebenfalls 1817 erschienenen 95 Thesen des Kieler Archidiakonus Claus Harms – mit Bezug auf dessen Thesen 92–95 (Hier findet sich die berühmte und wirkungsreiche These vom Luthertum als der Mitte der Konfessionen): »Man gebe uns vollkommne Lehrer und vollkommne Gemeinden, ohne Sectengeist und ohne Fanatism, ohne Leichtsinn und Versatilität; so werden sich die Drei Confessionen eben so schnell vereinigen, als die Weiseren und Besseren unter ihnen schon jetzt innerlich und im Geiste vereinigt sind. « (S. 25)[1] – In seiner schneidend polemischen Gegenschrift »An Herrn Oberhofprediger Dr. Ammon über seine Prüfung der harmsischen Säze« (SW I, 5, 326 ff.) bestreitet Schleiermacher sowohl die Stichhaltigkeit dieser Gegenwartsdeutung als auch die Verwirklichungsmöglichkeit der angedeuteten ökumenischen Vision: Einerseits werde hier der lutherisch-reformierte Gegensatz überspitzt, andererseits der protestantisch-katholische unzulässig verharmlost (ibd., 340 ff.). In diesem Zusammenhang wendet sich Schleiermacher en passant gegen einen modus loquendi, dessen Verwendung durch Ammon er rügt: »Auch finde ich es beiläufig gesagt gegen den herrschenden Gebrauch und gegen das richtige Verhältniß, von der katholischen Confession zu reden neben den beiden protestantischen; denn die katholische Kirche hat keine Confession bei irgend jemand abgegeben und wir können ihr keine andichten, sondern nur für die protestirenden Kirchen schikkt sich dieser Ausdrukk. « (343). Der Name einer Konfessionskirche gebührt also allein den protestantischen gegenüber der katholischen. Er leitet sich aus der Rückerinnerung an einen Teil ihrer Entstehungsgeschichte her, nämlich die *Übergabe* von Bekenntnisschriften. Nicht also allein die Tatsache, daß eine Kirche offizielle Lehrdokumente *hat* – das gilt ja auch und in besonderem Maße für die katholische – macht sie zur Konfessionskirche. Diese Doku-

---

[1] Zum Harms'schen Thesenstreit und zur Kontroverse Ammon-Schleiermacher bietet H.-Fr. TRAULSEN, Schleiermacher und Claus Harms, SchlA Bd 7, Berlin/New York 1989, gewichtige neue Informationen aus ungedrucktem Archivmaterial; vgl. auch TRAULSENS im Erscheinen begriffene Edition von Schleiermachers Schrift gegen Ammon in KGA I. 10.

mente müssen darüber hinaus einmal »übergeben« worden sein, d. h. es muß einmal vermittelst ihrer einer anderen Instanz gegenüber öffentliche Rechenschaft über Lehre und Leben der Kirchengemeinschaft abgelegt worden sein.

Implizit ist in dieser Abgrenzung des Begriffs der Konfessionskirche auch ein wichtiges Kriterium für die Antwort auf die Frage gegeben, was eine protestantische Bekenntnisschrift sei. Der Verweis auf ein gegebenes corpus doctrinae, etwa das lutherische Konkordienbuch, oder auf bestimmte naturrechtliche – kollegialistische oder territorialistische – Theorien vermag den historischen Sachverhalt und seine Konsequenzen nicht hinreichend zu erhellen.

Besonders dringlich hat Schleiermacher auf dieses Kriterium in der 2. Augustanapredigt hingewiesen. Schon der Titel ist Programm: »Die Uebergabe des Bekenntnisses als Verantwortung über den Grund der Hoffnung« (II,2, 626). Damit sind die drei Orientierungspunkte der Predigt – Bekenntnisakt, Bekenntnisschrift und Predigttext (1.Petr. 3,15) – markiert, wobei die Aufforderung des Predigttexts Bekenntnisakt und -schrift miteinander verbindet und die Kontinuität zwischen den Akteuren auf dem Reichstag von Augsburg 1530 und der Berliner Gemeinde 1830 zu stiften vermag (vgl. ibd., 627). Gegenstand der Feier ist die »Begebenheit« (ibd., 626f.), verstanden als der gemeinsame Oberbegriff von Bekenntnisakt und Bekenntnisschrift. Der erste Hauptteil hat das Verhältnis der Begebenheit zur Aufforderung des Predigttexts zum Gegenstand: »Aber was nun das Verhältniß derselben zu der apostolischen Regel unsers Textes betrifft: so müssen wir zweierlei wohl unterscheiden und jedes für sich betrachten, einmal das damals verfaßte Werk, die in Worten abgefaßte Schrift, und dann die That, durch welche dieselbe als eine öffentliche Verantwortung von dem Grunde der evangelischen Hoffnung zu Stande kam.« (ibd. 627). Die Schrift tritt also nicht als belanglos hinter die Würdigung des Bekenntnisaktes zurück, aber dem Akt kommt insofern Priorität zu, als erst durch ihn die schriftlich niedergelegten Lehrartikel zur *Bekenntnis*schrift wurden. In dieser Sichtweise liegt es begründet, daß im folgenden (vgl. ibd., 631 f.) Grundsätze, die im Umfeld der Übergabe der CA ausgesprochen wurden, ihrerseits zum Kanon der Interpretation des Bekenntnisses und seines gegenwärtigen Geltungsanspruchs werden.

Am relativ ausführlichsten hat Schleiermacher die uns hier beschäftigende Frage in seinem Aufsatz »Ueber den eigenthümlichen Werth und das bindende Ansehen symbolischer Bücher« (1818) traktiert. Die Schrift ist der Frage gewidmet, welche Bedeutung den Bekenntnisschriften des 16. Jahrhunderts für das kirchliche Leben und die theologische Arbeit der Gegenwart zukomme. Ihr Hauptaugenmerk richtet sich gegen Bestrebungen, den Symbolen einen statutarisch-lehrgesetzlichen Rang anzuweisen, aber Schleiermacher wendet sich auch gegen die nivellierende Position derer, »welche deshalb den symbolischen Büchern alles eigenthümliche Ansehen absprechen und sie in eine Reihe stellen wollen mit den Verhandlungen anderer untergeordneten Religionsgespräche, theils mit den dogmatischen Erzeugnissen anderer wohlgesinnter und ausgezeichneter einzelnen« (I,5, 445) und die meinen, daß »ihnen auf unsere Bemühungen gar kein weiterer Einfluß zuzugestehen sei, als den alle Arbeiten der

Vorfahren auf die Bestrebungen der Nachkommen haben müssen« (ibd., 427). Die dieser Frage gewidmeten Erörterungen – außer »Werth« und den Augustanapredigten kommen noch die Vorlesungen über die praktische Theologie und das Sendschreiben an von Coelln und Schulz als Hauptquellen in Betracht – verdanken sich also keinem selbständigen reformationsgeschichtlichen Interesse, sondern die historische Frage steht explizit im Dienst der Lösung von Gegenwartsfragen des neuzeitlichen Protestantismus, namentlich der Bestimmung seines Verhältnisses zu seiner eigenen reformatorischen Urgestalt.

Bei den Erörterungen, die Schleiermacher an die Ermittlung seines Standpunktes zwischen den beiden möglichen Extremen wendet, findet allein die CA vertiefte historische Betrachtung. Wegen ihrer zeitlichen Priorität, wegen der Umstände ihrer Genese und wegen ihrer besonderen – reichsrechtlichen – Wirkungsgeschichte erhält sie in seiner Argumentation einen idealtypischen Status.

Drei Kriterien sind es, die Schleiermacher – ausgehend vom Maßstab der CA und ihrer Entstehung – zur Ermittlung dessen, was eine protestantische Bekenntnisschrift sei, namhaft macht: Eine Bekenntnisschrift ist ein Produkt der ersten Entstehungszeit des Protestantismus, sie ist ursprünglich als *offizielles* Lehrdokument verfaßt worden und sie ist nach außen gerichtet. Wenn Schleiermacher auch viel Mühe daran wendet, den Rangunterschied zwischen der Heiligen Schrift und den Bekenntnisschriften möglichst scharf hervorzuheben (Werth, I,5, 646 ff.), so macht er doch auf eine wichtige Analogie aufmerksam: ». . ., daß die symbolischen Bücher das erste sind, worin sich auf eine öffentliche und bleibende Weise der protestantische Geist ausgesprochen hat, eben wie in der Schrift zuerst öffentlich und bleibend der christliche Geist; und alles was hieraus folgt, muß ihnen zu gute kommen.« (ibd., 448)[2]. Wie jedoch aus dem zitierten Satz deutlich wird, ist das Kriterium der Entstehungszeit allein einschlägig im Zusammenhang mit dem zweiten, der Öffentlichkeit, waren doch die Bekenntnisschriften allgemein und die CA im besonderen keinesfalls die ersten Äußerungen reformatorischer Theologie; sie boten keine neuen Erkenntnisse: »Am wenigsten, daß dadurch erst die Mitglieder der Kirche selbst in Erfahrung gebracht hätten, was sie eigentlich glaubten oder glauben sollten, denn dieses fanden sie in allen Schriften Luthers und der seinigen, die ja auf das allgemeinste verbreitet waren, viel kräftiger und anregender und ihrem Standpunkt angemessener, wogegen die scholastisirenden Formeln und die geschichtlichen Beziehungen der Confession ihnen immer fremd bleiben mußten.« (An vC/S, I,5, 698)[3]. Die KG bemerkt lakonisch »Man muß eigentlich nicht sagen, daß in der *augsburger Confession* irgend neue Bestimmungen enthalten seien.« (588). In dem oben zitierten Satz aus »Werth« ist also zu betonen: »auf eine *öffentliche* und bleibende Weise«. Nicht darin liegt die Sonderstellung der Bekenntnisschriften im engeren Sinne begründet, daß sie im Prozeß der internen Selbstverständi-

---

[2] Vgl. PrCA, II,2, 613. 626 ff.
[3] Vgl. auch Werth I,5, 446.

gung der sich bildenden protestantischen Theologie und Kirche einen hervorragenden Schritt markieren, sondern daß sie die neue Kirche in ihrem Gegensatz zur römischen Kaiser und Reich gegenüber in ihrer ersten Phase verbindlich repräsentieren.

Für die CA weist Schleiermacher insbesondere darauf hin, daß ihr Zustandekommen und ihre Übergabe ein bewunderungswürdiges Musterbeispiel für die Zusammenarbeit der weltlichen Obrigkeiten und der Theologen gewesen sei (vgl. PrCA, II,2, 627 ff.)[4].

Es waren die Fürsten und Stände, die dazu aufgefordert waren, vor Kaiser und Reich die kirchlichen Reformmaßnahmen zu rechtfertigen, die in ihren Territorien vorgenommen worden waren (ibd., 626). Der Kaiser, von dem die Aufforderung ergangen war, erhoffte sich dadurch eine Bereinigung der religionspolitischen Konflikte und damit Stärkung seiner Position im Kampf gegen die Türken (vgl. KG, 585 f.). Die Fürsten erfüllten ihre Aufgabe auf vorbildliche Weise: Sie wahrten dem Kaiser als ihrem selbstgewählten Oberhaupt allen pflichtschuldigen Respekt und machten sich keiner Verletzung ihrer Loyalitätspflichten schuldig, was deutlich zeigt, »wie Unrecht die Gegner unsrer Kirche haben, wenn sie vorgeben, daß sie den Keim in sich enthielte zu verderblichen Neuerungen in der bürgerlichen Welt und zum Ungehorsam gegen die Fürsten.« (II,2, 630)[5].

Die Fürsten überließen den Theologen als den Sachverständigen ganz die Abfassung und Ausformulierung der Bekenntnisschrift, ohne sich in deren Kompetenzbereich zu drängen. »Aber die Pflicht mit der ihnen verliehenen Macht diese Lehre zu vertreten für ihre Unterthanen gegen Kaiser und Reich, sich allein auf Gott verlassend, der sein Werk werde zu schüzen wissen, diesen Beruf haben sie festgehalten und so das ihrige treulich erfüllt.« (PrCA, II,2, 633, vgl. auch Werth, I,5, 422). Die Gemeinden, die durch das Bekenntnis repräsentiert wurden, setzten volles Vertrauen in ihre Obrigkeiten und theologischen Lehrer (vgl. PrCA, ibd.). –

So beruht der besondere Wert der CA vor den Privatschriften der Reformatoren darauf, daß ». . . dem gesunden Gefühl der Unterschied zwischen dem was auch der beste – und somit gilt dies auch von den Verfassern der symbolischen Bücher selbst – als einzelner redet und thut, und dem was einer oder mehrere und

---

[4] Das Faktum, daß die Fürsten die Konfession übergaben, interpretiert Schleiermacher also ganz anders als Hegel in seiner Augustanarede, der hierin die Freiheit des Gewissens des Laien in Glaubensangelegenheiten verkörpert sieht, vgl. HIRSCH, Reformation, 11 f. – Dem seit Jahren in kirchenpolitische Kämpfe – auch mit seinem König – verwickelten Schleiermacher liegt es selbstverständlich näher, das Faktum als Beispiel der sachgerechten, die Zuständigkeitsbereiche wahrenden Zusammenarbeit von Fürsten und Theologen zu deuten.

[5] Dies ist ein deutlicher Seitenhieb auf die in der Restaurationszeit seit 1814 in Frankreich einsetzende Polemik des Katholizismus gegen den Protestantismus, er fördere in der Politik die Revolution und in der Religion den Atheismus. Vgl. F. CHR. BAUR, Kirchengeschichte des Neunzehnten Jahrhunderts, ed E. ZELLER, Leipzig ²1877, 139 ff., 156 ff.

seien sie auch minder ausgezeichnet, ausdrükklich als Vertreter einer weit verbreiteten Gesinnung vortragen« (Werth, I,5, 446), nicht entgehen kann[6].

Ein weiterer Aspekt des offiziellen Charakters der echten Bekenntnisschriften liegt darin, daß sie ihrer ursprünglichen Intention nach »gänzlich nach außen gerichtet« (Werth, I,5, 448) waren. Die Impulse zur Abfassung der CA wie der anderen genuinen Bekenntnisschriften wurden dem sich bildenden Protestantismus von außen gegeben: »Die reformierenden Lehrer wollten in diesem Bekenntniß auf der einen Seite darlegen, auf was für kirchlichen Abänderungen sie aus Drang ihres Gewissens unabänderlich bestehen müßten, und aus welchem Grunde der Lehre; auf der andern Seite aber wollten sie sich auch von den zu gleicher Zeit aufgekommenen Schwärmern unterscheiden, welche mit den kirchlichen Mißbräuchen zugleich auch alle bürgerlichen Bande auflösen und das Ansehn der Obrigkeit untergraben wollten; mit welchen Schwärmern sie bange sein mußten durch die Verunglimpfungen ihrer Gegner verwechselt zu werden.« (Werth, I,5, 428 f.)[7].

Ursprünglich also waren diese Dokumente an den altgläubigen Widerpart gerichtet und sollten nicht Lehre und Leben in den neuen Kirchen normieren. Sie legten Rechenschaft ab über die in den der Reformation sich anschließenden Territorien vorgenommenen Änderungen des kirchlichen Lebens, indem sie – Schleiermacher führt es nur in den Augustanapredigten näher aus – aufgrund des neuerlich ins Zentrum gerückten »Hauptpunkt⟨es⟩ des Glaubens« (PrCA, II,2, 629), der Rechtfertigung allein aus Glauben, als Abänderung von Mißständen, die seiner Erkenntnis und Aneignung hinderlich waren, qualifiziert wurden. Die CA stellt den Versuch dar, diese Abänderungen der anderen Seite als aus Gewissensgründen notwendig plausibel zu machen und für sie Duldung zu erlangen, die aber nicht gewährt wurde.

Nur an einer Stelle in seinem Gesamtwerk gibt Schleiermacher eine knapp interpretierende inhaltliche Analyse einer protestantischen Bekenntnisschrift, und zwar bietet die KG einen stichwortartig kurzen Abriß von Aufbau und Themenbestand der CA (588−591). Interessant ist dabei, wie konsequent diese Analyse sich von den drei aufgezeigten Kriterien in ihren Fragehinsichten leiten läßt. Daß sie ganz auf die Außenbeziehungen der sich bildenden Kirche gerichtet ist, geht schon daraus hervor, daß fast alle Themen des zweiten Teils der CA Erwähnung finden, von den 21 Artikeln des ersten Teils jedoch nur sechs.

Den Anfang macht – Artikel I−III werden nicht erwähnt – der Rechtfertigungsartikel. Ihm ist auch der meiste Raum gewidmet. Seine historische Bedeutung liegt nicht in seiner theologischen Originalität, sondern in seiner späteren

---

[6] Es wäre mißverständlich, das hier von SCHLEIERMACHER gebrauchte Begriffspaar »privat – öffentlich« im Sinne Semlers (vgl. G. HORNIG, Privatreligion, NZSTh 21/1979, S. 198−211) zu interpretieren. Bei Schleiermacher wird durch die Begriffe keine inhaltliche Differenz markiert, sondern allein die Frage, ob eine Schrift lediglich die individuelle Meinung ihres Verfassers dokumentiert, oder ob sie, im Auftrag einer größeren Gruppe verfaßt, beansprucht, deren gemeinsame Überzeugung wiederzugeben.

[7] Vgl. auch PrTh 645f, PrCA II,2, 626 sowie An vC/S I,5, 698.

Rezeption: »die Polemik der Katholiken im tridentinischen Concil bezog sich darauf« (588). Hieran knüpfen sich stichwortartige historisch und systematisch abwägende Erläuterungen über den Glaubensbegriff, die Sündenvergebung und deren Grundlagen in der bzw. Folgen für die Christologie. Der eigentliche Kontroverspunkt liegt für Schleiermacher nicht in der Frage der deklaratorischen oder effektiven Fassung der Rechtfertigungslehre, denn die Gerechterklärung impliziere immer auch die Gerechtmachung, die individuelle Gerechtmachung sei immer nur eine deklaratorische Anwendung des vorausliegenden allgemeinen Erlösungsratschlusses. Die wahre Differenz bricht am Glaubensbegriff auf: Im katholischen Verständnis richtet sich der Glaube auf die durch das Verdienst Christi die Macht zur Vergebung der Sünde innehabende Kirche. Diese Zurückweisung des reformatorischen Glaubensbegriffes, wie sie dann vom Tridentinum sanktioniert wurde, sei im wesentlichen schon in der Confutatio enthalten gewesen (588 f.). Der Überblick wendet sich dann CA VII zu: Daß die Einheit der Kirche unbeschadet der Verschiedenheit in den äußeren Gebräuchen bestehen könne, impliziere den Satz, daß Lehreinheit dagegen sehr wohl zur kirchlichen Einheit unabdingbare Voraussetzung sei. Zu CA X wird angemerkt, daß in der Abendmahlslehre eine – wenn auch nur implizite – Trennung von den Schweizern vorliege. Bei CA XI wird nur kurz die Tatsache gestreift, daß im Luthertum trotz dieses Artikels die Privatbeichte außer Gebrauch geraten ist. Außerdem werden aus dem ersten Teil nur noch die Artikel XII – die Abwehr der täuferischen Lehre von der Unverlierbarkeit der Gnade – »die Theorie hiervon ist überhaupt noch etwas verworren« (590) und XVI – »Artikel gegen diejenigen Schwärmer, die den Christen nicht verstatten wollten, Antheil an der bürgerlichen Ordnung zu nehmen . . .« (ibd.) erwähnt.

Schleiermacher betont die unterschiedliche Heftigkeit der Polemik gegen »Schwärmer« und »Sakramentierer«: Letzteren sollte die Gemeinschaft allem Anschein nach doch noch nicht definitiv aufgekündigt werden.

Vom zweiten Teil des Bekenntnisses werden bis auf Art. XXV (Beichte) die Themen aller Artikel kurz notiert. Am längsten verweilt Schleiermacher bei Art. XXVIII (Von der Bischofen Gewalt) – dies wohl ein Reflex seiner durch den Agendenstreit angeregten kirchenrechtlichen Studien. Er betont, »was nachher auch in der evangelischen Kirche ausgesprochen ist, die Kezer am Leben zu strafen« (591), stehe im Widerspruch zu diesem Artikel, der den Bischöfen nur geistliche Macht einräume.

Die rein nach außen gerichtete Tendenz der genuinen protestantischen Bekenntnisschriften spiegelt sich auch wider in ihrer Pluralität und Pluriformität. Sie entstanden an verschiedenen Orten und auf verschiedene Veranlassungen hin und weisen folglich Verschiedenheiten in ihren thematischen Schwerpunkten auf, wie es die jeweils differente Situation erforderte[8].

Die verschiedenen Reformationen, die wegen des ihnen gemeinsamen Bestrebens, bestimmte Mißstände im kirchlichen Leben und deren lehrmäßige Be-

---

[8] Vgl. PrTh 646 f; Glükkwünschungsschreiben, I,5, 169.

gründungen abzustellen, doch *eine* Reformation waren, brachten in ihren Bekenntnisschriften zwangsläufig individuell verschiedene Reformulierungen der in Frage stehenden Lehrkomplexe zur Geltung. Schleiermacher exemplifiziert den Sachverhalt an der Abendmahlslehre: Gemeinsam ist allen reformatorischen Parteien der Gegensatz gegen die Meßopferlehre. Die Neubildungen stehen dagegen different nebeneinander (PrTh 630). Die unterschiedlichen Neubildungen der Abendmahlslehre sind aber unbeschadet ihrer individuellen Differenzen wegen ihrer gleichsinnigen Genese als unterschiedliche species anzusehen, die im gemeinsamen genus ihre höhere Einheit haben (vgl. diese Arbeit o. S. 76 ff.).

Ein Indiz dafür, wie wenig die Bekenntnisschriften zunächst für feststehende bindende Lehrnormen gehalten wurden, bietet Melanchthons fortwährende Weiterarbeit an der Ausgestaltung der CA, seine vielfältigen Änderungen und schließlich deren gänzliche Umarbeitung: »Und dabei hat ihn keineswegs nur der Gedanke geleitet, daß die Sache für das Concilium anders müsse oder könne gestellt sein als für den Kaiser und die Fürsten; sondern daß sich der Gegenstand in ihm immer lebendig bewegte, das nöthigte ihm eine andere frische Darstellung desselben ab.« (An vC/S I, 5, 672).

Ihre fortwährende Bedeutung haben die Bekenntnisschriften allein wegen der sich bildenden und fortdauernden Kirchenspaltung gewonnen: ».... denn sie sind nur in sofern symbolische Bücher geworden, als die Trennung der Kirche zu Stande gekommen ist; und von dieser aus angesehen, sind sie an die Glieder der römischen Kirche gerichtet.« (Werth, 448). Wäre die Spaltung abgewendet oder aufgehoben worden, »So wären weder die augsburgische Confession noch die schmalkaldischen Artikel symbolische Bücher geworden« (ibd.).

Speziell im Falle der CA hat sich die Außenrichtung der ursprünglichen Intention auf signifikante Weise in der Wirkungsgeschichte fortgesetzt, indem sie nämlich im Augsburger Religionsfrieden von 1555 zu reichsrechtlicher Geltung gelangte. Schleiermacher erörtert dieses Faktum relativ eingehend in »Werth« (I, 5, 427 ff.)[9]. Dort setzt er sich mit dem seit dem »Symbolstreit« der siebziger Jahre des 18. Jahrhunderts und dem Streit um das Wöllner'sche Religionsedikt (s. o., Einleitung) gängigen und von Cl. Harms in der 88. seiner 95 Thesen wieder aufgenommenen Argument auseinander, die reichsrechtliche Stellung des Protestantismus gegenüber dem Katholizismus hänge davon ab, daß jener sich in Verkündigung und Lehre an die dogmatische Norm der CA halte. Schleiermacher entkräftet diese Ansicht, indem er die näheren Umstände der Aufnahme der CA in den Reichstagsabschied heranzieht. Als der Friedensschluß anstand, wollten weder die reformierenden noch die altgläubigen Stände die »Schwärmer« mit in dessen Schutz aufgenommen wissen, um ».... freie Hand zu behalten gegen jedes unruhige die gesellschaftliche Ordnung zerstörende Princip.« (I, 5, 429). Es mußte also ein Kriterium gefunden werden, das zwischen solchen Gruppen scheiden konnte, die in den Frieden aufgenommen werden sollten, und solchen, denen er nicht gelten sollte. Hierzu bot sich die CA

---

[9] Vgl. auch PrTh 641, 645 f.

bzw. das Bekenntnis zu ihr an, da sie von obrigkeitlichen Personen unterzeichnet und damit ein offizielles Dokument war und weil in ihr die schwärmerisch-revolutionären Tendenzen expressis verbis verdammt wurden. Zudem hebt Schleiermacher hervor, daß gerade der Text des Religionsfriedens selbst den protestantischen Ständen das Recht zur Weiterbildung der kirchlichen Lehre und der kirchlichen Lebensordnungen einräumt: » Denn indem dieser von der augsburgischen Confession redet, spricht er ausdrükklich von deren Lehre Religion und Glauben Kirchengebräuchen Ordnungen und Cerimonien, *so sie aufgerichtet oder nachmals aufrichten möchten.* « (ibd., 428)[10]. Die Obsorge über die weitere kirchliche Entwicklung in ihren Territorien ist also den protestantischen Ständen bzw. dem jeweils von ihnen eingesetzten Kirchenregiment als deren innere Angelegenheit unbeschadet der Geltung des Friedensschlusses eingeräumt worden. Sie selbst sind es auch, die darüber zu entscheiden haben, ob eine bestimmte religiöse oder dogmatische Meinung und kirchliche Praxis als in einem solchen Maße unverträglich mit der CA angesehen werden muß, daß sie den Ausschluß ihrer Vertreter aus dem Religionsfrieden zwingend macht.

Die so herausgearbeiteten Kriterien können nun dazu dienen, aus der Masse dessen, was darauf Anspruch macht, als protestantische Bekenntnisschrift zu gelten bzw. was im Gemeinbewußtsein dafür gilt, dasjenige auszusondern, was wirklich ein Recht auf diese Geltung hat. Diesen Aussonderungsprozeß vollzieht Schleiermacher in »Werth« (I, 5, 449 f.) am lutherischen Konkordienbuch sowie exemplarisch an einigen reformierten Bekenntnisschriften. Daß hierbei auch für den reformierten Bekenntnisbestand ein kritischer Kanon geltend gemacht wird, der anhand der lutherischen CA gebildet ist, mag auf den ersten Blick verwunderlich sein, ist aber angesichts des dezidiert gesamtprotestantischen Blickwinkels und seiner historischen Begründung nur konsequent zu nennen.

Zunächst wird nachgewiesen, daß die altkirchlichen Glaubensbekenntnisse nach diesen Kriterien nicht als protestantische Bekenntnisschriften gelten können. Sie erlangten ja ihre Geltung gerade dadurch, daß durch sie Spaltungen vermieden, Streitigkeiten beigelegt wurden[11]. »Eben deshalb aber führen sie auch den an sich unbestimmten und vieldeutigen Namen ›symbolischer Schriften‹ in einem ganz andern Sinn als die unserer Kirche.« (Werth, I,5, 449). Innerhalb des lutherischen Konkordienbuchs dürfte dieses Verdikt – Schleiermacher führt das nirgends explizit aus – für das Nicaeno – Constantinopolitanum sowie wegen seines lehrmäßig-abgrenzenden Charakters für das sog. Athanasianum gelten. Analoges gilt im Bereich des Luthertums für die Konkordienformel und in der reformierten Kirche für das Dordracenum, denn auch sie verdanken sich der Absicht, Lehrstreitigkeiten innerhalb der protestantischen Kirchentümer durch Mehrheitsentscheidungen autoritativ zu beenden. Dieses Verfahren

---

[10] S. auch PrTh 646; vgl. Augsburger Religionsfrieden, ed K. Brandi, Art. IV.

[11] Schleiermachers Deutung und Kritik der altkirchlichen Lehrfestsetzungen wäre an sich das Thema einer eigenständigen Untersuchung. Einige Ansätze werden im nächsten Abschnitt dieses Kapitels dargestellt.

lehnt Schleiermacher a limine als unprotestantisch ab[12], soweit man den Streitenden ». . . nicht nachweisen kann, daß sie den Gegensatz gegen den Katholicismus aufheben« (ibd., 450). Dies haben beide protestantischen Kirchen auch in
ihrer Geschichte durch die Tat anerkannt: Durch die Konkordienformel wurde
eine Spaltung des Luthertums vermieden, aber längst nicht alle lutherischen
Kirchen nahmen sie an, wodurch dann auch keine Spaltung hervorgerufen
wurde (Werth, I,5, 450). Das Dordracenum hat diesen Zweck nicht erfüllt,
indem es faktisch ein »Schisma« (ibd.) hervorrief, seine Wirkungsgeschichte
ähnelt jedoch der der Konkordienformel: Unbeschadet der kirchlichen Gemeinschaft wurde es nicht von allen reformierten Kirchentümern rezipiert (vgl. auch
PrTh 646 f.).

Die beiden lutherischen Katechismen und der Heidelberger Katechismus sind
ihrer ursprünglichen Intention nach ganz nach innen gerichtet und können daher
– wie Konkordienformel und Dordracenum – ein wichtiges Kriterium nicht
erfüllen (Werth, I,5, 449). Hinzu kommt, daß sie für den Jugend- und Volksun-
terricht konzipiert sind, ». . . der nicht eine gleich genaue Bestimmtheit der
Begriffe erfordert, wie die für die Sachkenner vorgelegten Bekenntnißschriften«
(ibd.). So kann Schleiermacher die Differenz zwischen einem Katechismus und
einer Bekenntnisschrift in die griffige Formel fassen: ». . . eine gute Confession
ist ein schlechter Katechismus, und ein guter Katechismus eine schlechte Confession.« (An vC/S I,5, 699)[13].

Vom Apostolikum ist in diesem Zusammenhang gar nicht die Rede, Äußerungen an anderer Stelle (PrCA II,2, 615, PrTh 637 f.) machen deutlich, daß hier
dasselbe gilt wie für die Katechismen. Endlich wird Melanchthons »Tractatus de
potestate et primatu Papae« von Schleiermacher nirgends als Bekenntnisschrift
erwähnt. Lediglich in der KG (595) wird er beiläufig als erfolgloser Privatvor-
schlag gestreift. –

Als Resultat dieser Reduktion ist festzuhalten: Als protestantische Bekenntnisschriften im engeren Sinne können nur die CA, deren Apologie, die Schmalkaldischen Artikel sowie die »verschiedenen reformirten Confessionen« (Werth,
I,5, 449)[14] – Schleiermacher nennt (KG 592 f.) die Tetrapolitana und Zwinglis
Ratio fidei – gelten.

Die so ausgesonderte Gruppe von Schriften stellt nun nicht etwa in ihrer
vorliegenden Gesamtheit eine für immer hinreichende normative Definition
protestantischen Christentums in Leben und Lehre dar. Sie sind zu allererst das
apologetische und polemische Selbstzeugnis des sich bildenden Protestantismus
in der ersten Phase seiner Entwicklung. Von diesen spezifischen Umständen
ihrer Entstehung und ersten Intention sind sie durch und durch geprägt. Nach
ihrem Umfang und der Vollständigkeit der in ihnen behandelten Themen kön-

---

[12] Die prinzipielle Ablehnung von Mehrheitsentscheidungen in Glaubensdingen durch
Schleiermacher und ihre Begründung wird im nächsten Abschnitt des Kapitels dargestellt.

[13] Vgl. auch die annähernd gleiche Formulierung PrTh 373.

[14] Bei den lutherischen Bekenntnisschriften nimmt SEMLER nach vergleichbaren Überlegungen dieselben Hervorhebungen vor; vgl. oben S. 15.

nen sie nicht den Anspruch erheben, je für sich oder als Gesamtheit ein geschlossenes Lehrsystem zu bilden: ». . . die symbolischen Bücher bilden keinen Lehrbegriff, sie heben nur einzelne Punkte hervor.« (PrTh 632; vgl. ibd., 645 f.).

B. *Reformatorischer Impuls und traditionelles Gut in den Bekenntnisschriften*

Innerhalb der Bekenntnisschriften muß demnach ermittelt werden, welche Teile ihres Lehrbestandes als verpflichtend für die Gegenwart gelten können und welche durch den seitherigen Geschichtsverlauf als rein zeit- und situationsgebunden qualifiziert geworden, also obsolet sind. Hierbei gilt der hermeneutische Kanon, daß »überall die Aufstellung eines bestimmten Gegensazes gegen die katholische Kirche die Hauptsache« (Werth, I,5, 449) ist. In charakteristischer Weise umreißt Schleiermacher diesen Skopus der Bekenntnisschriften in der zweiten Augustanapredigt, der eigentlichen Festansprache. Im ersten Teil der Predigt schärft er zunächst ein: »Sehen wir nun zuerst auf das Werk dieses Tages, nämlich die Schrift des Bekenntnisses: so dürfen wir es wol in gewisser Beziehung nicht anders als mit großer Nachsicht beurtheilen.« (II,2, 627)[15]. Damit ist in aller Deutlichkeit ausgesagt, wie fern es ihm liegt, ». . . jenes Bekenntniß in allen Stükken zu billigen und ihm unbedingt beizutreten« (An vC/S I,5, 671). Nachdem Schleiermacher diese distanzierte Stellung ganz knapp begründet hat (vgl. II,2, 627−629), bezieht er die Position, die ihn das Bekenntnis positiv würdigen läßt, und zwar in der oben (S. 110) dargestellten Korrelation von Bekenntnisakt und Bekenntnisschrift. Die »große Trefflichkeit des Werkes« liegt in zwei Aspekten: Erstens kommt der CA dieses Positivurteil zu, insofern sie eine »mit großer Umsicht und aus reicher christlicher Erfahrung abgefaßte Erklärung gegen alle das christliche Leben verderbende Mißbräuche im öffentlichen Gottesdienst und in der Lehre« (ibd., 629) war. Der polemische Aspekt des Beknntnisses steht also ganz eindeutig im Zentrum der Wertschätzung, die CA wird von ihrem zweiten Teile her interpretiert.

Zweitens hebt Schleiermacher hervor, die CA habe »mit rechter Klarheit ⟨. . .⟩ den einen großen Hauptpunkt des Glaubens aufgefaßt« (629): Die Rechtfertigung allein aus Glauben. Schleiermacher umreißt die Rechtfertigungslehre mit wenigen Worten. Er spielt dabei auf Themen der CA-Artikel IV, V, XI, XII und XX an – aber nur auf die Themen: die Formulierung selbst ist überhaupt nicht von Wendungen der CA beeinflußt. Dieser Sachverhalt besagt folgendes: Daß hier auf die Rechtfertigungslehre, wohl in der Tat das Hauptanliegen der CA, so großes Gewicht gelegt wird, steht nicht im Widerspruch zu der These, Schleiermacher sehe die Bedeutung der CA und der anderen Bekenntnisschriften vorrangig in deren polemischen und apologetischen Intentionen. Die kurze Rekapitulation der Rechtfertigungslehre und einiger ihrer Konsequenzen ist

---

[15] Vgl. auch Schleiermachers Selbstinterpretation An vC/S I,5, 673.

nämlich so gehalten, daß zum einen der polemische Impetus voll zum Tragen kommt: ». . . daß nicht unvollkommenes äußeres Werk, nicht eigenes Verdienst den Frieden mit Gott bringen könne, sondern daß die Gerechtigkeit vor Gott dadurch erlangt wird, wenn wir im herzlichen Glauben den in uns aufnehmen, den Gott gesandt hat, auf daß wir in der Gemeinschaft mit ihm das Leben mögen haben, und wenn wir nun erwarten, daß aus dieser Gemeinschaft alles gute entspringen müsse, ohne daß wir ja doch auf dieses gute als solches einen verdienstlichen Werth legen.« (ibd.). Zweitens wird gleich bei dieser aneignenden und zustimmenden Reformulierung die spätere Sachkritik der Predigten IV (Imputation) und IX (Satisfaktion) vorbereitet: Diese Theologumena, die für die Fassung der Rechtfertigungslehre in der CA von grundlegender Bedeutung sind, werden in Schleiermachers Reformulierung mit keinem Wort erwähnt.

An diese kurze Würdigung der Bekenntnisschrift schließt sich eine solche einiger Aspekte des Bekenntnisaktes an. Auf zwei dieser Aspekte – das Verhältnis der Fürsten zum Kaiser einerseits, der Fürsten und der Laien zu den Theologen andererseits ist schon oben (S. 112 f.) eingegangen worden. Weiterhin macht Schleiermacher auf die irenische Haltung der Bekennenden, ihr Bestreben, »so viel an ihnen war die Spaltung aufzuheben« (631) aufmerksam. Sie wollten keine eigene Kirchengemeinschaft bilden, sondern allein innerhalb der bestehenden Duldung der ihnen aus Gewissensgründen notwendigen Änderungen erlangen – »Und dies bleibt immer der Geist und Sinn der evangelischen Kirche.« (ibd.), dies wohl ein Seitenhieb auf die separatistischen Tendenzen im zeitgenössischen Neupietismus. Daß der Protestantismus nicht zu einer tolerierten Sondergemeinschaft innerhalb der römischen Kirche wurde – analog etwa den Utraquisten –, bedeutet, daß diese Bemühungen scheiterten: ». . . aber auch dadurch segnete der Herr, daß er wohlgemeinte Bemühungen scheitern ließ.« (ibd.). Entgegen dem Willen der Reformatoren bildete sich also der Protestantismus als eine neue, relativ eigenständige Individuation des Christentums, weil die römische Kirche dessen Minimalforderungen innerhalb ihrer selbst keinen Raum gewährte. Wäre die Kirchengemeinschaft erhalten worden: ». . . auf vielfache Weise wären wir dann dort gebunden geblieben, und unter vielen Fesseln hätte der forschende Geist geseufzt. Dank und Preis gebührt Gott, daß er es so geschikt hat und nicht anders.« (ibd.) – Dieser Gedankengang ist eine Anwendung der in ChS aufgestellten Regel, daß nur entstandene, nicht aber gemachte Spaltungen sittlich sind. Gerade darin, daß sie gegen den Willen der Reformatoren zu stande kam, erweist sich die Eigenständigkeit des Protestantismus als sittlich legitim. Denkt man nun diesen Ansatz konsequent zu Ende – Schleiermacher tut es m. W. nirgends –, dann muß man konstatieren: Die Repräsentanten der katholischen Kirche, die der CA ihre Anerkennung versagten, hatten die tiefere Erkenntnis der Situation auf ihrer Seite, indem sie das Neue, den Rahmen des Hergebrachten Sprengende in der reformatorischen Praxis und Lehre, wie sie ihnen in der CA entgegentrat, schärfer erfaßten als dies die Reformatoren selbst taten.

Das andere wichtige Einzelfaktum des Bekenntnisaktes, das Schleiermacher hier erörtert, ist der Entschluß der das Bekenntnis Ablegenden, ». . . nicht anders von dem, was sie gelehrt und in der Kirche geordnet hatten, abzugehen, es sei denn, daß sie widerlegt würden aus Gottes Wort . . .« (ibd.)[16], das reformatorische »sola scriptura«. Zunächst rückt Schleiermacher mit wenigen Worten die gemeinhin gängige, biblizistische Deutung dieses Grundsatzes zurecht. Der Glaube an Christus ist älter als die Schrift, die von ihm zeugt; immer neu entzündet sich der Glaube an Christus selbst, er ist Christusglaube und nicht Glaube an das Bibelbuch. Seinen einzigartigen Rang hat das neutestamentliche Christuszeugnis darin, daß seine Interpretation im Streitfalle die einzige Norm ist, kraft derer christliches von unchristlichem geschieden werden kann (vgl. ibd., 632). Eben dieser Status der Schrift als alleingültige Norm christlicher Lehre und christlichen Lebens und die mit seiner Anerkennung verbundene Relativierung aller anderen Lehr- und Lebensordnungen, die ja immer nur eine von ihrer Schriftgemäßheit abgeleitete Geltung beanspruchen können, verbürgt es »daß wir wahrhaft nur im Glauben an Christus zusammenbleiben« (ibd.). So wird verhindert, daß sich Fremdes an Christi Stelle in die Position des gemeinschaftsbildenden und -erhaltenden Prinzips drängt. Wird mit der Geltung des Grundsatzes »sola scriptura« die Einzigkeit Christi als des gemeinsamen Bezugspunktes alles christlich-religiösen Lebens gesetzt, so erhält die Gemeinschaft dadurch zugleich einen tragfähigen Grund und weiten Raum für Pluralismus innerhalb ihrer selbst, denn die widerstreitenden, aus unterschiedlicher Schriftauslegung resultierenden Lehrmeinungen und Lebensformen erweisen sich dem Glaubensgrund gegenüber samt und sonders als relativ und vermögen sich deshalb zu tolerieren. Samt und sonders können sie sittlicherweise keinen Anlaß zur Trennung geben, die sich immer auf »menschliches Ansehen« gründet. All das sind nach Schleiermacher Implikate des auf dem Augsburger Reichstag zum Ausdruck gebrachten Entschlusses, Belehrung und Widerlegung allein aus der Schrift anzunehmen: »Und so haben wir seit jenem Bekenntniß dieses gewonnen, daß wir frei bleiben von allen Banden irgend eines menschlichen Ansehens.« (632).

Soweit Schleiermachers Würdigung der CA, der exemplarischen Protestantischen Bekenntnisschrift, als einer geschichtsmächtigen Verkörperung reformatorischer Impulse.

Im folgenden ist auf die dogmatische Sachkritik einzugehen, die Schleiermacher – wiederum exemplarisch – an der CA übt. Dabei ist zu beachten, daß diese kritische Sichtung nicht naiv-willkürlich vollzogen wird, sondern an historischen Einsichten, die geschichtsphilosophisch reflektiert sind, orientiert ist. Sie verläuft in Analogie zu dem oben (vgl. den vorigen Abschnitt) dargestellten Verfahren, anhand dessen die als genuin protestantisch anzusprechenden Be-

---

[16] Im Text der CA findet sich ein Passus dieses Inhalts nichts. Schleiermacher spielt wohl an auf die vom Kursächsischen Altkanzler Brück verfaßte »Antwort der evangelischen Stände. . .« vom 7. August 1530. Vgl. Luthers Werke ed. Walch Bd XVI, S. 1632 ff, bes. 1634 sowie Förstemann, Urkundenbuch, Bd 2, S. 183 ff, bes. S. 185

kenntnisschriften ausgemittelt wurden. Der Akzent liegt hier auf der Frage, wie sich die reformatorische Formulierung eines dogmatischen Lehrsatzes zur vorgegebenen Tradition verhält.

Ausgangspunkt der kritischen Reflexion ist die Feststellung, daß die reformatorischen Bekenntnisschriften neben der kontroversen Lehrerörterung auch solche Theologumena enthalten, über die – wie betont wird – kein Streit mit der Gegenseite herrscht, die also damit lediglich eine affirmative Repetition vorgegebener kirchlicher Lehre darstellen wollen.

Dieser Tatbestand kann zu zwei entgegengesetzten Deutungen Anlaß geben. Sie sind jeweils verankert in unterschiedlichen Gesamtdeutungen des Faktums Reformation. In der Terminologie der ChS läßt sich die Alternative formulieren: War die Reformation allein ein reinigendes Handeln, das mit der Abstellung bestimmter Mißbräuche sein Ziel – wenn auch im gesamtkirchlichen Horizont nur partiell – erreichte, oder leitete sie zugleich eine neue Individuation des Christentums ein und war somit der Anfangspunkt einer sukzessive sich vollziehenden gänzlichen Neugestaltung des Christentums? Wird das erste Glied der Alternative bejaht, dann ist das traditionelle Gut in den Bekenntnisschriften nach wie vor verpflichtendes Allgemeingut, das einen u. U. ausbaufähigen Restbestand an lehrmäßiger Einheit von Protestantismus und Katholizismus verbürgt[17].

Theologische Arbeit und kirchliches Leben, die sich unter dem Vorzeichen der Negation der prinzipiell bindenden Geltung dieser dogmatischen Traditionen

---

[17] Diese Einschätzung der Sachlage ist in einer Vielzahl von Beiträgen im Umfeld des CA-Jubiläums 1980 in den Debatten um die möglichen ökumenischen Perspektiven, die eine katholische »Anerkennung« der CA eröffnen könnte, vertreten worden. Als besonders markantes Beispiel sei hier der Aufsatz von K. Lehmann und H. G. Pöhlmann: »Gott, Jesus Christus, Wiederkunft Christi«, in: Confessio Augustana – Bekenntnis des einen Glaubens. Gemeinsame Untersuchung lutherischer und katholischer Theologen, Paderborn/Frankfurt 1980, S. 47-78, genannt. Als grundlegendes Ziel der CA diagnostizieren die Verf. das Bestreben, »die Einheit der Kirche fest- oder wiederherzustellen« (48). Dies sei besonders in den Artikeln I u. III mit ihrer Wiederaufnahme der christologischen und trinitarischen Lehrtradition gelungen. Ausdrücklich zurückgewiesen wird die Hypothese, dieser Umstand verdanke sich theologiepolitischen Erwägungen (50). Daß die Confutatoren diese beiden Artikel unbeanstandet ließen, wird als Indiz dafür gewertet, daß »der entstandene Riß nicht bis in die Basis reiche« (66). Der Hinweis auf den weitreichenden Relevanzverlust der altkirchlichen Dogmen in der neueren protestantischen Theologie – bei ihrer fortdauernden kirchenrechtlichen »Geltung«! – wird mit den Worten kommentiert: »Wenn hinter diesen Wandlungen auch durchaus verständliche geistesgeschichtliche Motive und Probleme der Umsetzung auf die neuzeitliche Bewußtseinsebene stehen, so müssen gerade im Zusammenhang einer CA-Interpretation der Verlust und die Verdunkelung offen beim Namen genannt werden.« (68). Zustimmend wird der Satz Hans Asmussens referiert, diese »Fehlentwicklung« sei der katholischen Kirche »erspart geblieben« (69) – als wirklich schlagendes Beispiel dient der Hinweis auf die kirchenamtlichen Maßregelungen Hans Küngs. Allen in eine andere Richtung weisenden Fakten der protestantischen Theologiegeschichte zum Trotz kommen die beiden Autoren endlich doch zu dem sie befriedigenden Schluß, daß sich der »Konsens über die Artikel 1 bis 3 ⟨. . .⟩ seit dem Reichstag in Augsburg bis heute erhalten hat.«

vollziehen, können sich dann nicht darauf berufen, in letztlich folgerichtiger
Kontinuität mit der reformatorischen Frühzeit des Protestantismus zu stehen.
Sie repräsentieren dann die Folgen einer neuerlichen epochalen Wende innerhalb
des Protestantismus oder gar den faktischen Abfall von ihm.

Das zweite Glied der Alternative hingegen postuliert, daß das überkommene
dogmatische Gut im Verlauf der Geschichte des Protestantismus notwendig
einer kritischen Sichtung ausgesetzt werden muß, als deren Resultat seine gänzliche Umformung zumindest eine legitime Möglichkeit ist, und die sich als
Fortsetzung des Werkes der Reformation verstehen kann: Die Reformation hat
ja als epochaler Umbruch keine »fertigen« Ergebnisse, sondern sie markiert den
Anfang einer neuen Entwicklungsreihe. Daß Schleiermachers Reformations-
und Protestantismusdeutung eine Explikation des zweiten Gliedes dieser Alternative ist, bedarf nach allem bisher Gesagten kaum noch der besonderen Erwähnung (s. diese Arbeit oben I.C.4).

Diese Deutung der Reformation ist der Ermöglichungsgrund für eine methodisch reflektierte Kritik am Lehrbestand der reformatorischen Bekenntnisschriften, wie sie Schleiermacher exemplarisch ausführlich in der achten Augustanapredigt »Vom Verdammen andersgläubiger in unserm Bekenntniß« (II,2,
710–724) durchführt. Der erste Teil dieser Predigt soll – ergänzt durch ander-
weitige einschlägige Äußerungen – den folgenden Ausführungen zu Grunde
liegen.

Mit der achten Predigt beginnt innerhalb der Augustanareihe ein neuer Abschnitt. Hatten die Predigten III bis VII zunächst den rechtfertigenden Christusglauben als Zentralthema des Bekenntnisses behandelt und im Anschluß
daran einige Folgen für das kirchliche Leben reflektiert, die sich aus seiner
Zentralstellung zwangsläufig ergeben hatten, so explizieren die achte und neunte
Predigt den programmatischen Satz der eigentlichen Festpredigt: »Sehen wir
nun zuerst auf das Werk dieses Tages, nämlich die Schrift des Bekenntnisses: so
dürfen wir es wol in gewisser Beziehung nicht anders als mit großer Nachsicht
beurtheilen.« (II,2, 627). So bemerkt Schleiermacher denn auch in der Einleitung
zur achten Predigt: »Darum schien es mir nun nothwendig, damit wir das rechte
Gleichgewicht auch in dieser Hinsicht beobachten, nun noch auf der andern
Seite aufmerksam zu machen auf einiges von dem mangelhaften und unvollkommnen, das jenem Werke anhängt.« (ibd., 710f.).

Die beiden folgenden Predigten sollen also exemplarisch in den methodisch
reflektierten kritischen Umgang mit dogmatischen Sachaussagen des Bekennt-
nistextes einführen. Sie tun das auf je verschiedene Weise. Die achte Predigt
wendet sich kritisch einem Einzelzug der Entstehungsgeschichte des Bekenntnisses zu. Dadurch erweist sie, daß das dogmatische Argumentationsverfahren
der CA an einem wichtigen Punkt ungeeignet ist, der protestantischen Auffassung des christlichen Glaubens Ausdruck zu verleihen und somit beim Umgang
mit kirchlichen und theologischen Kontroversen der Gegenwart nicht als Vorbild dienen kann.

Die neunte Predigt »Daß wir nichts vom Zorne Gottes zu lehren haben« geht einen anderen Weg. Sie zeigt anhand exegetischer Begründungen, daß in der christlichen Frömmigkeit und Lehre die Rede von einem Zorn Gottes keinen Platz hat und vollzieht so in der Form der erbaulichen Rede ein Stück dogmatischer Sacharbeit. Im gegenwärtigen Zusammenhang ist nur die erstgenannte Predigt von Interesse. Die beiden aufeinander folgenden Predigten stehen so in einem konsequent durchreflektierten Verhältnis: Die achte Predigt erweist die prinzipielle Legitimität theologischer Sachkritik an den Aussagen der Bekenntnisschrift, die neunte zeigt exemplarisch auf, wie sich diese Kritik inhaltlich zu gestalten hat, nämlich als Geltendmachen einer vertieften Erkenntnis von Person und Werk Christi, die auf einem verbesserten Verständnis des neutestamentlichen Zeugnisses beruht. Diese Kritik eben steht in stringenter Kontinuität zum Denken und Tun der Reformatoren, weil sie ebenfalls auf der Grundlage des »sola scriptura« auf eine reinere Durchformung und Aneignung des rechtfertigenden Christusglaubens zielt.

Hat man den Titel der achten Augustanapredigt vor Augen, so ist man geneigt zu erwarten, daß nun bedauernde Erwägungen über den eigensüchtigen Ausschließlichkeitsanspruch der partikularen Parteilehre folgen, zusätzlich motiviert vielleicht durch den Hinweis auf die irenische Haltung des Bekenntnisses dem altgläubigen Widerpart gegenüber. – Aber Schleiermachers Ausstellungen gehen in eine ganz andere Richtung, indem er als das eigentlich Kritikwürdige an den Verdammungen deren Begründung namhaft macht. Er wertet hier einen Umstand als Negativum, der in neueren ökumenischen Erörterungen als positiv zukunftsweisend hervorgehoben wird: Die explizite Übernahme der Resultate der altkirchlichen Dogmenbildung. »Wir finden nun gleich am Anfang desselben ⟨des Augsburgischen Bekenntnisses, Verf.⟩, daß die damaligen Verbesserer unseres kirchlichen Lebens sich zu einer Menge von Bestimmungen der christlichen Lehre unbedingt bekannten, welche aus längst vergangenen Jahrhunderten herrühren, und daß sie zu gleicher Zeit, wie es damals auch geschehen war, alle diejenigen, welche damit nicht übereinstimmten, laut und öffentlich verdammten.« (II,2, 711).

Die Kritik wird durch zwei Argumentationsreihen begründet: Zum einen durch die Reflexion auf die altkirchlichen Dogmen selbst, nämlich auf die Bedingungen, unter denen sie entstanden und Rechtskraft erlangten, zum andern durch den Nachweis, daß die Reformatoren ihren eigenen Grundsätzen gegenüber inkonsequent wurden, indem sie an der unbedingten Geltung dieser Sätze festhielten.

Wichtig ist hierbei nun, daß Schleiermacher sich in diesem Zusammenhang nicht – wie etwa in der Glaubenslehre oder im Aufsatz über die Trinitätslehre (I,2, 485 ff.) – in dogmatische Erörterungen über die sachliche Angemessenheit der auf den altkirchlichen Konzilien vorgenommenen Lehrfestsetzung einläßt. Es geht zunächst allein um die Frage, ob die Geschichte ihrer Entstehung und ihrer staatskirchenrechtlichen Geltung – ganz abgesehen von ihrer sachlichen Adäquanz – sie dazu qualifiziert, als verbindliche Ausdrücke der christlichen Wahrheit zu gelten.

Die Genese aller dieser Formeln wurzelte in dogmatischen Streitigkeiten[18]. Daß es überhaupt zu diesen Streitigkeiten kam, war keineswegs unsittlich, da sie unerläßliche Stufen auf dem Wege des christlichen Glaubens zur vertieften Selbsterkenntnis markierten: »Ein solcher Zustand des Streites ist also anzusehen als ein Durchgangspunkt von der ersten Erregung der Reflexion über irgend eine Form des religiösen Bewußtseins bis zur Vollendung.« (PrTh 628). Ebensowenig führt der Streit, wenn er seinen eigenen inneren Gesetzen folgen kann, zur Auflösung und Zersplitterung der religiösen Gemeinschaft, im Gegenteil, der Streit ist gerade ein Lebensakt der Gemeinschaft: »Der Streit verbürgt eben die Gemeinschaft, weil er nichts anderes ist als die Bürgschaft der Lehre dadurch, daß gemeinsame Kräfte in Bewegung gesezt werden.« (ibd.). Meinungsverschiedenheiten und deren Austrag im Modus des Streites sind unerläßliche Etappen im Prozeß der Vervollkommnung, der innerhalb der Christentumsgeschichte sich vollzieht (s. diese Arbeit oben I. A. 2. b). Der Wille der Streitenden, sich gegenseitig zu überzeugen, bezeugt zum einen deren innere Verbundenheit und zum andern die Macht, die der Gegenstand des Streites über sie hat. Die völlige Abwesenheit von Streit dagegen verdankt sich entweder egoistisch entartetem Individualismus, der sich nicht verpflichtet weiß, eigene Erkenntnis durch Publizität auch für andere fruchtbar zu machen, oder letztlich desinteressiertem Indifferentismus.

Die trinitarischen und christologischen Streitigkeiten in der alten Kirche konnten nicht ihren sachgemäßen, sittlich richtigen Verlauf nehmen, an dessen Ende eine allseits befriedigende Durchklärung der strittigen Begriffe gestanden hätte. Vielmehr wurden die Streitfragen durch Stimmenmehrheit zu einer verfrühten »Entscheidung« gebracht: »Wenn wir fragen: wie dieses geschehen? so finden wir es immer nur durch die Ueberwindung des einen Theils durch den andern, und nicht als ob der Streit wirklich geschlichtet wäre, sondern es wurde eins aufgestellt und das andere verworfen.« (PrTh 624). So führte der Streit nicht zu einem Erkenntnisgewinn, der sich in einer beide Seiten befriedigenden neuen Theoriegestalt niedergeschlagen und die im Streit bewährte Gemeinschaft durch Einigkeit vertieft und gefestigt hätte, sondern der gerade im Streit sich noch immer manifestierende Restbestand an Einheit ging verloren. Die autoritativ-mehrheitliche Entscheidung, die durch Beendigung des Streits die Einheit wiederherstellen wollte, erreichte also das genaue Gegenteil ihres Zieles: »so ist keine Einheit daraus entstanden, sondern nur ein Häretisiren, d. h. ein Zerspalten der Einheit.« (PrTh 638). – Dieser Modus der Konfliktbearbeitung hätte – wäre er in der Folgezeit konsequent angewandt worden – zu einer völligen Verkümmerung und Versteinerung des christlich-kirchlichen Lebens geführt. Wäre jede Diskussion über dogmatische Streitfragen durch Mehrheitsbeschluß und die anschließende Verketzerung der Unterlegenen beendet worden, »so wäre immer mehr als unchristlich ausgestoßen« worden (PrTh 624).

---

[18] Vgl. II,2, 628. 712, PrTh 622ff., KG 199–217 (arianischer Streit, Konzil von Nicaea), 316ff. (christologische Streitigkeiten).

». . . und wenn wir bedenken wie zufällig immer die Entscheidung in solchen Fällen gewesen ist: so kann man weit weniger sicher entscheiden ob die Entscheidung die richtige gewesen, als man mit Sicherheit sagen kann, daß die Methode falsch ist.« (ibd.) – An diesem Satz wird noch einmal die Perspektive der an den angeführten Stellen knapp dargelegten Einschätzung der altkirchlichen Dogmenbildung zusammengefaßt. Die Entscheidung der Frage nach der Sachgemäßheit der dogmatischen Sätze ist Sache der dogmatischen Einzelarbeit. Diese Einzelarbeit hat sich jedoch unter der historisch erarbeiteten und systematisch reflektierten Voraussetzung zu vollziehen, daß dem Dogma als solchem keine vorgegebene autoritative Sonderstellung eingeräumt wird.

In diesem Voraussetzungsrahmen ist dann dogmengeschichtlich weiter zu ermitteln, wie die sanktionierten Ergebnisse der Lehrentwicklung in ihrem jeweiligen zeit- und theologiegeschichtlichen Kontext zu werten sind. Daß Schleiermacher in der Konsequenz seiner Gesamtdeutung der Kirchengeschichte bemüht ist, das faktisch Sanktionierte als das unter den gegebenen Umständen Bestmögliche zu deuten, wurde schon (s. o. S. 61 f.) notiert.

Dieser Gesichtspunkt kommt auch in der materialen Geschichtsdarstellung zum Tragen; so kann Schleiermacher historisch das Konzil von Nicaea bilanzieren: ». . . es war wol ein Sieg der Wahrheit, wenngleich man nicht sagen kann, daß die Kraft der Wahrheit ihn erfochten habe.« (KG 225)[19].

In den Ausführungen, die die zweite und achte Augustanapredigt diesem Thema widmen, ist die Perspektive eine andere als in den eben vorgeführten Passagen aus den Vorlesungen über die Praktische Theologie. Hier steht nicht die Genese der altkirchlichen Konzilsbeschlüsse im Vordergrund, sondern die ausformulierten Resultate dieses Prozesses, wie sie zur Zeit der reformatorischen Bekenntnisbildung vorlagen und von den Reformatoren als normative Leitpunkte der Lehrbildung in die Bekenntnisschriften übernommen wurden.

Schleiermacher richtet die Aufmerksamkeit seiner Hörer darauf, daß die altkirchlichen Dogmen in Streitigkeiten entstanden sind und die Spuren ihres Ursprungs unübersehbar an sich tragen (II,2, 628). Ist eine Lehrformulierung in einer leidenschaftlichen Kampfsituation entstanden, so ist der »Ausdrukk des Glaubens nie ein unmittelbarer« (ibd.), sondern die positive Rechenschaft ist in solchen Dokumenten unlöslich mit Polemik und Abgrenzungen, die aus dem schwebenden Streit stammen, verschränkt.

Ausführlicher noch begründet Schleiermacher seine prinzipielle Distanz im ersten Teil der achten Predigt (II,2, 712 ff.) in drei Gedankengängen, von denen der erste besondere Aufmerksamkeit beanspruchen kann.

In freier Anlehnung an die alttestamentliche Erzählung von Elia am Horeb[20] reflektiert er Motivation und Vollzugsbedingungen religiöser Wahrheitssuche. Sie ist in sich ein religiöser, unmittelbar auf Gotteserkenntnis abzielender Akt. »Wer sie ⟨scil. die Wahrheit⟩ sucht, was sucht er anders in ihr als den Herrn? was

---

[19] S. diese Arbeit oben S. 62, Anm. 60.
[20] 1. Kön 19,11–13, vgl. dazu auch II,2, 551.

sieht er als den Preis seiner Bestrebungen an, als daß sich ihm eben der Ewige, und die Verwandtschaft mit demselben, deren wir in unserm Geist und Gemüth inne werden, anschaulicher offenbare?« (II,2, 712). Die Umstände, unter denen solch ein Erkenntnisakt mit Erfolg vollbracht werden kann, findet Schleiermacher poetisch in der Elia-Legende ausgedrückt: Gott erscheint nicht im Gewitter oder im Erdbeben, sondern im sanften Säuseln des Windes. Gewitter und Erdbeben deutet er als Bilder für den Zustand leidenschaftlich streitender Erregtheit in einer zur gemeinsamen Suche nach der Wahrheit verbundenen Gruppe von Menschen. Die Leidenschaft, das selbstische sich-durchsetzen-Wollen, trübt den Blick für das Wahrheitsmoment an und hinter der entgegengesetzten Anschauungsweise und beschränkt und verhärtet die eigene Wahrnehmung, die so ihres eigentlichen Gegenstandes nur noch in polemisch gebrochener Weise innewerden kann. In solchen Perioden leidenschaftlicher Zerfahrenheit nun wurden die altkirchlichen Dogmen formuliert und sanktioniert: »Je genauer man nun die Geschichte jener Zeit der christlichen Kirche kennt, um desto mehr findet man überall diese Aufgeregtheit der Gemüther, diesen leidenschaftlichen hitzigen Eifer; und wir dürfen was daraus hervorgegangen ist so wenig als ewige Wahrheit ansehen, als wir solche Zustände selbst für das Werk des Geistes Gottes halten.« (ibd., 712f.). Wenn die Reformatoren die Beschlüsse schon inhaltlich für richtig weil schriftgemäß hielten – allein die Tatsache, daß sie in Streit und Hader formuliert waren, »hätte Grund genug sein müssen ihnen wenigstens in so weit zu mißtrauen, daß man nicht diejenigen verdammte, welche dieselben nicht annähmen.« (ibd., 714). – Diese Argumentation zeugt nicht von tiefem historischen Verständnis. Immerhin stellten die in Frage stehenden Dogmen seit 380 ein Stück geltendes Reichsrecht dar, ihre Ablehnung lieferte den Leugner dem Ketzerrecht aus[21]. Auch verkennt Schleiermacher die Bedeutung der Rezeption dieser Lehren für die gegen die Schwärmer gerichtete Tendenz der CA, die er selbst an anderer Stelle (s. o. S. 115f.) so deutlich mitsamt ihren Folgen hervorhebt.

Weiterhin weist Schleiermacher noch auf den Charakter der Dogmen als Mehrheitsentscheidungen hin und macht darauf aufmerksam, wie wichtig es für den Ausgang des Streites war, »zu welcher Seite sich diejenigen Glieder der Gemeine schlugen, welche die weltliche Macht in Händen hatten.« (ibd., 714).

Als die Reformatoren sich öffentlich-bindend zu diesen Lehrfestsetzungen bekannten, war ihnen deren Entstehungsgeschichte durchaus wohlbekannt (vgl. II,2, 712, PrTh 638). Bei den Gründen, die Schleiermacher für ihr Vorgehen anführt, spielt der Hinweis auf die theologiepolitischen Motive eine überraschend untergeordnete Rolle (s. o.), so wird in der zweiten Augustanapredigt eher beiläufig die »Rükksicht ⟨...⟩ auf die vorher schon gegen sie eingenommenen Widersacher« (II,2, 629) erwähnt. Dies ist daher umso auffälliger, als die

---

[21] Vgl. hierzu A. RITSCHL, Rechtfertigung und Versöhnung I[1], S. 132f. und dieselbe These bei WERNER ELERT, Die Bedeutung der Augsburgischen Konfession im theologischen Denken und in der geistesgeschichtlichen Entwicklung (1930), in: M. KELLER-HÜSCHEMENGER (ed): Ein Lehrer der Kirche, Berlin/Hamburg 1967, S. 97–112, bes. 97–99.

politischen Motive für die Bekenntnisbildung überhaupt, wie gezeigt, ein äußerst wichtiger Faktor in Schleiermachers Deutung dieses Vorganges sind. Bei dem Problem der Rezeption der altkirchlichen Dogmen und Verdammungsurteile wird ein anderes Motiv stärker in Anschlag gebracht, nämlich der Hinweis darauf, daß sie eben in der allerersten Anfangszeit der Reformation vollzogen wurde. Diese Periode stellte an die Stimmführer zunächst einmal ganz andere Aufgaben: Neue Kirchenordnungen mußten erstellt, die Bibelübersetzung mußte vollendet werden: »Da hatten denn ganz andere Dinge noth gethan, als auf Bekenntnisse zu sinnen.« (II,2, 628). Eine exegetische und dogmatische Neubewertung der theologischen Fragen, die sich in den altkirchlichen Streitigkeiten aufgetan hatten, kam unter diesen Umständen nicht in Betracht (vgl. II,2, 715). Wiederum nur beiläufig erwähnt Schleiermacher ein weiteres bedeutendes Motiv: Aufgrund ihrer Herkunft und ihres Bildungsganges hatten die Reformatoren überhaupt keinen Grund, sich kritisch mit dem kirchlichen Dogma zu beschäftigen (vgl. II,2, 715): Es war für sie fraglos wahr. In einem kurzen, ganz unemphatischen Satz wird hier ein wichtiger Topos angesprochen, der erst seit der Wende zu unserem Jahrhundert in den Debatten über das Verhältnis Reformation – Neuzeit seine volle Bedeutung entfalten sollte. Schleiermacher zeigt sich hier also bestrebt, die Gründe für die Aufnahme der altkirchlichen Dogmen im Innenbereich religiösen Lebens und theologischen Denkens zu lokalisieren. Dieses Verfahren liegt auf der Linie seiner oben (S. 61 f.) herausgearbeiteten Intention, die Geschichte des Christentums aus ihren eigenen Bewegungsgesetzen heraus zu verstehen und den Einfluß externer Faktoren auf die innerkirchlichen Entwicklungen möglichst gering anzusetzen. Diesem Anliegen hätte es widersprochen, ein für die weitere Geschichte des Protestantismus so folgenreiches Ereignis als Resultat theologiepolitischer, letztlich also sachfremder Erwägungen zu interpretieren. Für die Bekenntnisbildung als ganze gilt zwar, daß sie sich unmittelbar politischen Erfordernissen verdankte. Diese Konstellationen haben jedoch letztlich nur äußerliche Wirkungen gezeigt, die Bekenntnisschriften selbst sind ihrem Inhalt nach als Dokumente der reformatorischen Bemühungen in ihrer ersten Phase, als rein theologische, nicht als theologisch-politische Traktate zu lesen: Die Fürsten übernahmen die Verteidigung und Bezeugung nach außen, den Inhalt gestalteten die Theologen selbständig, indem sie allein nach Maßgabe ihrer Kräfte und Einsichten dem Gesetz der Sache dienten, die sie zu vertreten hatten.

Nun ist die Aufnahme der altkirchlichen Konzilienbeschlüsse, die die Reformatoren vollzogen, kein Einzelaspekt ihres Denkens und Handelns, der sich bruchlos in dessen Gesamtduktus einfügte, wie dieser sich der nachgängigen historischen Analyse darbietet. Der rückblickende Betrachter kommt nicht umhin, diesen Rezeptionsakt letztlich als eine Inkonsequenz und ein Selbstmißverständnis zu bewerten. Die Reformatoren setzten mit ihrer unkritischen Rezeption des altkirchlichen Dogmas eine Praxis fort, die sie selbst schon durch ihre Erkenntnisse und ihr Handeln prinzipiell außer Kraft gesetzt hatten. Sie nahmen ja ihrerseits für sich in Anspruch, gegen das in der Kirche in rechtlicher

Geltung Stehende die unverstellte Wahrheit des christlichen Glaubens zu vertreten: Als Luther sich in Worms vor Kaiser und Reich verantwortete, lehnte er es ab, sich einer Mehrheitsentscheidung zu unterwerfen und wollte sich nur »aus heiliger Schrift oder menschlicher Vernunft« (II,2, 715) von der Verfehltheit seiner Lehre überzeugen lassen. Damit sprach er der institutionalisierten Kirche alle Macht über sein an die Schrift gebundenes Gewissen ab. Durch diese Tat Luthers sind kirchliche Lehr- und Lebensordnungen prinzipiell jedes Geltungsanspruchs entsetzt, sofern sie sich nicht dem am neutestamentlichen Christuszeugnis orientierten frommen Bewußtsein als wahr zu erweisen vermögen. Dem Einzelnen gegenüber können sie nicht durch Befehl, sondern allein durch Empfehlung vertreten und zur Geltung gebracht werden. Diesem durch ihr Handeln bezeugten Grundsatz haben Luther und die anderen Reformatoren auch theoretisch Nachdruck verliehen, wie Schleiermacher betont: »Deshalb nun haben späterhin jene Männer Gottes, aus deren Eifer und Bekenntniß unsere evangelische Kirche hervorgegangen ist, selbst diesen Saz aufgestellt, daß keine Versammlung von Christen, wie erleuchtet sie auch wären, wie viel Vertrauen man auch haben könnte zu ihrer richtigen Einsicht, befugt sein könne Glaubenslehren aufzustellen durch Mehrheit der Stimmen.« (II,2, 714)[22].

Damit war eine Distanz zu den Konzilien als dogmensetzenden Institutionen gewonnen, die die prinzipielle Berechtigung zur Sachkritik am überlieferten Dogmenbestand in sich barg, wenn diese auch faktisch zunächst nicht durch die Tat realisiert wurde. Neben die auf kirchenhistorische Einsichten gestützte Relativierung des Geltungsanspruchs der Dogmen tritt in Schleiermachers Deutung der Hinweis auf die allein normative Stellung, die die Reformatoren der Heiligen Schrift für die theologische Arbeit gaben. 1830 verteidigt er gegen von Coelln und Schulz die Möglichkeit, ohne alle repristinatorischen Absichten sich an der Feier des dreihundertsten Jahrestages der Übergabe der CA zu beteiligen.

Zunächst betont er, daß gar nicht die Bekenntnisurkunde gefeiert werde, sondern der Akt der Übergabe (I,5, 673). »Gehen wir nun von diesem Gesichtspunkt aus: so können wir, auch was den Inhalt ⟨der Bekenntnisschrift, Verf.⟩ betrifft, nur die gegen die Mißbräuche und Irrlehren der römischen Kirche gerichteten Zeugnisse und den ausgesprochenen Entschluß, nur aus der Schrift Belehrung und Widerlegung annehmen zu wollen, für wesentlich halten.« (ibd.). (Zu der diese Aussage begründenden Quelle vgl. oben, S. 120, Anm. 16).

Hier handelt es sich um eine interessante Illustration der in der zweiten Augustanapredigt gestellten Aufgabe, Bekenntnisakt und Bekenntnisschrift an- und miteinander zu interpretieren: Ein Zug des Geschehens im Umkreis der Übergabe wird als Interpretament für den Inhalt der Bekenntnisschrift verwandt: Erst durch den Bekenntnis*akt* der Übergabe wird die kompendiari-

---

[22] Vgl. HIRSCH, KSP III, S. 368f., Anm. 65.

sche Sammlung von Lehrartikeln zur *Bekenntniss*schrift (vgl. auch diese Arbeit oben S. 110). Einschärfen will Schleiermacher jedenfalls, daß durch das reformatorische »sola scriptura« der ungeprüften Autorität kirchlicher Lehrsatzungen von Anfang an der Boden entzogen ist[23].

Am Ende dieser Erwägungen ergibt sich ein zwieschlächtiges Resultat: Einerseits sind die altkirchlichen Bekenntnisse mitsamt den in ihnen enthaltenen Verdammungen durch die Reformatoren in ihrer rechtlichen Geltung nachdrücklich bestätigt worden. Damit zugleich aber haben dieselben Reformatoren in Theorie und Praxis der Auflösung dieser Rechtsstellung sowie der inhaltlichen Bestreitung und Umformung der materialen dogmatischen Lehren in epochemachender Weise den Weg bereitet. – In nuce liegt hier genau die Auffassung der Reformation als eines »Ausgangs« der Dogmengeschichte vor, wie sie Adolf von Harnack – natürlich viel eingehender, mit unvergleichlich viel größerer Quellenkenntnis und schärferem methodischem Bewußtsein – durchgeführt hat.

Ein Satz soll als Beleg dienen:

»Hat die Reformation (im 16. Jahrhundert) das alte Dogma abgethan? Es ist sicherer, auf diese Frage mit einem Nein zu antworten, als mit einem Ja. Allein wenn man zugiebt, dass sie seine Grundlagen entwurzelt hat – was unsere katholischen Gegner uns mit vollem Recht vorhalten –, dass sie ein mächtiges Princip ist und nicht eine neue Lehrordnung, und dass ihre Geschichte durch das Zeitalter der Orthodoxie, des Pietismus und Rationalismus hindurch bis heute nicht ein Abfall ist, sondern eine nothwendige Entwickelung, dann muß man auch zugestehen, dass die völlig conservative Stellung der Reformation zum alten Dogma 〈...〉 nicht dem Principe angehört, sondern der Geschichte.«[24]

C. Aspekte der Wirkungsgeschichte

In der nächsten Folgezeit hat die kritiklos – unbedingte Übernahme der altkirchlichen Dogmen für die weitere Entwicklung des Protestantismus verderbliche Konsequenzen gehabt. Schleiermacher beleuchtet sie in der achten Augustanapredigt anhand von Lk 6,37. Das Verdammen bedeutet – auch in seiner mildestmöglichen Form – immer eine Aufhebung der Gemeinschaft

---

[23] Vgl. auch II, 2, 630 f und PrTh 625: »In der evangelischen Kirche wurde das Prinzip aufgestellt daß niemand Glaubensartikel aufstellen und aufdringen dürfe, sondern daß das göttliche Wort die Glaubensartikel stelle.« vgl. Art. Sm. II,2, BKSELK 421, 23 ff.

[24] Lehrbuch der Dogmengeschichte III[4], S. 684 f. Die Tatsache, daß HARNACK an dieser Stelle als Gewährsmänner für seine Auffassung zwar Neander und Ritschl, nicht aber Schleiermacher nennt, tut der Feststellung der Verwandtschaft keinen Abbruch. Beide standen ja – wenn auch in je eigentümlich gebrochener – Kontinuität zu Schleiermacher. Die von SCHLEIERMACHER angedeutete und von HARNACK breiter ausgeführte Deutung reformatorischer Theologie als eines gleichsam zwiegesichtigen Phänomens auf der Grenzlinie zwischen Mittelalter und Neuzeit hat späterhin ihre schärfste Ausprägung wohl bei EM. HIRSCH gefunden, vgl. Christliche Rechenschaft, Bd 1 (Werke III,1, 1), S. 126 ff.

zwischen Verdammenden und Verdammten (vgl. II,2, 718). Geschieht diese
Verdammung anläßlich eines theoretischen Dissensus, so nur deshalb, weil die
verdammende Partei die ganze, abgeschlossene Wahrheit auf ihrer Seite wähnt,
denn der Abbruch der Gemeinschaft gibt der Überzeugung Ausdruck, daß von
der Fortsetzung der Kommunikation kein Zugewinn an Erkenntnis mehr er-
wartet wird. Diesem »Dünkel« (II,2, 719) stellt Schleiermacher Joh 16,13 gegenüber, die Verheißung des Geistes, der in alle Wahrheit leiten wird[25]. Im irdisch-
geschichtlichen Leben wird diese Verheißung niemals zu ihrer gänzlichen Erfüllung gelangen, jedem einzelnen Christen wie der Kirche als ganzer ist die nie
vollends lösbare Aufgabe gestellt, den Aneignungsprozeß aktiv mitzugestalten.
Er vollzieht sich auch und gerade in der Wahrnehmung und Analyse von
Differenzen in lehrmäßigen Aussagen über den Grund der christlichen Frömmigkeit. Einer solchen Aussage, mag sie auch abseitig oder anstößig erscheinen,
ist immer mit dem positiven Vorurteil zu begegnen, sie berge ein Wahrheitsmoment in sich. Das gilt für die offiziellen Lehrdokumente organisierter Kirchentümer – ». . . indem, wo Anerkenntnis Christi als Grund eines gemeinsamen
Lebens besteht, eben dadurch auch schon der Grund zu aller Anbetung Gottes
im Geist und in der Wahrheit gelegt ist, wenn auch grade die Verunstaltung
derselben das Bezeichnendste einer solchen Organisation sein sollte.« (CG^2
§ 153.1) – ebenso wie für die Meinungsäußerungen Einzelner: »Wie viel Erleuch-
tung entsteht uns daraus, wenn wir mit dem Blikk der Liebe untersuchen, mit
welcher Wahrheit wol der Irrthum unserer Brüder zusammenhängt, um uns
selbst diese recht anzueignen und zu befestigen, wie wir ja zumal in der Christenheit immer voraussezen müssen, daß der Irrthum sich nur an das wahre anhängt.« (II,2, 719f.). – Es liegt auf der Hand, daß hier – in homiletisch-erbauli-
cher Sprache – die christologisch orientierte Theorie der stetigen Vervollkommnung des Christentums, wie sie oben (S. 36ff.) aus der ChS erhoben und
dargestellt worden ist, vorliegt und als kritischer Kanon eingesetzt wird.

Durch die Verdammung, den Akt, in dem ausgesprochen wird, daß mit den
Vertretern bestimmter Überzeugungen fortan keine auf Verständigung zielende, im Streit sich bewährende Gemeinschaft mehr bestehe, wird der Vervoll-
kommnungsprozeß zumindest partiell gehemmt. Die Verdammenden begeben
sich selbst der Möglichkeit zur Läuterung und Vertiefung der eigenen Erkenntnis, wie sie gerade die Kontroverse bietet: »Wir verdammen uns selbst; denn wir
entziehen uns den heilsamen Wirkungen des göttlichen Lichts in demselben
Maaß, als wir uns den Kreis der christlichen Liebe muthwillig verengen, indem
wir andere verdammen.« (II,2, 720).

Eine solche unwissentliche »Selbstverdammung« geschah, als versucht wurde, die christologischen und trinitarischen Streitigkeiten ein für allemal autoritativ beizulegen. Die Lehrsatzungen wurden zu toten Petrefakten. Weil sie
durch rechtliche Sanktionen in ihrer Geltung gesichert waren, konnte sich der
Wahrheitsgehalt des in ihnen Intendierten nicht mehr in freiem Diskurs zur

---

[25] Vgl. auch die Pfingstpredigt »Wie der Geist der Wahrheit den Erlöser verklärt«, II,2, 549ff.

Geltung bringen. Die dialektische Beziehung von »Buchstabe« und »Geist«, die
darin besteht, daß der Geist, um wirksam zu werden, der Formen der verstan-
desgemäßen Reflexion bedarf, daß er aber niemals mit einer menschlich-geschichtlichen Reflexionsform, einem »Buchstaben«, identisch wird, sondern
selbst die lehrmäßigen Formeln immer wieder zersprengt und wechselt, wurde
zerschnitten. Der Buchstabe blieb in lehrgesetzlicher Geltung, während der
Geist sich doch längst nicht mehr in ihm aussprach. Die dogmatischen Formeln
wurden obsolet weil unverständlich und konnten somit nicht der Selbstverständigung des christlichen Glaubens über seinen Inhalt dienen (vgl. II,2, 720f.). Die
Tatsache, die Schleiermacher hier mit Bezug auf das Verhältnis des gegenwärtigen Protestantismus zum altkirchlichen Dogma namhaft macht, konstatiert er
an anderer Stelle (II,2, 628) auch schon für die Zeit der Bekenntnisbildung:
Schon damals waren die alten Formeln für die Frömmigkeit meistenteils bedeu-
tungslos geworden.

Dadurch nun, daß sie die alten Konzilienbeschlüsse bindend in die Bekenntnisschriften übernahmen, haben die Reformatoren diesen Zustand perpetuiert
und zugleich mit der Übernahme der Verdammungen den Umfang der Refor-
mationskirchen von Anfang an beschränkt: »Denn wir sind nun von gar vielen
wahren und frommen Christen, die uns fördern konnten und wir auch sie, um
solcher einzelnen Lehrbestimmungen willen ganz geschieden.« (II,2, 722). Mit
dieser äußeren Beschränkung ging ein Zug zur internen theologischen Sterilität
einher: »neues Gespräch und neue Untersuchungen« (ibd.) über die betreffenden
dogmatischen Themenkreise wurden zunächst gehemmt.

Mit der äußerlichen Beschränkung meint Schleiermacher hier keinesfalls die
Trennung von Reformierten und Lutheranern (vgl. die Interpretation von CA X
in der KG mit der Differenzierung zwischen damnare und improbare, s. o., diese
Arbeit S. 114), sondern nach dem Zeugnis der KG die dogmatisch radikaleren
Zweige der Reformation (vgl. 599f. mit Bezug auf unitarische Gruppen und 610
mit Bezug auf Schwenckfeld).

Die Abstoßung der radikal kritischeren Gruppen fiel zusammen mit den
Angriffen der Gegenreformation. Vor allem die Jesuiten taten sich dadurch
hervor, daß sie wirkliche oder vermeintliche Abweichungen vom Lehrbegriff
der CA in den Territorien der protestantischen Stände namhaft machten, um
dann den Ausschluß der betreffenden Territorien aus dem Religionsfrieden zu
erwirken. Dieses Taktieren blieb zwar ohne äußerlich greifbaren Erfolg, es
förderte aber bei den Protestanten die ohnehin vorhandene Neigung, ». . . auf
den Buchstaben der symbolischen Bücher zu halten« (KG 615). Dabei waren die
Fürsten nach Schleiermacher zunächst noch bestrebt, die Anwendung der CA
als starre Lehrnorm zu verhindern. Schleiermacher beruft sich dabei in »Werth«
(I,5, 430f.) auf die »pfälzischen Händel« und den Augsburger Reichstag von
1566: Bei dieser Gelegenheit seien die protestantischen Fürsten einmütig gegen
den Kaiser dafür eingetreten, daß dem Kurfürsten von der Pfalz trotz seiner
notorischen Versuche, in seinem Lande die calvinische Lehre geltend zu machen,
der Schutz des Religionsfriedens erhalten blieb. »So wenig wollte man schon

damals den kirchlichen Rechts- und Friedensstand von der genauen Uebereinstimmung mit dem Buchstaben des Symbols abhängig machen; so sehr siegte noch der wahrhaft protestantische Geist über das Sectenwesen!« (I,5, 431)[26].

Trotz der freieren Tendenz, die hier – nach Schleiermachers, wie gezeigt, höchst eigenwilliger Interpretation – zum Ausdruck kam, lief die Entwicklung doch auf eine strikt sich an die festgesetzten Lehrüberlieferungen bindende Orthodoxie zu: »In vielen bildete sich der Wahn, als ob in dem Buchstaben der Doctrin auch zugleich das Wesen des religiösen Impulses genügend und authentisch abgebildet sei; und so entstand eine Neigung zu knechtischer Beharrlichkeit bei dem Buchstaben, und die Ansicht, als ob das Wesen der evangelischen Frömmigkeit in diesem Buchstaben beruhe.« (KG, 615). Bei dieser gleichsam positivistischen Erkenntnishaltung mußte die theologische Wissenschaft Schaden nehmen: Lag die Antwort auf die Frage nach Wesen und Recht des protestantischen Christentums in einem abgeschlossenen Kanon von Lehrdokumenten vor, so hatte die Dogmatik neben einer vertiefend-reproduzierenden nur apologetische und polemische Aufgaben. »Es entstanden systematische Werke, aber sie hatten ganz die polemische Tendenz, und wo diese überwiegt, ist eine rein systematische Form doch nicht möglich, sondern sie konnte nur im großen herrschen.« (KG, 616). In Ermangelung einer echten systematischen Grundlage mußten auch die Waffen der Polemik stumpf werden: »Die Polemik ist aber in jedem Punkte unredlich und beruht immer auf etwas historischem.« (ibd.). Als Häupter dieser Art von orthodoxer Schultheologie macht Schleiermacher Calov und Quenstedt namhaft. Diese Ausbildung der Dogmatik mußte auch auf die Exegese zurückwirken, die ja im Gefolge der Reformation zunächst einen vielversprechenden Aufschwung genommen hatte: »Ubi enim officium doctrinae christianae ab omnibus partibus absolvendae et in formam artis redigendae in argutias scholasticas degeneravit, scripturarum, quae istiusmodi argutiis adiumenta nulla praebebant, sana interpretatio non neglegi non potuit; . . .« (Oratio, I,5, 319).

Den Anfang einer Wende zum Besseren leiteten die remonstrantischen Streitigkeiten in den Niederlanden ein. Die niederländischen Protestanten hatten sich auf der Grundlage der Confessio Belgica (und Gallicana, vgl. Müller, Kirchengeschichte II,2, 416) sowie des Heidelberger Katechismus zu einem einheitlichen Kirchentum mit reformierter Prägung zusammengeschlossen (vgl. KG, 618). Hier nun kam es zuerst zu Streitigkeiten darüber, »in wiefern eine Autorität das Recht habe, solche Bekenntnißformeln den einzelnen Gemeinden aufzudringen« (ibd.). Hieran schlossen sich dann die bekannten Auseinandersetzungen über die Prädestinationslehre an. Schleiermacher betont, daß die Remonstranten – zumindest in dieser dogmatischen Einzelfrage – dem Luthertum der FC sehr nahe

---

[26] Diese historische Beweisführung wird man rundweg als mißlungen bezeichnen müssen. Der Streit war in der Hauptsache ein innerprotestantischer zwischen den Philippisten und Gnesiolutheranern. Der Ausschluß Friedrichs von der Pfalz aus dem Religionsfrieden wurde von Herzog Wolfgang von Württemberg betrieben. Vgl. dazu K. MÜLLER, Kirchengeschichte II, 2, S. 80 ff. sowie die Anmerkung von H. GERDES zu dieser Stelle, KSP II S. 284, Anm. 41

standen, »Sie bezweifelten aber das Recht der Symbole zu binden und konnten deßhalb sich nicht der lutherischen Kirche anschließen, in der das Ansehen des Buchstaben feststand; sie blieben also in der Opposition.« (ibd., 619).

Es gelang ihnen, als freie, nicht an Bekenntnisschriften gebundene Gemeinde in den Niederlanden Duldung zu erlangen, und in der Folgezeit entfalteten sie eine rege und fruchtbare wissenschaftlich-theologische Tätigkeit. »Dies arminianische Princip, frei sich zu halten vom Ansehn der symbolischen Bücher, weil dabei die exegetischen Forschungen, die Freiheit der Hermeneutik und die spekulative Behandlung so außerordentlich gediehen, hat sich ⟨...⟩ auf die ganze evangelische Kirche verbreitet, und so entstand auch in der evangelischen Kirche in Deutschland der allgemeine Wunsch sich von der Autorität der symbolischen Bücher loszumachen.« (KG, 620). So ging also ein wichtiger Impuls zur Auflösung des orthodoxen Stadiums der protestantischen Theologie von einer Sondergemeinschaft aus, die durch die Abschließung eines großen Kirchentums von Neuerungsversuchen entstanden war. Die kritischen Impulse der Reformation konnten zwar zeitweilig zurückgedrängt, aber nicht auf Dauer erstickt werden. Auf dem Umweg über eine kleine Sondergemeinschaft fanden sie doch wieder Zugang zu den großen Kirchentümern, wo sie, wenn auch mit zeitlicher Verzögerung, ihre Wirkungen voll entfalten konnten. Der zweite wichtige Impuls, der diesen Prozeß beförderte, war das Eindringen von Gedankengut der französischen und englischen Aufklärung (vgl. KG 620). Es brachte zunächst auch in Deutschland – »ut solent homines in opposita ruere« (Oratio, I, 5, 319) – spöttische Verachtung der christlichen Religion hervor – »libidinem dico dubitandi, redarguendi, divina omnia humanis aequandi; lasciviam denique, quaecumque ad relevationem pertinerent impie deridendi« (ibd.). Zugleich aber erfuhren diese geistigen Strömungen in der Gestalt der deutschen Aufklärungstheologie eine bedeutende Modifikation: »Die englischen Freidenker waren Raisonneurs aus der Youngschen Schule, die französischen Freidenker Wizbolde. . .« (PrTh 644). Gegenstand des Spottes der letzteren waren die Zustände der katholischen Kirche in Frankreich, die einzige ihnen bekannte kirchliche Gestaltung des Christentums. Ihre kritischen Impulse erhielten in der deutschen Aufklärungstheologie eine erhebliche sachliche und methodische Vertiefung, so daß für Schleiermacher feststeht, »daß eine tüchtige kritische und hermeneutische Entwikklung daraus entstanden ist.« (PrTh 645). Dieser ganze Prozeß brachte eine Verschiebung der theologischen Fragestellungen mit sich. Die theologische Arbeit vollzog sich an Problemen, die zur Zeit der Entstehung der Bekenntnisschriften noch gar nicht virulent gewesen waren (vgl. Werth, I,5, 452). Vereinzelten Gegenmaßnahmen zum Trotz (vgl. KG 621) nahm die Entwicklung der Theologie eine Richtung, die die Lehrbestimmungen der Bekenntnisschriften nach und nach der Gleichgültigkeit anheimgab und ihnen allenfalls historisches Interesse sicherte (Werth, I,5, 434 f.). Die Zeit ihrer faktischen Geltung als Lehrnormen war bemessen nach dem Maß der Fortdauer des Standes der Exegese und Hermeneutik, der sie hervorgebracht hatte: »Denn zu der Zeit als die symbolischen Bücher ein Gegenstand von großer Bedeutung waren, lag unsere Auslegungskunst noch in der Wiege, ⟨...⟩. Seitdem aber jene neueren Bestrebungen in der Kritik und Auslegungskunst überhand genommen, hatte schon die genaue Uebereinstimmung der religiösen Vorstellungen mit den symbolischen Büchern keinen so hohen Werth mehr. Man wendete also auch keine sonderliche Mühe darauf sie nachzuweisen, sondern gestand ohne Umschweife zu, die Reformatoren hätten wirklich jene Vorstellungen gehabt die der unbefangene Leser aus ihren Ausdrükken auffaßt; man gestand auch die Unvollkommenheiten dieser Vorstellungen zu, und stellte vermeintlich bessere daneben.« (Werth, I,5, 434).

D. Zusammenfassung

Das eben beendete Kapitel hat gezeigt, daß die Entstehungs- und Wirkungsgeschichte der protestantischen Bekenntnisschriften von Schleiermacher so gut wie niemals als Gegenstand des relativ selbständigen historischen Interesses traktiert worden ist. Seine historischen Erörterungen hierzu stehen – mit Ausnahme der Vorlesungen über die Kirchengeschichte – im Dienste von und im Zusammenhang mit der Arbeit an Problemen der Gegenwart. Trotzdem werden die vorangegangenen Erörterungen wohl auch ein zweites erwiesen haben: Die historischen Perspektiven, die Schleiermacher – jeweils lemmatisch – geltend macht, sind für sich selbst von solchem Gewicht, daß ihre Untersuchung auch als eigenständiger Arbeitsschritt und nicht nur als Konstruktion einer Hilfslinie bei der Erläuterung der Gegenwartsbedeutung, die er den Bekenntnisschriften beimißt, einige Einsichten zu vermitteln vermag.

Die geschichtlichen Notizen, die Schleiermacher in seinen verschiedenen Äußerungen verwendet, sind samt und sonders nicht in dem Sinne originell, daß sie etwa eigenem Quellenstudium entstammten; an manchen Stellen sind sie sogar historisch zumindest höchst fragwürdig. Bedeutsam hingegen ist der theoretische Rang, der den historischen Erkenntnissen eingeräumt wird: Sie verfolgen das Ziel einer deutlichen Bestimmung des gegenwärtigen legitimen Geltungsanspruchs der Bekenntnisschriften, indem sie im Rahmen einer bestimmten Reformations- und Protestantismusdeutung deren Entstehungsbedingungen, ursprüngliche Intentionen und Wirkungsgeschichte beleuchten. Die historischen Erörterungen treten somit in die Stellung ein, die in anderen Erörterungen der Bekenntnisfrage die Bezugnahme auf kirchenrechtliche Theorieentwürfe innehatte (s. oben, Einleitung). Während dort auf naturrechtlicher Grundlage Bestimmungen über das Verhältnis von Kirchengesellschaft und kirchlicher Lehre aufgestellt worden sind, die beanspruchen, die Außen- und Binnenverhältnisse verschiedenartiger Kirchenkörper regulieren zu können[27],

---

[27] Ein Musterbeispiel hierfür bietet das Woellnersche Religionsedikt von 1788 (s. diese Arbeit oben Einleitung, C.), das, ausgehend von einer naturrechtlichen (territorialistischen) Bestimmung des Kirchenbegriffs, gleichermaßen katholische wie protestantische Geistliche auf den jeweiligen Lehrbegriff ihrer Kirche festlegt. – Reziprok verhält sich dazu dann die Kritik, die in

unternimmt es Schleiermacher, von der Besinnung auf die Genese des christlichen Lebens in seiner eigentümlich protestantischen Gestaltung aus das Verhältnis dieser Gestalt des Christentums, wie sie sich in ihrer Geschichte sukzessive entwickelt, zu den Lehrdokumenten ihrer Anfangszeit zu bestimmen.

Diese Intention zeigt sich schon deutlich an seinem Bestreben, die Begriffe »Konfession« bzw. »Konfessionskirche« als spezifisch protestantische zu reklamieren: Die reformatorischen Bekenntnisschriften repräsentieren eben als »Konfessionen« gegenüber anderen kirchlichen Lehrdokumenten – etwa den altkirchlichen Konzilienbeschlüssen oder den Canones des Konzils von Trient – ein ganz neues und eigenartiges genus kirchlicher Lehrbildung.

Diese Besonderheit hat ihren Grund in der Entstehungsgeschichte und ursprünglichen Intention dieser Dokumente: Sie sind unlöslich mit der Entstehung der in der Reformation sich vollziehenden Verselbständigung des Protestantismus als dem Anfangspunkt einer neuen Individuation des Christentums verzahnt. Ihre Deutung und Bewertung hat immer auf diese konkreten Entstehungsbedingungen zu reflektieren[28].

Als historischer Idealtypus gilt die Confessio Augustana: Sie ist ein Produkt der Anfangszeit der Reformation, sie ist von Anfang an als offizielles, das neu sich bildende Kirchentum in seiner Gesamtheit repräsentierendes Dokument konzipiert worden, und ist als solches ganz nach außen gerichtet, d. h. sie ist ursprünglich allein polemisch und apologetisch bezogen auf das Verhältnis der sich bildenden Reformationskirchentümer zu Kaiser, Reich und römischer Kirche. Bei dieser Engführung auf einen bestimmten Idealtypus ist es nur folgerichtig, daß die Frage danach, was eine protestantische Bekenntnisschrift sei, nicht mit dem Hinweis auf ein festes Corpus doctrinae gültig beantwortet werden kann. Durch die so aufgestellten Kriterien ist es vielmehr möglich und auch geboten, innerhalb des Komplexes all der Schriften, denen die Funktion einer protestantischen Bekenntnisschrift zugewachsen ist, Scheidungen vorzunehmen. Diesem Reduktionsprozeß fällt, wie gezeigt, ein großer Teil des lutherischen Konkordienbuches und auch eine Anzahl reformierter Bekenntnisschriften zum Opfer: Als genuine protestantische Bekenntnisschriften sind nur

---

beispielhafter Weise J. C. G. JOHANNSEN in seiner Monographie »Allseitige wissenschaftliche und historische Untersuchung der Rechtmäßigkeit der Verpflichtung auf symbolische Bücher...« (Altona 1833) übt: Die Frage wird zunächst »Aus dem Standpunkt des Naturrechts« (S. 63 ff.) »der Moral« (S. 78 ff.) etc. behandelt, bevor auf dem Wege der Konkretion auch nur ganz allgemein der »Standpunkt des Christenthums« (S. 186 ff.) erreicht ist.

[28] Diese konsequente Historisierung der Frage nach dem berechtigten Geltungsanspruch der Bekenntnisschriften auf der Grundlage einer geschichtsphilosophisch durchreflektierten Christentumsdeutung, in deren Konsequenz es liegt, das Unfertige, über sich selbst Hinausweisende an der reformatorischen Theologie hervorzuheben, ist diejenige theoretische Instanz, die die Grunddifferenz zwischen Schleiermachers Position und derjenigen Fragerichtung, die J. BAURS Arbeiten zur Bekenntnisfrage in hervorragender Weise repräsentieren, ausmacht: vgl. Kirchliches Bekenntnis und neuzeitliches Bewußtsein (1977), in: DERS., Einsicht und Glaube, Göttingen 1978, S. 269−289; Luther und die Bekenntnisschriften, in: Luther und die Bekenntnisschriften (Veröffentlichungen der Luther − Akademie Ratzeburg Bd 2), Erlangen 1981, S. 131−144.

solche Dokumente anzusprechen, die offiziell Lehre und Leben der sich bildenden protestantischen Kirchentümer nach außen vertreten haben.

Diesem mehr formalen Raster tritt ein materialer Gesichtspunkt ergänzend
zur Seite. In dem so ermittelten Grundbestand von protestantischen Bekenntnisschriften ist wieder zu differenzieren zwischen wesentlichem und sekundärem
Gut: Wesentlich, weil unmittelbar auf den Anlaß der Bekenntnisbildung sich
beziehend, sind diejenigen Lehrstücke, die die Differenz des werdenden Protestantismus zur katholischen Kirche markieren, denn an dieser Differenz hat der
Protestantismus den Anfang seiner Entstehung und Entwicklung gehabt.

Alle diese Differenzpunkte haben ihre gemeinsame Wurzel und ihren bleibend
– verpflichtenden Wahrheitsgehalt vermöge des Zusammenhanges, in dem sie
mit der Lehre von der Rechtfertigung allein aus Glauben und der Anerkennung
der Heiligen Schrift als allein normativer Instanz alles christlich-kirchlichen
Lebens stehen.

Demgegenüber sind die Artikel, die die Gemeinsamkeit von Protestantismus
und Katholizismus in bestimmten Lehrstücken betonen, als Zeugnisse dafür
anzusehen, daß die betreffenden Lehren damals noch nicht nach dem genannten
reformatorischen Kanon neu durchgearbeitet waren. Dies gilt vor allem von der
betonten Wiederaufnahme der altkirchlichen Dogmen, die ja durch Mehrheits-
beschlüsse auf Konzilien zur Geltung erhoben worden waren: Sie sind demnach
Erzeugnisse eines Verfahrens, das – zunächst unbeschadet der Sachgemäßheit
der konkreten dogmatischen Sätze – zu den reformatorischen Prinzipien im
Widerspruch stand.

Die Plausibilität dieser Auffassung steht und fällt mit Schleiermachers Reformationsdeutung: Sie kann nur unter der Voraussetzung überzeugen, daß die
Reformation mehr als das war, was sie selbst zu sein beabsichtigte, nämlich als
der nur teilweise gelungene Versuch, auf den Grundlagen des bestehenden
kirchlichen Systems bestimmte Mißbräuche abzustellen. Nur wenn die Reformation des 16. Jahrhunderts als Anfang einer relativ eigenständigen neuen Individuation des Christentums, der seinerseits der vertiefenden Fortentwicklung
fähig und bedürftig ist, gewertet wird, ist es angängig, diese Differenzierung am
Lehrbestand der Bekenntnisschriften zu vollziehen und die Kritik und Umformung des altkirchlichen Dogmenbestandes, wie sie faktisch in der protestantischen Theologie seit der Aufklärung vollzogen wurde, als legitime Fortentwicklung reformatorischer Impulse zu bejahen. Daß sich die Reformatoren in den
Bekenntnisschriften unbedingt zu den Resultaten der altkirchlichen Lehrbildung
bekannten und sich auch die Verdammung Andersdenkender zu eigen machten,
wertet Schleiermacher als folgenschweres Selbstmißverständnis, das erst in
einem langen und komplizierten, an Wirrnissen reichen geschichtlichen Prozeß
seine Korrektur fand.

Hier zeigt sich eine deutliche Aporie in Schleiermachers Reformationsdeutung. Die Wiederaufnahme der altkirchlichen Lehrbildungen bei gleichzeitigem
Wissen um die Weise ihrer Entstehung und prinzipieller Kritik eben daran wertet
er letztlich – trotz aller »Entschuldigungen« – als persönliches Versagen mit

weitreichenden Folgen. Dementsprechend unfreundlich fällt auch die Bewertung des Zeitalters der Orthodoxie aus. Der Versuch, sie als einen notwendigen Durchgangspunkt zu verstehen, analog etwa dem Papsttum oder, in neuerer Zeit, der Aufklärungstheologie, über die er sich ja auch, wie weiter unten zu zeigen sein wird, recht abschätzig auslassen konnte, fehlt völlig.

Die Weise, wie Schleiermacher den Übergang von der Reformation zur Orthodoxie versteht, kann nur als Anwendung einer Abfallshypothese verstanden werden, eines Musters der Geschichtsbetrachtung also, von dem er sich anderweitig deutlich distanziert hat.

Die Restitution dieser Korruption vollzog sich dadurch, daß konsequent kritische Gruppen, die zunächst von den großen Kirchentümern an den Rand gedrängt worden waren, von außen her doch wieder Einfluß auf deren Entwicklung ausüben konnten.

Die Bekenntnisschriften repräsentieren in hervorragender Weise die kritischen Impulse, die die Reformation des 16. Jahrhunderts nach den in der ChS entwickelten Kategorien als reinigendes Handeln qualifizieren. Grundlage dieser Impulse ist der Wille zur intensiven Steigerung des christlichen Lebens: Die Aneignung des Christusglaubens soll durch die Beseitigung von hinderlichen Beimischungen vertieft werden. Durch die Beibehaltung bestimmter dogmatischer Normen wurden die Bekenntnisschriften in ihrer Wirkungsgeschichte jedoch ihrerseits zu retardierenden Momenten im Verlauf dieses Prozesses der Intension und Individation, der erst wieder seinen normalen Fortgang nehmen konnte, als ihre normative Autorität dahinschwand.

III. Die Bekenntnisschriften unter den Bedingungen des gegenwärtigen Protestantismus

A. Praeludium – Streiflichter auf Schleiermachers Beurteilung der religiösen und kirchlichen Lage seiner Zeit

Mit ihrem dritten Hauptteil tritt diese Untersuchung in eine neue Sphäre von Schleiermachers Leben und Denken ein. In den beiden ersten Teilen, die einem bestimmten Sektor seiner Geschichtsdeutung galten, trat seine Verflochtenheit in die theologische Debatte und das kirchliche Leben seiner Zeit nur an einzelnen Stellen in den Vordergrund.

Hier nun, wo seine Einschätzung der Bedeutung der protestantischen Bekenntnisschriften für das kirchliche Leben und die theologische Theoriebildung der Gegenwart untersucht werden soll, kommt auf Schritt und Tritt seine theoretische und lebenspraktische Zeitgenossenschaft in den Blick.

Fast 45 Jahre lang hat Schleiermacher das religiöse und kirchliche Leben seiner Zeit als Prediger, akademischer Lehrer und Schriftsteller kommentiert und in hervorragender Weise geprägt:

Seine erste erhaltene Predigt datiert aus der Adventszeit 1789 (vgl. II,7, 3 ff.), seine letzte hat er am 2. II. 1834, also zehn Tage vor seinem Tode gehalten[1]. Die in den Schriften und Predigten sich allenthalben findenden Gegenwartsdeutungen ergeben ein farbiges, nuancenreiches Panorama dieser auch kirchen- und theologiegeschichtlich so wechselvollen Zeit. Der folgende kurze Überblick erhebt keinen Anspruch auf auch nur annähernde Vollständigkeit. Er verdankt sich allein dem Mangel an einer adäquaten Fortsetzung der Biographie von Dilthey, auf die sonst lediglich hinzuweisen wäre.

Der Überblick nimmt seinen Ausgang bei den »Unvorgreiflichen Gutachten« (1804). Die Reden und andere frühere Äußerungen bleiben außer Betracht[2]. Sie sind schon Gegenstände eingehender Untersuchungen auch in dieser Hinsicht gewesen; zum andern liegt ihr Ertrag, soweit er für die Wirksamkeit des reifen Schleiermacher leitend geworden ist, in den »Unvorgreiflichen Gutachten« (SW I,5, S. 41–156) gebündelt vor. Sie entstanden während des von Schleiermacher als Exil gewerteten Aufenthaltes als reformierter Hofprediger in Stolp/Pommern und repräsentieren innerlich wie äußerlich einen Wendepunkt in seiner

---

[1] Vgl. J. Bauer (ed), Schleiermachers letzte Predigt, Marburg 1905
[2] Vgl. hierzu neuerdings Kurt Nowak, Schleiermacher und die Frühromantik, S. 140–229, dort passim ältere Literatur.

Entwicklung: Zum einen tritt er mit ihnen zum ersten Mal als kirchenpolitischer Schriftsteller an die Öffentlichkeit und präludiert eines seiner Lebensthemen, die Union der protestantischen Kirchen in Preußen. Zum andern haben sie wesentlich dazu beigetragen, daß Schleiermacher 1804 die Möglichkeit zu akademischer Wirksamkeit in Halle eröffnet wurde, also innerhalb Preußens, so daß er sich nicht den unsicheren Verhältnissen in Würzburg anvertrauen mußte[3].

Das erste Gutachten, das der Unionsthematik gewidmet ist, wird weiter unten zu analysieren sein. Das zweite Gutachten ist betitelt »Ueber die Mittel, dem Verfall der Religion vorzubeugen« und zerfällt nach einer Präambel in die beiden Abhandlungen »Von der Einrichtung der öffentlichen Religionsübungen« und »Von der Beschaffenheit der Religionslehrer«. – Die Präambel (I, 5, 94 ff.) ist in unserem Zusammenhang von besonderem Interesse[4]. Sie hat zu ihrer Voraussetzung die Wahrnehmung des Bedeutungsverlusts, unter dem das gegenwärtige kirchliche Leben leidet (I, 5, 95), eine Ansicht, die sich schon in der Antrittspredigt des 25jährigen in Landsberg an der Warthe (II, 7, 208) am Karfreitag 1794 findet. Bei diesem allgemein anerkannten Faktum verweilt der Gutachter jedoch nicht lange – sondern er überzieht zunächst diejenigen mit bitterem Spott, die lautstark auf Abhilfe dringen: die Geistlichen (94 ff.) und die »Weltleute« (96). Die ersteren klagen als Mitglieder des Standes, »für den die Religiosität der Gesellschaft den Gewerbsgegenstand ausmacht« (94 f.)[5], es geht ihnen also nicht um die Beförderung des religiösen Lebens als solchen, sondern, sub praetextu, um die Sicherheit ihrer eigenen Pfründe. Analog die wahre Motivation der »Weltleute«: Ihnen ist die Religion ein Mittel zur Disziplinierung der unteren Volksschichten: »Sie haben eine gewisse Erinnerung, daß ehedem als noch mehr äußere Religiosität unter dem Volke herrschte auch manches andere noch anders war und ihnen besser gefiel.« (96 f.). Nun, da dies einstmals probate Mittel im Begriff ist, untauglich zu werden, erscheint ihnen die öffentliche Religion als schützens- und stärkenswertes Gut, und, obwohl selbst zumindest nicht von solchen religiösen Bedürfnissen geplagt, die der öffentliche Gottesdienst befriedigen könnte, finden sie sich bereit, ». . . bisweilen die Kirchen zu schmükken mit ihren Kreuzen und Bändern und dem übrigen Glanze des Reichthums und der Würde« (98).

Die eigentliche Pointe von Schleiermachers Ansatz liegt nun aber nicht in dieser ebenso bissigen wie geistreich vorgetragenen Kritik – sie besagt ja, daß die selbsternannten Ratgeber nichts anderes sind als symptomatische Auswüchse der Krise selbst –, sondern darin, daß er, den Ansatz der »Reden« ausspinnend, den gegenwärtigen Zustand allein als Krise des organisierten Staatskirchentums, nicht aber als eine der Religion als solcher deutet. Die eigentliche Religion hat

---

[3] Zur Veranlassung und zum biographischen Kontext der »Unvorgreiflichen Gutachten« vgl. DILTHEY, Leben Schleiermachers[2], S. 623–645. 704–707.

[4] Zur Interpretation dieses Abschnitts vgl. T. RENDTORFF, Kirchlicher u. freier Protestantismus in der Sicht Schleiermachers, NZSTh 10/1968, S. 18ff, hier: S. 21f.

[5] Zu SCHLEIERMACHERS damaligem abschätzigen Urteil über seine Amtsgenossen vgl. den Brief an Eleonore Grunow vom 8. VII. 1802, Br. I, S. 304–306.

sich aus dem Gefüge der bestehenden Kirche zurückgezogen, die sich vornehmlich ihrer Aufgabe als staatliches Hilfsinstitut zur moralischen Volksbildung
widmet. Durch das Nachlassen des sozialen Zwanges in den Angelegenheiten
des religiösen Lebens können religiöses Desinteresse und Irreligiosität, die sich
vorher unter heuchlerischem Schein verborgen hatten, offen hervortreten. Es
kann jedoch keineswegs als ausgemacht gelten, daß hiermit eine tatsächliche
Minderung der Anzahl der religiösen Menschen gegenüber einem – freilich
realistisch eingeschätzten – früheren Zeitalter gegeben ist (vgl. I, 5, 101)[6]. Dieser
Entwicklung gegenüber kann sich derjenige, der das Lebensinteresse der wahren
Religion vertritt, nicht als unbeteiligter Zuschauer verhalten: Die Religion
bedarf zu ihrem Leben und zu dessen Fortsetzung der institutionalisierten Sozialität, also des öffentlichen Gottesdienstes (vgl. ibd., 102), so daß dessen Krise auf
die Dauer auch die Religion selbst in Mitleidenschaft ziehen muß. – Aus dieser
Gegenwartsanalyse ergibt sich denn auch der Skopus der Reformvorschläge, die
Schleiermacher für das kirchliche Leben hinsichtlich der Gestaltung der Gottes-
dienste und der Ausbildung und Amtsführung der Geistlichen vorlegt: Sie sollen
die Gestalt der bestehenden Institution so modifizieren, daß diese wieder dazu
befähigt wird, dem individuell-zersplitterten, vielfach unkenntlichen Christentum zur Heimstatt zu werden. Sie bewegen sich dabei ganz und gar in den
Geleisen der bestehenden staatskirchlichen Verhältnisse, nur darauf achtend, daß
eben diese vorhandene Basis so gestaltet wird, daß sie religiöses Leben in sich
aufzunehmen und zu fördern vermag. Hier liegt der gegenüber den »Reden«
neue Gesichtspunkt: Statt des Zusammenbruchs des Staatskirchentums und
eines gänzlichen Neuaufbaues auf dessen Trümmern fordert der »Gutachter«
eine die verfassungsmäßigen Grundlagen nicht notwendig antastende Modifikation des Bestehenden[7].

Folgende Züge sind für Schleiermachers Einschätzung der religiösen und
kirchlichen Lage wenige Jahre vor dem Zusammenbruch des preußischen
Staatswesens charakteristisch: Mit vielen anderen teilt er die Meinung, daß das

---

[6] Dies dürfte auch der gedankliche Hintergrund der vielzitierten Passage in der an seinen
Onkel Stubenrauch gerichteten Vorrede zur ersten Sammlung der Predigten (1801) sein: »...
daß ich immer so rede, als gäbe es noch Gemeinen der Gläubigen und eine christliche Kirche; als
wäre die Religion noch ein Band, welches die Christen auf eine eigenthümliche Art vereinigt
⟨...⟩ Vielleicht kommt auch die Sache dadurch wieder zu Stande, daß man sie voraussetzt; ...«
(II,1 VIf.). Es ist nicht die Rede davon, daß es keine Christen mehr gäbe. Der Schaden liegt
darin, daß das gegenwärtige Kirchentum nicht der Kristallisationspunkt ihres gemeinschaftlichen religiösen Lebens ist.

[7] Die Wandlungen, die Schleiermachers Verständnis der Kirchenverfassung in der Folgezeit
durchgemacht hat, können hier nicht ausführlich dokumentiert und interpretiert werden.
Hingewiesen sei auf den auf Veranlassung des Freiherrn vom Stein entstandenen »Vorschlag zu
einer neuen Verfassung der protestantischen Kirche im preußischen Staate« (1808, KSP II,
S. 117–136). Zum geschichtlichen Hintergrund vgl. G. RITTER, Freiherr vom Stein (Fischer-
TB 1983), S. 290–303. Zur Deutung der Schrift ist instruktiv die »Einleitung« von HAYO
GERDES, KSP II, S. 115 f. und die von R. V. THADDEN an Gerdes gewandte Kritik in seinem
Aufsatz »Schleiermacher und Preußen« (SchlA 1, 2, S. 1099–1106). Hinzuweisen ist ferner auf
Schleiermachers Eintreten für eine Synodalverfassung für die preußische Kirche.

religiöse Leben in seiner sichtbaren kirchlichen Form einen vorher ungekannten Tiefstand erreicht hat. Es ist jedoch nicht eine Krise der Religion selbst, sondern ihrer Institutionen, deren Mißbrauch und Zweckentfremdung sich rächt. Zwangsmaßnahmen zur Behebung der Mißstände sind kategorisch abzulehnen, sie widersprechen diametral dem Wesen des religiösen Lebens. Fernerhin sind alle Maßnahmen zurückzuweisen, die durch das Angebot materieller Vorteile – sei es für die Gemeindeglieder oder für die Geistlichen – die äußerliche Kirchlichkeit fördern könnten; die Religion ist Sache der Gesinnung (vgl. ibd., 100 f.) und kann nur durch die ungehinderte Entfaltung ihres ureigenen Lebens gefördert werden[8].

Eine völlig andere Stimmung und Einschätzung der Lage spricht sich in der Pfingstpredigt aus, die Schleiermacher 1810 – jetzt Professor und Prediger in Berlin – gehalten hat (II,7, 419 ff.): Unter dem Thema »Daß in unsern gottesdienstlichen Versammlungen der Geist des Herrn sich im wesentlichen noch eben so kräftig erweise, als am ersten christlichen Pfingstfeste« gibt Schleiermacher eine Gegenwartsdeutung, die die oben geschilderte Situation als überwundene oder überwunden werdende voraussetzt: Nach einer Periode, in der – sicherlich aus menschenfreundlichen Absichten – »das Zeugniß von Jesu Christo gewissermaßen zurükkgesezt, in den Hintergrund gedrängt, verdunkelt, übertüncht wurde in unsern Uebungen der Andacht« (ibd., 423) und der öffentliche Gottesdienst mit anderen Motiven begründet wurde, hat ein Umschwung stattgefunden: »Aber auch diese Zeit hat der Geist Gottes überwunden, und was auch die Menschen thun mögen, sie können es nicht dahin bringen, daß er nicht Zeugniß ablege von Christo.« (ibd.).

Diese Entwicklung hat die Werbekraft des christlichen Glaubens gestärkt. Jetzt, da er sich in lebendigen Versammlungen ausspricht, kann er nicht mehr als Sache vereinzelter Schwärmer abgetan werden. Schleiermacher spricht hier mitten aus der Erweckungsbewegung heraus, die zunächst den Norden Deutschlands im Zuge des Zusammenbruchs Preußens und der beginnenden Befreiungskriege ergriffen hat[9].

Eine verwandte Stimmung findet sich noch am Beginn des »Glükwünschungsschreiben an die Hochwürdigen Mitglieder der von Sr. Majestät dem König von Preußen zur Aufstellung neuer liturgischer Formen ernannten Com-

---

[8] Vgl. hierzu schon den folgenden frühen Aphorismus: »Was vertheidigt werden soll muß ganz aus sich selbst vertheidigt werden, so auch die Religion, nicht als Mittel.« (Gedanken I, 1796–99, KGA I. 2, S. 25).

[9] Über die außerdeutschen Wurzeln dieser Bewegung vgl. HIRSCH, Geschichte III, S. 244 ff. und KRUMWIEDE, Geschichte des Christentums III, S. 128–139. Für den Zusammenhang von Befreiungskriegen und Erweckungsbewegung ist – trotz einiger fragwürdiger Urteile auch und gerade über Schleiermacher – grundlegend KARL HOLL, Die Bedeutung der großen Kriege..., Ges. Aufs. Bd III, 302 ff., bes. S. 347–384. S. auch HIRSCH, Geschichte V, S. 70–91. Über die speziellen Berliner Verhältnisse und Schleiermachers Rolle innerhalb ihrer informiert umfassend WALTER WENDLAND, Studien zur Erweckungsbewegung in Berlin (1810–1830), in: Jahrbuch für Brandenburgische Kirchengeschichte 19/1924, S. 5–77.

mission« (I,5, 157−187). Die Schrift erschien 1814 anonym[10]. In der Form verletzender Ironie zielt ihr Tenor darauf, die Schaffung einer neuen Agende gerade wegen des stattfindenden religiösen Umbruchs als unsinnig zu erweisen. Hauptmerkmal dieses Umbruchs ist die Tendenz zum historischen Christentum: »Christus darf fast nirgend mehr mit Sokrates um eine mäßige Hochachtung wetteifern . . .« (ibd., 159), die Zeit der letzlich nichtssagenden Moralpredigten ist abgelaufen, süßliche Gefühligkeit findet keinen Anklang mehr, das alte Liedgut der evangelischen Kirche wird wiederentdeckt (ibd.). Die konkreten Erwartungen, die an die Ergebnisse der Liturgiereform gestellt werden, sind sehr unterschiedlich (164 f.): Zwar ist der gegenwärtige Zustand von einer Lebendigkeit geprägt, wie sie wohl vor 25 Jahren niemand vorausgesagt hätte, es ist jedoch eine Zeit des Tastens nach Neubildungen. Es ist noch längst nicht der Zeitpunkt erreicht, an dem die bleibenden Resultate der neuen Entwicklung gültig fixiert werden können. Die gegenwärtig kirchenleitenden Männer sind Glieder einer Übergangsgeneration: Selbst noch Kinder des vorigen – friderizianischen – Zeitalters, fällt ihnen die Aufgabe zu, das Werden des neuen lenkend und gewährenlassend zu ermöglichen. Eben weil sie selbst gleichsam »zwischen den Zeiten« leben, kann es ihnen nicht zukommen, die Neuwerdung des religiösen Lebens in feste und bleibende Formen zu gießen: ». . . sollten sie an den Altären in ihrer Begeisterung ⟨scil. die Glieder der nachwachsenden Generation⟩ gebunden sein an einen Buchstaben, den wir wie halbgreise Söhne einer kalten begeisterungslosen Zeit in unsern Studierstuben oder gar in einem Sessionszimmer akten- und conferenzmäßig zusammengezimmert hätten?« (ibd., 173).

Die Erweckungsbewegung hat im deutschen Protestantismus nicht zu einer einheitlichen Erneuerung der Frömmigkeit und der Theologie geführt: »So entstand eben durch den Neuaufschwung des Glaubenslebens im Krieg ein tiefer Riß in der Frömmigkeit unseres Volkes, die während des 18. Jahrhunderts überwiegend einheitlich gewesen war.«[11] Die Bearbeitung dieses Faktums, der religiösen und theologischen Mannigfaltigkeit innerhalb der einen protestantischen Kirche, bildet ein konstantes Thema in Schleiermachers Predigttätigkeit bis zu seinem Tode. Geradezu paradigmatisch ist dieser Aspekt durchgeführt in der Predigt »Daß es nicht leicht sei ein Jünger Jesu zu sein, und daß viele es zu sein wähnen, die es nicht sind« (II,1, 550 ff., erschienen in der 3. Sammlung 1814). Das persönlich gelebte Christentum des Einzelnen ist immer in seiner äußeren Erscheinung mitgeprägt von dessen natürlichen Gaben und Neigungen. Die Gefahr, die das mit sich bringt, besteht darin, daß der Einzelne in dem individuellen Typus, den er selbst verkörpert, das »Wesen des Christenthums« (ibd., 551) verwirklicht wähnt. So gerät die Einheit des Geistes über die Verschiedenheit der Gaben in Vergessenheit. – Im ersten Hauptteil charakterisiert Schleiermacher die

---

[10] SCHLEIERMACHER hat die Verfasserschaft zunächst auch gegenüber guten Freunden hartnäckig geleugnet, vgl. Br. Meisner III, 212f. (an Gaß) und 214f. (an Blanc). Einige Monate später erst erkennt er die Schrift beiläufig als seine an, vgl. ibd., 219f. (an Blanc).

[11] KARL HOLL, Die Bedeutung der großen Kriege, S. 359.

vier vorherrschenden idealtypischen Richtungen der Zeit. Er konzediert ihnen allen, daß sie jeweils Teilaspekte des einen wahren Christentums verkörpern, indem er nachweist, daß sie sich auf bestimmte Aspekte des Wirkens Christi berufen können: Ein Christentum, das sich in den Werken der Barmherzigkeit erfüllt, hat im heilenden Jesus sein »Vorbild« (ibd., 553). Das Verständnis des Christentums als eines herben Pflichtethos kann sich auf Worte Jesu berufen, in denen er davon spricht, »daß er den Willen seines Vaters vollbringe, und er müsse ihn thun, möge er auch nicht nur sich selbst, sondern auch seine liebsten Freunde in den Tod führen.« (ibd., 555). Ebenso kann sich ein auf dogmatische Orthodoxie (ibd., 556 f.) und ein auf individualistisch-mystische Innerlichkeit abzielendes Christentum auf Zeugnisse Jesu stützen (ibd., 557 f.). Wie alle diese Züge zum wahren Bilde Christi gehören, so gehören sie alle zum wahren Christentum – aber nicht einer von ihnen allein, sondern alle zusammen, indem sie sich gegenseitig ergänzen und befruchten.[12] Die Selbstverabsolutierung einer dieser Haltungen sagt sich vom *ganzen* Christus los. »Es ist nicht Christus in dieser oder jener Gestalt, sondern der ganze ungetheilte Christus, den wir in uns aufnehmen müssen; wie der Rebe, wenn er sein Leben bewahren will, nicht dies und jenes, sondern alle Säfte und die ganze Kraft des Weinstokks einsaugt.« (ibd., 559).

Im Gegensatz zur Zeit vor den Befreiungskriegen ist also die Gegenwart, die diese Predigt beschreibt, von einem neuerwachten Interesse am religiösen Leben durchdrungen. Dieses Interesse ist jedoch in seinem Wollen nicht einlinig gerichtet, sondern legt sich in ganz verschiedene Lebens- und Denkformen auseinander. Es ist aber noch nicht abzusehen, daß einer der vier geschilderten Idealtypen in aggressiv-intoleranter Weise sich allein als die wahre Verkörperung des Christentums aufwirft und anderen das kirchliche Lebensrecht streitig machen will. Es gilt für Schleiermacher, den verschiedenen Individualitäten ihr Lebensrecht in der kirchlichen Gemeinschaft zu sichern und sie an ihre gemeinsame Wurzel zu erinnern. Hierzu bedient er sich in den Predigten immer wieder des Bildes von dem einen Lichtstrahl, der sich erst in verschiedenen Brechungen ganz entfaltet (vgl. z. B. II,2, 46., II,3, 718 f.)[13].

---

[12] Es ist geradezu faszinierend, wie Schleiermacher hier in der 4. Rede gewonnene religionstheoretische Einsichten fruchtbar macht.

[13] Dieses Faktum hat außer KARL BARTH (»Es fällt einem bei dem Studium der Predigt Schleiermachers auf, daß eigentliche *Polemik* immer nur nach drei Seiten stattfindet: gegen alle Überschätzung der Wichtigkeit religiöser *Lehre*, des religiösen Wortes überhaupt, gegen alle besondere religiöse *Aufgeregtheit*, gegen alle damit zusammenhängende Tendenz zur religiösen *Absonderung* einzelner oder gar ganzer Gruppen.« (Die Protestantische Theologie im 19. Jahrhundert, S. 390 f.)) auch KARL HOLL hervorgehoben: »Er hatte viel zu große Freude an der Mannigfaltigkeit der Meinungen und Formen, als daß er irgendeine hätte unbedingt ausschließen mögen.« (Die Bedeutung . . ., S. 373). Was HOLL als persönliches Geschmacksurteil wertet, ist nach BARTH »entscheidend aus der theologischen ⟨sic!⟩, aktivistischen, kulturbejahenden Absicht seiner Theologie zu verstehen.« (aaO., S. 391). Was an Schleiermachers Werben um kirchliche Einheit gegenüber solchen Partnern wie Hengstenbergs Evangelischer Kirchenzeitung spezifisch kulturbejahend ist, steht dahin. Entscheidend für beide Interpretationen, die am entscheidenden Beweggrund vorbeigehen, ist, daß sie Schleiermachers Diagnose der reli-

Schleiermachers Hoffnung, daß sich so aus dem Pluralismus heraus in harmonischem Widerspiel der Kräfte aus dem Impuls des Neuaufschwungs heraus ein reges christliches Leben in friedlicher Vielgestaltigkeit und in eigenwüchsigen, zeitgemäßen Formen entwickeln würde, hat sich nicht erfüllt: In der Predigt »Der rechte Dank für die Rettung des Vaterlandes« (II,4, 620 ff., gehalten am Sonntag nach dem Gedenktag der Völkerschlacht bei Leipzig)[14] gibt er Rechenschaft von den Hoffnungen, die er zur Zeit der Befreiungskriege gehegt hat, und verhehlt seine Enttäuschung nicht: Die neuen Kräfte haben sich vielfach im Kampf der kirchlichen (und politischen) Parteien gegeneinander verzehrt. Die immer schon vorhandene Pluralität ist in erbitterten Kämpfen ans Licht getreten; wo vorher noch trotz der Verschiedenheiten gemeinschaftlich gewirkt wurde, machen sich die Gegensätze jetzt trennend geltend. Die Parteien haben sich strikt gegeneinander abgeschlossen und sind in Gefahr, den Blick für das gemeinsam Christliche im jeweiligen Widerpart zu verlieren[15].

Diejenige kirchliche Zeiterscheinung, die Schleiermacher wegen ihrer verderblichen Wirkung auf die Entwicklungs- und Entfaltungsmöglichkeiten des Protestantismus die meisten Sorgen bereitet, ist die aus der Erweckungsbewegung hervorgegangene pietistische Neuorthodoxie, in Schleiermachers Wirkungskreis auf hervorragende Weise repräsentiert durch E. W. Hengstenberg[16]; Schleiermachers Fakultätskollege seit 1824 als Privatdozent und seit 1828 – in der Nachfolge De Wettes! – als Ordinarius, seit 1827 Herausgeber und spiritus rector des Kampfblattes »Evangelische Kirchenzeitung«. Hengstenberg ist keine singuläre Erscheinung, sondern der publizistische und fachtheologische Exponent einer weitverzweigten und einflußreichen Gruppierung, der auch hohe Beamte und Offiziere zugehören. Die Zeit, als Berlin der Vorort der deutschen Aufklärung war, als hier die größtmögliche Freiheit für Christentumskritik und Religionsspott herrschte, gehört der Vergangenheit an[17]. Schon in der Vorrede zur dritten Auflage der Reden (1821) kommentiert Schleiermacher den Umschwung, der sich seit der ersten Ausgabe 22 Jahre zuvor vollzogen hat: »Aber wozu auf der andern Seite ihn ⟨scil. einen unveränderten Abdruck der zweiten Auflage⟩ gestatten, da die Zeiten sich so auffallend geändert haben, daß die Personen, an welche diese Reden gerichtet sind, gar nicht mehr da zu sein scheinen? ⟨...⟩ so möchte man eher nöthig finden, Reden zu schreiben an frömmelnde und an Buchstabenknechte, an unwissend und lieblos verdammende aber- und übergläubige; ...« (I,1, 140)[18]. In der Vorrede zur zweiten Auflage

---

giösen Situation seiner Zeit vernachlässigen, das ist bei HOLL angesichts seines oben S. 142 zitierten Satzes um so erstaunlicher.

[14] Genauer ist die Predigt nicht zu datieren. Hinweise auf Geheimbündelei und Denunziantenwesen (624) könnten auf die frühen 20er Jahre deuten; die Warnung vor revolutionären Umtrieben paßt jedoch besser auf die Zeit der frz. Julirevolution (1830).

[15] Vgl. dazu auch die Predigt »Vom Abfalle in Zeiten der Anfechtung«, (II,4, 670f.) Lk 8,13, undatiert.

[16] Vgl. J. BACHMANN, Art. Hengstenberg, RE³ 7, S. 670–674.

[17] Vgl. II,3, 580f., Sonntag vor Pfingsten 1833.

[18] Vgl. auch die 4. Erläuterung zur 3. Rede, ibd., 313f.

der Weihnachtsfeier konzediert Schleiermacher, daß die in ihr repräsentierte
philosophisch-theologische Gesprächslage inzwischen nicht mehr ganz aktuell
ist, als Mahnung hat das Büchlein eher noch gewonnen, weil in ihm ».. . die
verschiedensten Auffassungsweisen des Christenthumes hier in einem mäßigen
Zimmer nicht etwa nur friedlich neben einander sind, weil sie sich gegenseitig
ignoriren, sondern wie sie sich einander freundlich stellen zu vergleichender
Betrachtung.« (I,1, 464).

Der Kampf gegen die repristinatorischen Richtungen, die das kritische Erbe
der Aufklärungszeit aus Theologie und Kirche verbannen wollen, schlägt sich
seit etwa 1817 in Schleiermachers wissenschaftlichem Werk und öffentlichen
Wirken nieder. Am 5. April 1817 widmet er seinem Kollegen W. M. L. De Wette
seine Schrift »Ueber die Schriften des Lukas. Ein kritischer Versuch« (I,2,
VII ff.)[19] und bezeigt ihm seine »Achtung welche weit entfernt ist den mindesten
Abbruch zu leiden durch die wol von uns beiden selbst eben so gut als von
andern anerkannte Verschiedenheit unserer Ansichten, auch über die wichtig-
sten Gegenstände unserer Wissenschaft und unseres Berufs.« (ibd., VII). An die
Nennung der Differenz knüpft er Reflexionen über die Wahrheit im allgemein-
gegenständlichen, philosophischen und religiösen Sinne und bekundet seine
Absicht, an jedem ihm noch so fremden Gedanken die particula veri zu entdek-
ken (ibd., VIII f.). Er schließt diesen Abschnitt mit den etwas kryptischen
Worten: »Doch verzeihen Sie mir diesen Erguß, der mehr für andere ist als für
Sie.« (ibd., IX). In einem Brief an August Twesten hat sich Schleiermacher
näher erklärt: »Vielleicht wundern Sie sich auch über die Zueignung an De
Wette. Allein es reißt jetzt eine solche Furcht ein vor abweichenden Ansichten
und ein so abergläubiges Buchstabenwesen, und gegen De Wette besonders
haben sich Marheineke und wol auch Neander auf eine so unbrüderliche Weise
benommen, daß ich es für Pflicht hielt mich hiervon öffentlich loszusagen und
einen anderen Gesichtspunkt aufzustellen, ⟨...⟩. Es ist die höchste Zeit, daß
man sich vor den Riß stellt. Alle, denen es um theologische und kirchliche
Freiheit zu thun ist, fangen an zu zittern; aber niemand will Hand anlegen. So
muß ich Armer, dem Gott Muth gegeben hat, denn schon die Kastanien aus dem
Feuer holen.« (Br. Meisner III, 250 f.)[20].

Als Prediger und theologisch-kirchenpolitischer Schriftsteller hat sich Schleiermacher mit dieser immer mächtiger werdenden Bewegung auf je spezifisch
verschiedene Weise auseinandergesetzt. In den Predigten herrscht das Bemühen
um verständnisvolle Deutung der religiösen Eigenart vor. In der Adventspre-
digt »Was in der Seele dem Einzug des Herrn vorangehen muß« (II,2, 36 ff.,
gedruckt 1826) wird die in die Neuorthodoxie übergehende Erweckungsfröm-

---

[19] Zu dem anfangs nicht unproblematischen Verhältnis zwischen De Wette und Schleiermacher vgl. E. MÜHLENBERG, Der Universitätslehrer, S. 37−41 passim. Nachzutragen ist, daß
nach PAUL DE LAGARDES Erinnerung späterhin De Wettes Bild als einziges in dessen Studierzim-
mer hing, vgl. Über einige Berliner Theologen ... in: Schriften für das Deutsche Volk,
(Ausgewählte Schriften, ed P. FISCHER, Bd II) S. 33.
[20] Vgl. ibd., 252 f. (an Blanc) und 256 f. (an Gaß).

migkeit mit der Verkündigung Johannes des Täufers identifiziert und so dem wahren Christentum zu- und untergeordnet (ibd., 40 ff.): Übersättigt und angewidert vom freien geistigen Leben, ziehen die Anhänger dieser Richtung sich auf sich selbst zurück und verkündigen die Nichtigkeit und Verderblichkeit dessen, dem bisher ihre Teilnahme gegolten hat (ibd., 40). Sie predigen, in Anlehnung an das Alte Testament, Buße, »als ob sie noch kein Recht hätten an die freudigeren Aussprüche des neuen« (ibd., 41). Weltabgewandt fixieren sie sich auf die Meditation der Sünde, die christliche Freiheit stellen sie zugunsten asketischer Forderungen in den Schatten, zu denen auch die nach dem sacrificium intellectus gehört: »Sie hängen am Buchstaben und richten nach dem Buchstaben, ängstlich für sich selbst und scharf für andere, als ob ihnen noch das eine fehlte zu wissen, daß eben der Buchstabe tödtet und nur der Geist lebendig macht.« (ibd.). Soviel Ernst solche Personen auch ausstrahlen: »Aber mehr als eine Vorbereitung, mehr als ein Durchgang ist auch alles dieses nicht; sondern, wie der Erlöser sagt, der kleinste im Reiche Gottes ist größer, als Johannes, und hat größeres, als dieser.« (ibd., 43).

Scharf und bitter wird der Ton des Kanzelredners, wenn der kämpferische Geist der Bewegung zur Sprache kommt. In einer Predigt am 1. Sonntag nach Trinitatis 1833 über Mt 16,24 (II,3, 600 ff.) reflektiert Schleiermacher verschiedene Mißdeutungen, denen Jesu Wort über die Selbstverleugnung ausgesetzt ist. Nachdem er zunächst von Menschen gesprochen hat, denen gerade das Fehlen des »Kreuzes« in ihrem persönlich-individuellen Leben zur Anfechtung gereicht (ibd., 603−605), wendet er sich solchen zu, die er nicht besser denn als »starkgläubige« zu bezeichnen weiß (ibd., 605). Sie interpretieren alles Widrige, das ihnen widerfährt, in religiös überhöhtem Sinne als »Kreuz«. Besonders zeigt sich dies in zwischenmenschlichen Konflikten: Widerspruch, Ablehnung und Polemik werden nicht als Anlässe zur Revision der eigenen Position angenommen, sondern als »Kreuz« getragen, also nicht auf ihre sachliche Berechtigung hin geprüft. Der Widerspruch wird als besonderes Zeichen der Erwählung gedeutet – also gewissermaßen ein via negationis errechneter Syllogismus practicus (ibd., 606 f.) – der sich als gemeinschaftszerstörend, weil die Kommunikation aufhebend erweist. Die so charakterisierte Frömmigkeitsform läßt ihre Vertreter elitär-verächtlich auf andere herabsehen (ibd., 607). Sie schränken damit die Wirkung der christlichen Liebe auf unzulässige Weise ein und schädigen die christliche Gemeinschaft.

Das Überlegenheitsgefühl und der kirchliche Herrschaftsanspruch der Neupietisten gründen auf ihrem Selbstbewußtsein als »Starke« in der Gemeinde: »Die einen sagen, wir sind die Starken im Glauben, stark dazu, daß wir unsere Vernunft gern und leicht gefangen nehmen[21] und wohl wissend, daß wir uns selbst nicht trauen können, deshalb nur um so mehr festhalten an der überlieferten Lehre, welche der Zeit angehört, in der das Licht des Evangeliums wieder

---

[21] Vgl. 2. Kor 10,5 – Dies Wort hat Cl. Harms seiner Autobiographie als Motto vorangestellt.

heller aufglänzte aus der Finsterniß.« (II,3, 440, Neujahrspredigt 1833). Dem
Bestreben, sich gegenüber einer als Verfallsperiode wahrgenommenen Gegenwart auf die unveränderten Ergebnisse einer vergangenen Zeit festzulegen,
widmet Schleiermacher eine ganze Predigt (Ueber die Verklärung Christi, II,4,
338 ff.): »Der göttliche Geist wirkt und bildet für eine jede Zeit besonders ⟨...⟩
Der fromme Wunsch, daß das Alte wiederkehren möge, wird nie buchstäblich
erfüllt; es kann immer nur wiederkommen in einer neuen Gestalt.« (ibd., 350)[22].
Eben dies verkennen die reaktionären Bestrebungen in Theologie und Kirche:
Sie wollen die Resultate, die die Zeit nach der Reformation hervorgebracht hat,
gänzlich unwirksam machen (vgl. Werth, I,5, 425). Einmal zu Ansehen gelangt,
zieht diese Bewegung auch opportunistische Mitläufer an (vgl. ibd. sowie die
Polemik gegen Ammon, I,5, 349 ff.). Schleiermacher erkennt das Recht und die
Notwendigkeit einer Rückbesinnung auf die geschichtlichen Grundlagen des
Christentums und des Protestantismus durchaus an. Er hält es für einen unleug-
baren Fehler der Aufklärungszeit, sie in ihrer Bedeutung auch für das gegenwärtige Leben unterschätzt zu haben: »Durch das gänzliche Vernichten des Buchstaben war aller geschichtliche Zusammenhang aufgehoben; ...« (An Jacobi, ed
Cordes)[23]. Daß dieser Zusammenhang wiederhergestellt wird, ist eine historische Notwendigkeit. Auch die Tatsache, daß es hierbei zu Übersteigerungen
kommt, ist unvermeidlich: »Eine Zeit trägt die Schuld der andern, weiß sie aber
selten anders zu lösen als durch eine neue Schuld.« (ibd.) – Die Repristinatoren
belasten das Christentum mit neuen Hypotheken – in diesem Sinne ist »Schuld«
hier zu verstehen –, indem sie versuchen, die mit dem Erbe der Aufklärung an sie
gekommene »Schuldenlast« abzulösen: Sie versuchen nun ihrerseits, die geschichtliche Kontinuität zu durchbrechen, indem sie durch eine einfache Rückkehr zum Christentum des Neuen Testaments oder der Reformatoren die Aufklärungsperiode ungeschehen machen wollen. In dieser Briefstelle – geschrieben
in der Anfangszeit der Kämpfe – ist Schleiermachers Position, die er in ihnen
einnimmt, genau bezeichnet: Mit den Trägern der restaurativen Bewegung teilt
er das Überlegenheitsgefühl und das Überwindungsstreben, was die vor Augen
liegenden vorläufigen Resultate des Aufklärungszeitalters für das religiöse und
kirchliche Leben betrifft, insofern sie als Verödung und Erschlaffung zu qualifizieren sind[24]. Andererseits jedoch hält er auf das entschiedenste daran fest, daß
dieser Zeitraum das evangelische Christentum – durchaus in Fortsetzung reformatorischer Ansätze – unwiderruflich in die neuzeitliche Wirklichkeit hineingestellt hat[25]: Die historisch-kritische Bearbeitung der Urkunden des christlichen

---

[22] Dieser Gedanke – angewandt freilich auf den politisch-sozialen Bereich – beherrscht schon
die Predigt »Ueber die rechte Verehrung gegen das einheimische große aus einer früheren Zeit«,
die Schleiermacher am 24. 1. 1808, dem Geburtstag Friedrichs des Großen, gehalten hat
(II,1,360–377). JOHANNES BAUER (Schleiermacher als patriotischer Prediger, S. 109–160) hat
diese Predigt minutiös analysiert und in ihr historisches Umfeld eingeordnet (ibd, S. 161–206).

[23] ZThK68/1971 S. 209.

[24] Vgl. z. B. Oratio I,5, 315. 320; Werth I,5, 426. 437. 440 sowie die Polemiken gegen
aufklärerische Theoriebildungen in CG und ChS.

[25] Vgl. umfassend das 2. Sendschreiben an Lücke.

Glaubens wie auch die Resultate der neuen naturwissenschaftlichen Forschung, die eben erst am Horizont auftauchen, können – mitsamt der aus ihnen sich ergebenden Nötigung zur grundlegenden Neufassung der dogmatischen Rechenschaft – nur um den Preis eines verwüstenden Kontinuitätsbruchs und des Auseinanderfallens von christlichem Glauben und moderner Kultur ignoriert werden[26]. Die Deutung der kirchlichen Gegenwart ist sichtlich ermöglicht und geleitet von der Deutung der Reformation als eines epochalen Umbruchs, dessen Nachwirkungen sich in die Gegenwart hinein erstrecken, auch und gerade indem sie die ersten vorläufigen Resultate des epochalen Umbruchs zersetzen. Die sachgemäße Aufnahme der Reformation besteht nicht in unkritischer Repetition ihrer ersten Ergebnisse, sondern darin, daß dem in ihr wirksamen Impuls die Freiheit gewährt wird, sich auch gegen dieselben immer neu durchzusetzen.

So sieht sich Schleiermacher in eine Umbruchssituation hineingestellt, in eine Zeit, die der »weinigen Gährung« (An vC/S, I, 5, 673 f.) gleicht: Die Impulse zur Neubildung des religiösen Lebens in bewußter Kontinuität zum historischen Christentum müssen vermittelt werden mit den unhintergehbaren Fragestellungen und Resultaten einer geistig-kulturellen Entwicklung, die scheinbar auf das Christentum bislang zersetzend gewirkt hat, deren Entfaltung sich jedenfalls nur ineins mit der Destruktion der vorneuzeitlichen Gestalt des protestantischen Christentums vollziehen konnte. Die kirchliche Wirklichkeit, in und an der er arbeitet, weist strukturell günstige Bedingungen für die Lösung der Aufgabe auf: noch sind Rationalisten und Neupietisten miteinander verbunden als Glieder einer kirchlichen Gemeinschaft. Sie stehen in Diskussion miteinander. Dies hat Schleiermacher in seiner (letzten) Neujahrspredigt 1834 (über Joh 20,19, II, 3, 752 ff.) mit Emphase zum Ausdruck gebracht. Der zweite Teil, der dem Frieden in der Kirche gewidmet ist, setzt sich zunächst mit falschen Konzeptionen der »Friedenssicherung« auseinander, nämlich der Unterdrückung von Minderheiten, dem künstlichen Ausgleich von Verschiedenheiten durch verschleiernde Vertragsformeln und der Bildung einer Vielfalt von durch Lehrdifferenzen getrennten Kirchentümer. Er hat hier wohl die Verhältnisse in den USA vor Augen (vgl. An vC/S, I, 5, 691 f.).

Dieser Aufzählung möglicher bzw. tatsächlicher Mißentwicklungen nun setzt Schleiermacher als positive Möglichkeit den – status quo der deutschen evangelischen Landeskirchen entgegen: »Darum wollen wir uns freuen, daß wir auch in dem Gebiet des Glaubens und der Gemeinschaft des Glaubens diese

---

[26] Verwiesen werden muß in diesem Zusammenhang auf die Deutung des Verhältnisses Schleiermachers zur pietistischen Neuorthodoxie, die ALBRECHT RITSCHL mit Vehemenz in seiner Schrift »Schleiermachers Reden über die Religion und ihre Nachwirkungen auf die evangelische Kirche Deutschlands« (Bonn 1874) vorgetragen hat. Indem er die Christentumsdeutung der »Reden« als ästhetisierend, virtuosenhaft und elitär-subjektivistisch brandmarkt und eben diese Fehlentwicklungen zugleich als Wesensmerkmale der Neuorthodoxie namhaft macht, konstatiert er ein Verwandtschaftsverhältnis, vor dessen Folie Schleiermachers Polemiken an den erfolglosen Versuch der Beschwörung selbst herbeigerufener Geister gemahnen (vgl. besonders S. 90).

herrliche Gewöhnung haben an einen großen Verein menschlicher Kräfte! Laßt uns den Segen erkennen, der darin liegt, daß wir einem so weit verbreiteten kirchlichen Verbande angehören, wie unsere deutsche evangelische Kirche ihn darstellt, von dem nun unter uns jeder sagen kann, alles was in demselbigen ist sei auch das seinige.« (ibd., 759), denn: »Friede ist nur, wo Verschiedenheit ist!« (ibd., 758).

Nun steht dieses labile Gleichgewicht beständig in der Gefahr verlorenzugehen, vor allem durch die neupietistischen Bestrebungen, sich entweder aus dem kirchlichen Verbund zurückzuziehen, oder innerhalb seiner – nicht allein mit den Mitteln der Überzeugung – einen Anspruch auf alleinige Geltung und Herrschaft durchzusetzen. Hier liegt das Motiv dafür, daß Schleiermacher in seinen Predigten so überaus häufig sowohl die Problematik als auch die besonderen Entwicklungschancen reflektiert, die aus der angespannten Situation einer kirchlichen Gemeinschaft erwachsen, in der offener religiöser und theologischer Pluralismus herrscht[27].

Er tut das zumeist in zweierlei Hinsichten: Einmal durch die Reflexion darauf, daß die Pluralität recht verstanden in einer höheren Einheit ihren Grund hat, zum andern indem er betont, daß das Phänomen strukturell wie in allem menschlich-geschichtlichen Leben, so auch in der christlichen Kirche notwendig enthalten ist. Die wohl ausführlichste homiletische Bearbeitung dieses Problemkreises liegt in der Predigt »Ueber die Einigkeit im Geiste« (II,4, 637ff., Eph 4,1–3)[28] vor. Einleitend stellt er fest, daß im Unterschied zu allen anderen Sozialbildun-

---

[27] Für die Mittelstellung, die Schleiermacher zeitweise eingenommen hat, seien einige Belege genannt. So berichtet GOTTFRIED THOMASIUS in seinem autobiographisch geprägten Bericht »Das Wiedererwachen des evangelischen Lebens in der lutherischen Kirche Bayerns« von der später als in Berlin stattfindenden Erweckungsbewegung an der Erlanger Universität: »Dagegen ⟨vorher wurden Marheineke, Lehmus, Tholuck und Olshausen erwähnt⟩ finden sich von Schleiermachers Einfluß in jener Zeit nur sehr wenige Spuren. Es blieb unserer Landeskirche erspart, durch diese Mittelstufe, auf der so Viele stehen geblieben sind, sich den Durchgang zum positiven Christenthum zu bahnen; *unmittelbar aus dem Rationalismus durfte sie zu der einfachen schriftgemäßen Heilslehre, zu den großen Mittelpunkten reformatischen Glaubens und Bekenntnisses übergehen.*« (129). – Daß u. a. Männer wie Löhe, Kliefoth und Hofmann, den WILHELM HERRMANN als einen von dessen größten Schülern bezeichnet hat (Christlich-protestantische Dogmatik, in: Schriften zur Grundlegung der Theologie, Bd 1, S. 324) zu Schleiermachers Füßen gesessen haben, kann nur erwähnt werden; ein Versuch, die Wirkungsgeschichte Schleiermachers im 19. Jahrhundert aufzuarbeiten, hätte eine theologiegeschichtliche Gesamtdarstellung zum Ergebnis. – Die Einflüsse, die Schleiermacher anfangs auf die erweckten Kreise in Berlin ausgeübt hat, sind an einer Vielzahl von einschlägigen Biographien von WENDLAND, aaO., S. 28–59, aufgewiesen worden. – Knapp und zutreffend formuliert PAUL DE LAGARDE: »Anfangs hielten sich diese Leute in einer gewissen Fühlung auch mit Schleiermacher, der, sobald die Partei erstarkt war, aufgegeben wurde.« (Über einige Berliner Theologen, und was von ihnen zu lernen ist, in: Schriften für das Deutsche Volk, S. 46). – Die offenen Feindseligkeiten wurden eingeleitet mit dem Artikel »Ueber Schleiermacher. Auch ein Sendschreiben« in der EKZ 1829, S. 767ff. Die »frommen« Überlegungen, die diesem Frontalangriff vorausgingen, sind aus Archivmaterial bei J. BACHMANN, Ernst Wilhelm Hengstenberg, Bd 2, S.177ff. dokumentiert. Verfasser des Artikels war HENGSTENBERG selbst, vgl. A. KRIEGE, Geschichte der Evangelischen Kirchenzeitung, Diss. theol. Bonn 1958, Bd 2, S. 10.

[28] Vgl. auch II,10, 444ff. 480ff.

gen, die sich konkreten Zweck-Mittel-Relationen verdanken, die christliche
Kirche allein durch die Einigkeit im Geiste konstituiert wird[29]. Darüber hat auch
immer Konsens bestanden, allein die Differenzen darüber, was eigentlich Einheit im Geist sei, haben zu den verschiedenen Ausformungen des christlichen
Gemeinschaftslebens Anlaß gegeben, deren Extrempunkte das Konventikel
einerseits und auf der anderen Seite eine die religiösen Differenzen nivellierende
Gemeinschaft der *homines bonae voluntatis* sind (vgl. ibd., 638). Der erste
Hauptteil mittelt zwischen den Extremen die wahren Bedingungen aus: Mt 7,21
bezeugt – ausgelegt durch 1.Kor 12,3 – daß auch nicht die Anerkennung des
elementarsten »Buchstaben« eine hinreichende Bedingung zum Heil ist. Die
Wahrheit des Bekenntnisses kann allein der Geist gewährleisten: »Denn dem
Geiste nach verschieden müssen doch auf alle Weise die, welche in das Himmel-
reich eingehen, von denen sein, welche nicht hineinkommen, weil es eben nur
Ein Geist ist, ⟨. . .⟩, der uns den Weg in dasselbe bahnt.« (ibd., 639f.). Trägt also
der Buchstabe nicht die Gewißheit des Heils, sondern der Geist, so ergibt sich
zwingend, daß derselbe Geist sich in unterschiedlichen Buchstaben manifestiert,
die sich nicht ausschließen, sondern ergänzen. Dies verdeutlicht er an der
Pfingstgeschichte: »Hier haben wir also von Anfang an beides neben einander,
die kräftige und auf die belebendste Weise durchdringende Ausgießung des
Geistes, und die freieste und größeste ja man möchte sagen als unendlich sich
ankündigende Verschiedenheit des Buchstaben.« (ibd., 640). Dieser Gedanke,
der hier an der Grenze des homiletisch höchstmöglichen Abstraktionsgrades
expliziert wird, findet sich in anderen Predigten in vielen meist christologischen
Konkretionen[30]. Die Mannigfaltigkeit, an deren Grund die in der Einheit der
Gesinnung sich bewährende Einheit des Geistes liegt, wurzelt im Formen- und
Artenreichtum der Schöpfung: »Und wie der Sohn gekommen ist nicht den
Vater zu verdunkeln sondern ihn zu verklären: so soll auch dieser Reichthum
nicht verdunkelt werden, wenn die Menschen in die Gemeine Christi eingehen,
sondern die göttliche Gnade soll alle erleuchten, ohne ihre Verschiedenheit zu
zerstören.« (ibd., 642). Die Erfahrung der Vielheit ist also – *sub specie unitatis
spiritus* – Anlaß zur Freude. Der Einzelne findet seine individuelle Beschränktheit aufgehoben in der Polyphonie der anderen Individualitäten[31]. Die
Vielfalt findet ihre Erfüllung nicht im beziehungslosen Nebeneinander, sondern
im freien Austausch, in gegenseitiger Ergänzung und Belehrung, auch im Streit,
den Schleiermacher immer wieder nach Eph 4,15 als »Wahrheit suchen in Liebe«
beschreibt und fordert. Die Realität ist kein Spiegelbild dieser Einsichten. Gerade in der christlichen Kirche wird oft aus Verschiedenheiten des Denkens und
Handelns der Schluß gezogen, die Einheit des Geistes bestehe nicht – er entzieht
sich ja auch der empirischen Wahrnehmung, seine Erkenntnis ist zugleich seine
eigene Gabe: »Wem also das Kreuz Christi nicht ein Aergerniß ist und eine
Thorheit, sondern wer was er gebiet als den wahren Willen Gottes anerkennt

---

[29] Vgl. die Deduktion der Kirche aus dem darstellenden Handeln in ChS, s. o. S. 26ff.
[30] Vgl. z. B. II,3, 472. 481. 193f.
[31] Vgl. neben der 4. Rede II,2, 243. II,5, 23ff. 178ff. II,6, 38ff. II,10, 459.

⟨...⟩: der nennt ihn auch wahrhaft einen Herrn und thut es durch den heiligen Geist.« (ibd., 644). Nach dieser Einsicht traktiert Schleiermacher in seinen Predigten die Differenzen in der Christologie, soweit sie seinen Hörern bekannt sein können. Jesus selbst hat keine Christologie verkündigt (vgl. II, 4, 91 ff.). Das Grundbekenntnis zu ihm als Sohn Gottes, wie es sich auf vordogmatischer Ebene als Ausdruck der religiösen Erfahrung gebildet hat (vgl. ibd., 93), genügt dem persönlichen Glauben, ist aber weiterer Entfaltung fähig, deren erste Ansätze schon im NT vorliegen (vgl. II, 3, 734 f.). Haben diese ersten Ansätze auch durch ihre Nähe zu Christus selbst eine hervorragende Dignität (vgl. II, 3, 428), so sind sie doch auch zugleich paradigmatisch für die Notwendigkeit und den Nutzen von Debatten, die die Vertiefung der Erkenntnis des Glaubensgrundes zum Ziel haben. In ihnen bewährt sich, daß der christliche Glaube die Kräfte und Fähigkeiten der Menschen in Bewegung setzt (vgl. II, 2, 552 f.); der Wunsch, sie möchten aufhören, entspringt oft nur trägem Indifferentismus (vgl. II, 3, 648 f.).

Die Debatten entarten jedoch, wenn in Vergessenheit gerät, daß die differierenden Lehrmeinungen im Verhältnis gemeinsamer Relativität zum Glaubensgrund stehen (vgl. II, 2, 452 ff.). Geschieht dies, dann verkommt die auf ihre Weise immer berechtigte partikulare Meinung zum »toten Buchstaben«. Schon Jesus selbst hat unter dem Buchstabenglauben seiner Gegner gelitten (vgl. II, 1, 416 ff.; II, 5, 134. 357). Der immer wieder drohende und stattfindende Rückfall in den »Buchstabenglauben« ist die Wurzel vieler abstoßender Wirrnisse in der Kirchengeschichte (vgl. II, 2, 78).

Wie infolge des Buchstabendienstes das Wissen um den wahren Stellenwert der kontroversen Meinungen verlorengeht, so auch das Gefühl dafür, welche Mittel im Kampf der Meinungen eingesetzt werden dürfen. Auch hierfür sind Jesu Gegner ein Beispiel: »... die ⟨...⟩ geistiges, mochten sie es nun auch für verderblich halten, nicht mit geistigen Waffen bekämpften, sondern mit fleischlichen, nur weil sie nicht wollten ans Licht kommen...« (»Der Anfang des Leidens Christi sein steigender Sieg über die Sünde« II, 2, 114).

Züge dieses eigensinnigen Buchstabenglaubens mit allen seinen Begleiterscheinungen sieht Schleiermacher in der Erweckungsbewegung am Werk, wo sie in die pietistische Neuorthodoxie übergeht: »Sie hängen am Buchstaben und richten nach dem Buchstaben, ängstlich für sich selbst und scharf für andere; als ob ihnen noch das eine fehlte zu wissen, daß eben der Buchstabe tödtet und der Geist lebendig macht.« (II, 2, 41). Schleiermacher hat seine eigene Rolle in den Streitigkeiten als die eines Vermittlers angesehen, der, weil über den Parteien stehend, keiner angehört. Ihn den Neupietisten beizuzählen, wäre schwerlich jemandem beigekommen. Er wehrt sich auch dagegen, theologisch den Rationalisten zugerechnet zu werden (vgl. An vC/S I, 5, 676). In einer Frühpredigt am 4. Sonntag nach Trinitatis 1820 über Acta 4, 13−21 (II, 10, 17 ff.) führt er aus, daß es in der christlichen Kirche seit jeher das spannungsvolle Neben- und Gegeneinander einer eng an die Überlieferung gebundenen und einer freieren Theologie gegeben habe.

Er resümiert: »Und dieser Streit, dieser Gegensaz, wir müssen es freilich

sagen, wie er jezt besteht, so wird er immer bestehen; er erzeugt sich in jeder
Gestalt aufs neue, wenn er auch jezt die eine und dann wieder eine andre Gestalt
annimmt; und wenige sind immer nur diejenigen, die mit klarem Verstande und
mit reinem Herzen in der Mitte stehen zwischen beiden, und bei weitem die
Meisten neigen sich mehr oder minder auf diese oder jene Seite.« (ibd., 24). –
Man wird diesen Satz interpretatorisch nicht überfrachten, wenn man ihn als
eine Selbstcharakteristik liest.

Unter diesem Aspekt sind auch Schleiermachers Gelegenheitsäußerungen zu
den Bekenntnisschriften zu interpretieren, die im nächsten Abschnitt vorgeführt
werden sollen, auch bestimmte charakteristische Züge der Glaubenslehre empfangen von hier aus Beleuchtung.

Die kirchenpolitischen Kämpfe der Restaurationszeit haben dazu geführt, daß
Schleiermacher zunehmend enger an die Erben der Aufklärungstheologie, die
Rationalisten, heranrückte, die wissenschaftlich seine Gegner waren und blieben. Im zweiten Sendschreiben an Lücke hat er dies gerechtfertigt: »Tritt nun
eine einseitige Tendenz so stark hervor, als hierbei geschehen ist: so ist es meine,
ich weiß nicht, soll ich sagen Art oder Unart, daß ich aus natürlicher Furcht, das
Schifflein, in dem wir alle fahren, möchte umschlagen, so stark, als bei meinem
geringen Gewichte möglich ist, auf die entgegengesetzte Seite trete.« (ed. Mulert, S. 44)[32].

B. Schleiermachers Stellungnahmen zur Bekenntnisfrage – Ein Überblick

Nachdem im vorigen Abschnitt mit wenigen groben Strichen eine Skizze von
Schleiermachers Einschätzung der kirchlichen und theologischen Lage seiner
Zeit und seiner Stellung innerhalb ihrer gezeichnet worden ist, soll in den
folgenden Abschnitten erörtert werden, welchen Stellenwert er den Bekenntnisschriften der Reformationszeit für das kirchliche Leben und die theologische
Arbeit der Gegenwart beigemessen hat. Gleichsam die Schnittfläche dieser
beiden Untersuchungsperspektiven bilden diejenigen Schriften, die, indem sie
in die theologisch-kirchenpolitische Tagesdebatte eingreifen, die Bekenntnisfrage zum Gegenstand haben. Es sind dies der Aufsatz »Ueber den eigenthümlichen
Werth und das bindende Ansehen symbolischer Bücher«, das Sendschreiben
»An die Herren D.D.D. von Cölln und D. Schulz« sowie die das letztere

---

[32] Hierher gehört auch SCHLEIERMACHERS Zusammenarbeit mit den Rationalisten J. FR. RÖHR
und J. SCHUDEROFF bei der Herausgabe des »Magazin für Fest-, Gelegenheits- und andere
Predigten« seit 1823. Er bemerkt hierüber brieflich an Gaß (Br. IV, 318): »Es wird so oft
gefabelt von einer Kirchentrennung zwischen Supranaturalisten und Rationalisten und überhaupt so viel Absonderung getrieben, daß ich denke, man muß sich auf jede Weise, die sich
darbietet, für das Gegentheil aussprechen.« Hierbei ist zu bedenken, daß ungefähr gleichzeitig
RÖHR in seiner »Kritischen Predigerbibliothek« die Erstauflage der Glaubenslehre äußerst
unfreundlich rezensierte (vgl. KGA I.7, 3, S. 505 ff.).

verteidigende und erläuternde »Vorrede zu den Predigten in Bezug auf die Feier des Uebergabe der augsburgischen Confession«.

Die Augustanapredigten[33] selbst fügen sich nicht in dieses genus. Sie legen in homiletischer Form Rechenschaft von Schleiermachers Deutung des Neuprotestantismus und seines Verhältnisses zu seiner reformatorischen Urgestalt ab. Wohl ist die Bekenntnisfrage Anlaß der Reihe (vgl. die Predigten I–III), charakteristisch ist aber, daß sie zugunsten der Interpretation von Sachaussagen reformatorischer Theologie und der Frage nach deren Verantwortung in der Gegenwart zurückgenommen wird. – Diese Vorgehensweise ist natürlich als solche eine implizite Stellungnahme: Sie besagt, daß es eben bei der Frage nach den reformatorischen Bekenntnissen nicht um ein Mehr oder Minder der Geltung eines Lehrgesetzes geht, sondern, ihren eigen Intentionen gemäß, um die Frage nach der Richtigkeit ihres theologischen Inhalts.

Im folgenden sollen diese drei Schriften nach Veranlassung und Argumentationsgang kurz dargestellt werden. Ihre systematischen Hauptintentionen, die wegen ihres Charakters als Gelegenheitsschriften in ihnen nicht in vollem Umfang zur Geltung kommen, werden im nächsten Abschnitt (III.C) in thematisch orientierter Gliederung und auf erweiterter Quellenbasis dargestellt.

1. Der Aufsatz über den eigentümlichen Wert und das bindende Ansehen symbolischer Bücher

»Werth« entstand in der Pfingstwoche 1818[34] und erschien im »Reformations Almanach auf das Jahr 1819«, ed. Fr. Keyser, Erfurt o. J. Nicht nur zeitlich und äußerlich, sondern auch sachlich steht die Schrift in engem Zusammenhang mit der Kontroverse mit Ammon. In der Schrift gegen Ammon[35] hatte sich Schleiermacher neben der mehr persönlichen Kritik an Ammons opportunistischer Inkonsequenz mit seiner und Harms' Kritik am Vollzug der preußischen Union auseinandergesetzt. In »Werth« nun wird ein anderes Kontroversthema beleuchtet. In der 50. seiner 95 Thesen hat Harms behauptet: ». . . Wir haben ein festes Bibelwort, darauf wir achten, 2.Petr 1,19; und daß Niemand mit Gewalt uns dasselbe drehe gleich einem Wetterhahn, davor ist durch unsre symbolischen Bücher gesorgt«, und weiterhin, die Aufnahme der »Vernunft« in die lutherische Kirche bringe »Verwirrung mit den Bekenntnißschriften, – die nichts anders sind als eine bestimmte allgemein anerkannte Auslegung der h. Schrift.« (These 83)[36].

Diese beiden Thesen, die die Bekenntnisschriften als Lehrgesetz postulieren

---

[33] Vgl. hierzu auch diese Arbeit oben I.C.2.

[34] Vgl. Br. Meisner III, S. 276 f., 11. V. 18 an Gaß, vgl. meine im Erscheinen begriffene Edition des Aufsatzes in KGA I.10.

[35] Vgl. ibd., weiterhin ibd., 271 f., 14.III. 18 an Arndt, ibd., 293–295, 31.I. 19 an A. zu Dohna. Zur Kontroverse s. diese Arbeit oben II.A. (S. 109).

[36] Zitiert nach dem Abdruck in: Claus Harms, Lebensbeschreibung, verfasset von ihm selber, Kiel 1851, S. 229–241.

und damit der Aufklärungstheologie das Lebensrecht in der Kirche bestreiten, hatte Ammon stillschweigend gebilligt (An Ammon, I, 5, 334 f.).

Herrscht in der Schrift gegen Ammon der Ton bitter-ironischer, gereizter Invektive, so argumentiert Schleiermacher in »Werth« (I, 5, 423–445, im folgenden nur mit Angabe der Seitenzahl zitiert) mit ruhig-überlegener Sachlichkeit; der Bezug auf die laufende Debatte tritt fast gänzlich zurück.

Einleitend bemerkt er, daß das Thema seit langer Zeit Anlaß zu kontroversen Erörterungen gegeben hat, in denen wohl kaum ein Aspekt der Frage unbeachtet geblieben sei (425). Seit dem Reformationsjubiläum hat das Thema neue Aktualität gewonnen, weil die Frage nach dem Zustand der evangelischen Kirche allgemein ». . . von vielen mit jener andern in Verbindung gesezt ward, ›ob sie sich mit Ernst und Treue an ihre Bekenntnißschriften halte und diese in dem ihnen gebührenden Einfluß schüze?‹« (ibd.): Die Bekenntnisfrage wird nicht – wie noch in den Kontroversen um das Wöllnersche Religionsedikt – als *eine* vornehmlich juristische Frage traktiert, sondern als *die* Lebensfrage. Überraschend ist die restaurative Radikalität, mit der die Forderung nach deren Geltendmachung vorgetragen wird: Sie zielt darauf ab, die Resultate der Aufklärung als von der Bekenntnislehre abweichend völlig auszumerzen, ein extremer Umschwung der Meinungen, ». . . wenn man sich des großen Einflusses erinnert, den bis vor nicht gar langer Zeit so viele ehrenwerthe und unvergeßliche Männer ausgeübt haben, welche sich allem Zwange der symbolischen Bücher widersezten und in ihren eigenen Ansichten ganz offenkundig von ihnen abwichen.« (ibd.). Wirkt sich diese Tendenz in konkreten Maßnahmen aus, so wird dadurch das kirchliche Leben, das gerade einen neuen Aufschwung nimmt, in seiner weiteren Entwicklung entscheidend geprägt. Darum ist es nötig, daß auch die sich zu Wort melden, »die eine entgegengesetzte Ueberzeugung hegen« (426). Seinem Vorsatz, bei seinen Darlegungen sich aller »geschichtlichen Deductionen« zu enthalten (ibd.), ist Schleiermacher allerdings flagrant untreu geworden.

Die Ausgestaltung seiner Argumentation entspricht der Selbsteinschätzung seiner Stellung innerhalb der Debatte: Indem er jenseits der Parteistandpunkte Stellung nimmt, versucht er, die Gegensätze mitsamt ihren Voraussetzungen und Folgerungen verstehend zu rekonstruieren und zu beurteilen.

Die repristinatorische Seite ist bestrebt, die Bekenntnisschriften zur Norm der »öffentlichen Lehre wenigstens in allen gottesdienstlichen Handlungen« (427) zu machen, während der Widerpart jede Verbindlichkeit dieser Dokumente getilgt wissen, sie also allein der Kirchengeschichte überantworten will. »In dieser Einseitigkeit nun scheinen mir beide Theile Unrecht zu haben, in dem was sie behaupten – und nur Recht in dem was sie verneinen.« (427). Die Symbolbefürworter sind grundsätzlich im Recht, wenn sie sich gegen Verfall und religiöse Entleerung des kirchlichen Lebens wenden, allein: dagegen ist die Lehrverpflichtung kein taugliches Mittel. Ebenso berechtigt ist das Eintreten der Symbolgegner gegen die Einschränkung der Geistesfreiheit: Aber eine Rückbesinnung auf die ersten Dokumente des reformatorischen Christentums bedroht diese nicht notwendig. Der Löwenanteil der Schrift (427–445) bestreitet die Argumente für eine Lehrverpflichtung, während nur auf wenigen Seiten der »eigenthümliche Werth« der Bekenntnisschriften mit praktischen Nutzanwendungen skizziert wird (445–454). – Zunächst beruht es auf einer falschen Auslegung des Augsburger Religionsfriedens, wenn geltend gemacht wird, die Rechtsstellung der evangelischen Kirche beruhe auf ihrem Festhalten an der Lehre der Bekenntnisschriften (427–432). Im Unterschied zur Zeit der pfälzischen Händel (430 f.) ist die theologische Debatte kein Ausnahmefall mehr, sie vollzieht sich fortgehend und nicht mehr unter Erfolgszwang auf offiziellen Religionsgesprächen. Schwerer wiegt der zweite Grund, der für die Verpflichtung geltend gemacht wird: Sie sei ». . . nothwendig um die evangelischen Christen in ihrem Glaubens- Besizstande sicher zu stellen gegen die Geschäftigkeit vorzüglich solcher Geistlichen welche sich von allen Grundlehren der Kirche losgesagt haben und unter dem Schuze einer unbegrenzten Lehrfreiheit einen leeren Unglauben verbreiten.« (432). Gibt es nur wenige solche Geistliche, so ist es verfehlt, die Freiheit aller ihretwegen so drastisch einzuschränken. Ist ihre Anzahl groß, so läßt das darauf schließen, daß sie eine große Zahl gleichdenkender Laien repräsentieren. Sie werden dann mit inneren Vorbehalten die Verpflichtung übernehmen, ohne ihre Lehrweise zu ändern, und niemand wird sie belangen (432 f.). Sollte es trotzdem zu Verfahren kommen, die nicht als reine Gewaltmaßnahmen gehandhabt werden, so wird sich zeigen, daß die Bekenntnisschriften sich als starre Lehrnormen nicht viel besser eignen als die Hl. Schrift: »Und wie sich für die höhere Auslegung, welche erstlich einen Schriftsteller so gut zu verstehen sucht als er sich selbst verstanden hat, dann aber noch besser, auch an den symbolischen Büchern ein weites Feld eröffnet, das werden einige kurze Andeutungen zur Genüge zeigen.« (435). Zunächst wird man bemüht sein, die einzelnen Formeln immer »in dem mindest lästigen Sinne« (ibd.) zu interpretieren. Sodann werden die einzelnen Bekenntnisschriften im Rahmen der speziellen Theologie ihrer Verfasser ausgelegt und auf mittelalterlich-vorreformatorisches Gut hin untersucht werden. Es können auch solche Streitfragen nicht als durch sie entschieden gelten, die erst nach ihrer Abfassung entstanden sind. Endlich müßte für die Auslegung der Bekenntnisschriften prinzipiell dieselbe Freiheit gelten, die deren Verfasser bei der Schriftauslegung in Anspruch genommen haben (435 f.). Kurz: Eine Vereinheitlichung des theologischen Meinungsspektrums läßt sich unter den Bedingungen des modernen Umganges mit historischen Dokumenten durch ein gesetzliches Geltendmachen der Bekenntnisschriften nicht erreichen.

Eine weitere Konstellation ist denkbar: Die Bekenntnisverpflichtung wird eingeführt bzw. verschärft, *weil* eine allgemeine Rückwendung zum Christentum des Neuen Testaments und der Reformatoren erfolgt ist (437). Dann ist darauf zu achten, daß nicht einzelne weiterhin in aufgeklärt-rationalistischem Geiste ihr Amt wahrnehmen. Diese müssen von den Gemeinden aufgespürt werden, denen dazu die Fähigkeiten fehlen (vgl. 438), zudem würde hierdurch das Verhältnis zwischen Geistlichen und Gemeinden zerrüttet und vergiftet (vgl.

439). Dagegen kann eingewandt werden, diese Probleme ergäben sich nur für eine Übergangszeit. Von deren Ende malt Schleiermacher ein düsteres Bild: Es ist erst erreicht, wenn »durch diese Maaßregel das beste in unserer Theologie untergegangen ist, und kein Zusammenhang mehr zwischen ihr und der allgemeinen wissenschaftlichen Bildung stattfindet; . . .« (440 f.): Die Exegese reduziert sich zu Grammatik und Lexikographie, die Dogmatik verkümmert zur Repetition, hinter beider offizieller Gestalt wird sich eine esoterische Geheimlehre bilden, die irgendwann wieder durch die beengenden Krusten hindurchbrechen wird (vgl. 441 f.).

All diese Ausführungen stehen unter der stillschweigenden Voraussetzung, die Bekenntnisschriften seien unveränderlich. Aber auch deren fortgesetzte Revision führt wieder in neue Aporien: Wie soll ein und derselbe Personenkreis auf sie verpflichtet sein und gleichzeitig ihre Veränderung vorbereiten, und, vor allem, welche Instanz sollte solch eine Revision, ist sie erfolgt, rechtlich in Geltung setzen? – Aus all diesen Erörterungen folgert Schleiermacher, ». . . daß der eigenthümliche Werth der symbolischen Bücher nicht in demjenigen bindenden Ansehen bestehe, welches einige für sie aufrichten wollen, und welches unserer ganzen Kirche so gefährlich werden kann, daß ehe wir eine Norm neben der Schrift aufstellten, wir es lieber darauf wagen müßten, die Kirche den Kampf mit dem Unglauben immer wieder aufs neue bestehen zu lassen.« (443). – Eine Besinnung auf die gegenwärtige Situation stützt diese These: Die Neubesinnung auf das historische Christentum in der Folge der Befreiungskriege läßt sich in keiner Weise auf das Erfolgskonto lehrgesetzlicher Bindungen buchen, ihre Sicherstellung kann nur auf dieselbe Weise erfolgen wie ihr Beginn, nämlich durch freie Überzeugung (444). Diesem Prozeß kann und soll auf institutionelle Weise Vorschub geleistet werden, so durch die Schaffung einer Verfassung, die der Kirche zur Selbstverwaltung dient: »Dann wird unsere Kirche durch freie Uebereinstimmung der Gemüther im Glauben dieselbe bleiben, sich der Einheit ihres Daseins lebendig bewußt sein, und es fühlen wie jede lebendige Regung in ihr aus dem ursprünglichen Princip hervor geht.« (445).

Nun wendet sich Schleiermacher denen zu, die den symbolischen Büchern alles »eigenthümliche Ansehen« absprechen, denn ein solches Urteil verrate einen »gänzlichen Mangel an geschichtlichem Sinn« (445 f.). Die Bekenntnisschriften zeichnen sich vor anderen Dokumenten der Geschichte des Protestantismus dadurch aus, daß sie deren Anfang markieren und keine literarischen Privaterzeugnisse sind, sondern offiziell den Glauben der sich neu bildenden Kirche repräsentieren. Insofern ist es richtig, daß jeder »ihnen Gewähr leisten muß, der zu dem ganzen welches durch diese Gesinnung beseelt ist, gehören will.« (446). Es geht nur um Maß und genauen Gegenstand der Verpflichtung. Schleiermacher stellt zwei Grenzpunkte auf: Einerseits geht es nicht an, die Bekenntnisschriften neben oder gar über die Schrift zu stellen, andererseits stehen sie wegen ihrer geschichtlichen Bedeutung über den übrigen reformatorischen Privatschriften. Wie in der Schrift sich zuerst das Christentum auf bleibende Weise Ausdruck verschafft hat, so der Protestantismus in den Bekenntnisschriften (vgl. 448). Der qualitative Unterschied nun liegt darin, daß das Christentum ungeachtet seiner historischen Verwurzelung im Judentum »etwas ganz eigenes und neues« ist (447), nicht so der Protestantismus, in dessen Bekenntnisschriften sich auch kein »neuer« (ibd.) Geist manifestiert, »sondern nur freier geworden und in eine bestimmte Zeit und einen bestimmten menschlichen Charakter sich hinein bildend der christliche Geist; . . .« – Der Protestantismus bleibt als Individuation der höheren Einheit »Christentum« ein- und untergeordnet, darum können die Dokumente seines Ursprungs nur eine von der Schrift abgeleitete und ihr streng untergeordnete Autorität beanspruchen. Es liegt hier also deutlich eine Anwendung der individualitätstheoretischen Seite von Schleiermachers Reformations- und Protestantismusdeutung vor (s. diese Arbeit oben Kap. I.)

Weiterhin bindend und gültig sind diejenigen Inhalte der Bekenntnisschriften, die den reinigenden, polemischen Charakter der Reformation zum Ausdruck bringen. – »Nimmt man nun diese beiden Punkte zusammen, daß unsere symbolischen Bücher im engeren und am allgemeinsten anerkannten Sinne[37] allerdings die erste öffentliche Darlegung protestantischer Denkart und Lehre sind; dann aber auch, daß sie in sofern ganz nach außen gerichtet sind, um unsern Gegensaz gegen die katholischen festzustellen« (451), so enthalten sie bis heute »die Punkte von denen alle Protestanten ausgehen müssen, und um die wir uns daher auch alle immer sammeln müssen.« (ibd.). Schleiermacher konkretisiert diese Aussage, indem er den Entwurf einer Verpflichtungsformel für Geistliche[38] beifügt, die sich auf »alles was in unsern symbolischen Büchern gegen die Irrthümer und Mißbräuche ⟨. . .⟩ gelehrt ist« (ibd.) bezieht. Damit ist die »wahre und ursprüngliche Würde« (453) der Bekenntnisschriften zum Ausdruck gebracht, und es steht zu wünschen, daß sie unter dieser Voraussetzung zur Stärkung des protestantischen Selbstbewußtseins auch in breiteren Bevölkerungsschichten Kenntnisnahme finden (vgl. 452 f.). Gegen die »naturalistischen und freidenkerischen Abschweifungen« sind sie freilich stumpfe Waffen, weil diese gar nicht in ihren ursprünglichen Horizont gehören (vgl. 452).

Die Bekenntnisschriften mußten in einer Zeit den Einheitspunkt der evangelischen Kirche bilden, als es keine anderen gemeinschaftlichen Institutionen gab, die diese Aufgabe übernehmen konnten. Jetzt, da der Anfang dazu gemacht wird, die evangelische Kirche mit einer adäquaten Verfassung zu versehen, die »die unserer Kirche unentbehrliche freie Beweglichkeit im Schriftforschen und Schriftanwenden mit dem Interesse an ihrer Einheit und Festigkeit« (453 f.) zugleich gewährleistet, brauchen die Bekenntnisschriften diese ihnen eigentlich fremde Rolle nicht mehr stellvertretend zu übernehmen. »Jezt erst wird es möglich sein, in Bezug auf diese ehrwürdigen Schriften und die Art wie sie fortwährend in unser Leben eingreifen sollen allmählig den rechten Punkt zu finden.« (454).

---

[37] Zu Schleiermachers Abgrenzung der »echten« protestantischen Bekenntnisschriften s. o. Kapitel II. A.

[38] Dieser Entwurf wird unten, III. C. 2, eingehender interpretiert.

2. Die Kontroverse mit von Coelln und Schulz

Das Sendschreiben an von Coelln und Schulz, die Vorrede zu den Augustanapredigten und die Predigten selbst stehen in engem Zusammenhang, wiewohl
die Predigten, wie oben bemerkt, die Grenzen des genus »Gelegenheitsschrift«
sprengen.

Alle drei Texte entstanden im Umkreis des CA-Jubiläums im Jahre 1830, das
seinerseits durch den sogenannten »Hallischen Theologenstreit«[39] geprägt und
überschattet wurde. Ausgelöst wurde diese Kontroverse durch einen anonymen
Artikel mit dem Titel »Der Rationalismus auf der Universität Halle« – der
Verfasser war Ernst Ludwig von Gerlach, damals seit 1829 Landgerichtsdirektor
in Halle – in den Heften Nr. 5 und 6 der Evangelischen Kirchenzeitung des
Jahrganges 1830 (Sp. 38–40. 45–47). Er basiert auf Nachschriften aus den
Kollegs der Professoren Gesenius und Wegscheider und dokumentiert deren
rationalistische Wunderdeutung sowie einige mehr oder weniger geschmack-
volle Scherze. Hieraus wird die Folgerung gezogen, die Studenten würden
durch solchen akademischen Unterricht für das geistliche Amt untauglich gemacht, wenn nicht ganz von der Theologie entfremdet (EKZ 1830, Sp. 46).
Dem Insistieren auf der akademischen Lehrfreiheit hält der Autor entgegen, die
Professoren hätten ein Lehrprivileg inne, woraus folge, »daß damit die Pflicht
der reinen Lehre nach den Bekenntnißschriften der Kirche verbunden seyn muß,
und daß die Anwendung des Grundsatzes unbedingter Lehrfreiheit auf unsere
Professoren der Theologie den schmählichsten Zwang für die Studirenden und
für die Kirchen, deren Lehrämter aus denselben besetzt werden, zur Folge haben
müßte.« (ibd., 47), Endlich wird die Bitte ausgesprochen, diese Mitteilungen
möchten »die ernste Aufmerksamkeit aller derer, die es angeht« auf Halle richten
»und ihre Herzen erwecken, durch Gebet, Wort und That die Wunden heilen zu
helfen, die der Unglaube diesen durch die Reformation so reichlich gesegneten
Ländern geschlagen hat.« (ibd.). Dieser denunziatorische Artikel, der faktisch
die preußische Regierung zum Einschreiten gegen Gesenius und Wegscheider
auffordert und ihr überdies nahelegt, die Lehrfreiheit an den unter ihrer Obhut
stehenden theologischen Fakultäten durch strenge Verpflichtung der Lehrenden
aufzuheben, rief neben einer offiziellen Untersuchung – sie endete mit der
Rehabilitation der Denunzierten – und Injurienprozessen, die die beiden ihrerseits gegen v. Gerlach anhängig machten, eine Flut von Streitschriften hervor.

Aus der noch ungeklärten Situation nach Erscheinen des Artikels heraus
entstand so auch »Ueber theologische Lehrfreiheit auf den evangelischen Universitäten und deren Beschränkung durch symbolische Bücher. Eine offene
Erklärung und vorläufige Verwahrung von D. Dan. v. Coelln und D. Dav.
Schulz« (Breslau 1830, im folgenden zitiert als »v. V. «)[40]. Die Schrift erörtert die

---

[39] Zur Geschichte des Streites vgl. J. Bachmann, Hengstenberg, Bd 2, S. 177 ff. und W.
Schrader, Geschichte der Friedrichs-Universität zu Halle, Zweiter Teil, S. 165–175. 545–547
(dort die königlichen Erlasse, die Gesenius und Wegscheider faktisch rehabilitierten).
[40] Die Broschüre wurde am 15. IV. 30 beendet (vgl. v. V. 38). Schleiermacher hatte sie durch

Bekenntnisfrage im Horizont des Streits und des herannahenden Augustanajubiläums. Die Autoren konstatieren einleitend, daß die Debatte zum richtigen Zeitpunkt stattfindet, denn: »Die Begehung der letzteren ⟨scil. Jubiläumsfeier⟩ nämlich scheint, wenn sie überhaupt einen Sinn haben soll, den *erneuerten Beitritt* zu jener Glaubenserklärung und die Wiedereinsetzung derselben in ihre frühere, aber in praxi längst verjährte, Verpflichtungskraft für die Lehrer der evangelisch-lutherischen Kirche schon durch den Act selbst mit sich zu führen. Denn das Gedächtniß⟨!⟩ eines Bekenntnisses, zu welchem man sich nicht mehr bekennt, würde entweder eine verächtliche Heuchelei seyn, oder offenbare Folgewidrigkeit.« (v. V., 5). Würde die Frage allein in akademischer Abgeschiedenheit diskutiert, so stünde zu hoffen, daß sie einer Lösung nähergebracht würde, und so »der kirchliche Gemeingeist, dessen Mangel unter den evangelischen Christen Deutschlands so drückend gefühlt wird, von Neuem zum erfreulichsten Zusammenwirken für die heiligsten Zwecke belebt werde. Denn es läßt sich nicht in Abrede stellen, daß die immer schroffer hervortretende Differenz in den angeregten Punkten eine *innerliche Auflösung* des kirchlichen Verbandes herbeigeführt habe . . .« (ibd., 5 f.). Durch den Versuch der EKZ, den Landesherrn zu einer Neuauflage des Religionsediktes zu bewegen, ist die Lage noch verschärft worden (ibd., 6—8). Im folgenden legen von Coelln und Schulz dar, daß die Bekenntnisschriften im Streit zwischen Rationalismus und Supranaturalismus gleichsam neutral dastehen, wobei en passant Schleiermachers Glaubenslehre zu den rationalistischen Dogmatiken gezählt wird (vgl. ibd., 9—13). Nachdem die Breslauer sich eingehend kritisch mit der Vorgehensweise und einzelnen Argumenten der EKZ auseinandergesetzt haben, fassen sie ihre »offene Verwahrung und Protestation« (26) prägnant zusammen: Die Verpflichtung auf die Bekenntnisschriften würde die Union zerstören, da es keine gibt, die von beiden protestantischen Kirchen rezipiert worden ist (26—28). Eine Verpflichtung verstieße gegen die Bekenntnisschriften selbst, denn sie »wollen nur insofern verpflichten, als ihre Lehre aus klaren unumstößlichen Zeugnissen der heiligen Schrift geflossen ist« (28 f.), können also dort nicht verpflichtend sein, wo ihre Lehre das Resultat einer nachweislich falschen Exegese ist (29—31).

Drittens muß eine Verpflichtung der Kirche zum Schaden gereichen, weil die meisten Geistlichen bei der Beschaffenheit ihrer theologischen Überzeugungen entweder ihr Amt niederlegen oder zu solchen werden, »welche ihr eigenes Gewissen um weltlichen Vortheils willen verletzt hätten, indem sie mala fide eine Verpflichtung eingingen, nach welcher sie wider ihre eigene bessere Ueberzeugung zu lehren gehalten würden.« (ibd., 31). Zuletzt wäre eine solche Verpflichtung nur durch einen Rechtsbruch möglich: Die Kirche selbst hat keine Beschlußorgane, die sie einführen könnten, und der Staat in der Person des Königs würde seine kirchenrechtlichen Befugnisse eklatant überschreiten (ibd., 32—37). Die Schrift schließt mit dem Ausblick auf eine kommende Zeit, in der

---

einen Studenten schon in Händen, bevor er sie durch die Autoren zugesandt bekam, vgl. Br. Gaß, 225 f., 23. VII. 30, vgl. An vC/S, I,5, 669.

die gegenwärtige Vielfalt in Religion und Theologie überwunden sein wird, so daß die evangelische Kirche wieder ein Lehrbekenntnis hervorbringen kann, das von allen ihren Gliedern anerkannt und verteidigt wird (38).

Schleiermachers Sendschreiben an von Coelln und Schulz erschien im 1. Heft des Jahrgangs 1831 der »Theologischen Studien und Kritiken« (S. 3–39)[41] (im folgenden zitiert nach dem Abdruck SW I,5, 667–702 mit Angabe der Seitenzahl). Es ist seine literarische Stellungnahme zum hallischen Streit. Indem er sich bei grundsätzlicher Einigkeit in der Frage nach der lehrgesetzlichen Geltung der reformatorischen Bekenntnisse doch in einigen wichtigen Punkten von seinen Breslauer Kollegen absetzt, vermag Schleiermacher seine eigene Position im Gegensatz sowohl zur Neuorthodoxie des Kreises um die EKZ als auch zum Rationalismus besonders differenziert darzustellen. Die Argumentation ist dadurch gekennzeichnet, daß in einer Weise, die das Verständnis erschwert, ganz pragmatische, allein auf den gegenwärtigen status controversiae bezogene Argumente mit prinzipiellen und neuartigen Erwägungen verknüpft sind, besonders in der Neufassung der Kirche als einer Glaubensgemeinschaft, die das größte denkbare Maß an Lehrverschiedenheit in sich zu ertragen und zu verarbeiten vermag.

Zuerst wendet Schleiermacher gegen die Breslauer ein, daß auch ein Theologe, der durchaus keine Lehrverpflichtung auf die CA befürwortet, guten Gewissens an den Feierlichkeiten teilnehmen kann. Er darf und soll auf der Kanzel durchaus auf die Mängel hinweisen, mit denen das Bekenntnis behaftet ist (vgl. An vC/S, I,5, 672)[42], dies um so mehr, als schon Melanchthon selbst die Änderungs- und Verbesserungsbedürftigkeit der CA durch die Tat anerkannt hat (ibd.). Der eigentliche Gegenstand des Festes ist nicht der dogmatische Gehalt, sondern die Tat der Übergabe der Bekenntnisschrift, sie war es, die die evangelische Kirche als Einheit gegenüber Reich und alter Kirche konstituierte (673).

Der zweite Einwand schließt sich an: Hat sich schon der reformatorische Protestantismus der römischen Kirche gegenübergestellt als eine kirchliche Gemeinschaft, die mit der »Knechtschaft des Buchstabens« den Zwang zur Lehruniformität verneint, so ist es nicht angängig, die gegenwärtige Situation wegen ihres theologischen Pluralismus als »Auflösung des kirchlichen Verbandes« zu

---

[41] Das Heft der Studien und Kritiken muß jedoch schon im Herbst oder Winter 1830 erschienen sein. Folgende Belege machen diese Annahme unabweislich. In einem Brief an Henriette Herz (Br. II, 449 f.) schreibt SCHLEIERMACHER, er werde gedrängt, die Augustanapredigten drucken zu lassen. Der Brief ist vom Herausgeber auf den 23. X. 31 datiert. Die Vorrede zur Druckfassung der Predigten trägt das Datum »im October 1831« (I,5, 725). Der Brief ist folglich auf 1830 umzudatieren. – Im selben Brief nun bemerkt SCHLEIERMACHER, er habe vom Sendschreiben nur sehr wenige Exemplare (Br. II, 450) – er muß also zumindest schon Sonderdrucke in Händen haben. In einem Brief an Gaß vom 18. XI. 30 (Br. Gaß 228 f.) meldet Schleiermacher diesem, daß er über die wenig erfreute Reaktion der Breslauer über sein Sendschreiben informiert ist. – Sie müssen also zumindest von ihm mit Sonderdrucken bedacht worden sein; vgl. auch meine im Erscheinen begriffene Edition des Sendschreibens in KGA I. 10.

[42] S. die wörtlichen Berührungen II,2, 627, 2. CA-Predigt.

charakterisieren (673 f.). Anlaß zu dieser Klage könnte allein vorherrschende Gleichgültigkeit gegenüber religiösen und theologischen Fragen geben, wie sie am Ende des 18. Jahrhunderts herrschte: die gegenwärtige Situation aber bietet ein entgegengesetztes Bild, zumal bei vielen »gemeinnüzigen und wohlthätigen Vereinen der thätige Glaube das leitende Princip ist« (674), in denen Vertreter der verschiedenen Richtungen gemeinsam wirken. Der Streit ist letztlich nur »freies Zusammenwirken zur fortgehenden Berichtigung christlicher Einsicht« (ibd.) und repräsentiert einen Prozeß, der im Protestantismus seit 300 Jahren im Gange ist: Die unfruchtbarsten Perioden in seiner Geschichte waren diejenigen, in denen er – scheinbar – ruhte, und der permanenten lebendigen Kontroverse ist aller Fortschritt in der theologischen Wissenschaft zu verdanken (675). – Von diesem Standpunkt aus muß Schleiermacher auch den Wunsch der Breslauer, es möge ein neues Bekenntnis geben, als trüglich einstufen (697 ff.). Zwar stimmt er mit seinen Kontrahenten darin überein, daß der dogmatische Gehalt der Augustana nicht geeignet ist, die gegenwärtige evangelische Lehre gültig zu repräsentieren, und daß gegenwärtig keine Bekenntnisformel denkbar ist, die einen umfassenden Konsens herstellen könnte (697). Er folgt ihnen aber darin nicht, daß sie diesen faktisch bekenntnislosen Zustand als Notstand qualifizieren. Die Breslauer rechnen – wobei sie sich, Schleiermacher läßt sich die Gelegenheit zum Seitenhieb nicht entgehen, mit einem »von den Schriftstellern der evangelischen Kirchenzeitung« (702)[43] in Übereinstimmung befinden – eine normative Lehrgrundlage zu den auf die Dauer notwendigen Konstanten des kirchlichen Lebens. Dem nun widerspricht Schleiermacher, indem er das Phänomen des Bekenntnisses im protestantischen Bereich am Beispiel der CA konsequent von seiner historischen Wurzel her interpretiert: Die Bekenntnisschriften waren allein wegen der kontingent-historischen Umstände, unter denen sich die Bildung der evangelischen Kirche in der Ablösung von der römischen vollzog, notwendig (698 f.)[44]. Die Bildung eines neuen Bekenntnisses ist in der Gegenwart nur dann angebracht, wenn es zu einer der damaligen analogen Situation kommt, in dem Fall nämlich, daß sich die evangelische Kirche spaltet, »und eine weltliche Macht Kenntniß nehmen müßte von den Grundsäzen einer neu zu organisirenden Gemeinschaft« (698, vgl. auch 687)[45].

---

[43] Vgl. ⟨E. W. Sartorius⟩: »Die Augsburgische Confession 1530 und 1830«, in: EKZ 1830, Nr. 48, Sp. 377–384, Nr. 49, Sp. 385–387, bes. Sp. 385: »Sie vergessen aber, daß es grade zum Grundcharakter des Protestantismus gehört, sich ⟨...⟩ auf unwandelbar schriftliche Grundlagen zu basiren...«

[44] Vgl. oben, Kap. II.

[45] Im Hintergrund dieser Argumentation steht eine Bestimmung des Preußischen Allgemeinen Landrechts von 1794. In der Konsequenz der staatlichen »Oberaufsicht« über alle Kirchengesellschaften im Land (Zweiter Theil, Eilfter Titel, Erster Abschnitt § 32) ist die Regierung berechtigt, von jeder Kirchengesellschaft verbindlich Rechenschaft über deren Lehre einzufordern: »§ 33. Der Staat ist berechtigt, von demjenigen, was in den Versammlungen der Kirchengesellschaft gelehrt wird, Kenntniß einzuziehen.« – Hierzu ist noch zu vergleichen Schleiermachers Gedankenspiel mit der Möglichkeit einer Separation im Zuge des Agendenstreites, Gespräch zweier..., I,5, 615: Eine neue kirchliche Gemeinschaft wird sich zur CA bekennen »in allem dem ⟨...⟩, was sie gegen die damaligen Mißbräuche und Irrlehren der katholischen

Ein solches Bekenntnis träte seiner Art und Wirkung nach in Analogie zur CA: »in Beziehung auf die weltliche Macht und ein äußeres Publicum zusammengestellt« (698), würde es legitimer Weise nach innen kaum Einfluß haben. Von einem neuen Bekenntnis, das die Kirche von sich aus aufstellt, kann sich Schleiermacher keinerlei positive Wirkungen erhoffen: Daß es auf Dauer die Lehreinheit nicht erhalten kann, zeigt die Wirkungsgeschichte der CA, die immerhin im Verlaufe eines epochalen Umbruchs von hervorragenden Individuen geschaffen wurde – wieviel weniger kann dann ein in ruhigeren Zeiten, »wo so viel mehr Gleichheit herrscht« (699) verfaßtes Dokument diese Wirkung zeitigen?

Ein neues Bekenntnis hätte allein die Wirkung, daß anhand seiner dogmatischen Autorität die Ausscheidung Andersdenkender aus der kirchlichen Gemeinschaft erleichtert würde – und das ist nicht wünschenswert: Streitigkeiten entspringen ja nicht aus persönlicher Willkür, sondern sie gehen notwendig aus dem besonderen Charakter der evangelischen Kirche hervor: Das einzige in ihr gültige Wahrheitskriterium, die Schriftgemäßheit, bedingt seinerseits »nach dem Standpunkt unserer Kritik und Auslegungsweise« (ibd.) Pluralität und damit Kontroversen, die besonders gehässig werden, wenn eine Lehrnorm besteht, wie schon die Debatte um eine Wiederaufrichtung der Symbolverpflichtung zeigt. Ein neues Symbol würde – selbst wenn in Zeiten herrschender Eintracht verfaßt – all diese Miseren für eine fernere Zukunft wieder heraufbeschwören – aber gerade in Zeiten der Eintracht empfindet niemand die Notwendigkeit eines Lehrbekenntnisses: So kann Schleiermacher resümieren: ». . . wenn es ⟨scil. ein Symbol⟩ leicht zu machen ist, ist es am wenigsten nöthig, und wenn es am nöthigsten wäre, ist es nicht zu Stande zu bringen«. (700).

Sodann konstatiert Schleiermacher einen Dissens mit den Breslauern hinsichtlich der Frage nach den Auswirkungen einer Verschärfung der Symbolverpflichtung auf die Pastorenschaft (s. o. S. 159). Der schroffen Alternative, die von Coelln und Schulz aufgestellt haben, bestreitet Schleiermacher die Plausibilität (vgl. 680–682. 686 f. 696 f.). Er hofft, daß kein Geistlicher sein Amt niederlegen wird, wenn ihm eine neue Lehrverpflichtung auferlegt wird. Dem ˋsteht die Bedeutung des Pfarramtes als »Beruf« im reformatorisch-theologischen Sinne entgegen: Verdankt der Einzelne zwar sein Amt äußerlich der rechtlich verfaßten Kirche mit ihren Ordnungen und Satzungen, so verwaltet er es doch in dem Bewußtsein, daß es ihm »von Gott anvertraut worden ist und daß er diesem Rechenschaft darüber abzulegen hat«. (681). Er wird es also nicht »andern zu lieb und zu gefallen« (ibd.) niederlegen, sondern nur, wenn sein Gewissen ihn zu diesem Schritt treibt – will man seiner ledig werden, so muß ihn die vorgeordnete Behörde aus eigener Machtvollkommenheit absetzen. Das gilt auch bei solchen Geistlichen, die sich schon bei ihrer Ordination auf die Bekenntnisschriften verpflichten mußten, denn sie werden »nachweisen können daß von beiden Theilen ⟨Ordinator und Ordinanden⟩ durch die That anerkannt worden, diese

---

Kirche feststellt, ohne jedoch auch alle diejenigen Säze anzunehmen welche dort auf die Autorität der Kirchenversammlungen aufgestellt sind, . . .«

Verpflichtung werde jezt nur noch als eine Förmlichkeit gefordert und geleistet« (681). Ein Appell an diese Verpflichtung könnte ihnen keine Verbindlichkeit auferlegen, und eine Neuverpflichtung wäre problematisch, weil durch sie
die Bedingungen, unter denen der Geistliche sein Amt angetreten hat, einseitig
verändert würden (ibd.). Es bliebe also nur die einseitig verfügte Absetzung,
verbunden mit der Gefahr, daß die betroffenen Gemeinden sich aus Solidarität
mit ihren Geistlichen separieren (681 f. 686 ff.). Zudem behauptet Schleiermacher, daß mancher Geistliche wohl eine neueingeführte Lehrverpflichtung unterschreiben wird, obschon sie seinen Überzeugungen nicht entspricht, und
dennoch »nichts weiter an seiner Lehrweise ändern ⟨würde⟩, so daß diese
Unterschrift nur wie ein leeres Blatt wäre in seinem Leben« (696). Er würde
sich, was Schleiermacher für vertretbar hält, vor sich selbst damit rechtfertigen, daß alle Überzeugung letztlich individuell und nicht normierbar ist, daß
also niemand ganz dasselbe für wahr hält wie ein anderer, die Übereinstimmung mit dem Bekenntnis also immer nur eine individuell mehr oder minder
gebrochene ist. Erst dann ist die Verweigerung und Amtsniederlegung sittlich
zwingend, wenn der Einzelne sich dessen bewußt ist, daß seine Überzeugungen so beschaffen sind, daß diejenigen, die seine Lehre bejahen, »nicht zur
Gemeinschaft der Kirche gehören könnten, die sich von diesem Bekenntniß
aus der römischen gegenüber gebildet hat« (ibd.) – eine Auslegung der Bekenntnisverpflichtung, die dieselbe Grenze zieht wie das in »Werth« vorgeschlagene Formular.

Die beiden zuletzt genannten Argumente stehen – obwohl formal gegen von
Coelln und Schulz gerichtet – im Zusammenhang des kirchenpolitischen An-
liegens, das Schleiermacher für das wichtigere gehalten hat. Am 18. XI. 1830
schreibt er an Gaß: »Deine beiden Collegen kommen mir wirklich etwas eingenommen vor, als ob ich nicht eben so gut nur sie zum Vorwand genommen
hätte wie sie das Fest! und als ob nicht die Erklärung gegen alle Symbole und
alle Spaltungen die Hauptsache wäre, also viel mehr für sie als gegen sie darin!«
(Br.Gaß, 228). In der Tat ist es kirchenpolitisch das Hauptanliegen der Schrift,
nachzuweisen, was für Folgen es hätte, wenn den Insinuationen des Kreises um
die EKZ nachgegeben würde, die letztlich die Ausscheidung der Rationalisten
aus der Kirche zum Ziele haben (675 f.). Zu freiwilligem Ausscheiden sind die
Rationalisten nicht zu bewegen, ihr Eintreten für die Union zeigt, daß ihnen
eher daran liegt, die kirchliche Gemeinschaft zu erweitern, als sie zu verengen
(677).

Auch das Angebot völliger Lehrfreiheit außerhalb der Kirche kann nicht
verlockend wirken: Eine so gestaltete akademische Theologie würde schnell
absterben, denn wer sollte sich zu ihrem Studium entschließen, wenn es nicht
mehr zu kirchlichen Ämtern qualifiziert (677 f.)? Allenfalls wäre es denkbar,
daß die Rationalisten, der Streitereien müde, ihrerseits eine schiedlich-friedli-
che Trennung anstreben, dann aber nicht als ausgestoßene Apostaten, sondern
im Zuge einer förmlichen Teilung der Kirche und ihres Vermögens: »Lieben
Freunde, wenn euch so viel daran liegt mit uns auseinander zu kommen: so

gebt euch wenigstens die Mühe die Sache einzurichten, legt uns einen tüchtigen Theilungsentwurf vor mit dem wir zufrieden sein können, dann wollen wir die Sache überlegen.« (678).

»Einige« hat Schleiermacher »besonders schlau gefunden«[46], die den Rationalisten das Ausscheiden zur Gewissenssache machen wollen, weil diese die traditionell-supranaturalistisch geprägte neue preußische Agende nicht vertreten können (678 f.). Dies kann Schleiermacher nicht nachvollziehen: Der rationalistische Geistliche wird mit dieser Agende ebenso verfahren wie mit andern Dokumenten der theologischen Tradition auch, er wird ihr seine – rationalistische – Deutung unterlegen, gestützt auf die Annahme, daß seine Gemeinde, von ihm belehrt und geprägt, genau dasselbe tut (679). Ohnehin hat nicht der Geistliche den Wortlaut der Agende zu vertreten, sondern das Kirchenregiment, das sie angeordnet hat (680). Überhaupt sieht Schleiermacher hinter solchen Diskussionsbeiträgen lediglich »Späher um das Land auszukundschaften« (ibd.), ob eine Regierung bereit ist, eine strenge Lehrverpflichtung einzuführen, eine Maßnahme, die nach Schleiermachers Meinung ohnehin wirkungslos verpuffen wird (s. o.). Ebenso nutzlos wie bei den Geistlichen wäre diese Maßnahme bei den akademischen Lehrern: Wird ein Professor wegen Lehrabweichung abgesetzt, so verleiht ihm das die Gloriole des Märtyrers, die Studenten werden, nötigenfalls auch außerhalb der Landesgrenzen, die Lehre suchen, die man ihnen vorenthalten will (682)[47]. Freiwillig wird sich jedenfalls keine Fakultät bereitfinden, bei der Habilitation »auf strenge Uebereinstimmung mit den symbolischen Büchern zu sehen« (ibd.). Der akademische Theologe kann die Verfasser der Bekenntnisschriften nur für seinesgleichen ansehen: »Sie waren Theologen wie wir; und wir haben denselben Beruf Reformatoren zu sein wie sie, wenn und so weit es nöthig ist und wenn und so weit wir uns geltend machen«. (ibd.). Deshalb sind auch ihre Werke der fortgehenden Kritik nach Maßgabe des Fortschrittes der Erkenntnis ausgesetzt. Exegetische und dogmatische Werke – und das sind die Bekenntnisschriften – veralten notwendig, daran ändert es nichts, daß sie als kirchliche Lehrdokumente sanktioniert sind (683). Will eine Regierung nicht das ganze Universitätswesen grundstürzend »reformieren«, so kann sie auf die akademische Lehre nur durch ihre Berufungspolitik einwirken, wie es ja die preußische getan hat, als sie August Tholuck – gegen den Willen der Fakultätsmehrheit – als Ordinarius nach Halle versetzte (684 f.)[48].

Will die Regierung mit reinen Zwangsmaßnahmen die rationalistischen Geistlichen aus der Landeskirche herausdrängen, so wird das zu einer veritablen Kirchenspaltung führen. Sie sind ja nur Exponenten einer großen Zahl von

---

[46] Vgl. ⟨E. R. Stier⟩: Ein Landpfarrer aus der Provinz Sachsen: Das theologische Catheder und die Kirche oder der Rationalismus und die Agende, in: EKZ 1830, Nr. 44 und 45, Sp. 345–356.

[47] Bei diesem Argument steht sicherlich die Erfahrung der Nutzlosigkeit geistiger Diätpläne im Hintergrund, die Schleiermacher in Barby gemacht bzw. seinen Lehrern vermittelt hat, vgl. die Schilderungen bei DILTHEY, Leben Schleiermachers[2], S. 23–28.

[48] Zu den Querelen um Tholucks Versetzung nach Halle vgl. L. WITTE, Das Leben D. Friedrich August Gotttreu Tholucks, Bd 1, Bielefeld/Leipzig 1884, S. 411–436.

rationalistisch eingestellten Laien, die in manchen Gegenden wo nicht die Mehrheit, so doch eine »auffallende Minorität« (690) bilden. Bei einer solchen Spaltung wäre es schwierig auszumachen, welches die »alte« und welches die »neue«
Kirche ist: Den Staatsbehörden bliebe auf die Dauer nichts anders übrig, als »sich
mit der allgemeinen Staatsaufsicht« zu begnügen (ibd.). Das Bekenntnis, das
eine solche Gemeinschaft dann notgedrungen einreichen müßte (s. o. S. 161
Anm. 45), würde keinesfalls so »derb naturalistisch gegen die öffentliche Lehre
der Kirche polemisch« (687) ausfallen, daß nicht mancher, der seinerseits kein
Rationalist ist – Schleiermacher läßt an seiner eigenen Option keinen Zweifel –
sich dieser Gruppe anschließen wird, um nicht mit »jenen in einer Verschanzung
zusammengesperrt ⟨zu sein⟩, welche der starre Buchstabe bildet« (688 f.).

Dies alles traktiert Schleiermacher so ausführlich, weil die Betreiber einer
engen Bekenntnisverpflichtung sich gar nicht dessen bewußt sind, was sie in
Wirklichkeit bewirken werden, sollten sie Erfolg haben.

Andererseits ist es auch denkbar, daß, wenn die Ausstoßung der Rationalisten
mißlingt, »alsdann ⟨...⟩ einige besonders hizige Gemüther von jener ausschlie-
ßenden Denkart in ihrem ungeduldigen Bestreben sich von der Gemeinschaft
mit fremdartigem zu befreien« (690) ihrerseits den Weg in die Separation antre-
ten[49]. Diese Gemeinschaften würden sich ganz anders entwickeln als der für sich
organisierte freie Protestantismus: Wegen innerer Uneinigkeit in Lehrfragen
werden sie sich weiter und weiter spalten und schließlich ins sektiererische
Abseits geraten, wenn es dem Kirchenregiment nicht gelingt, sie in der Gemeinschaft der Landeskirche zu halten (691 f.). Noch einmal betont Schleiermacher,
daß der Widerpart diese Verwicklungen als solche nicht bezweckt, sondern »sie
meinen es nur gut mit unsern evangelischen Gemeinen, und möchten ihnen eine
Schuzwehr verschaffen gegen ihre Geistlichen, daß diese ihnen nicht predigen
können was sie wollen.« (692). – Aber auch hier kann keine Bekenntnisverpflichtung Abhilfe schaffen: Indifferenz und Pflichtvergessenheit sind nicht
Monopole einer theologischen Schulrichtung (693 f.). Hier kann nur eine pres-
byterial-synodal strukturierte Kirchenverfassung helfen, die die Gemeinden in
die Lage versetzt, ihre Anliegen innerhalb der kirchlichen Leitungsgremien
geltend zu machen (694 f.).

Die Schrift schließt mit einem positiven Ausblick auf die Zukunft: Das Ideal
kirchlichen Lebens, das sich ihm darstellt, kann Schleiermacher nur mittels einer
doppelten Negation fassen: Gegenüber einem Kirchenbegriff, der – letztlich
katholisch – in statutarischer Lehreinheit und autoritativer ethischer Normie-
rung seine Basis hat, ist dem Pluralismus weitestmöglicher Raum zu lassen.
Dieser soll aber eben nicht zu kirchlicher Zersplitterung führen – hier stehen die
nordamerikanischen Zustände als negativ bewertetes Beispiel vor Augen. Die
verschiedenen Varianten theologischen Denkens und christlichen Lebens sollen
in der Gemeinschaft des permanenten Diskurses, der die gemeinsame Wahrheitssuche vollzieht, miteinander eine Kirche bilden, »welche gegenüber der

---

[49] Vgl. auch Br. Gaß S. 225–227 (23. Juli 1830).

katholischen Gebundenheit nur durch die evangelische Freiheit zusammenhält.«
(701)[50]. Als einziges Wahrheitskriterium hat zu gelten, ob eine bestimmte Lehre
oder Praxis »auf Christum zurükkgeführt wird« (ibd.) und hierfür kann die
Verifikation nur im Disput geleistet werden: »Alles werde geduldet, aber alles
werde auch bestritten, nur so daß wenn es einmal scharf hergeht, jeder doch
wisse und merke daß Brüder miteinander streiten.« (701 f.). Erst wenn dieser
Zustand erreicht ist, kann sowohl die CA als auch die Tat ihrer Übergabe
angemessen gewürdigt werden, nämlich als das Ereignis, das den Prozeß, der zu
diesem Zustand geführt hat, geschichtsmächtig eingeleitet hat (ibd.). Wie revo-
lutionär Schleiermachers Vision eines faktisch dogmenfreien Protestantismus
(vgl. auch 701, s. u.) war, wird daran deutlich, daß diese Vorstellung in keiner
der damaligen theologischen Schulrichtungen Gegenliebe fand. Von Coelln und
Schulz protestierten lebhaft (s. u.). J. Fr. Röhr, eine der Führungsgestalten des
kirchlichen Rationalismus, beließ es nicht bei einer beiläufigen Anzeige[51], sondern ließ in seiner »Kritischen Predigerbibliothek« (Bd 13, 1832, S. 535−560) die
»Grund- und Glaubenssätze der evangelisch-protestantischen Kirche« ausgehen, in deren Einleitung er ausdrücklich auf Schleiermacher Bezug nahm (ibd.,
536 f.)[52].

Diesem Versuch war keinerlei Erfolg beschieden; er erweist sich beim Lesen,
das noch heute Langeweile auslöst, als unfreiwillige, aber schlagende Bestätigung für Schleiermachers These von der Untunlichkeit willkürlich entworfener
Lehrbekenntnisse.

Daß die Rezension in der EKZ (1831, Sp. 105−112. 113−117) pöbelhaft
frömmelnd ausfiel, nimmt nicht wunder.

Aber auch die Kritik, die Karl Rosenkranz dem Sendschreiben in den »Jahrbü-
chern für wissenschaftliche Kritik« widmete, war bei aller Vornehmheit eine
glatte Ablehnung[53].

Schleiermachers am Ende des Sendschreibens geäußerte Vermutung, seine

---

[50] Als Kuriosum sei vermerkt, daß OTTO BAUMGARTEN diesen Satz ohne Zitatangabe anläßlich der Erinnerung an seine Rezension von E. FOERSTERS »Entstehung der preußischen Landeskirche« als Zusammenfassung seiner eigenen kirchenpolitischen Zielvorstellungen adop-
tiert hat, vgl. Meine Lebensgeschichte, S. 163. Das Zitat ist BAUMGARTEN in die Feder geflossen,
weil FOERSTER es seinerseits dem zweiten Band seines Werkes als Motto vorangestellt hatte.

[51] ⟨J. FR. RÖHR⟩, Rez. von R. F. EYLERT, Ueber den Werth und die Wirkung der für die
evangelische Kirche ⟨...⟩ bestimmten Agende nach dem Resultate einer zehnjährigen Erfahrung, in: Kritische Prediger-Bibliothek, Bd 11, 1830, 6. Heft, S. 1065−1078, bes. S. 1075−1077
Anm.

[52] Als Seitenstück hierzu verfaßte KARL HASE seine »Confessio fidei Ecclesiae evangelicae
nostri temporis rationibus accomodata«, die er als Einladung zu seiner Antrittsvorlesung als
Jenaer Ordinarius drucken ließ. Hases »Confessio« schließt sich enger als RÖHRS Schrift an die
luth. Bekenntnisschriften an, sie ist wohl als Teil von Hases Auseinandersetzung mit dem
»Rationalismus vulgaris« zu werten, vgl. HASE, Kirchengeschichte auf der Grundlage akademischer Vorlesungen, III,2, 2, S. 496 f.

[53] Jahrgang 1831, Sp. 388−392 (Juli), Sp. 393−398 (September), Sp. 401−408 (September).
Im Schlußteil seiner monographischen »Kritik der Schleiermacherschen Glaubenslehre«, Kö-
nigsberg 1836, hat ROSENKRANZ seine diesbezüglichen Bedenken nochmals vorgetragen
(S. 96−115).

Breslauer Kontrahenten seien nun mit ihm einig, hat getrogen. Sie fühlten sich genötigt, »Zwei Antwortschreiben« (Leipzig 1831, datiert auf den 25. bzw. 31. I. 1831) gegen ihn in den Druck zu geben, die mit ihren 79 Druckseiten etwas länger sind als ihre erste Publikation und Schleiermachers »Sendschreiben« zusammen[54]. Sie konstatieren zwar ihre grundsätzliche Einigkeit mit Schleiermacher in der Frage der Lehrfreiheit (Antw., 5), merken jedoch an, er gehe über ihre eigenen Forderungen hinaus, indem er für eine »fast schrankenlose Licenz« (Antw., 43) eintritt. Zu Schleiermachers Feststellung, auch eine neue Lehrverpflichtung werde sich in der Praxis als wirkungslose Maßnahme erweisen, wendet das erste Antwortschreiben ein, daß solch eine Haltung das Vertrauensverhältnis zwischen Kirchenbehörde, Geistlichen und Gemeinden zerstören müsse: »Gefährdet sie nicht den Charakter der Geistlichen und verdunkelt die schönen Tugenden der evangelischen Wahrheitsliebe und Treue?« (17). Demgegenüber fordert der Autor entweder die Abschaffung aller Verpflichtungen oder eine wirklich gültig bindende. (ibd.). – Das trifft freilich Schleiermacher nicht: Er wollte ja lediglich nachweisen, daß eine Verschärfung der Lehrverpflichtung allein diesen Effekt haben wird und diesen damit nicht automatisch gutheißen. Ausführlicher setzen sich die Breslauer mit Schleiermachers Ausführungen über das Verhältnis des Geistlichen zur Agende auseinander. Sie mißbilligen entschieden die Ansicht, der Liturg handle als Organ des Kirchenregiments und brauche deshalb das ihm vorgeschriebene Formular nicht zu »vertreten« (Antw., 8 ff. 58 ff.), indem sie Äußerungen Schleiermachers aus dem Agendenstreit heranziehen, in denen er für den Geistlichen die Freiheit gefordert hat, agendarische Formulierungen so umzuprägen, daß sie seinen eigenen Anschauungen nicht widersprechen und überhaupt jede buchstäbliche Bindung an ein agendarisches Formular zurückgewiesen hat (vgl. Br. IV, S. 448). Hierbei unterläuft dem Autor des ersten Antwortschreibens ein gravierender Zitierfehler: Schleiermacher hat den Artikel Stiers in der EKZ betreffend das Verhältnis rationalistischer Geistlicher zur preußischen Agende (s. o. S. 164) so paraphrasiert: »⟨...⟩ das liesest du nun, du denkst aber das Gegentheil ⟨...⟩« (I,5, 679). Andererseits führt er aus, die Agende enthalte Bestandteile, »wobei man etwas bestimmtes gar nicht denken kann« (ibd.), er nennt aus dem Apostolicum die Sätze »empfangen von dem Heiligen Geist« und »niedergefahren zur Hölle«: »Muß sich der

---

[54] Welches der beiden Sendschreiben von welchem Autor stammt, war den Mitlebenden unklar. ROSENKRANZ (Jahrbücher 1831, Sp. 394) schreibt das erste von Coelln und das zweite Schulz zu, ebenso der Zürcher SCHULTHESS in seinem Artikel »Grundsatz der helvetischen Reformation«, Theologische Nachrichten, 1. Band, 3. Stück, Zürich 1831, S. 183 f. Beide geben keine Gründe für ihre Vermutungen an, haben sich also anscheinend nach der Reihenfolge der Namen auf dem Titelblatt gerichtet. DAVID SCHULZ hat jedoch in der »Nachricht über des Verfassers Leben und Wirken«, die er dem ersten Band der posthum von ihm herausgegebenen »Biblischen Theologie« VON COELLNS einverleibte (Bd 1, Leipzig 1836, S. V–XXVI), den Sachverhalt klargestellt: »von diesen beiden Antworten ist die erste von Unterzeichnetem, die zweite von *Cölln*« (XV). Generell ist darauf hinzuweisen, daß die Zweiteilung nicht stilisiert, sondern echt ist, wie sich aus den zahlreichen inhaltlichen Überschneidungen der beiden Antwortschreiben ergibt.

Geistliche nun das sagen: ›Du liesest dieses; aber weil du niemals hast fassen können was dabei gedacht werden soll, so denkst du nur dabei deine eigene Meinung von dem Gegenstande.‹« (ibd., 680). Diese Haltung nun könne man weder »einen Mangel an Treu' und Glauben oder eine reservatio mentalis« (ibd., 680) nennen. Der Autor des ersten Antwortschreibens nun kombiniert das letztgenannte Zitat mit Schleiermachers Paraphrase von Stiers Artikel, und schließt daraus, er billige das von Stier insinuierte Verhalten (Antw., 14). Sodann zeihen die Breslauer Schleiermacher einer weiteren Inkonsequenz: Er habe einerseits die herkömmliche Symbolverpflichtung als bloße Förmlichkeit behandelt, andererseits aber im Agendenstreit die Auffassung vertreten, ein reformierter Prediger könne die Agende wegen seiner Verpflichtung auf die Confessio Sigismundi nicht akzeptieren (Antw., 16 f.). Das zweite Antwortschreiben (60 ff.) konstatiert in diesem Zusammenhang eine Differenz zwischen dem »früheren« und »späteren« Schleiermacher: Der frühere habe es dem Geistlichen zur Gewissenspflicht gemacht, eine Agende abzulehnen, die »mit seinen evangelischen Ueberzeugungen streitet« (Antw., 62), der spätere erlaube eben dies, »gesetzt auch, daß er dadurch sich selbst zur gedankenlosen Maschine, oder zu einem Gaukler herabwürdigte, dessen Rede nicht mit dem Herzen stimmt. . .« (ibd.).

Am wichtigsten in unserem Zusammenhang ist die Kritik, die die Breslauer an Schleiermachers Auffassung der Augustana und ihres Jubiläums üben. Das erste Antwortschreiben vermerkt es als Inkonsequenz, daß Schleiermacher die Bedeutung des Bekenntnisinhalts so gering anschlägt, um dann doch der Tat der Übergabe so hohe Bedeutung beizumessen (21 ff.). Sodann hinterfragt der Autor auch Schleiermachers positive Wertung der Übergabe: Sie war – historisch betrachtet – kein irgendwie heroischer Akt, sondern ein separat »lutherisches« Friedensangebot. Die Tat der Übergabe gründete in der erklärten Absicht des Kaisers, das Bekenntnis auch anzunehmen. Beide Antwortschreiben weisen auf einen weiteren wunden Punkt in Schleiermachers Argumentation hin. Er hat behauptet: »Das frische und kühne Hervortreten mit diesen Zeugnissen ward von diesem Tage an ein gemeinsames Band für die Gleichgesinnten; denn nun erst hatten sie etwas gemeinsames zu vertreten, und standen um desto fester zusammen in allen Anfechtungen.« (I,5, 673). – Dies ist, auf den werdenden Gesamtprotestantismus gesehen, falsch: Das erste Antwortschreiben weist ausführlich auf Melanchthons Kompromißbereitschaft gegenüber der römischen Kirche und seine Polemik gegen die Schweizer und Oberdeutschen auf dem Reichstag hin (26–28). Somit kann für Reformierte und überzeugte Verfechter der Union das Jubiläum der Augustana, die »eine schroffe Scheidewand zwischen die beiden evangelischen Schwesterkirchen« (Antw., 33) aufrichtete, kein Anlaß zu Feiern sein.

Das zweite Antwortschreiben macht geltend, daß in den 21 Lehrartikeln der CA außer gegen die Schweizer, Wiedertäufer und Antitrinitarier nur gegen »scholastische Schulmeinungen, ⟨. . .⟩ über welche die kirchliche Auctorität damals noch nicht entschieden hatte« (50) polemisiert wird, während die Einigkeit mit der römischen Kirche Gegenstand wiederholter Hervorhebungen ist.

Mit diesem Nachweis fällt für den Autor die Grundlage für Schleiermachers positive Wertung des Hauptinhaltes der CA, der in ihren gegen die katholische Lehre und Praxis gerichteten Zeugnissen und dem Entschluß, nur aus der Schrift Belehrung und Widerlegung annehmen zu wollen, besteht (vgl. I,5, 673): Denn dieser »Entschluß« kommt in der CA gar nicht vor (Antw., 49 f. 52 f.), vielmehr bedient sie sich auch ganz selbstverständlich des Traditionsbeweises (ibd., 53 f.) – und das gerade in den drei ersten Artikeln, »durch deren Inhalt alle übrigen bedingt werden« (ibd., 53).

Auch die kirchliche Lage der Gegenwart stellt sich den Breslauern nicht so dar, wie Schleiermacher sie gedeutet hat. Hatte Schleiermacher – zunächst für Berlin – die Vermutung geäußert, »diejenigen welche uns gern wieder unter die Lehrnorm eines Buchstaben beschwören wollten, haben an diesem Tage unter der evangelischen Geistlichkeit keinen Dolmetscher gefunden« (I,5, 671), so widerrät das erste Antwortschreiben mit Hinweis auf die Festpredigt von Claus Harms[55] und das Wirken von Konventikeln (32) dieser Annahme. Die Breslauer bleiben auf ihrem Standpunkt: Daß evangelische Christen und Theologen sich auch noch 1830 selektiv mit einzelnen Zügen der Bekenntnisschrift und des Bekenntnisaktes identifizieren können, kann es nicht rechtfertigen, »das Ganze zur Gelegenheit eines Jubelfestes *der Kirche* zu machen« (Antw., 33): »Eine *kirchliche* Gedächtnißfeier wegen eines Bekenntnisses zu halten, zu dessen *Inhalt* sich die Feiernden theils gar nicht, theils nur unter mancherlei Exceptionen, Wendungen, Einschränkungen bekennen und weit entfernt sind, sich auf dasselbe verpflichten zu wollen, in welchem Falle Sie Sich sammt uns befinden, können wir nach, wie vor, nicht für angemessen noch wünschenswerth erachten. . .« (ibd., 32 f.).

Auch in der Frage nach der Tunlichkeit und Wünschbarkeit eines neuen Bekenntnisses bleibt der Dissens bestehen. Das erste Antwortschreiben postuliert es als Kontinuum der Kirchengeschichte, daß die Kirche sich immer sprachliche Rechenschaft von ihrer Überzeugung gegeben hat (36). Schon das protestantische »sola scriptura« ist ein Bekenntnissatz, wenn dieser auch als gemeinsame Grundlage ganz verschiedenartiger Theoriebildungen dienen kann: ». . . sollte es unthunlich sein, auch noch über die rechte Art ihrer Behandlung einige bestimmt und deutlich ausgesprochene Grundsätze hinzufügen?« (ibd.). Zwischen einer solchen »kurzen gemeinverständlichen Uebersicht« (ibd.) und der Freiheit, die evangelische Lehre fortzubilden, bestehe kein Widerspruch. »Misverständnissen, absichtlichen und unabsichtlichen Täuschungen, willkührlichen und täglich wechselnden Einfällen der Unerfahrenen oder Unbesonnenen« (ibd., 37) könnte jedoch durch ein solches Minimalbekenntnis gesteuert werden. Was Schleiermacher in seinem Sendschreiben als Zielvorstellung entworfen hat, scheint demgegenüber als defizitär: »Wo gar kein affirmatives Band die Glieder eines Körpers zusammenknüpft, da mag wohl noch der Schein einer Verbin-

---

55 »Was die augsburgische Confession sei?«, 3. Sonntag nach Trinitatis 1830. Erstdruck (separat) Kiel 1830, wieder abgedruckt in: P. Meinhold u. a. (edd), Claus Harms, Ausgewählte Schriften und Predigten, Bd 2, Flensburg 1955, S. 327–338.

dung eine Zeitlang erhalten werden, wirkliche Gemeinschaft ist nicht mehr vorhanden«. (ibd., 37). Schleiermachers Idealvorstellung wird dagegen als bloße Negation der katholischen Ekklesiologie gedeutet, die als solche aller gemeinschaftsbildenden Kraft bar ist (ibd.).

Das zweite Antwortschreiben argumentiert etwas anders: Das späte 18. Jahrhundert mit seiner faktischen Symbolfreiheit dient als abschreckendes Beispiel. Mit der verpflichtenden Kraft der reformatorischen Bekenntnisschriften sei auch die kirchliche Einheit geschwunden, »so daß die evangelische Gemeinde gar nicht mehr zu wissen schien, was alle und jede ihrer Glieder von den Verheißungen Christi zu halten, und worauf jedes derselben sein Vertrauen und seine Hoffnung zu begründen habe.« (ibd., 73). Dagegen folgt aus dem Satz von der Suffizienz der Heiligen Schrift logisch notwendig, daß die evangelischen Christen »in Allem, was zu der christlichen Heilslehre gehört, auch jederzeit einig sein« werden (ibd., 74). Solange diese Einigkeit nicht in zeichenhafter Form zutage tritt, mangelt es an ihr, ist sie vorhanden, so bildet sich dieses Zeichen, eben das Symbol, wie von alleine. Dieser Anforderung nun entsprechen die Bekenntnisse der Reformation seit langem nicht mehr. Weil Schleiermacher allein auf sie fixiert ist, muß seine Auffassung vom Wesen einer Bekenntnisschrift notwendig schief ausfallen: Ein echtes Bekenntnis dient eben nicht der Verteidigung und Verständigung nach außen, sondern es ist ein Wiedererkennungszeichen der Angehörigen eines Kirchentums. Es dient auch nicht der Verhinderung der freien Forschung und muß deshalb veränderlich sein.

Die Ausstellungen der Breslauer haben die Konturen von Schleiermachers Position eindrücklich deutlich werden lassen. Ihre historischen Detailanmerkungen zur CA sind sachlich richtig, vermögen aber für sich allein Schleiermachers Interpretation, die auf einer elaborierten, geschichtsphilosophisch reflektierten Deutung von Reformation und Protestantismus basiert, nicht zu erschüttern. Die Breslauer deuten die CA – natürlich nicht ohne kirchenpolitische Motive – von den Absichten ihres Autors her, Schleiermacher läßt sich die Grundsätze seiner Deutung von der Wirkungsgeschichte in die Hand geben, die, wie er selbst deutlich macht (vgl. 2. Augustanapredigt, s. o. S. 119), eben den Intentionen der Verfasser zuwidergelaufen ist. So kann er, ohne die Unterschiede zu verwischen oder zu verharmlosen, eine höhere Einheit aufweisen, die reformatorischen und neuzeitlichen Protestantismus so miteinander verbindet, daß auch der letztere in Freiheit die CA als seine »Geburtsurkunde« anzuerkennen vermag, während von Coelln und Schulz das Verhältnis von Alt- und Neuprotestantismus wohl nur ganz undialektisch als emanzipative Abstoßung fassen könnten.

Die Divergenzen bei der Beantwortung nach Gegenwart und Zukunft des Protestantismus wurzeln zudem noch in der differenten Wesensbestimmung der Kirche. Hier gehören, wie Schleiermacher eher aphoristisch-scherzhaft angemerkt hat, in der Tat Rationalismus und Neu-Orthodoxie gegen ihn auf eine Seite, indem sie einen – größeren oder kleineren – Bestand an lehrmäßiger, statutarisch geltender Uniformität als conditio sine qua non des kirchlichen Lebens postulieren und so die Gegenwart als Krise werten müssen.

Seine Antwort auf die Replik der Breslauer hat Schleiermacher erst mit einiger
Verzögerung in Gestalt der »Vorrede zu den Predigten in Bezug auf die Feier der
Uebergabe der augsburgischen Confession«[56] (I,5, 703 ff.; im folgenden
»Vorr.«) gegeben. Sie ist sehr knapp gehalten und hat hauptsächlich die tagespo-
litisch relevanten Gegenstände der Kontroverse zum Inhalt, während die syste-
matisch wichtigen Fragen des Verhältnisses Reformation – Neuzeit in den
Predigten selbst eine rein thetische, von den Tagesgegensätzen absehende Be-
handlung erfahren.

Nach einleitenden Bemerkungen über Veranlassung und Eigenart der Predigten (I,5, 705 f.) geht Schleiermacher zunächst auf von Coellns und Schulz'
Ausstellungen gegen seine Auffassung des Festes ein: 1817 ist nicht der Inhalt
von Luthers Thesen gefeiert worden, sondern der Thesenanschlag wurde als
Beginn der Reformation gewürdigt, deren Grundsätze und deren Erfolg Gegenstände der Rückbesinnung waren (706). »Daher blieb mir als das unterscheidende dieses Festes nur übrig die Uebergabe der Confession, als diejenige That,
wodurch der Verein der in der Reformation begriffenen Stände des deutschen
Reiches als solcher in das öffentliche Staatsleben eintrat; . . .« (706 f.). Etwas
unwirsch weist Schleiermacher die Einwände der Breslauer gegen Melanchthons Taktieren in Augsburg sowie ihre Forderung, die Ratio fidei gleichfalls
zum Gegenstand der Feier zu machen, zurück: Melanchthon handelte in jener
Beziehung als Privatmann, und Zwinglis Schrift hat nie reichsrechtliche Bedeutung erlangt (707). Die Ansicht der Breslauer, durch die CA sei der lutherisch-
reformierte Gegensatz offen ans Licht getreten, vermag er nicht zu übernehmen,
und bekräftigt daher sein gutes Gewissen bei seiner Teilnahme am Fest, obwohl
er der »reformirten Schule« (ibd.) angehört.

Im Vorübergehen notiert er, daß »einige«[57] bemerkt haben, seine »Heuchelei«
und sein »Jesuitismus« seien nun endlich zu Tage getreten. Er überläßt sie »sehr
gern stillschweigend ihrem erfreulichen Fund« (707) und wendet sich wieder
seinen Breslauer Kontrahenten mit ihrer These von einer Differenz zwischen
dem früheren und späteren Schleiermacher zu: Er ist sich nicht bewußt, den
Zustand einer zwar bestehenden, faktisch jedoch nichtigen Bekenntnisverpflichtung als wünschenswert dargestellt zu haben, er wollte nur ganz pragmatisch die möglichen Konsequenzen einer Verpflichtung aufzeigen und bezeichnet
sein ganzes Sendschreiben »als eine Protestation gegen etwanige Einführung
einer solchen Verpflichtung« (708). Anmerkungsweise weist er darauf hin, daß
er selbst anläßlich seiner Ordination die Confessio Sigismundi unterschrieben

---

56 Die Vorrede ist auf »October 1831« datiert (vgl. I,5, 725). Als terminus ante quem non der
Fertigstellung hat der September des Jahres zu gelten, weil Schleiermacher auf die Rezension
von ROSENKRANZ eingeht (I,5, 721), die in der Septembernummer der »Jahrbücher für wissenschaftliche Kritik« erschien.

57 Vgl. den anonymen Artikel »Ueber das neueste Sendschreiben des Herrn Dr. Schleiermacher an die Herren DD. v. Cölln und Schulz (zu Breslau) in Bezug auf den Streit wegen der
Lehreinheit in der Evangelischen Kirche«, in: EKZ 1831, Sp. 105–112. 113–117, bes. Sp.
110 f.; Verfasser war OTTO VON GERLACH, seit 1828 als Privatdozent Schleiermachers Fakultätskollege, vgl. BACHMANN, Hengstenberg, Bd II, S. 314.

hat, jedoch mit der Einschränkung des »quatenus« (ibd.)[58]. Die Frage nach seinem Verhältnis zur CA beantwortet er durch den Verweis auf seine einschlägigen kritischen Äußerungen und die Glaubenslehre insgesamt (ibd.). Im Sinne einer Zwischenbilanz resümiert er den status controversiae: Es geht um von Coellns und Schulz' Verständnis seiner Sicht des Problems der Bekenntnisverpflichtung und um den Gebrauch liturgischer Formulare. Um die Behandlung des ersten Streitpunktes abzuschließen, weist er auf »Werth« hin. Er insistiert darauf, daß seine Meinung sich seither nicht geändert habe, und lokalisiert als Quelle der Kontroverse, daß die Breslauer seine Argumentationsweise im Sendschreiben mißverstanden haben: Er hat dort nicht »Principien« aufgestellt, sondern nur pragmatisch aufgezeigt, »was für Folgen eine solche Maaßregel haben würde.« (710).

Die Breslauer haben es als Inkonsequenz gerügt, daß Schleiermacher die gewohnheitsmäßig-lockere Auffassung der Bekenntnisverpflichtung vertritt, aber dennoch im Agendenstreit mit Berufung auf die Confessio Sigismundi den Reformierten die Ablehnung zur Pflicht gemacht hatte (vgl. Br. IV, S. 462 f.)[59]. Dies erklärt Schleiermacher so, daß die Agende in ihrer damaligen Form Stücke enthielt, die, obwohl nicht eigentlich dogmatisch, mit dem »Geist jenes Bekenntnisses« (712) sich nicht vertrugen und einem bewußt reformierten Prediger deshalb unannehmbar sein mußten. So war der Hinweis auf die Verpflichtung ein willkommener juristisch abgesicherter Grund, die Annahme der Agende zu verweigern. Im Anschluß daran bekräftigt Schleiermacher seine Entschuldigung für Geistliche, die eine Bekenntnisverpflichtung auf sich nehmen, die sie nicht mit voller Überzeugung vertreten können: Unterschreiben sie das ihnen aufgezwungene Bekenntnis, – »wenngleich es doch immer ein protestantisches sein mußte« (ibd.) – so gilt ihnen dieselbe Nachsicht, »die ich allen zu gute schreibe welche vereinzelt, wenigstens von keiner organisirten Gemeinschaft unterstützt, und mit wenigem persönlichen Muth ausgerüstet einen Streit mit der Gewalt bestehen sollen, . . .« (ibd.). Auch in seiner Haltung zu einem neuen Bekenntnis bleibt Schleiermacher – den Einwänden der Breslauer zum Trotz – bei seiner Ablehnung: Wenn man auch einwenden könnte, die beginnende Union stehe wie zuvor die Reformation vor der Nötigung, sich durch ein Bekenntnis nach außen hin zu rechtfertigen[60], so würde er es vorziehen, wenn die jeweils in eine solche Situation kommende Gruppe von Gemeinden sich ganz eigenständig äußerte, damit von Anfang an dem Schein einer allgemeinen Verpflichtung kein Vorschub geleistet wird (713). Er bleibt also bei seinem Votum: »Eine Bekenntnißschrift aber, die weder ein erstes Zeugniß ist, noch eine fortwährende Verpflichtung in sich schließt, erscheint mir als etwas

---

[58] Vgl. dazu diese Arbeit oben, Einleitung, S. 12.
[59] Vgl. M. HONECKER, Schleiermacher und das Kirchenrecht, S. 34 f.
[60] Vgl. den Brief an Gaß (Br. Gaß 228) vom 18. XI. 30: »Leider ist nur zu fürchten, daß alles nichts helfen wird, denn es giebt allerlei Spuren (doch laß es ganz unter uns bleiben) daß der König wieder selbst und allein an einem neuen Symbol arbeitet.«

ganz leeres, und schon darum fürchte ich mich davor; denn was nicht fördert wird immer schaden.« (713).

Im folgenden rechtfertigt sich Schleiermacher gegen den Vorwurf der Breslauer, seine Fassung des Verhältnisses Geistlicher – Agende hätte sich seit dem preußischen Agendenstreit verändert (714 ff.). In einem ersten Argumentationsschritt erläutert er unter Hinweis auf seine praktisch-theologische Lehrtätigkeit[61] seinen Satz, der Geistliche habe die Agende nicht zu »vertreten« in Korrespondenz zu seinem früheren Votum, die Agende müsse so beschaffen sein, daß der Geistliche »die Gedanken müsse aneignen können, welche er auch in solchen Formularen der Gemeine vorträgt.« (714). Ohne die erstgenannte Einschränkung kann es gar keine Liturgie geben, oder es muß der individuellen Willkür ein schrankenloses Betätigungsfeld eingeräumt werden, denn nicht einmal alle Verfasser können eine Agende buchstäblich als ihr eigenes Werk anerkennen, sofern eine Agende eine Gemeinschaftsarbeit ist und damit notwendig Kompromisse enthält (716 f.). So ist es der Gewissenhaftigkeit des Einzelnen zu überlassen, ob er Stellen der Liturgie, die seinen eigenen Überzeugungen nicht völlig entsprechen, dennoch unverändert vorträgt, oder ob er sie modifiziert und darüber der Gemeinde Rechenschaft ablegt, »sofern sie nur so beschaffen sind daß er sich die darin enthaltenen Gedanken aneignen kann« und sofern »die Gebrauchsweise ihn nicht nothwendig in einen tödtenden Mechanismus hineinzieht« (716).

Nun wendet sich Schleiermacher den Tadeln zu, mit denen beide Antwortschreiben seine Zurückweisung des Stier'schen Artikels quittiert hatten (Antw., 8 ff. 58 ff.). Er hatte bei seiner Argumentation gar nicht Agenden überhaupt im Blick, denn es kann durchaus orthodoxe geben, die für einen Rationalisten untragbar sind, wie umgekehrt (717 f.). Er hatte allein von der preußischen her argumentiert, die wegen ihres Rückganges auf biblische und althergebrachte erbauliche Redeweisen im Steit zwischen Rationalismus und Supranaturalismus gleichsam neutral dasteht und deswegen einer rationalistischen Aneignung relativ wenig Hindernisse entgegenstellt (718 f.). Bei der Überleitung zum nächsten Thema, seinem Eingeständnis, bei zwei Sätzen des Apostolikums sich nichts bestimmtes denken zu können (s. o. S. 167), verweilt Schleiermacher nicht ohne verschämten Genuß bei dem Zitierfehler, der in diesem Zusammenhang dem Autor des ersten Antwortschreibens unterlaufen ist (719–721, s. o. diese Arbeit S. 167 f.). Weder die Deutung in der Rezension der EKZ (s. o. S. 171 Anm. 57, bes. Sp. 111–114) noch die spekulative Auslegung, die Rosenkranz (Rez., Sp. 405) diesen Sätzen gegeben hat, haben es vermocht, diesem Übelstande abzuhelfen (721). Schleiermacher hat die Stellen immer mitgesprochen, obwohl er nach wie vor der Meinung ist, es sei auch legitim, sie mit Stillschweigen zu übergehen. Er hat sich von der Einsicht leiten lassen, daß »praktische Dinge wollen praktisch gerichtet sein« (722): Das Weglassen kann bei der Gemeinde zu Verwirrung führen, zumal da bei der Taufe oft auswärtige Paten anwesend sind, die

---

[61] Vgl. KD¹, 3. Teil, §§ 8–12, KD² §§ 286–289, PrTh S. 157–167.

den Prediger nicht kennen (723). – Schleiermacher hat sich also – im Anschluß an
1.Kor 6,12 – den Verhältnissen in seiner Gemeinde akkommodiert.

Schleiermachers Schriften zur Bekenntnisfrage sind, wie die kurze Analyse
gezeigt hat, Gelegenheitsschriften, und hierin liegt die Berechtigung ihrer Einschätzung, die Schleiermacher seinem Freund Blanc gegenüber in Bezug auf
»Werth« zum Ausdruck gebracht hat: »Ich fürchte sie wird den meisten unbe-
deutender erscheinen als sie gemeint ist, weil die Hauptsachen gleichsam nur
beiläufig ausgesprochen sind.« (Br. IV, S. 235, 20. VI. 1818).

Es handelt sich bei der »Hauptsache« um nichts anderes als das Programm
eines kirchlichen Protestantismus, der die neuzeitliche religiös-theologische
Mannigfaltigkeit innerhalb seiner selbst zu tragen und fruchtbar zu machen
vermag, weil er sich im innersten jenseits der theologischen Unterschiede und
über die Parteigrenzen hinweg mit den Intentionen seiner reformatorischen
Urgestalt einig weiß, deren freie Aneignung und Fortbildung die Identität des
protestantischen Christentums mit sich selbst sichert, ohne seine Fortentwicklung in sklerotischer Erstarrung zu unterbinden. Die Grundzüge der Ausführung, die Schleiermacher diesem Programm in kirchlich-praktischer wie in
wissenschaftlich-theologischer Hinsicht gegeben hat, sollen in den letzten Abschnitten dieser Arbeit vorgestellt werden.

C. Die Bekenntnisschriften und das kirchliche Leben

Nachdem im vorigen Abschnitt die beiden Schriften bzw. Schriftenkomplexe
vorgestellt worden sind, die Schleiermacher der Bekenntnisfrage gewidmet hat,
sollen im folgenden die wesentlichen Folgerungen aus seiner Einschätzung
dieser Frage für kirchliche Praxis und wissenschaftliche Theologie erhoben
werden. Sie sind zwar größtenteils in den Gelegenheitsschriften angesprochen,
aber, bedingt durch deren besonderen Charakter, in eher fragmentarisch-apho-
ristischer Weise, die den Zusammenhang mit Schleiermachers grundlegenden
systematischen Einsichten nicht hinreichend deutlich werden läßt. Deshalb
werden die Problemkreise, innerhalb derer die Bekenntnisfrage für Schleiermacher akut wird, nun in systematischer Ordnung vorgeführt.

Die beiden nächstfolgenden Abschnitte sind den Themen »Union und Bekenntnis« und »Lehrfreiheit und Bekenntnis« gewidmet. Der letztere hat damit
schon die Funktion einer Brücke zum letzten Abschnitt, der das Verhältnis
wissenschaftliche Theologie – Bekenntnisschriften zum Inhalt hat.

1. Union und Bekenntnis[62]

Führt man sich vor Augen, daß Schleiermachers Schriften zur Bekenntnisfrage in einen Zeitraum fallen, dessen bedeutsamstes kirchengeschichtliches Resultat die Union der beiden protestantischen Schwesterkirchen in Preußen war, so wirkt es auf den ersten Blick zumindest erstaunlich, daß das Thema Union in diesen Schriften keine Rolle spielt, ja, an einer Stelle sogar ausdrücklich ausgeklammert wird (vgl. Werth, I, 5, 426), und daß, umgekehrt, die Bekenntnisthematik in den der Union gewidmeten Voten allenfalls am Rande vorkommt. Dieser Sachverhalt ist um so erstaunlicher, als Gegner der Union wie Harms (vgl. dessen Thesen 75−95) diese eben wegen der Bekenntnisbindung für nicht durchführbar hielten, und Verfechter der Union wie von Coelln und Schulz eben ihretwegen jegliche Bindung an die reformatorischen Bekenntnisse verwarfen. Der Grund dafür erhellt aus Schleiermachers Konzeption der Union, wie sie auf seiner Deutung der Reformation beruht.

Beides zusammen hat er erstmals im ersten der beiden »Unvorgreiflichen Gutachten« niedergelegt, das alle seine späteren Einlassungen zu diesem Thema in nuce enthält.

Charakteristisch ist die eindringlich-spöttische, von romantischem Überlegenheitsgefühl durchdrungene Ablehnung aller aufklärerisch-verständigen Unionspläne, die auf die Einebnung der historisch gewachsenen individuellen Differenzen zugunsten eines »alberne⟨n⟩ Urbilde⟨s⟩ von Einfachheit« (I, 5, 46) zielen und sich auf den Gesamtprotestantismus beziehen: Dogmatisch wollen sie einen »mittleren Proportionalglauben« (ibd., 47) aufstellen, der die Vielfalt der historisch-individuellen Lehrtypen ablösen soll, analog sollen auch die Kirchenverfassungen und -gebräuche uniformiert werden. Dem stellt Schleiermacher sein eigenes Konzept einer die Individualitäten in sich aufnehmenden kirchlichen Union gegenüber, das seine Berechtigung aus dem besonderen Charakter der Reformation zieht: Die eine Reformation ereignete sich in verschiedenen Kontexten und brachte damit eine Vielfalt von Gestaltungen hervor (vgl. ibd.)[63]. Die Vielfalt ist legitim, korrekturbedürftig sind allein die Trennungen, die sie hervorgebracht hat. Deren verhängnisvolle Folgen werden dort spürbar, wo die Angehörigen beider protestantischer Konfessionen im selben Staatswesen miteinander leben, und die Erfahrung der damit verbundenen Nöte, nicht etwa ein abstraktes Mißfallen an der lehr- und verfassungsmäßigen Vielfalt des Protestantismus ist es, an der sich das Streben nach der Union entzündet (vgl. I, 5, 49 ff.).

Auf diesen beiden Determinanten, dem Festhalten an der Existenzberechti-

---

[62] Zu Schleiermachers Wirken für die Union vgl. L. JONAS, Schleiermachers Wirken für Union, Liturgie und Kirchenverfassung, in: Monatsschrift für die unirte evangelische Kirche 3/1848. E. FOERSTER, Die Entstehung der preußischen Landeskirche. W. DELIUS: Berliner kirchliche Unionsversuche im 18. und 19. Jahrhundert, in: Jahrbücher für Berlin – Brandenburgische Kirchengeschichte 45/1971, S. 7−121. G. BESIER: Kirchliche Unionsbildung und religiöse Toleranz im Preußen Friedrich Wilhelms III., in: Theologische Beiträge 15/1984, S. 113−134.

[63] S. auch An Ammon, I, 5, 400−403, II, 4, 236 ff., bei der Union der zur Dreifaltigkeitskirche gehörigen Gemeinden 1822.

gung der historisch gewachsenen Individualitäten und dem Insistieren darauf, daß sie keine kirchentrennende Bedeutung haben, baut alles auf, was Schleiermacher in den verschiedenen Debatten zur Unionsfrage beigetragen hat.

Von Anfang an hat sich Schleiermacher dagegen gewandt, die kirchliche Union von einem zuvor ausgehandelten Lehrkonsens abhängig zu machen. »Kirchliche Union ist die Vereinigung konfessionell getrennter Kirchen zu einer kirchlichen Gemeinschaft ohne Wechsel der konfessionellen Überzeugungen.« – Dieser Satz, mit dem Albert Hauck definierend den Artikel »Union« (RE³ 20, S. 253) definierend einleitet, gibt exakt Schleiermachers Verständnis wieder.

Am ausführlichsten hat Schleiermacher diesen Standpunkt in der Schrift gegen Ammons »Bittere Arznei . . .« verteidigt[64]. Ammons sachliche Einwände lassen sich folgendermaßen zusammenfassen:

Seit altersher war die in der Abendmahlsgemeinschaft gipfelnde Kirchengemeinschaft abhängig vom vorgängigen Lehrkonsens (Arznei, 22). Eine Union ist deshalb nur möglich, wenn die Reformierten sich zur CA invariata bekennen (ibd., 23). Eine andere Form der Vereinigung würde nur dem Indifferentismus Vorschub leisten, die so sich unierenden Kirchentümer scheiden aus ihren alten konfessionellen Verbänden aus und bilden einen dritten neuen (ibd., 22 f, 26 f.). Zunächst polemisiert Schleiermacher ausführlich gegen die von Harms (These 92–95) aufgestellte und von Ammon (Arznei, S. 23 ff.) gebilligte These von den drei je in analoger Weise von einander verschiedenen Kirchentümern, deren Mitte und Vereinigungspunkt die lutherische Kirche bilde, weil die Einseitigkeiten der beiden anderen in ihr zur wahren gegenseitigen Ergänzung zusammengefunden haben[65]. Er postuliert dagegen – wie schon im ersten Unvorgreiflichen Gutachten (I, 5, 67) – eine religiöse Tiefenschichtdifferenz, die eindeutig Reformierte und Lutheraner auf eine Seite gegen den Katholizismus stellt: »Wenn Sie Ihr Verhältniß zum Erlöser, wie es in unserer Lehre von der Gerechtigkeit durch den Glauben ausgedrückt ist, auf das tiefste empfinden: können Sie da nicht dem reformirten als gleichgesinnten in einem Sinne die Hand reichen, in welchem Sie sie dem Katholiken nicht reichen können, auch nicht dem weiseren und besseren?« (I, 5, 340, vgl. auch 343). Viel argumentative Mühe wendet Schleiermacher an Ammons Junktim zwischen Abendmahlsgemeinschaft und Lehreinigkeit. Es ist, am faktischen Verlauf der Kirchengeschichte gemessen, schlicht falsch (ibd., 368 f.)[66]. In der reformierten Kirche ist es – abgesehen vom Dordracenum – nie zu einer symbolischen Festsetzung einer bestimmten Form der Erwählungslehre gekommen, analog verhält es sich mit der Abendmahlslehre: Die Lehrdifferenz

---

[64] Vgl. diese Arbeit oben II.A. S. 109. DILTHEY urteilt zutreffend über die Schrift: »Sie hat Ammon als theologische Persönlichkeit vernichtet.« (F. D. E. Schleiermacher (1890), in: Gesammelte Schriften Bd 4, S. 354 ff., Zit.: S. 383).

[65] Diese Harms'sche Formel hat im Neuluthertum des 19. Jahrhunderts bedeutenden Nachhall gefunden, vor allem bei WILHELM LÖHE, vgl. Drei Bücher von der Kirche, in: Ges. Werke Bd 5,1 S. 85–179: »Diese lutherische Kirche ist, weil sie Wort und Sakrament in reinem Bekenntnis hält, die Brunnenstube der Wahrheit – und von ihren Wassern werden in allen anderen Kirchen gesättigt, die gesättigt werden!« (135).

[66] Vgl auch PrTh 628 f. u. ö.

zwischen Zwingli und Calvin hat nie zur Kirchentrennung geführt (I,5, 379. 381 f.). Analoges gilt für die Differenzen, die in der Prädestinationslehre zeitweilig zwischen Luther und Melanchthon obwalteten (I,5, 379). Abgesehen davon, daß die lutherisch-reformierten Lehrdifferenzen beim Abendmahl (I,5, 386) und bei der Prädestination (ibd., 380) Fragen der Schule betreffen, die die religiöse Praxis nicht tangieren, macht Schleiermacher – wie schon im 1. Unvorgreiflichen Gutachten (I,5, 77 f.) – darauf aufmerksam, daß die wirklichen theologischen Frontlinien durch die Konfessionen hindurch verlaufen. Wie wenig sie hier die kirchliche Gemeinschaft stören, exemplifiziert Schleiermacher mit einem sarkastisch-witzigen argumentum ad hominem, das Ammons mit der »Bitteren Arznei« vollzogenen Positionswechsel zum Anlaß nimmt: »Wenn Sie wirklich so bedeutend fortgeschritten sind seit einiger Zeit, wie jene ⟨scil. Schleiermachers wohl fiktive Gesprächspartner⟩ wollten, und es kommt ihnen nun ein reiner Schüler des Ammon vom Jahre 1803 vor: Wollen Sie mit dem nicht communiciren?« (I,5, 368 f.). Die protestantischen Konfessionen stehen sich nicht als dogmatisch festgefügte Blöcke gegenüber, sondern sind durch interne Vielfalt geprägt[67]. Die Gemeindeglieder erkennen dies durch die Tat an, indem sie ungeachtet des Konfessionsstandes bei solchen Predigern ihre Erbauung suchen, die ihnen besonders zusagen (vgl. Amtliche Erklärung I,5, 300). Die Union ist insofern nur die letzte Bestätigung und Sanktionierung eines längst gängigen Zustandes, vollzogen in der Form des gemeinsamen Abendmahls entweder nach einem der hergebrachten Riten – so die Forderung im ersten Unvorgreiflichen Gutachten (I,5, 73) – oder nach dem neuen Unionsritus – so die Praxis seit 1817.

Ammons Monitum (Arznei, S. 22), dem Vollzug der Union müsse die lehrmäßige Einigung vorangehen, kann Schleiermacher nur zurückweisen. Abgesehen von den schlechten Erfahrungen der Vergangenheit stünden diesem Verfahren unüberwindliche Hindernisse entgegen, die im Wesen des Protestantismus begründet liegen: Es ist keine Instanz denkbar, die ein solches grundlegendes Lehrdokument legitimerweise sanktionieren und verbindlich machen könnte (I,5, 372)[68].

Der letzte Termin, zu dem eine solche »Union« möglich gewesen wäre, war das Marburger Religionsgespräch. Damals waren die protestantischen Kirchentümer noch im Entstehen begriffen, ihre Organisation und ihre Lehrgrundlagen hatten sich noch nicht gefestigt: »Aber schon zehn Jahre später wäre, weil die Kirche sich schon bestimmter gestaltet und ausgesondert hatte, auf diesem Wege nichts mehr zu machen gewesen.« (An Ammon, I,5, 372). Deutlich hat Schleiermacher diese Position, von der aus jedes Unionsbekenntnis ein Unding ist, in

---

[67] Vgl. hierzu auch Schleiermachers amtliches Gutachten über die Einrichtung der Theologischen Fakultät an der Berliner Universität vom 25. V. 1810, abgedruckt bei R. Köpke, Die Gründung der Friedrich-Wilhelms-Universität zu Berlin, S. 211–214, bes. 212.

[68] Vgl. schon das erste Unvorgreifliche Gutachten, ibd., 69 f.

ChS umrissen[69]. Das Streben nach der Union wird hier unter das reinigende Handeln des Einzelnen auf das Ganze, also als reformatorisches rubriziert. Reinigend ist das Handeln insofern, als es an die kurze Periode zu Beginn der Reformationszeit anknüpft, während derer die neue Bewegung noch nicht in dogmatisch voneinander abgegrenzte Kirchentümer zerfallen war. Reformatorisch ist dies Handeln, weil es sich der Einsicht verdankt, daß die Trennung ein Rückschritt war, den es aufzuheben gilt. Ihm liegt die Voraussetzung zugrunde, daß klar abgrenzbare einzelne Lehrdifferenzen kein zureichender sittlicher Grund für eine Kirchenspaltung sind: Mit solchen Differenzen geht immer ein Diskurs einher, der als solcher die Gemeinschaft verbürgt. Die Trennung des Protestantismus vom Katholizismus hat hingegen ihren letzten Grund nicht in den einzelnen dogmatischen Streitfragen, sondern darin, daß sie innerhalb des mittelalterlich-katholischen Kirchentums nicht zu ihrem angemessenen Austrag kommen konnten.

Daß sich der neu entstehende Kirchenkörper wieder spaltete, »war auf keine Weise in dem Geist begründet, von welchem die Reformation ausging; es war Resultat des Egoismus und der Ueberschäzung der Differenzen . . .« (ChS, 215).

Brächte nun dasjenige Handeln, das auf die Aufhebung jener Trennung zielt, seinerseits wieder Lehrfestsetzungen hervor, die ein neues Kirchentum konstituierten und damit abgrenzend wirkten, so wäre dies ein Selbstwiderspruch, denn die Union »beruht auf dem Principe, daß die Kirchengemeinschaft nicht durch Lehrbestimmungen begrenzt werden solle.« (ibd.). Diejenigen Gründe, die in der Reformationszeit zur Abfassung von Bekenntnisschriften Anlaß gaben, sind in der Gegenwart nicht gegeben. So hat die Union keineswegs die Absicht, eine »neue« Kirche zu stiften, sondern sie soll lediglich dort, wo die Angehörigen beider Bekenntnisse miteinander leben, die Gemeinschaft des staatlichen, gesellschaftlichen und familiären Lebens, in der sie sich ohnehin schon seit langem befinden, auch auf das religiös-kirchliche Leben ausdehnen, ohne daß sie deshalb ihre Überzeugungen ändern müssen: ». . . das einzige was sich hierin von selbst versteht ist dieses, daß wer an der Union Theil nimmt, das ›et improbamus secus sentientes‹ nicht mit an den Tisch des Herrn nehme, wenn er es gleich in seiner Dogmatik festhalten . . .« will (An Ammon, I,5, 384). Innerhalb Preußens soll die Kirchengemeinschaft zwischen unierten und (noch) nicht unierten Gemeinden gewahrt bleiben, die unierten Gemeinden gewähren auch Ausländern beiderlei Bekenntnisses kirchliche Gastfreundschaft und erbitten diese für ihre Glieder (Amtliche Erklärung, I,5, 304—307).

Die Union soll nicht auf dem ängstlich-diplomatischen Verschweigen der Kontroverslehren gründen. Hatte Schleiermacher noch im ersten unvorgreiflichen Gutachten auf den Einwand W. A. Tellers, die Union werde die konfessionellen Kontroversen wieder aufleben lassen, geantwortet, diese würden nach

---

[69] Vorl. 1826/7, 215f., vgl. auch Beil. B, S. 112 Anm., s. auch Glükkwünschungsschreiben, I,5, 168.

Vollzug der Vereinigung der Vergessenheit anheimfallen (I, 5, 83 Anm.), so gehen seine Hoffnungen 1817 in die entgegengesetzte Richtung: »Je mehr Eifer im Christenthum wieder rege wird, wie wir ja hoffen, um desto mehr werden auch diese Verschiedenheiten wieder hervortreten; und wir sollten nicht darauf ausgehen sie, wie man sonst versucht hat, durch Disputation zu beseitigen, sondern indem wir voraussezen daß sie fortbestehen, wollten wir nur die Thatsache aufstellen, daß Christen von beiden Meinungen einträchtig und andächtig das Mahl des Herrn miteinander genießen können.« (Amtliche Erklärung, I, 5, 302). Die Union bietet einen willkommenen Anlaß, die Diskussion der Sachprobleme zu beleben. Als solchen Beitrag hat Schleiermacher selbst seinen Aufsatz »Ueber die Lehre von der Erwählung« (I, 2, 393 ff., bes. 398 f.) verstanden.

Die weitere kirchengeschichtliche Entwicklung hat Schleiermachers Voraussage nur zur Hälfte bewahrheitet: Die Rückbesinnung auf das reformatorische Erbe führte vielfach gerade in unierten Gebieten zu einem schroffen und aggressiven Konfessionalismus, der die Union heftig befehdete[70]. So wäre fast Schleiermacher selbst gegen Ende seines Lebens noch mit dem Versuch der Schlichtung der Wirren um die Separation der Schlesischen Lutheraner betraut worden (vgl. die Dokumentation Br. IV, 488–500).

Es ist hier nicht der Ort, um auf das Verhältnis von Schleiermachers Vorstellungen zur tatsächlichen Gestaltung der preußischen Union näher einzugehen, deren Einführung ja durch die Verquickung mit der Verfassungs- und Agendenfrage ungemein verkompliziert wurde. Einige zusammenfassende Sätze sollen den Abschnitt beschließen.

Die Reformation des 16. Jahrhunderts war ein einziges geschichtliches Ereignis, dessen konkrete Ereignisse zwar von Individualitätsunterschieden geprägt sind, die aber nicht als sich ausschließende Alternativen, sondern als differente Ausformungen eines identischen Impulses zu fassen sind. Diejenigen, die die Union vorantreiben, sind solche, ». . . die einen hohen Werth legen auf die unter uns wiederhergestellte Lehre von der Rechtfertigung des Menschen vor Gott durch den Glauben an den Erlöser und von der Heiligung desselben in der Gemeinschaft mit ihm, und solche, die auf das innigste durchdrungen sind von der Ueberzeugung, daß keine für verdienstlich gehaltene äußere Werke oder Uebungen und kein Gehorsam gegen Menschensazungen jemals dem Menschen einen Werth geben könne vor Gott.« (II, 4, 244; 1822 [Union]). Gemessen am reformatorischen Grundsatz sind die Lehr- und Verfassungsunterschiede sekundär. Unbeschadet ihrer kann Kirchengemeinschaft statthaben, die einer vorgängigen offiziellen Lehrvereinbarung nicht bedarf. Nach der Union wie vor der Union haben die reformatorischen Bekenntnisschriften »Geltung«, soweit sie sich theologisch als sachgemäß zu erweisen vermögen.

Die sich so ergebende Verhältnisbestimmung von Union und Bekenntnis

---

[70] Auf die spätere äußerst wirksame Verbindung des neulutherischen Konfessionalismus mit antipreußisch-partikularistischen Interessen sei nur hingewiesen, vgl. z. B. Otto Ritschl, Albrecht Ritschl's Leben, Bd 2, S. 8 f. 44. 73 f.

erweist sich als konsequente Folgerung aus Schleiermachers Reformationsdeutung: Die ersten Zeugnisse protestantischer Theologie sind in ihrer Vielfalt nicht deren normative Endgestalt, die vielmehr immer noch im Werden ist. Die Trennung von reformiertem und lutherischem Protestantismus gehört wie überhaupt das Insistieren auf vollständiger Lehreinheit als Vorbedingung zur Kirchengemeinschaft zu den Mängeln der reformatorischen Urgestalt des Protestantismus, die zu überwinden sind.

2. Lehrfreiheit und Bekenntnisschriften

Noch deutlicher und differenzierter als beim zuletzt behandelten Fragenkomplex sind für Schleiermachers Erörterung des Verhältnisses von Lehrfreiheit und Bekenntnisschriften seine Reformations- und Protestantismustheorie sowie seine Deutung der Entstehung der Bekenntnisschriften leitend: Indem die Reformation prinzipiell die Relativität und Vergänglichkeit aller geschichtlichen Lehr- und Lebensordnungen proklamiert hat und damit dem in der Schrift bezeugten Christus die alleinige Autorität über das Gottesverhältnis einräumte (s. o. S. 37 ff. 81 ff.), hat sie prinzipiell alle kirchliche Lehre fortschreitender Kritik ausgesetzt. In diesen Rahmen hat sich alles zu fügen, was über eine normative Bedeutung der reformatorischen Bekenntnisse zu sagen ist.

Am eindrucksvollsten hat Schleiermacher diese Grundsätze angesichts des nahenden Augustanajubiläums und des schwelenden Hallischen Theologenstreits in der ersten Augustanapredigt (II,2, 613 ff.) ausgesprochen. Die evangelische Konfirmation mit der Rezitation des Apostolikums[71] und der Einhändigung der Bibel symbolisiert paradigmatisch, daß das religiöse Leben seinen Grund allein in der individuellen Christusbeziehung hat (ibd., 615 f.). Über dieses Grundverhältnis übt die Kirche keine Herrschergewalt, sondern dient ihm als »zuverlässige Stüze für die Freiheit der Kinder Gottes« (ibd., 615).

Diese Freiheit, *die* Errungenschaft der Reformation, ist immer bedroht durch die Rückkehr in »selbstverschuldete Knechtschaft«: »Wohl! gesetzt nun, wir wären von dieser Knechtschaft todter Werke zurükkgekommen; wir ließen diese auch nicht wieder aufleben; aber wir ließen uns auflegen ein Joch todter Worte und eines todten Glaubens; ⟨...⟩ das wäre nicht eine minder gefährliche, ja ich muß es grade heraussagen, eine schlimmere Knechtschaft als jene.« (ibd., 621). Diese Gefahr droht gerade im Zuge der Gedächtnisfeier eines *Lehr*dokuments (ibd., 613), so daß es eine eigene Aufgabe ist, einzuschärfen, daß dies der ursprünglichen Intention des Dokuments zuwiderliefe (s. o. II. Kapitel).

Anlaß für den Wunsch nach einer strikten Lehrnormierung durch Rückgriff auf die reformatorischen Bekenntnisse bietet das Mißbehagen an der theologischen Pluralität des gegenwärtigen Protestantismus (II,2, 623 f.). Ist sie ein Verfallssymptom oder liegt sie im Wesen des Protestantismus begründet? Dies

---

[71] – verstanden als »die Geschichte Christi seine Thaten und sein Werk« (ibd., 615) – vgl. zu dieser »undogmatischen« Deutung auch PrTh 638.

ist die systematische Frage, von deren Beantwortung es abhängt, ob und in welchem Maße die reformatorischen Bekenntnisse die gegenwärtige Verkündigung und Lehre legitimer Weise zu normieren vermögen.

Ausführlicher und mit höherem systematischem Anspruch als in den einschlägigen Gelegenheitsschriften hat sich Schleiermacher in seinen Vorlesungen über die Praktische Theologie unter der Überschrift »Einfluß des Kirchenregiments auf die Feststellung des Lehrbegriffes« (S. 622–662) innerhalb seiner Theorie des Kirchenregiments geäußert[72]. An der Wurzel der Einzelfragen liegt die prinzipielle Alternative: »ob eine gemeinsame Lehre über die die Mitglieder einer Gemeinschaft einig sind, nothwendig sei für das religiöse Bewußtsein?« (627). Schleiermacher traktiert die Frage religionstheoretisch und historisch. Die Kirche als Gemeinschaft muß etwas Gemeinsames haben, das sie als solches konstituiert und ihre Identität sichert (639). Als religiöse Gemeinschaft beruht sie auf der »Circulation des religiösen Bewußtseins« (627), die durch die »Identität des Geistes« (639) ermöglicht wird. Zur Identität des Geistes verhalten sich alle lehrmäßigen Aussagen sekundär. Die religiöse Kommunikation hat sie nicht zur Voraussetzung, sondern sie entstehen erst epigenetisch aus ihr heraus. So hängt das Fortbestehen der Gemeinschaft nicht an der Übereinstimmung ihrer Glieder bezüglich dieser sekundären Sätze, sondern am Stattfinden der religiösen Kommunikation.

Hier sind Ergebnisse der ChS, besonders die Deduktion der Kirche aus dem darstellenden Handeln (s. o. S. 26 ff.), leitend: Bezeichnender Weise kommt die Theologie in der ChS auch nicht in dieser die Kirche ethisch begründenden Rubrik zur Darstellung, sondern wird dem erweiternden Handeln zugewiesen; sie ist keine schlechthin notwendige Lebensfunktion der Kirche, sondern wächst ihr erst vermöge bestimmter Lebensbedingungen zu (vgl. KD² §§ 2–4). Ausführlicher sind die historisch-kontroverstheologischen Ausführungen zum Thema. Das »Fundament der Kirche«, »das gemeinsame Bewußtsein«, vergegenständlicht sich jeweils als Komplex bestimmter Vorstellungen, als »Lehrbegriff« (PrTh, 566). Es handelt sich dabei, sieht man auf die Geschichte der Kirche, keinesfalls um einen statutarisch festgelegten Komplex von Aussagen, sondern das Ensemble von religiösen Vorstellungen, das den Lehrbegriff ausmacht, ist von Anfang an in dauernder Fortentwicklung begriffen. Sie enthält ihre Impulse entweder durch den willentlichen Eingriff gebildeter Einzelner oder – häufiger – aus sich unbewußt vollziehenden Änderungen der Inhalte der religiösen Kommunikation: ». . . daß etwas neues entstanden war, fand man nur indem man es mit dem schon vorhandenen verglich« (ibd., vgl. auch 622). Feste Formeln bilden sich, Schleiermacher erläutert es am Apostolikum, durch die freie Angleichung verschiedenartiger Formulierungen, die denselben »Sitz im Leben« haben (623 f.). Aus den inneren Bewegungsgesetzen der Arbeit an der theologischen Selbstverständigung heraus ist es nicht zu autoritativen Lehrzusammenfassun-

---

[72] Zur inneren Organisation der Praktischen Theologie vgl. M. DOERNE, Theologie und Kirchenregiment, in: NZSTh 10/1968, S. 360–386.

gen gekommen; die »Systeme« in der Alten Kirche wollten nur als »Privatarbeiten« gelten (624). Zu offiziellen Lehrfestsetzungen kam es nur in der Folge von Streitigkeiten, in der Alten Kirche durch Konzilsentscheidungen, im Mittelalter durch Appell an den Papst[73]. Für die Verhältnisbestimmung von Lehreinheit und Kirchengemeinschaft ist dabei wichtig, daß letztere während der Streitigkeiten fortbestand (628). Sie erweisen sich dadurch als notwendiger Lebensakt der Gemeinschaft: »Ein solcher Zustand des Streites ist also anzusehen als ein Durchgangspunkt von der ersten Erregung der Reflexion über irgend eine Form des religiösen Bewußtseins bis zur Vollendung« (ibd.). Wenn solch ein Streit herrscht, so ist das ein Indiz dafür, »daß eine gemeinschaftliche Lehre im Werden begriffen sei.« (ibd.). Den Prozeß durch eine autoritative Maßnahme zu beenden, bevor er aus sich selbst heraus zu einem einvernehmlichen Resultat geführt hat, ist schädlich, weil es ihm dadurch von vornherein verwehrt wird, den ihm inhärierenden Nutzen zu stiften, der darin besteht, daß die Gemeinschaft durch ein vertieftes Verständnis ihres Grundes gestärkt wird. Autoritative Machtsprüche gefährden zudem auch die schon »feststehenden« Lehren mit tödlicher Petrifikation, weil sie ihre ursprüngliche Kraft und Bedeutung nur behalten können, wenn sie in demselben Prozeß, der sie einst hervorgebracht hat, sich wieder und wieder geltend machen können (ibd.). Diesen Einsichten hat die Reformation zum ersten konsequenten Durchbruch verholfen: »In der evangelischen Kirche wurde das Princip aufgestellt daß niemand Glaubensartikel aufstellen und aufdringen dürfe, sondern daß das göttliche Wort die Glaubensartikel stelle.« (625, vgl. Art. Smalc. II,2). Die Schrift aber stellt keine Glaubensartikel auf, sondern bedarf der immer neu beginnenden Auslegung, deren Ergebnisse der dogmatischen Verknüpfung und Interpretation fähig sind (ibd.). Dazu steht die Theorie der katholischen Kirche im expliziten Widerspruch, die ein abgeschlossenes depositum fidei zu haben behauptet[74]. So kann Schleiermacher pointiert formulieren: ». . . der Gegensaz zu der katholischen Kirche bleibt fest, und jener Grundsaz vom alleinigen Bestimmtwerden der Lehre aus der Schrift ist der wesentliche Punkt dieses Gegensazes.« (629). – So kann im Protestantismus die Aufgabe des Kirchenregiments nicht darin liegen, Lehren autoritativ festzusetzen und ihnen mit Hilfe der ihm zur Verfügung stehenden Machtmittel zur Durchsetzung zu verhelfen, sondern darin, ». . . auf dem Gebiete der Theologie die Freiheit der Untersuchung zu erhalten und dem keinen Vorschub zu thun, daß unter dem Vorwand die Einheit der Lehre hervorzubringen die Freiheit der Untersuchung gehemmt werde« (635). Beweis dafür, daß die evangelische Kirche in diesem Prozeß mit sich selbst identisch bleibt, ist, daß, trotz kryptokatholischer Tendenzen, sich »der Gegensaz gegen die katholische Kirche immer wieder lebendig erzeugt« (ibd.), zum andern, daß die sich geltend machenden Neuerungen sich als aus fortschreitender Schriftauslegung stammend legitimieren (629 u. ö.). Es gibt also nur zwei Arten von Fällen, in denen das

---

[73] Zu Schleiermachers Kritik des Konzilienwesens s. oben Kap. II.
[74] Vgl. ChS 72. 384. Beil. B, 141, s. o. S. 38.

Kirchenregiment einzuschreiten hat, wenn nämlich durch bestimmte Tendenzen der Lehrbildung der Gegensatz zum Katholizismus verwischt wird (vgl. 626), oder wenn es gilt, »jede Bestrebung in der Entwikklung der Lehre als unevangelisch zu bezeichnen, welche Lehren feststellen will ohne auf die Schrift zurükkzugehen. . .« (629). Normalerweise wird nicht einmal in diesen Fällen ein Eingreifen des Kirchenregiments notwendig, weil solche Tendenzen auch außerhalb seiner Widerspruch hervorrufen (ibd.). Auch solche Fälle rechtfertigen keinen Ausschluß aus der Kirchengemeinschaft, denn dadurch geriete die Kirche in Konflikt mit ihrer Pflicht: ». . . sie soll den Irrenden zurechtweisen⟨?⟩ Schließe ich aber den Irrenden aus von der Kirchengemeinschaft: so giebt es kein Zurechtweisen; durch Streitschriften seine Ansichten zu verbessern, ist etwas ganz anderes als die christliche Lehre will; sie will nämlich durch persönliches Zusammensein verbessern.« (643). Damit sich die Lehrentwicklung sachgemäß vollziehen kann, bedarf es einerseits der Freiheit, damit neue Ansichten Publizität gewinnen können, sie hat das Kirchenregiment zu sichern (629. 645 u. ö.). Ob und inwieweit strittige Lehren auf die Kanzel gehören, ist prinzipiell nicht zu entscheiden, das ist Sache der »Lehrweisheit« (631), in jedem Falle ist der Primat des Erbaulichen im Gottesdienst zu berücksichtigen. Keinesfalls kann hier das Kirchenregiment statutarische Vorschriften erlassen: »Wenn das Kirchenregiment Vertrauen hat zur Lehrweisheit der Geistlichen: so wird es solche Vorschriften nicht nöthig haben; wo dieses Vertrauen nicht ist helfen auch die Vorschriften nicht.« (ibd.). Zum andern muß die theologische Wissenschaft in ihrem Freiraum und Eigenstand geschützt werden, weil sie der Garant dafür ist, daß sich die Entwicklung auf methodisch nachprüfbare Weise als Fortschritt in der Schriftauslegung und der dogmatischen Arbeit vollzieht (635, vgl. auch 653). Beschränkt sich also das organisierte Kirchenregiment auf seine eigentümliche, rein regulative Funktion, so gilt der Satz: »Es ist also auch gar nicht so schwer die Kirche zu regieren, wenn man nur nicht zuviel regieren will. . .« (636).

»Wenn wir das aufstellen, was fangen wir mit den symbolischen Büchern an?« (645) – Werden sie nur ihrem ursprünglichen Zweck entsprechend gedeutet, so lassen sie sich ganz ohne Zwang und Mühe in den kontinuierlich fortgehenden Prozeß der Lehrbildung einordnen, der mit der Reformation in einen neuen Abschnitt eingetreten ist: »Wenn wir also den symbolischen Büchern die Tendenz den Glauben zu bestimmen absprechen: so sind wir grade in Uebereinstimmung mit der Tendenz worin sie gegeben wurden«. (646). Indem die protestantischen Bekenntnisschriften die Grundsätze solus Christus, sola scriptura und sola fides geschichtsmächtig zum Ausdruck gebracht haben, haben sie kirchlichen Lehrformulierungen im Bereich des Protestantismus ein für allemal jede das Gewissen bindende Macht abgesprochen. Hierin eben sind die Bekenntnisschriften nach wie vor normativ.

In seiner Schrift gegen Ammon behaftet Schleiermacher diesen bei seiner Aussage, Harms habe in seinen Thesen »fünf und neunzig alte Wahrheiten, wie eben so viele neue Blitze, auf die Menge« herabgeschleudert (Bittere Arznei,

S. 4), indem er sie auf die 50. und 83. These bezieht: »Unterschreiben Sie auch die 50. Thesis und erwarten große Wirkung von ihr, daß durch die symbolischen Bücher dafür gesorgt sei daß das feste Bibelwort niemand drehen könne? Kann dafür auf diese Art gesorgt werden, wenn nicht die symbolischen Bücher wie auch die 83. Thesis sagt, die feste Norm aller Auslegung und aller dogmatischen Speculationen sind, über welche niemand hinaus darf, ohne sich von der Kirche zu trennen? Auch das ist freilich alt, eben so alt wie das wobei ich noch immer herzhaft beharre, daß eine Kirche welche dies behauptet ihrem Princip nach nicht evangelisch ist, sondern traditionell wie die römische, mag sie noch soviel Dogmen und Gebräuche geändert haben. « (I, 5, 334 f.)[75] – Die in der Anmerkung gegebene Catene von Parallelformulierungen erhebt keinen Anspruch auf Vollständigkeit. Sie zeigt aber, daß es sich hier nicht um ein polemisches Aperçu, sondern um ein ernsthaftes Anliegen Schleiermachers handelt. Die evangelische Kirche mußte sich zwangsweise verselbständigen, wollte sie sich nicht in Glaubensfragen den Machtsprüchen der kirchlichen Hierarchie unterwerfen und damit einräumen, das Christsein bestehe im Fürwahrhalten kirchlich autorisierter Lehrsätze und in der Befolgung kirchlicher Lebensregeln. Die so gewonnene Freiheit, in der das Gottesverhältnis des Einzelnen allein an dessen persönlichem Christusglauben hängt, der die Zugehörigkeit zur kirchlichen Gemeinschaft impliziert, wäre verspielt, bände die Kirche die Gliedschaft an ihr an die Unterwerfung unter bestimmte Lehrformeln. Sie würfe sich damit zum Mittler auf, der mit seinen Regeln und Gesetzen den Glauben des Einzelnen bedingt und normiert. Damit hätte sie- unbeschadet aller dogmatischen Differenzen – ihren Eigenstand gegenüber dem Katholizismus verloren.

Den geeigneten Modus, in welchem ein an dogmatische Tradition in gesetzlicher Weise nicht gebundener Protestantismus sich seiner reformatorischen Ursprünge gerade in der Fassung, die diese in den offiziellen Bekenntnisschriften gefunden haben, auf verbindliche Weise erinnern kann, hat Schleiermacher in »Werth« in Form eines Verpflichtungsformulars aufgezeigt: »Ich erkläre daß ich alles was in unsern symbolischen Büchern gegen die Irrthümer und Mißbräuche der römischen Kirche – besonders in den Artikeln von der Rechtfertigung und den guten Werken, von der Kirche und der kirchlichen Gewalt, von der Messe, vom Dienste der heiligen und von den Gelübden – gelehrt ist, mit der heiligen Schrift und der ursprünglichen Lehre der Kirche völlig übereinstimmend finde; und daß ich, so lange mir das Lehramt anvertraut ist, nicht aufhören werde diese Lehren vorzutragen, und über die ihnen angemessenen Ordnungen in der Kirche zu halten. « (I, 5, 451). Obwohl der Fragenkomplex in »Werth« sonst nicht berührt wird, ist der Entwurf deutlich an den Erfordernissen der Union orientiert: Er nimmt die den verschiedenen »Reformationen« gemeinsame, nach ChS als reinigend zu qualifizierende Tendenz auf und markiert das bleibend Normative an den ersten Resultaten der Reformation und das den protestantischen Schwesterkirchen unbeschadet ihrer Lehr- und Verfassungsunterschiede Ge-

---

[75] Vgl. auch ibd., 249 (Synodalverfassung). ChS 385. PrTh 557. 627. 639. 640.

meinsame. Dennoch ist festzustellen, daß die Formel formal eher einen »lutherischen« Charakter trägt: Es fehlt – analog zu den lutherischen Bekenntnissen – eine Angabe über den Bestand der Heiligen Schrift[76]. Hier wird aber nicht der Wunsch nach Akkommodation an lutherische Gewohnheiten leitend gewesen sein, sondern das Bestreben, die rein polemische Tendenz, die für die Auswahl der Themen leitend ist, nicht abzuschwächen. Sodann ist die Abfolge und Benennung der Themen in freier Weise an der CA orientiert[77]; dies ist sicherlich ein Reflex der Tatsache, daß Schleiermacher ihr unter den protestantischen Bekenntnisschriften eine Art »Ehrenprimat« eingeräumt hat (s. o. II. Kapitel).

Der Assensus zum polemischen Gehalt der Bekenntnisschriften ist vom evangelischen Geistlichen mit Fug zu fordern: Vermag er ihn nicht zu leisten, so neigt er entweder innerlich dem Katholizismus zu oder er sieht die in der Reformation streitig gewordenen Gegenstände überhaupt als nichtig an; beide Haltungen müssen als vom evangelischen Pfarramt ausschließend gelten (ibd., 451 f.). Der positive Lehrgehalt ist von der Verpflichtung ausdrücklich nicht gedeckt, wodurch anerkannt wird, daß sie keine Sicherung gegen die »naturalistischen und freidenkerischen Abweichungen« leistet, denn die liegen ja sowieso außerhalb des Horizonts der reformatorischen Bekenntnisse (ibd., 452). Schleiermacher hofft, daß eine solche Verpflichtung nicht allein auf die Geistlichen beschränkt bleibt, sondern daß die Rückbesinnung auf die reformatorische Theologie das protestantische Selbstbewußtsein auch der Laien schärfen wird, so daß eines Tages vielleicht auch die Konfirmanden eine ähnliche Verpflichtung wie die Geistlichen übernehmen werden (ibd., 452 f.).

Die hier skizzierte Verhältnisbestimmung von Lehrfreiheit und protestantischen Bekenntnisschriften erhellt in ihrer besonderen Bedeutung angesichts der neuzeitlichen Umformung[78] des Christentums, in deren Verlauf Schleiermacher eine »Krisis« (An Lücke, ed Mulert, S. 39. 42) herannahen sieht. Am ausführlichsten hat Schleiermacher in der eben zitierten Schrift über die besonderen Chancen und Gefährdungen des protestantischen Christentums in der Neuzeit reflektiert. Den Anlaß bietet die Erörterung der dreigliedrigen Gestalt der materialen Dogmatik in der Glaubenslehre: Ist es tunlich, trotz der vielen Mißverständnisse, die sie bei der Rezeption der Erstauflage hervorgerufen hat, die Reihenfolge der drei Hauptteile auch in der Neubearbeitung beizubehalten, oder sollte vielmehr das fromme Bewußtsein zunächst unter der Gestalt des Gegensatzes von Sünde und Gnade beschrieben werden, bevor es dann rein für sich abgesehen vom Gegensatz zur Darstellung kommt? – Den offensichtlichen Nachteilen zum Trotz behält Schleiermacher die Vorgehensweise der Erstaufla-

---

[76] Vgl. z. B. Conf. helv. post. If, Conf. belg. IV–VII.

[77] Wie in der CA fehlt auch in Schleiermachers Formel das Papsttum unter den Kontroverspunkten.

[78] Der Begriff stammt, soweit ich sehe, von WILHELM DILTHEY, vgl. Leben Schleiermachers[2] S. 640 f., und ist dann von Em. Hirsch auch in der präziseren Fassung »Umformungskrise« seit den dreißiger Jahren als umfassender Deutebegriff für die Geschichte des protestantischen Christentums in der Neuzeit verwandt worden.

ge bei, und zwar wegen der besonderen Art der Lehrstücke des ersten Teils (»Natürliche« Eigenschaften Gottes, Schöpfung, Urstand): Es sind dies alles Lehrstücke, die in hervorragender Weise von den Fortschritten der Natur- wie Geschichtswissenschaft affiziert werden, deshalb können sie nicht ans Ende des Ganzen geschoben werden, worunter notwendig die Ausführlichkeit ihrer Behandlung zu leiden hätte (ibd., 35 f., 41)[79]. Bei dieser Gelegenheit schiebt Schleiermacher eine Art Exkurs ein, der die möglichen Reaktionen des christlichen Glaubens bzw. der protestantischen Theologie auf die heraufziehende neuzeitliche Natur- und Geschichtserkenntnis zum Inhalt hat.

Die historische Exegese des Alten Testaments und die neuere naturwissenschaftliche Kosmologie haben beide einen naiv-religiösen, an die Genesisberichte anknüpfenden Schöpfungsglauben als allgemeingültige Grundlage des Wirklichkeitsverständnisses zunichte gemacht (ibd., 36). Wenn auch die eigentlich wissenschaftlichen Kenntnisse auf einen relativ kleinen Kreis von Personen beschränkt sind, so stehen doch die allgemeinen Ergebnisse im Begriff, zum geistigen Allgemeingut breitester Schichten zu werden (ibd., vgl. auch 41 ff.). Analog steht es um die alt- wie neutestamentlichen Wundergeschichten: Wird auf ihrem supranaturalen Wundercharakter insistiert, so wird mit ihnen die ganze Geschichte, der sie angehören, als »Fabel« (37) denunziert, wird ihre Faktizität durch Aufsuchen natürlicher Ursachen und Analogien hervorgehoben, so wird der *Wunder*begriff fragwürdig.

Drei scheinbare Weisen der Krisenbewältigung sind möglich und werden auch schon verwirklicht: Als erste nennt Schleiermacher den Rückzug in ein »romanistisches« Christentum, das »man freilich immer haben kann« (36): Der Konflikt zwischen überliefertem Christentum und neuzeitlicher Wissenschaft wird »gelöst«, indem er in Form einer schroffen Alternative zum Dauerzustand wird. Das Christentum zieht sich in die »Umschanzung eines alten Buchstaben« (37) zurück, und verliert, durch die selbstgezogenen Verteidigungsringe blockiert, die Möglichkeit zu Kontakt und Austausch mit der außerhalb seiner weitergehenden Wissenschaft und Kultur und empfängt so von dorther lediglich das »Bombardement des Spottes« (ibd.). Dieser Weg der Emigration aus Wissenschaft und Kultur wird bislang nur von »enggeschlossenen religiösen Kreisen« (ibd.) beschritten[80], angesichts ihrer und der zunehmenden Resonanz, die sie finden, stellt Schleiermacher jedoch die rhetorische Frage: »Soll der Knoten

---

[79] Vgl. die emphatisch-metaphorische Interpretation bei Scholz, Christentum und Wissenschaft, 32 f. 121 ff.

[80] J. Clayton, Theologie als Vermittlung – das Beispiel Schleiermachers, SchlA1,2, S. 899 ff. identifiziert die hier genannten Kontrahenten mit der »älteren Tübinger Schule« (906, Anm. 14). Es wird wohl eher an den orthodoxen Neupietismus zu denken sein, den Schleiermacher in Gestalt seines Kollegen Hengstenberg täglich vor Augen hatte. Die Identifizierung mit der älteren Tübinger Schule ist problematisch, weil kaum anzunehmen ist, daß ihr Hauptrepräsentant zunächst gemeint ist, wenn Schleiermacher von »düsteren Larven« (37) spricht, und dann wenig später als »der würdige Steudel« (41) bezeichnet wird. – Schleiermacher und Steudel kannten sich persöhnlich, vgl. Carl E. Hester, Schleiermachers Besuch in Tübingen, in: Bausteine zur Tübinger Universitätsgeschichte, Folge 1. Werkschriften des Universitätsar-

der Geschichte so auseinandergehen: Das Christentum mit der Barbarei, und die Wissenschaft mit dem Unglauben?« (ibd.)[81].

Die Sorge, die hier scheinbar nur dem Fortbestand des evangelischen Christentums bzw. seiner Theologie gilt, erstreckt sich aber auch auf den anderen Partner des Konflikts: Im Schlußteil der 4. Augustanapredigt (II,2, 661 ff.) bearbeitet Schleiermacher die Frage, ob angesichts des kulturellen Fortschritts der christliche Rechtfertigungsglaube alsbald obsolet und überflüssig wird, so daß eine sich bildende rein human-autonome Kultur sich seiner nur noch dankbar als eines überwundenen Stadiums ihrer eigenen Genese erinnern wird. Das kann nur unter der Voraussetzung geschehen, daß der quantitative Fortschritt des Wissens und der Weltbeherrschung einen qualitativen Sprung am »inwendigen Menschen« (ibd., 663) gezeitigt hätte. Schleiermacher prophezeit dieser letzten Emanzipation katastrophale Folgen« ». . . aber seht wohl zu, was ihr übrig behaltet! Wenn ihr den Ursprung dessen, was ihr als euer Eigenthum in Anspruch nehmen wollt, verläugnet, werdet ihr auch bald nicht mehr haben was ihr hattet; . . .« (ibd.). Die »Wissenschaft«, die, gezwungen oder freiwillig, sich in den Bund mit dem »Unglauben« begibt und den Glauben von der »Barbarei« sich entreißen läßt oder ihn an sie abgibt, verkommt selber zur Barbarei, so daß, geht der »Knoten der Geschichte« auf die befürchtete Weise auseinander, sich letztlich nur noch zwei verschiedene Barbareien gegenüberstehen, während Kultur, Bildung und Wissenschaft, die in einer vom christlichen Glauben freigesetzten und gehaltenen Humanität nicht mehr ihren Grund haben, zerfallen werden[82].

Die beiden anderen Irrwege, die Schleiermacher namhaft macht, sieht er im Rationalismus und in der spekulativen Theologie[83] verkörpert. Sie sind gemeinsam dadurch gekennzeichnet, daß sie den konfliktträchtigen Zweiklang von Christentum und wissenschaftlicher Weltdeutung und -bemächtigung zu bewältigen suchen, indem sie – auf je unterschiedliche Weise – das erste dem zweiten restlos ein- und unterordnen und damit seiner Selbständigkeit berauben.

Der Rationalismus deutet Jesus so zurecht, daß er sich bruchlos in den als reines Kontinuum ohne qualitative Sprünge gedachten Geschichtsverlauf einordnet – »bald als Weiser von Nazareth, bald als simpler Landrabbiner« (ibd., 37) –, der jedenfalls nicht mehr als unüberholbarer Anreger und Former religiösen Lebens gelten kann, sondern dessen Worte man allenfalls »immer noch

---

chivs Tübingen, ed. V. Schäfer, Reihe 1: Quellen und Studien, Heft 6, Tübingen 1981, S. 127–144.

[81] Vgl. auch ChS, Beil. D, S. 191 Anm., Leben Jesu, I,6, 23, Scholz, Christentum und Wissenschaft, 33 f. 121 ff.

[82] Vgl. Gräb, Humanität, S. 136–141. Eine positive Zukunftsvision hat Schleiermacher in einer Predigt über Mk 6,26–34 (II,5, 209 ff.) gegeben: Der Senfbaum, das Christentum, gewährt den Vögeln, der Kultur, Lebensraum und Entfaltungsmöglichkeit.

[83] H.-J. Birkner hat nachgewiesen, daß die Sätze, mit denen Schleiermacher die spekulative Theologie charakterisiert (38), nicht kenntlich gemachte wörtliche Anführungen aus der Dogmatik Marheinekes sind. Vgl. Theologie und Philosophie, S. 37.

als Motto gebrauchen kann, um unsere heilsamen und vornehmen Gedanken daran zu knüpfen« (ibd., 38)[84].

Zu dieser rationalistischen Einebnung Christi und des Christentums verhält sich die spekulative Theologie »ohngefähr wie der philosophische Tiefsinn zu der Sprichwörterklugheit des gemeinsten Lebens« (ibd.). Sie hebt die Religion – wie alle Geschichte und alles geistige Leben, auch die Naturwissenschaften (39) – in ein höchstes Wissen hinein auf, demgegenüber alles historisch Kontingente, mithin auch das Christentum und Christus selbst, sekundär ist und seinen Wahrheitsgehalt nicht in sich selbst hat, sondern nur insofern es sich als Ausdrucksform des höchsten Wissens geltend machen kann (38 f.)[85]. Die genuine, vollgültige Teilhabe am Christentum ist damit an einen bestimmten, nicht allgemein zugänglichen Grad des Wissens geknüpft: ». . . die Wissenden haben allein den Grund des Glaubens, die Nichtwissenden haben nur den Glauben und erhalten ihn daher wohl nur auf dem Wege der Überlieferung.« (39). In diesem Zusammenhang nun kommt der vielzitierte, erst neulich als crux interpretum gewürdigte[86] Satz zu stehen: »Wenn die Reformation, aus deren ersten Anfängen unsere Kirche hervorgegangen ist, nicht das Ziel hat, einen ewigen Vertrag zu stiften zwischen dem lebendigen christlichen Glauben und der nach allen Seiten freigelassenen, unabhängig für sich arbeitenden wissenschaftlichen Forschung, so daß jener nicht diese hindert, und diese nicht jenen ausschließt: so leistet sie den Bedürfnissen unserer Zeit nicht Genüge, und wir bedürfen noch einer andern . . .« (40). Auffällig an dem Satz ist zunächst die Alternative, die er aufstellt: Entweder hat die Reformation eine Basis geschaffen, auf der christlicher Glaube und durch neuzeitliche Wissenschaft geprägtes Wirklichkeitsver-

---

[84] Vgl. auch Leben Jesu, I, 6, 22–29.

[85] Zu dem hier von Schleiermacher vorausgesetzten Verhältnis von Glauben und Wissen vgl. Birkner, Sittenlehre, S. 56–64.

[86] Clayton, aaO., S. 905–908. Clayton ist darin zuzustimmen, wenn er die von Duke/Fiorenza (On the Glaubenslehre – Two Letters to Dr. Lücke, S. 64) und Spiegler (The Eternal Covenant, S. 23) vorgeschlagene Übersetzung von »Vertrag« mit »Covenant« als Überfrachtung ablehnt. (Covenant entspricht »Bund« im atl. Sinne, foedus). Da unpräzise Übersetzungen sichere Indikatoren für Interpretationsprobleme sind, sei darauf hingewiesen daß beide Übersetzungen des Satzes auch sonst ungenau sind. Duke/Fiorenza übersetzen den ersten Teil »Unless the Reformation from which our church first emerged endeavours to establish. . .« Die Pointe dieses Nebensatzes, die darin liegt, daß die Begründung der Kirchentümer den ersten Anfängen der fortgehenden Reformation zugeschrieben wird, geht verloren, ebenso bei Spiegler: »If the Reformation which produced our community of faith. . .« Eine die Nuancen erfassende Übersetzung könnte lauten: »If the Reformation from the first beginnings of which our church emerged does not have the aim to constitute a⟨. . .⟩ contract. . .« Ferner entgeht Spiegler (ibd.) – ebenso wie z. B. K. Barth, Die Prot. Theol., S. 393 – die eigentliche Pointe dieser Passage, wenn er sie so interpretiert, als wolle Schleiermacher den Vertrag stiften. Ob die rechtshistorische Interpretation, die Clayton der Wendung »ewiger Vertrag« gibt, Schleiermachers Intention trifft, ist fragwürdig. Der Terminus findet sich schon in den frühen »Notizen zur Vertragslehre« (1796/7, KGA I. 2, S. 58), allerdings auch dort ohne Hinweis auf 99jährige Gültigkeit. Wenn man zudem, wie ich es oben im Text tue, den Satz auf die Grundlage in der Reformation hin auslegt, so ergibt die Frist gar keinen Sinn: Der Vertrag wäre dann schon während des 30jährigen Krieges hinfällig geworden.

ständnis miteinander, das heißt ohne Separation und ohne Absorption, als gleichrangige, aber eben nicht gleichartige Partner[87], die sich eben nicht aufeinander reduzieren lassen, im selben Subjekt koexistieren können, oder die christentumsgeschichtliche Periode »Reformation« ist abgelaufen und ein neuer epochaler Umbruch steht bevor. Schleiermacher stellt sich entschlossen auf die erste Seite der Alternative: »Meine feste Überzeugung aber ist, der Grund zu diesem Vertrage sei schon damals gelegt, und es tue nur not, daß wir zum bestimmteren Bewußtsein der Aufgabe kommen, um sie auch zu lösen.« (40). Wie Clayton konstatiert, ist dieser Satz für sich genommen kryptisch[88]. Er muß zunächst innerhalb seines eben skizzierten Zusammenhanges bedacht werden. Der Hinweis auf die Reformation folgt auf die Aufzählung dreier möglicher Fehlreaktionen auf die neuzeitliche Umformungskrise des Christentums und will besagen, daß in der Reformation des 16. Jahrhunderts das Fundament zu einer Verhältnisbestimmung von christlichem Glauben und human-autonomer Weltdeutung liegt, das sich sowohl sektiererischer Separation als auch wissenschaftlich-weltanschaulicher Absorption überlegen erweist. Indem die Reformation den christlichen Glauben aus der Verzahnung mit »Menschensatzungen« löste und ihn auf das rechtfertigende Christusverhältnis des Einzelnen reduzierte (s. o. I. Kapitel, C), hat sie prinzipiell dessen statutarische Bindung an eine bestimmte geschichtliche Gestalt menschlichen Selbst- und Weltverhältnisses gelöst. Ist so die »Selbständigkeit der Religion« (E. Troeltsch) prinzipiell realisiert, so ist damit im Keim auch die Einsicht erreicht, daß die Glaubenslehren, deren Gestalt sich der jeweils erreichten Stufe der wissenschaftlichen Weltdeutung verdankt, dem Glauben selbst gegenüber, der sie hervorbringt, sekundär sind. Sie können deshalb der fortgehenden Kritik und Reformulierung, die durch den Fortschritt der wissenschaftlichen Weltdeutung bedingt ist, ausgesetzt werden. Dieses Verhältnis ist durch die Erkenntnis ermöglicht, daß der christliche Glaube gerade keine Form des wissenschaftlich-rationalen Weltverständnisses ist, sondern ein »unmittelbares Existentialverhältnis« (ibd., 15). Eben diese Einsicht, die seit der Reformation prinzipiell errungen ist, verfehlen Neupietismus, Rationalismus und spekulative Theologie: Der orthodoxe Neupietismus identifiziert den christlichen Glauben mit der lehrmäßigen Ausgestaltung, die er in der Reformationszeit erfahren hat, und macht ihn damit zu einem Stück Weltanschauung, das mit der neuzeitlichen Welt- und Lebensdeutung notwendig in tödlichen Konflikt geraten muß. Die rationalistische wie die spekulative Theologie fügen die christliche Überlieferung jeweils in ein – modernes – System der Welt- und Lebensdeutung ein und benehmen sie damit ihrer echten Funktion, nämlich sprachlich-gedankliche Ausdrücke der Reflexion über das durch Christus ermöglichte und getragene Gottesverhältnis zu sein.

An dieser Stelle wird die oben (S. 129) besprochene Zwiegesichtigkeit der reformatorischen Lehrbildung akut: Der Impuls, der in ihr seine ersten Wirkun-

---

[87] Vgl. CLAYTON, aaO., S. 908.
[88] Vgl. CLAYTON, aaO., S. 907.

gen entfaltete, wirkt noch fort; er wird es sein, der dem protestantischen Christentum in der Umformungskrise der Neuzeit Orientierung, Identität und Kontinuität sichern wird. Eben dies wird jedoch unmöglich gemacht, wenn der Impuls mit seinen ersten Wirkungen identisch gesetzt und so unter einem »toten Buchstaben« verborgen wird, indem etwa Verkündigung und theologische Lehre an die dogmatischen Ergebnisse der Reformationszeit gebunden werden, wie sie in den Bekenntnisschriften vorliegen. So ist gerade die Lehrfreiheit die unabdingbare Voraussetzung dafür, daß der wesentliche Gehalt der reformatorischen Bekenntnisschriften sich unter veränderten Umständen zur Geltung bringen kann, indem er nötigenfalls auch die ersten Ausdrucksformen, die er im 16. Jahrhundert gefunden hat, zersprengt.

D. Wissenschaftliche Theologie und Bekenntnisschriften

1. Aussonderung des Stoffs

Die grundsätzlichen Determinanten für das Verhältnis von wissenschaftlicher Theologie und Bekenntnisschriften, wie es sich bei Schleiermacher gestaltet, sind in den letztvorangegangenen Abschnitten dieser Arbeit bereits dargelegt worden. Die Genese der Bekenntnisschriften, ihre eigene Selbstbeschränkung sowie die Reflexion auf die Geschichte und die gegenwärtige Situation des Protestantismus machen deutlich, daß ihnen legitimerweise keine lehrgesetzliche Bedeutung zukommen kann. Stellt die protestantische Theologie ihre wissenschaftliche Arbeit unter eine bindende Lehrnorm, so geht sie sowohl ihres wissenschaftlichen als auch ihres protestantischen Charakters verlustig.

Diesen Grundsatz hat Schleiermacher mancher seiner exegetischen Schriften verwahrend vorangestellt in Hinsicht auf die Abwehr einer besonderen hermeneutica sacra, die die Ergebnisse der ganz auf »profanen« Methoden basierenden Exegese limitieren könnte[89].

Auf derselben Grundvoraussetzung basiert auch der Gesamtaufriß der theologischen Wissenschaften, den Schleiermacher in der »Kurzen Darstellung« vorgelegt hat: »Das ›Theologische‹ der theologischen Wissenschaften liegt in ihrer Bezogenheit auf diese Aufgabe ⟨scil. die Kirchenleitung⟩. Die ›Wissenschaftlichkeit‹ der Theologie ergibt sich daraus, daß sie das Ideal und die Gesetze des Wissens mit allen anderen Wissenschaften gemeinsam hat.«[90] Es bedarf daneben

---

[89] Vgl. Ueber den sogenannten ersten Brief des Paulos an Timotheos, I,2, 221 ff., bes. 224—226, Ueber die Schriften des Lukas, ibd., XII ff., außerdem Hermeneutik und Kritik mit besonderer Beziehung auf das Neue Testament, I,7, 22 f. und Einleitung ins Neue Testament, I,8, 11 ff. sowie KD² §§ 116. 133 f. 137. Zu diesem Thema vgl. D. LANGE, Historischer Jesus und mythischer Christus, S. 84 f. und W. GRÄB, Die unendliche Aufgabe des Verstehens; in: D. LANGE (ed), Friedrich Schleiermacher, S. 47—71, bes. 49 f. 65—71.

[90] BIRKNER, Sittenlehre, S. 52. Vgl. auch diese Arbeit, S. 52 ff.

kaum noch der Versicherung, daß ». . . die Beziehung auf die Aufgabe der Kirchenleitung nicht ein Prinzip oder Regulativ der Erkenntnis meint«[91].

Hiergegen sticht es auf den ersten Blick befremdlich ab, daß Schleiermacher sein theologisches Hauptwerk »Der christliche Glaube nach den Grundsäzen der evangelischen Kirche im Zusammenhange dargestellt« tituliert hat, scheint doch die programmatische Bezugnahme auf die »Grundsäze der evangelischen Kirche« der eben proklamierten Freiheit der theologischen Arbeit von kirchlichen Lehrsetzungen zu widersprechen.

Um dieses zunächst merkwürdig anmutende Vorgehen zu erklären, ist es nötig, sich die wissenschaftssystematische Stellung zu vergegenwärtigen, die Schleiermacher der »Dogmatischen Theologie« – sie befaßt unter sich gemeinsam die herkömmlichen Disziplinen Dogmatik und Ethik – in seinem enzyklopädischen Programm angewiesen hat. »In dieser Trilogie, philosophische, historische und praktische Theologie, ist das ganze theologische Studium beschlossen;. . .« (KD^2 § 31). Es fällt an diesem Satz, der die Einleitung der KD abschließt, ins Auge, daß er unter den relativ selbständigen theologischen Disziplinen Dogmatik und Ethik, der systematischen Theologie[92] also, keinen Platz einräumt. Diese Änderung ist bedingt durch die Aufnahme der neuen Disziplin »Philosophische Theologie«, die, basierend auf der als »Wissenschaft der Prinzipien der Geschichte« (KD^2 § 29) fungierenden Ethik, einen Allgemeinbegriff von Religion und religiöser Gemeinschaft entwirft und in dieses Raster das »Wesen des Christentums« einzeichnet (vgl. KD^2 §§ 21. 24)[93]. Zwischen der philosophischen Theologie und ihrer historischen Schwesterdisziplin besteht ein Verhältnis der engen Interdependenz: Die historische Theologie bedarf der philosophischen, damit sie einer methodisch reflektierten Auffassung ihres Gegenstandes fähig wird, die philosophische Theologie bedarf der historischen, weil sie nur an ihr die Wahrheit ihrer Sätze prüfen kann (vgl. oben S. 54).

Dennoch erhält die philosophische Theologie im Kreise ihrer Schwesterdisziplinen eine dominierende Stellung: »Die Philosophische Theologie hat unverkennbar die Funktion der theologischen Grunddisziplin. Sie ist, wenn man so will, Fundamentaltheologie.«[94]

Schleiermacher hat die philosophische Theologie nicht monographisch oder als eigenständige Vorlesung traktiert, sie harrt noch der präzisen Ausgestaltung: »Jetzt hingegen können die einzelnen Teile derselben nur fragmentarisch mit dem Studium der historischen Theologie gewonnen werden; . . .« (KD^2 § 29). Ein solches »Fragment« hat Schleiermacher innerhalb der »Einleitung« der Glaubenslehre vorgelegt. Daß philosophische Theologie und Dogmatik auf diese Weise unter einem Dach Wohnung finden, ist ein eindrücklicher Beleg von

---

[91] Birkner, ibd., S. 55f.

[92] Schleiermacher hat diesen Ausdruck bewußt gemieden, vgl. ChS 7f. und KD^2 § 97 Anm.: Er gebe zu dem Mißverständnis Anlaß, hier werde die Theologie zu einem alle mögliche Erkenntnis in sich aufnehmenden System umgeformt oder in ein solches integriert.

[93] Vgl. Birkner, Programm, S. 124f., Ders., Theologie, 26f. 38f.

[94] Birkner, Theologie, S. 27.

Hans-Joachim Birkners These zum wissenschaftssystematischen Gewicht und zur theologiegeschichtlichen Bedeutung der neukonzipierten Disziplin: »In vereinfachender Zuspitzung kann man sagen: Die philosophische Theologie, die mit ihrer Fassung der Frage nach dem Wesen des Christentums die Bedingungen neuzeitlicher Theologie zur Geltung bringt, tritt an die Stelle der klassischen Prinzipienlehre der protestantischen Dogmatik, die im wesentlichen auf eine Lehre von der Autorität der Heiligen Schrift sich konzentriert hatte.«[95]

Die klassischen systematischen Disziplinen dagegen finden ihr vergleichsweise bescheidenes Unterkommen im dritten Teil der historischen Theologie zusammen mit der kirchlichen Statistik unter dem Titel »Die geschichtliche Kenntnis vom gegenwärtigen Zustande des Christentums«.

»Die zusammenhängende Darstellung der Lehre, wie sie zu einer gegebenen Zeit, sei es nun in der Kirche im allgemeinen, wann nämlich keine Trennung obwaltet, sonst aber in einer einzelnen Kirchenpartei, geltend ist, bezeichnen wir durch den Ausdruck Dogmatik oder dogmatische Theologie.« (KD² § 97). Glaubenslehre wie Sittenlehre, die als einander strukturell gleichartig zusammengefaßt werden, sind jeweils bezogen auf ein konkretes Kirchentum mit seinen eigentümlichen Lebensbedingungen und -formen[96]. Die spezielle Behandlung, die die dogmatische Theologie innerhalb der KD erfährt, (§§ 196–231) ist äußerst abstrakt. Sie verhält sich auch zu Schleiermachers eigenen Entwürfen in den entsprechenden Disziplinen nur als weiträumiger Rahmen. So findet die besondere religionstheoretische Grundlegung, die für diese von überragender Wichtigkeit ist, weder Erwähnung noch Verwendung.

An dieser Stelle ist noch einzugehen auf die gravierenden Unterschiede, die Glaubens- und Sittenlehre in Schleiermachers eigenen einschlägigen Entwürfen aufweisen. In der Glaubenslehre ist das mit der Einordnung in die historische Theologie aufgestellte Programm voll eingelöst: Ihr großer Umfang ist zum nicht geringen Teil durch die ausführliche Auseinandersetzung mit der Lehrtradition bedingt[97]. In der Christlichen Sitte hingegen tritt die Diskussion mit der christlich-ethischen Lehrtradition, die bei der konsequenten Parallelstellung beider Disziplinen zu erwarten wäre, fast gänzlich zurück. Die Bezugnahme auf die protestantische Lehrtradition, besonders die Bekenntnisschriften, ist ebenso selten wie undetailliert (vgl. z. B. ChS 106 f. 142. 353. 457)[98].

Im ersten Entwurf der ChS heißt es ganz lapidar: »Die Hauptquelle für die christliche Sittenlehre ist die lebendige Sitte da.« (Beil. A § 32). Etwas später

---

[95] Theologie, S. 27.

[96] Zu den damit verbundenen Implikationen für die Frage nach der Wahrheit dogmatischer Aussagen vgl. BIRKNER, Sittenlehre, S. 59–64 sowie den nächsten Abschnitt dieser Arbeit.

[97] Vgl. die schöne Beschreibung bei HIRSCH, Geschichte V, S. 318. Hingewiesen sei auf W. ELERTS Hypothese, hier liege eine Analogie zur Programmatik der gleichzeitigen historischen Rechtsschule vor, vgl. Der Kampf um das Christentum, S. 71 ff.

[98] Als Kuriosum sei angemerkt, daß die »Predigten über den christlichen Hausstand« (II, 1, 567 ff.) sich in der Reihenfolge der Themen an die Haustafel in LUTHERS Kleinem Katechismus anschließen. In der Auswahl der Predigttexte drückt sich jedoch kein Abhängigkeitsverhältnis aus.

heißt es dann: »Die Praxis der protestantischen Kirche ist nur durch Beziehung auf ihre Symbole zu finden und auf die Bibel.« (ibd., § 36). Der Bezug auf Kanon und Symbol soll anscheinend als kritischer Kanon zur Aussonderung des wirklich Christlichen und Protestantischen aus der Fülle dessen, was dafür gelten will, dienen. Deutlich ist jedoch, daß die Erörterung und Diskussion des vorliegenden christlich-ethischen Lehrstoffs, entgegen den in der Kurzen Darstellung gegebenen Richtlinien, kein selbständiger Gegenstand des Arbeitsprogramms ist.

Die späteren Vorlesungen, die, durch Nachschriften bezeugt, das eigentliche corpus der ChS bilden, argumentieren differenzierter, wobei zwischen den beiden dokumentierten Vorlesungen erhebliche Unterschiede bestehen. Die Vorlesung 1822/23 (Haupttext) geht aus von den beiden in der Dogmatik möglichen Vorgehensweisen: Sie kann entweder der Schrift oder den Bekenntnisschriften als Identifikationsinstanz den Vorzug geben (ChS, 93 f.). In der Sittenlehre ist die Situation schwieriger: In den Bekenntnisschriften herrscht der dogmatische Stoff vor, »und die moralischen Differenzen sind nur wenig berührt, während sie in Wahrheit um nichts geringer sind, als die dogmatischen.« (ibd., 94). Auch die biblischen Weisungen vermögen es nicht, die Ethik vollständig zu fundieren, da sie ganz auf die kontingent-einmaligen Lebensbedingungen des Urchristentums abgestellt sind (ibd., 94 f.). »Darum müssen wir subsidiarisch uns noch an etwas anderes halten, an den λόγος ἄγραφος, an das, was wir die christliche Sitte nennen im engeren Sinne; und was wir nicht belegen können aus der Schrift und aus den symbolischen Büchern, das müssen wir als kirchlich dadurch nachweisen, daß wir seine Uebereinstimmung aufzeigen mit dem, was sich in der Kirche als allgemeine Verfahrungsweise geltend gemacht hat.« (ibd., 95).

Die Vorlesung 1826/27 setzt christologisch ein: Ob es eine relativ selbständige christliche Sittenlehre geben kann, hängt von der Fassung der Christologie ab (ChS, 87 f., Anm.). Alle christliche Sittenlehre muß folglich im Gegensatz zu den vier fundamentalen Häresien am Christentum (s. u.) ihren Ort haben. »Das eigenthümliche Princip der protestantischen Sittenlehre ist nun nicht das gleichmäßige Anstreben gegen diese Häresien, denn das ist in der römischen Kirche auch, sondern auf der einen Seite die Lehre von der Rechtfertigung durch den Glauben, nicht durch die Werke, und auf der anderen Seite die Gleichheit Aller gläubigen unter Christo und dem göttlichen Worte, . . .« (ibd., 90)[99].

Daraus ergibt sich, daß Lebensregeln christlich nur soweit verbindlich sein

---

[99] Dieser Grundsatz gewinnt innerhalb des ethischen Diskurses Gestalt und Kontur durch die Ablehnung aller religiösen »Sonderwerke« (vgl. z. B. S. 140 ff.; paradigmatisch ist auch die Entfaltung der Tugendlehre unter dem genus des darstellenden Handelns, S. 599−618). Grundlegend ist hier der folgende Satz aus der zweiten »Rede«, der im Kontext der Abgrenzung der Religion von der Moral steht: »Alles eigentliche Handeln soll moralisch sein und kann es auch, aber die religiösen Gefühle sollen wie eine heilige Musik alles Thun des Menschen begleiten; er soll alles mit Religion thun, nichts aus Religion.« (KGA I. 2, 219). G. EBELING hat hier einen Bereich der Konvergenz von Luther und Schleiermacher diagnostiziert, vgl. Luther und Schleiermacher, Schl A 1,1, S. 21 ff., bes. S. 25−29.

können, als sie sich als schriftgemäß zu erweisen vermögen (ibd., 90 f.). Die sittlichen Weisungen des NT bedürfen jedoch wegen ihres Eingebundenseins in eine vergangene soziokulturelle Formenwelt der Übersetzung. So obliegt der Sittenlehre zum einen die hermeneutische Aufgabe, »den Schriftgebrauch zu vervollständigen und die allgemeinen Vorschriften der heiligen Bücher genauer durchzuführen« (ibd., 91), sodann die ethische Durchdringung solcher Lebensgebiete, die im NT unterbelichtet bleiben. Die Bekenntnisschriften kommen nur in Betracht, soweit sie sich als stichhaltige Schriftauslegung geltend machen können. Wie in der früheren Fassung stellt Schleiermacher auch hier fest, daß in ihnen die ethischen Themenfelder noch nicht hinlänglich zur Geltung kommen (ibd.). Der Rekurs auf die »Sitte« folgt hier erst an letzter Stelle, zudem noch mit der Kautele versehen, »daß das am allerwenigsten geschehen darf mit Vernachlässigung des Schriftgebrauches« (ibd., 91): Die »Sitte« hat nur noch als Material, nicht aber mehr als Kategorie Bedeutung für die christliche Ethik.

Die von Entwicklungsstufe zu Entwicklungsstufe steigende Bedeutung des Schriftgebrauchs für die Konstitution der Ethik markiert deutliche Differenzen zwischen den drei Entwürfen. Gleichbleibend ist die Nichtbeachtung der in der Kurzen Darstellung gestellten historischen Aufgabe, nämlich der kritischen Erörterung der vorhandenen ethischen Lehrtradition. Die ChS nimmt ihren Gegenstand, das christlich-kirchliche Leben, auf methodisch reflektierte Weise (s. o. S. 22 ff.) in seiner faktischen Gegebenheit wahr, ohne den Zwischenschritt eines kritischen Dialogs mit der Lehrtradition einzuschalten: »Die kritische Erörterung der Lehrtradition, die einen wesentlichen Teil des Umfangs der Glaubenslehre ausmacht, hat in der Christlichen Sittenlehre keine Entsprechung.«[100]

Ein Grund hierfür ist mit Schleiermachers These vom ethischen Defizit der protestantischen Bekenntnisschriften schon angegeben worden. Zum andern wird seine negative Einschätzung der vorangegangenen theologisch-ethischen Arbeit eine Rolle gespielt haben. So bieten die beiden ersten Paragraphen des Entwurfes von 1809 (Beil. A §§ 1 f.) eine Art Bankrotterklärung der Disziplin als Bilanz von 200 Jahren der Selbständigkeit. Seit der Trennung von der Dogmatik ist die Ethik ihres theologischen Charakters zugunsten der Anbindung an die jeweils geltende philosophische Sittenlehre verlustig gegangen (vgl. die Konkretisierung ChS 29 f.). Es ist wohl nicht zu hoch gegriffen, wenn man behauptet, daß Schleiermacher für sein Programm einer christlichen Ethik, die weder ihrer philosophischen Schwesterdisziplin noch ihrer theologischen Nachbardisziplin unter- oder eingeordnet ist, den Rang einer epochalen Neuheit in Anspruch nahm[101] und deshalb keine Traditionslinie sah, an die er kritisch-fortbildend anknüpfen konnte.

---

[100] Birkner, Sittenlehre, S. 69 f.

[101] Als – unverdächtiger – späterer Zeuge sei Wilhelm Herrmann angeführt: »Die christliche Ethik soll die allen Christen gemeinsamen Grundzüge des sittlichen Verhaltens beschreiben; sie soll aber auch verständlich machen, weshalb ein solches Verhalten die notwendige

Das von Schleiermacher ohne besondere Emphase angesprochene Defizit der protestantischen Bekenntnisschriften in ethischer Hinsicht sowie seine Absicht, die Sittenlehre als eigene theologische Disziplin der Dogmatik ebenbürtig zu koordinieren, sind gleichsam Wegweiser, die schon auf die Proklamation eines ethischen Zeitalters des Christentums hindeuten, wie sie – im einzelnen ganz unterschiedlich – Richard Rothe[102] und Paul Tillich[103] vollzogen haben. Als eine – natürlich in ganz anderem Kontext – unternommene Einlösung von Schleiermachers Programm in der Gegenwart kann Trutz Rendtorffs »ethische Theologie« – so der Untertitel seiner »Ethik« – gelten.

Das einzige theologische Hauptwerk Schleiermachers, in dem die protestantischen Bekenntnisschriften in hervorragender Weise Gegenstand der Zitation und Interpretation geworden sind, ist also die Glaubenslehre. Im folgenden Abschnitt sollen die methodischen Gesichtspunkte, die dabei leitend sind, sowie – exemplarisch – deren Verwirklichung in der dogmatischen Einzelarbeit auf dem Hintergrund der bisher erarbeiteten Gesichtspunkte dargestellt und gewürdigt werden.

2. Die Bekenntnisschriften in der Glaubenslehre

Mit dem folgenden letzten größeren Abschnitt erreicht diese Untersuchung zugleich ihren Abschluß und ihren Höhepunkt: In der Glaubenslehre liegen nicht nur gebündelt die Resultate von Schleiermachers Reflexion über Reformation, Bekenntnisschriften und Protestantismus vor, sondern hier entfalten sie sich zugleich in eindrucksvoller Weise als gewichtige Faktoren bei der epochalen Neubestimmung von Aufgabe und Methode der evangelischen Dogmatik.[104]

Die Untersuchung wird sich in drei Arbeitsschritten vollziehen: Zunächst wird die »Einleitung« der Glaubenslehre daraufhin befragt, welchen Stellenwert sie den Bekenntnisschriften in der dogmatischen Methodik zuweist. Damit hier ein einigermaßen zuverlässiger Befund erhoben werden kann, genügt es nicht, die auf den ersten Blick für unser Thema einschlägigen Paragraphen zu exegisieren, sondern diese müssen vorab nach ihrer Stellung im Gesamtgefüge der Einleitung interpretiert werden. Diese Vorgehensweise erfordert eine relativ eingehende Gesamtanalyse dieses Textkomplexes.

Zweitens ist einzugehen auf die Aussagen der materialen Dogmatik über Recht und Grenzen kirchlicher Lehrbildung und -bindung, die ihren Ort in der Ekklesiologie haben.

Aeusserung christlichen Lebens ist. *Schleiermacher* hat diese Aufgabe der christlichen Ethik zuerst erfasst.« (Ethik, 2. Aufl., S. 1).

[102] Vgl. z. B. Theologische Ethik, § 1018, Bd 4, S. 238 ff.

[103] »Es war die *dogmatische* Fragestellung, welche bisher die Kirche bewegte; von nun an wird es die ethische sein.« Sozialismus und Kirchenfrage (1919) in: Gesammelte Werke, Bd 2, S. 13–20, Zitate: S. 13. – Zum theologiegeschichtlichen Kontext vgl. H.-J. Birkner, Das Verhältnis von Dogmatik und Ethik, in: Handbuch der christlichen Ethik, Bd 1, S. 281–296.

[104] Den theologiegeschichtlichen Kontext, innerhalb dessen die Glaubenslehre entstand, zeichnet eindringlich D. Lange, Neugestaltung christlicher Glaubenslehre, in: Ders. (ed), Friedrich Schleiermacher 1768–1834, S. 85–105, bes. 87–91.

Drittens soll anhand zweier Detailanalysen aufgezeigt werden, wie sich in Schleiermachers konkreter Arbeit an den Themen der materialen Dogmatik das Verhältnis der Bekenntnisschriften zu den anderen Faktoren der dogmatischen Urteilsbildung gestaltet.

Ein letzter Abschnitt bilanziert die Untersuchung der Glaubenslehre und damit diese ganze Arbeit in theologiegeschichtlicher und systematischer Hinsicht nach den Hauptergebnissen.

Grundlage der Darstellung wird im folgenden mit wenigen Ausnahmen die Erstauflage von Schleiermachers Glaubenslehre sein. Der in den sachlichen Grundentscheidungen unveränderten zweiten Auflage gegenüber hat sie einen doppelten Vorteil: Einmal ist sie noch nicht wie diese mitbestimmt von dem Bestreben, Mißverständnisse und Fehldeutungen durch manchmal übersorgfältig verklausulierte Formulierungen aufzuheben bzw. zu verhindern: »in ihr sind die Dinge noch etwas kantiger, pointierter, weniger abgesichert formuliert«[105]. Zum andern ist gerade in bezug auf die hier im Vordergrund stehenden Fragen in der Einleitung die Gliederung der Erstauflage besser durchsichtig auf die das Verfahren leitenden Intentionen hin. Wesentliche Abweichungen der zweiten Auflage werden notiert. Auf einen durchgehenden Vergleich der beiden Auflagen, der sich den von Hayo Gerdes gesetzten Maßstäben[106] stellen müßte, wird jedoch verzichtet; sein Ertrag fiele nicht so aus, daß er die ungemeine Verkomplizierung der Darstellung rechtfertigen könnte.

a) Die Grundlagen – ein Gang durch die »Einleitung«

Im folgenden soll in aller möglichen Kürze auf den Text in Schleiermachers Gesamtwerk eingegangen werden, der sowohl bei seinen mitlebenden Lesern und Kritikern[107] als auch in der weiteren Wirkungsgeschichte das höchste Maß an Aufmerksamkeit und interpretatorischem Scharfsinn auf sich gezogen hat: Die »Einleitung« in die Glaubenslehre, die, wie die 2. Auflage des Werks verwahrend erläutert, »keinen andern Zweck« hat, »als teils die dem Werke selbst zum Grunde liegende Erklärung der Dogmatik aufzustellen, teils die in demselben befolgte Methode und Anordnung zu bevorworten.« (CG² § 1 L). Dieser Textabschnitt soll allein im Hinblick darauf untersucht werden, welcher Stellenwert in ihm den reformatorischen Bekenntnisschriften für die dogmatische Arbeit zugewiesen wird, und wie sich auf dieser metadogmatischen Ebene das Verhältnis zu den anderen Faktoren der dogmatischen Urteilsbildung gestaltet.

In den vier ersten Paragraphen der Einleitung wird zunächst der Begriff und

---

[105] D. LANGE, aaO., S. 91. – Diese Auffassung ist seit langer Zeit in der Schleiermacher-Forschung opinio communis, vgl. die Hinweise H.-J. BIRKNERS in seinem Vorwort zur Studienausgabe der kritischen Ausgabe der ersten Auflage der Glaubenslehre S. VIII.

[106] J. RINGLEBEN (ed): Anmerkungen zur Christologie der Glaubenslehre Schleiermachers von HAYO GERDES, in: NZSTh 25/1983, S. 112–125.

[107] Vgl. die Klagen im 2. Sendschreiben an Lücke, ed MULERT, S. 31.63.

die Aufgabe der Dogmatik durchgeklärt[108]. »Dogmatische Theologie ist die Wissenschaft von dem Zusammenhange der in einer christlichen Kirchengesellschaft zu einer bestimmten Zeit geltenden Lehre.« (§ 1 L). Die Dogmatik – nach dem wissenschaftssystematischen Grundriß in der KD bekanntlich eines der fünf Glieder der historischen Theologie – findet ihr eigentümliches Arbeitsgebiet immer schon vor: Ein in der Zeit entstandenes und wieder vergehendes christliches Kirchentum, neben dem auch andere bestehen, und der Komplex religiöser Vorstellungen, die innerhalb seiner in der religiösen Kommunikation gebräuchlich sind, denn dies ist der Sinn der im Leitsatz verwandten Chiffre »geltende Lehre«: Alles kann als geltend angesehen werden, »was, ohne Zwiespalt und Trennung zu bewirken, in einzelnen Theilen und Gegenden der Kirche öffentlich gehört wird«. (§ 1,1). Diese Definition hat in Schleiermachers Werk eine Vor- und eine Nachgeschichte, die im folgenden kurz nachgezeichnet werden soll, um den empirisch-heuristischen Sinn der Formel gegenüber einer auf Normativität abzielenden Deutung zu profilieren[109].

In KD[1] heißt es ganz lapidar: »Diejenige theologische Disziplin, welche unter dem Namen der thetischen oder dogmatischen Theologie bekannt ist, hat es eben zu tun mit der zusammenhangenden Darstellung des in der Kirche jetzt gerade geltenden Lehrbegriffs.« (ed Scholz, S. 74, § 3). Was darunter näherhin zu verstehen sei, bleibt unausgeführt, der folgende Paragraph stellt lediglich drei Extrempositionen auf, die dieser Aufgabe nicht entsprechen: Eine biblische Theologie, die Darstellung einer bloß subjektiven dogmatischen Überzeugung, sowie die »geflissentliche friedliebende Beseitigung alles Streitigen«. Implizit ist damit angedeutet, daß »geltend« nicht einen statutarisch abgeschlossenen Kanon kirchlich sanktionierter Lehren meint. Die zweite Auflage, kurz nach CG[2] erschienen, fügt eine Erläuterung hinzu: »Alles nämlich ist als geltend anzusehen, was amtlich behauptet und vernommen wird, ohne amtlich Widerspruch zu erregen.« (§ 196 Anm.). Der Satz für sich verwirrt jedoch mehr, als daß er klärt, denn was heißt »amtlich«? In welchem rein positivistischen Sinne Schleiermacher diese Frage beantwortet hat, das hat Carl Clemen[110] anhand zweier Nachschriften der Enzyklopädievorlesung des WS 1831/2 dokumentiert, es war

---

[108] In KGA I. 7,3 sind von Ulrich Barth die handschriftlichen Marginalien aus Schleiermachers Handexemplar der Glaubenlehre (es ist bis § 75 erhalten) kritisch ediert worden. Sie werden im folgenden mit dem Kürzel »Marg.« und Ordnungsnummer zitiert. Zum Aufriß der Einleitung vgl. Marg. 9.49.

[109] Diese Deutung liegt z. B. bei Martin Stiewe, Das Unionsverständnis Friedrich Schleiermachers, Unio et Confessio Bd 4, Witten 1969 S. 47–49. 72. vor. Er konstatiert: »Der Zustand, in dem sich die Lehre befindet, läßt die notwendigen Merkmale ›geltender Lehre‹ nicht mehr erkennen«. Das trifft Schleiermachers Intention sicherlich nicht, denn in den verschiedenen »Theilen und Gegenden« der Kirche gibt es durchaus geltende Lehre, nämlich religiöse und theologische Rede, die rezipiert wird, »ohne Zwiespalt und Trennung zu bewirken«. Nicht das Fehlen, sondern die innere Pluralität der geltenden Lehre ist die eigentümliche Voraussetzung der dogmatischen Arbeit, wie Schleiermacher sie diagnostiziert (s. u. zu CG[1] § 5).

[110] Carl Clemen, Schleiermachers Vorlesung über theologische Enzyklopädie, in: ThStKr 1905, S. 226–245, vgl. neuerdings auch W. Sachs (ed), Friedrich Schleiermacher, Theologische Enzyklopädie (1831/32), SchlA Bd 4, S. 186.

dies die erste und zugleich letzte Vorlesung, die Schleiermacher über KD[2] gehalten hat. Schleiermacher nimmt Bezug auf den »Hallischen Theologen- streit« (s. diese Arbeit oben S. 158 ff.)[111]: Hätten die rationalistischen Professoren ihre Ämter verloren, »so wäre das ein amtlicher Widerspruch gewesen«. (242). »Da dies nun nicht geschehen ist, so ist das Rationalistische und Supernaturalisti- sche nebeneinander geltend in der evangelischen Kirche, also kein amtlicher Widerspruch.« (ibd.).

In CG[2] ist der Satz gegenüber CG[1] dahingehend präzisiert, daß der dogmati- sche Charakter der »geltenden« Lehrsätze in seinem epigenetischen Zusammen- hang mit der aktualen religiösen Kommunikation schärfer hervortritt: »... alle Lehrsätze, welche ein dogmatischer Ausdruck sind für das, was in den öffentli- chen Verhandlungen der Kirche, wenn auch nur in einzelnen Gegenden dersel- ben, als Darstellung der gemeinsamen Frömmigkeit gehört wird, ohne Zwie- spalt und Trennung zu veranlassen, ...« (CG[2] § 19,3, vgl. auch Marg. 15).

Die Paragraphen 2 und 3 beschreiben die Genese eigentlich dogmatischer Sätze und legen ihr Verhältnis zu den Ergebnissen der philosophischen Gottes- lehre dar[112]. Grundlage aller dogmatischen Sätze sind »die frommen Gemüths- zustände« (§ 2 L), die, der gedanklichen Rechenschaft unterzogen, sprachlich reflektiert werden. Ursprünglich ist die Sprachgestalt dieser Reflexion nur »vergleichend und bildlich«, also in hohem Maße dem Mißverständnis ausge- setzt. Durch diese notwendige Aporie entsteht das Bedürfnis »nach einer kunst- mäßigen Verbindung des Gleichartigen und Sonderung des Unverträglichen« (§ 2,1). Auch die Philosophie muß, wenn sie nicht »in Nichts zerrinnen soll, ebenfalls mit dem höchsten Wesen anfangen oder enden« (§ 2,2). Die Theologie hat also kein Monopol auf Aussagen über Gott. Wodurch allein die Geltung eines Satzes als theologisch nachgewiesen werden kann, ist sein Ursprung in der Reflexion über einen frommen Gemütszustand[113]. Das Bedürfnis der klärenden Reflexion, den einzelnen Glaubenssatz denkend zu durchdringen, impliziert auch die Aufgabe, die einzelnen Lehrstücke in einen stringenten systematischen Zusammenhang zu bringen. Das so entstehende »Lehrgebäude« soll die Totali- tät der frommen Gemützzustände abbilden, und zwar so, daß der notwendige innere Zusammenhang der einzelnen Teile erhellt wird (vgl. § 4 L).

Die Erfordernisse einer Dogmatik, die der oben zitierte Leitsatz zu § 1 nennt und die in den §§ 2−4 expliziert werden − Bezogenheit auf eine bestimmte kirchliche Gemeinschaft zu einem bestimmten Zeitpunkt ihrer Entwicklung und der wissenschaftlich-systematische, auf Reinheit, Vollständigkeit und Strin- genz zielende Charakter − sind konstante Aufgabenstellungen, die jeder dogma-

---

[111] Clemen (ibd.) bezieht die folgenden Sätze auf den Vorstoß August Hahns zum Ausschluß der Rationalisten aus der evangelischen Kirche im Jahre 1827, vgl. in Kürze RE[3] VII, S. 341 f. Das ist angesichts der zeitlichen und lokalen Nähe sowie der heftigeren Debatten um den hallischen Theologenstreit wohl als Versehen zu werten, richtig annotiert W. Sachs, aaO. S. 185 Anm.

[112] Es sei darauf hingewiesen, daß der folgende Gedankengang in nuce schon in der 2. »Rede« vorliegt, vgl. KGA I. 2,239, s. auch Birkner, Programm, S. 122 f.

[113] Vgl. Scholz, Christentum und Wissenschaft, S. 41.

tischen Arbeit gelten. Die §§ 5 und 6 dagegen führen eine Problemstellung ein, die dem neuzeitlichen Protestantismus eigentümlich ist: »In der gegenwärtigen Lage des Christenthums dürfen wir nicht als allgemein eingestanden voraus sezen, was in den frommen Erregungen der Christenheit das wesentliche sei oder nicht.« (§ 5 L)[114]. Die erläuternden Ausführungen des Paragraphen zeigen, daß diese Situationsanalyse auf den Antagonismus von Rationalismus und Supranaturalismus bzw. pietistischer Neuorthodoxie gemünzt ist. Was den einen als unabdingbar wesentlich gilt, wird von den anderen als »bloße Hülle« (§ 5,1) angesehen, es schallt der Vorwurf zurück, durch solche Reduktionen werde das Christentum aufgehoben. Zwei Scheinlösungen des Konflikts sind denkbar: Die Auflösung des kirchlichen Verbandes durch einseitigen oder gegenseitigen Ausschluß oder die Suspendierung der theologischen Debatte mit der Begründung, sie sei schuld an der ganzen Misere. Das gemeinsame Defizit beider Versuche liegt darin, daß sie das Problem nicht wirklich lösen. Bei gegenseitiger Verketzerung bleibt der Konflikt bestehen, weil und sofern sich beide Parteien weiterhin für christliche halten werden (vgl. Marg. 54). Durch Verschweigen wird auch nichts gewonnen, denn untergründig wird der Konflikt weiter schwelen.

Nun bedarf die Dogmatik aber ihres wissenschaftlichen Charakters wegen einer begründeten Erfassung des Wesens des Christentums, so wahr sie nicht ein bloßes Aggregat von Sätzen zusammenstellen will, sondern die einzelnen Sätze in einem denknotwendigen Zusammenhang darlegen muß. Die Situation der Strittigkeit erweist sich so bei näherem Hinsehen nicht als unglückliches Verhängnis, sondern als Herausforderung, einen notwendigen Schritt in der Selbstverständigung des christlichen Glaubens zu vollziehen: »Man kann daher sicher behaupten, ein solcher Zustand sei einer festeren Begründung der Dogmatik sehr günstig, eben weil die Gegensäze so stark gespannt sind, daß es ein dringendes Bedürfniß ist, mit Anstrengung aller Kräfte das wesentliche des Christenthums endlich festzustellen.« (§ 5,4)[115].

Der § 6 führt den Gedanken weiter, indem er die Aufgabenstellung präzisiert und damit die Kriterien für die Aussonderung der richtigen Lösungsmittel bereitstellt. Die Aufgabe ist eine wissenschaftliche, und als solche kann sie nicht dezisionistisch durch den Rekurs auf die persönliche Überzeugung des Dogmatikers gelöst werden (vgl. § 6,1), ebenfalls wenig erfolgversprechend ist der

---

[114] Dieser Reflexionsgang hat in der 2. Aufl. seinen Status als selbständiger Paragraph eingebüßt. Die hier abgehandelte Problematik wird dort am Anfang von [2]§ 11,1 als erster Erläuterungsgang im Anschluß an die im Leitsatz vollzogene Wesensbestimmung des Christentums bearbeitet. Diese Umstellung ist der Durchsichtigkeit des Verfahrens auf seine Intention hin eher hinderlich. Ein wichtiges Indiz dafür ist der Umstand, daß in der synoptischen Zusammenstellung der Leitsätze beider Auflagen in CG[2] ed. Redeker dieses Äquivalenzverhältnis nicht deutlich wird (Bd 2, S. 498 f.). Auch in der von Carl Stange bearbeiteten kritischen Ausgabe der Glaubenslehre – es ist nur die erste Abteilung, die die Einleitung enthält, erschienen – wird der Sachverhalt nicht deutlich, vgl. Quellenschriften zur Geschichte des Protestantismus, Heft 9, Leipzig 1910, S. 32 ff. 224.

[115] Zur Begriffs- und Problemgeschichte vgl. R. Schäfer, Welchen Sinn hat es, nach einem Wesen des Christentums zu suchen?, in: ZThK 65/1968, S. 329–347.

Versuch einer philosophischen Konstruktion a priori (vgl. § 6,2). Auch der
Hinweis auf eine Majoritätsmeinung bietet keine hinreichende Bürgschaft für
die Richtigkeit: Die Wahrheit ist nicht immer bei der Mehrheit.

Viertens vermag auch der Hinweis auf die Bekenntnisschriften nicht, eine
wissenschaftlich tragfähige und kirchlich konsensfähige Auskunft über das Wesen des Christentums zu geben. Zwar sind sie die einzigen kirchlichen Lehrdokumente des Protestantismus, aber eine den Konsens verbürgende und repräsen-
tierende Lehrbasis sind auch sie nicht: »Denn das Ansehen der Bekenntnißschriften gehört für einen Protestanten mit zu den streitig gewordenen Gegenständen«
(§ 6,1)[116].

Das Resultat dieser Erwägungen läßt sich so zusammenfassen: In der gegenwärtigen theologischen Situation, die durch positionellen Pluralismus bestimmt
ist, können echte dogmatische Sätze nicht als Leitbestimmungen einer Wesensbestimmung des Christentums dienen, die ja so beschaffen sein muß, daß sie als
hermeneutischer Schlüssel und kritischer Kanon bei deren Analyse und Beurteilung fungieren kann, weil sie allesamt selbst in den Streit verwickelt sind. Daher
ergibt sich die Aufgabe, die der Leitsatz formuliert: »Um auszumitteln, worin
das Wesen der christlichen Frömmigkeit bestehe, müssen wir über das Christenthum hinausgehn, und unsern Standpunkt über demselben nehmen, um es mit
andern Glaubensarten zu vergleichen.« (§ 6 L). Hier kommt also das Christentum nicht im Medium der Selbstdeutung religiöser Erfahrungen zur Sprache,
sondern es wird von außen, als Glied der Mannigfaltigkeit religiöser Lebensäußerungen interpretiert. Die hierher gehörigen Sätze erheben den Anspruch,
jedermann bei entsprechender Vorbildung allein kraft seiner Teilhabe am allgemeinen Wahrheitsbewußtsein plausibel zu sein, wie Schleiermacher im 2. Sendschreiben an Lücke betont: »Und die Einleitung legt es nicht einmal darauf an,
diese Formel auf das christliche Gesamtbewußtsein zurückzuführen, sondern
wie sie hier in dem Gebiet sich bewegt, welches ich durch den Ausdruck
Religionsphilosophie 〈...〉 zu bezeichnen pflege: so will diese Formel auch von
jedem Unchristen dafür gehalten sein, daß er durch dieselbe jede christlich
fromme Erregung und einen sie aussagenden Glaubenssatz von jeder nicht-
christlichen unterscheiden könne.« (ed Mulert, S. 57).

Damit ist jedoch keine philosophische Konstruktion des Christentums a priori
gemeint. Solches Konstruieren hat sich nach Schleiermacher immer als unzu-
längliches Mittel bei der Erfassung historischer Tatbestände erwiesen[117]. Im
folgenden entwickelt Schleiermacher seine Wesensdefinition des Christentums,
indem er die Grundzüge der von ihm neu entworfenen »Philosophischen Theo-

---

[116] Der inhaltlich kongruente § 2 der 2. Aufl. verfährt rein thetisch, die Erwägung der
abzuweisenden Versuche ist gestrichen. – Im Hinblick auf das hergebrachte dogmatische
Verfahren ist festzustellen: Hier wird die Verabschiedung der Lehre von den Fundamentalarti-
keln vorgenommen (vgl. § 5,4 sowie Marg. 52 und den dort im Sachapparat gebotenen Auszug
aus einer Vorlesungsnachschrift. Zur Lehre von den articuli fundamentales vgl. Hase, Hutterus
redivivus [7]§ 17 und Ratschow, Lutherische Dogmatik, Bd 1, S. 139–152).

[117] Vgl. auch die Polemik gegen Fichte in Marg. 69 sowie das erste Sendschreiben an Lücke,
ed Mulert, S. 17f.

logie« (vgl. KD² §§ 32 ff.) ausführt[118]. Dieser – wissenschaftssystematisch als kritische Disziplin figurierende – Theorieentwurf entspricht dem kantischen Satz, daß Gedanken ohne Inhalt leer und Begriffe ohne Anschauungen blind sind (vgl. Kritik der reinen Vernunft, 2. Aufl., S. 75): »Da das eigentümliche Wesen des Christentums sich ebensowenig rein wissenschaftlich konstruieren läßt, als es bloß empirisch aufgefaßt werden kann: so läßt es sich nur kritisch bestimmen durch Gegeneinanderhalten dessen, was im Christentum geschichtlich gegeben ist, und der Gegensätze, vermöge deren fromme Gemeinschaften können voneinander verschieden sein.« (KD² § 32, vgl. auch oben S. 52ff., 191 f.). Die Untersuchung vollzieht sich, indem »vorausgesetztes« und »gegebenes« aufeinander bezogen werden (§ 6,3, vgl. auch die Kollegnachschrift zu Marg. 71). Die Voraussetzung, die dem Verfahren zugrundeliegt, ist eine doppelte: Zum einen wird das allen positiv-historischen Religionen zugrundeliegende Grunddatum eruiert. Der Erkenntnisgewinn dieses Arbeitsganges liegt darin, daß das Christentum dem genus »Religion« eingeordnet und dadurch ethisch-geschichtsphilosophisch faßbar wird.

»Der Rückgriff auf die Ethik hat also den prinzipiellen Sinn, die Allgemeinheit der Religion durch ihren Zusammenhang mit dem Ganzen menschlicher Wirklichkeit auszusprechen. Das ist der von der Aufklärung her geforderte Schritt über die vorfindliche Religion hinaus in den freien Raum der Vernunft.«[119]

Andererseits wird vorausgesetzt, daß jede Religion daneben eine spezifische Eigentümlichkeit hat, die sie unverwechselbar und eigenständig macht (vgl. zum Ganzen § 7). Eine von hier aus sich vollziehende Untersuchung müßte, um vollständig zu sein, eigentlich den gesamten empirischen Stoff gelebter Religion bearbeiten. Weil das Gebiet noch weitgehend unbearbeitet ist, muß der Arbeitsschritt in den dogmatischen Prolegomena stellvertretend unternommen werden, womit zugleich eine Einschränkung notwendig und legitim wird: »Daher sind wir genöthigt ein abgekürztes Verfahren anzustellen, indem wir zunächst das gemeinsam allen Glaubensweisen zum Grunde liegende Wesen der Frömmigkeit aufsuchen, dann aber das vergleichende Verfahren gänzlich darauf richten, nur das Eigenthümliche des Christenthums zu finden.« (§ 7,3).

Im folgenden erhebt Schleiermacher also zunächst eine Definition der Frömmigkeit als der Konstante, die allem religiösen Leben zugrundeliegt (vgl. §§ 8–11). Dann wird die wesensmäßig zur Religion gehörende Sozialität festgestellt[120]. Auf dieser Grundlage nun wird ein zwiefacher Schematismus zur Ein-

---

[118] In der zweiten Auflage wird der besondere Status der folgenden Paragraphen verdeutlichend hervorgehoben, indem sie als »Lehnsätze« bezeichnet werden. ¹§§ 8–13 figurieren in ²§§ 3–6 als »Lehnsätze aus der Ethik« unter dem Titel »Zum Begriff der Kirche«, die ¹§§ 14–17 erhalten ²§§ 7–10 als »Lehnsätze aus der Religionsphilosophie« den Titel »Von den Verschiedenheiten frommer Gemeinschaften überhaupt«, ¹§ 18–22 als ²§§ 11–14 als »Lehnsätze aus der Apologetik« die Überschrift »Darstellung des Christentums seinem eigentümlichen Wesen nach.«

[119] T. RENDTORFF, Kirche und Theologie, S. 145, s. auch die luziden zusammenfassenden Formulierungen bei GRÄB, Humanität, S. 162 ff.

[120] Vgl. hierzu T. RENDTORFF, Kirche und Theologie, S. 123–128.

ordnung der historisch-empirischen frommen Gemeinschaften entwickelt: Fetischistische, polytheistische und monotheistische Religion sind jeweils aufs engste verzahnt mit bestimmten sozialen Zuständen und dem Niveau der geistig-kulturellen Bildung. Sie verhalten sich zueinander als Entwicklungsstufen; die untere ist jeweils bestimmt, bei entsprechendem Kulturfortschritt in die nächsthöhere überzugehen (vgl. §§ 14 f.). Das Stufenschema allein ist noch nicht hinreichend, um die Vielfalt der historischen Religionen zu erfassen, denn auf den verschiedenen Stufen findet sich jeweils eine Mehrheit von frommen Gemeinschaften, die trotz dieser Gemeinsamkeit voneinander verschieden sind.

Es gilt also, das Stufenschema zu einem Raster zu verfeinern: Der Artunterschied, der das Stufenschema kreuzt, basiert auf einer grundsätzlichen Verschiedenheit in der jeweiligen Korrelation des frommen Bewußtseins mit dem sinnlichen: Auf der einen Seite steht »die teleologische Ansicht oder das vorherrschende Bewußtsein sittlicher Zwekke« (§ 16,2). Die Weltwahrnehmung wird vorwiegend insofern religiös relevant, als sie Impuls zu sittlicher Tätigkeit wird. Je nach dem, ob die Tätigkeit, in die das fromme Bewußtsein ausgeht, als gehemmte oder geförderte wahrgenommen wird, ist die fromme Erregung als »erhebend« oder »demütigend« charakterisiert (ibd.).

Auf der anderen Seite wird die menschliche Tätigkeit insofern religiös bedeutsam, als sie sich als Resultat externer Einwirkungen zu erkennen gibt, die in ihrer Gesamtheit göttlich geordnet sind. Die Tätigkeit ist die äußere Manifestation einer innerlichen Zuständlichkeit. Von den unterschiedlichen inneren Zuständen als Resultaten göttlicher Einwirkung nehmen die frommen Erregungen ihre inhaltliche Füllung. »Diese Betrachtungsweise aber, alles Einzelne anzusehen als bestimmt durch das Ganze, und jedes danach zu schäzen, wie es durch dieses Bestimmtsein entweder als Einheit gefördert ist, oder in streitende Vielfalt zerfällt, ist die ästhetische Ansicht als Grundform aller frommen Erregungen« (ibd.). Das Christentum nun gehört – weil in ihm »die Idee von einem Reiche Gottes, d. h. von einer Gesammtheit sittlicher Zwekke durchaus vorherrscht« (§ 16,3), auf die Seite der teleologischen bzw. ethischen Religionsart.

Mit dieser doppelten Einordnung des Christentums – es kommt als monotheistische Religion auf der höchsten Stufe zu stehen und gehört dort der ethischen Art an – ist der Wesensbegriff, der durch die Korrelation von Vorausgesetztem und Gegebenem bedingt ist, noch nicht erreicht. Nachdem das Vorausgesetzte – Religionsbegriff, Religionsstufen und -arten – dargelegt ist, tritt nun das Gegebene auf den Plan. »Das Eigenthümliche einer Gestaltung gemeinschaftlicher Frömmigkeit ist zu entnehmen theils aus dem eignen geschichtlichen Anfangspunkt, theils aus einer eigenthümlichen Abänderung alles dessen, was in jeder ausgebildeten Gestaltung derselben Art und Abstuffung vorkommt.« (§ 17 L). Der Anfangspunkt als »äußere Einheit« verbürgt den historisch-kontingenten Charakter einer positiven Religion. Ihm muß bei der Wesensbestimmung jedoch noch eine innere Einheit zur Seite treten, weil sonst der individuelle Charakter der Religion allein auf der zufälligen Eigentümlichkeit ihres Anfangspunktes beruhte und sich zur Frömmigkeit der Nachlebenden lediglich akzidentiell verhielte.

Hiermit sind die Koordinaten bereitgestellt, in die die Wesensdefinition des Christentums eingezeichnet werden kann: »Das Christenthum ist eine eigenthümliche Gestaltung der Frömmigkeit in ihrer teleologischen Richtung, welche Gestaltung sich dadurch von allen andern unterscheidet, daß alles einzelne in ihr bezogen wird auf das Bewußtsein der Erlösung durch die Person Jesu von Nazareth.« (§ 18 L)[121]. Bis auf den Monotheismus als Stufenangabe kommen alle im vorigen genannten Begriffsbestimmungen vor und bilden den Rahmen, in den das geschichtlich Gegebene, nämlich Jesus und seine empirisch sich vollziehende Anerkennung als Erlöser, eingezeichnet wird. In der Erläuterung wird der Begriff der Erlösung nach seinem allgemein religiösen und besonderen christlichen Gehalt reflektiert und so im Hinblick auf *den* Erlöser das Wesen des Christentums in der Gestalt einer Christologie in nuce expliziert[122]. Der allgemeinste Begriff der Erlösung besagt nur, »daß eine Hemmung des Lebens aufgehoben und ein besserer Zustand herbeigeführt werden soll« (§ 18,3). Auf der Basis der teleologischen Religion kann diese Hemmung nicht in äußerlichnatürlichen Umständen lokalisiert werden, zu denen der Mensch sich wesentlich passiv verhielte, sondern »es giebt nur Eine Hemmung, welche im höheren Selbstbewußtsein unmittelbar als solche anerkannt wird, nämlich wenn die Einigung des sinnlichen Bewußtseins selbst mit dem frommen Abhängigkeitsgefühl gehemmt ist.« (ibd.). Betont werden muß das Wort »Hemmung« im Gegensatz zur »völligen Unfähigkeit«, denn das, was völlig außerhalb der Natur liegt, kann nicht als gehemmt ins Bewußtsein treten (ibd.). Alle positiven Religionen haben einen Zug des Erlösungsgedankens in sich, der allenthalben in Sühne- und Reinigungsritualen zu Tage tritt. Spezifisch christlich ist, daß alle Erlösung auf Christus, den einen Erlöser, zurückgeführt wird, der dadurch von allen andern Menschen unterschieden ist, daß er selbst keiner Erlösung bedurfte. Ihm gegenüber werden alle anderen Erlösungsgestalten und -rituale als Manifestationen der latent-universalen Erlösungsbedürftigkeit durchsichtig – sie sind παιδαγωγοὶ εἰς Χριστόν[123]. Die folgenden Paragraphen (19—22) wenden den Ertrag der Wesensbestimmung des Christentums auf einige Themenkreise an,

---

[121] Zu den Abänderungen, die die Definition in der 2. Aufl. erfahren hat, vgl. GERDES, Anmerkungen zur Christologie, der überaus feinfühlig die Veränderungen in der christologischen Terminologie als verdeutlichende Reaktion auf die Kritik F. CHR. BAURS erhellt. Er untersucht zwar nicht den zitierten Leitsatz aus der Einleitung, seine an anderen Stellen gewonnenen Einsichten dürften jedoch auch hier gültig sein.

[122] In der 2. Aufl. ist der Inhalt der Erläuterung auf größere Weite hin modifiziert: Erlöser und Erlösung können sprachlich und gedanklich ganz verschieden gefaßt werden, ohne daß der Boden des Christentums verlassen würde (vgl. ²§ 11,4 und 2. Sendschreiben an Lücke, ed. MULERT, S. 44 f., dazu die kritischen Anmerkungen A. TWESTENS in einem Brief an Schleiermacher vom 9. X. 1829 bei HEINRICI, Twesten, S. 416 ff.). Hier verdichten sich die Erfahrungen aus den gehässigen Kämpfen gegen die Exponenten des kirchlichen Rationalismus, die zwischen dem Erscheinen der ersten und zweiten Auflage stattgefunden haben.

[123] Vgl. hierzu als Illustration die Karfreitagspredigt »Der Tod des Erlösers das Ende aller Opfer« (II,2, 161—175, Heb 8,10—12).

die traditionell in die dogmatischen Prolegomena gehören und seit Anfang der Aufklärung Gegenstand besonders heftiger Debatten geworden sind: Positive Religion, Offenbarung, Wunder, Weissagung und das Verhältnis Christentum – Judentum werden erörtert.

Der § 23 nimmt die Ausführungen der §§ 2—4 wieder auf,[124] die rein formal Inhalt und Aufgabe der Dogmatik skizziert hatten, und füllt sie inhaltlich mit dem Ertrag der Wesensbestimmung des Christentums: »Der christlichen Glaubenslehre liegt ob, die frommen Gemüthszustände, welche im christlichen Leben vorkommen, so zu beschreiben, daß die Beziehung auf Christum als Erlöser in der Beschreibung in dem Maaß erscheine, wie sie in dem Gefühl hervortritt, und sie so zusammenzustellen, daß ihre Vollständigkeit erhelle.« (§ 23 L).

Hiermit ist die Aufgabe der Dogmatik scheinbar erschöpfend formuliert. Es folgen jedoch noch 12 weitere Paragraphen, die den propädeutischen Präliminarien gewidmet sind. Sie vermitteln das Programm von § 23 L mit den Anforderungen, die der Dogmatik als Glied der historischen Theologie zuwachsen und die ihre kirchliche Bedeutung begründen. Diese machen es notwendig, daß die Dogmatik sich nicht auf die unmittelbare Abschilderung, Ausdeutung und Systematisierung der frommen Erfahrungen beschränkt, sondern sie zugleich in Relation setzt mit den lehrmäßigen Ausprägungen, die sie in dem christlichen Partialkirchentum, dem der Dogmatiker angehört, erhalten haben und diese somit deutet und bewertet.

Die Annäherung an den historisch-empirischen Stoff, den es zu sichten, zu ordnen und zu reinigen gilt, vollzieht Schleiermacher in drei Gedankenschritten: Zuerst stellt er, anknüpfend an die Bestimmung des Wesens des Christentums, ein Schema auf, das dazu dienen soll, innerhalb des vorliegenden Stoffs genuin Christliches von Scheinchristlichem zu scheiden. Zweitens wird der spezifisch protestantische Charakter festgestellt, indem der Gegensatz von Protestantismus und Katholizismus erläutert wird. Endlich wird reflektiert, wie in dem so ausgesonderten Gebiet christlicher Lehre mit seinen besonderen Arbeitsbedingungen die dogmatische Originalität des Individuums ihr Verhältnis zu dem vorhandenen gemeinsamen Bestand kirchlicher Lehre in seiner historischen Besonderheit zu gestalten hat.

Es liegt vor Augen, daß keine Wesensbestimmung des Christentums denkbar ist, die alles, was für christlich gelten will, unter sich befassen könnte: Es gibt immer »Lehre ⟨...⟩, welche für christlich will angesehen sein, und doch dem christlichen Grundtypus widerspricht« (§ 24,2), also ketzerische Lehre. Unter dieser Voraussetzung ist die Deduktion des Ketzerischen und ihr Vergleich mit dem vorliegenden Stoff eine relativ sichere Probe auf die Angemessenheit der Wesensformel: Lassen sich die in der Geschichte wirklich vorgekommenen und als solche bezeichneten Häresien unter der aus dem Wesensbegriff deduzierten

---

[124] Diese etwas mißliche Doppelung hat Schleiermacher in der 2. Aufl. dadurch vermieden, daß er die Wesensbestimmung an den Anfang stellte und die wissenschaftstheoretischen Erörterungen als Entfaltung des Ertrags in einem Zug folgen ließ.

Formel mit einiger Vollständigkeit subsumieren, so ist das ein bedeutendes Indiz dafür, daß die Wesensbestimmung dem empirisch-historischen Tatbestand »Christentum« adäquat ist (vgl. § 25,2)[125]. Im Zentrum der Erörterungen steht konsequent, wie bei der Wesensbestimmung auch, der Begriff der Erlösung. Diese Basis ist verlassen, wenn dem Menschen als Objekt der Erlösung die Erlösungsfähigkeit abgesprochen wird, d. h. wenn die Sündhaftigkeit so stark betont wird, daß die Einwirkung des Erlösers im natürlichen Menschen an nichts Vorhandenes anknüpfen kann und so aus der Erlösung eine »gänzliche Umschaffung« wird. Diese Häresie nennt Schleiermacher die manichäische, weil sie – wenigstens implizit – »mit der Annahme eines an sich bösen als eines von Gott nicht geordneten noch abhängigen, unter dessen Botmäßigkeit und in dessen Gemeinschaft die menschliche Natur stehe bis zu jener Umschaffung . . .« rechnet (§ 25,3)[126]. Auf der anderen Seite tritt derselbe Fall ein, wenn die Erlösungsbedürftigkeit negiert wird, »d. h. jene Hemmung so veränderlich gedacht 〈wird〉, daß sie in jedem Einzelnen durch natürliche geistige Wechselwirkung kann vermindert und bis zur Befriedigung ausgeglichen werden. . .« (ibd.). Für einen so rein innerhalb der empirisch-vorfindlichen Menschheit sich vollziehenden Prozeß bedarf es keines Erlösers, es liegt hier die pelagianische Ketzerei vor.

Hat sich das erste Häresienpaar am Objekt der Erlösung gebildet, so hat das zweite seinen Anhalt an der Lehre vom Erlöser: Wird seine wesentliche Gleichheit mit der menschlichen Natur geleugnet, so daß zwischen ihm und den zu erlösenden kein eigentlich geistiger Verkehr mehr stattfinden kann, so liegt die doketische Ketzerei vor (ibd.). Auf der anderen Seite steht hier eine Lehr-

---

[125] In der 2. Aufl. (²§ 21) wird stärker hervorgehoben, daß das Häretische immer externer Herkunft ist. Vgl. auch K.-M. BECKMANN, Der Begriff der Häresie bei Schleiermacher, FGLP X/16, München 1959, S. 12–26, bes. S. 14.

[126] Wenn SCHLEIERMACHER hier auch keine dogmengeschichtliche Untersuchung durchführt, ist dennoch darauf hinzuweisen, in welchem Maße ihm Augustins Kampf gegen Manichäismus und Pelagianismus präsent ist. Hiervon zeugt nicht nur die häufige Bezugnahme auf Augustin durch die ganze Glaubenslehre hindurch, sondern auch das folgende Briefzitat (an Lücke, 18. VI. 23, Br. IV, S. 313–315): »Nur eine Frage fällt mir daraus 〈scil. aus L.'s Brief〉 ein, nämlich ob ich augustinisch sei in der Lehre vom Bösen. Aber ich möchte Sie nun wieder fragen, was denn eigentlich augustinisch sei? Denn ich finde den Augustin weniger sich selbst gleich als ich es zu sein glaube, welches von der polemischen Stellung herkommt, die er genommen hat. Genau genommen würde ich mir sagen können, daß ich dem Augustin da beistimme, wo er am meisten antimanichäisch redet. Wie denn auch meine Tendenz gerade die ist, das schlimmste vom Bösen zu sagen, was man kann ohne manichäisch zu werden.« (S. 314). In der folgenden AUGUSTIN-Stelle ist SCHLEIERMACHERS Argumentation bei der Bestimmung der Häresien geradezu präformiert: »Homo enim dum nascitur, quia bonum aliquid est, in quantum homo est, Manichaeum redarguit, laudatque Creatorem: in quantum vero trahit originale peccatum, Pelagium redarguit et habet necessarium Salvatorem. Nam et quod sananda dicitur ista natura, utrumque repercutit: quia nec medicina opus haberet, si sana esset, quod est contra Pelagium; nec sanari posset omnino, si aeternum atque immutabile malum esset, quod est contra Manichaeum.« AURELIUS AUGUSTINUS, Contra duas epistolas Pelagianorum libri quatuor, MPL 44, Sp. 549–638, Zitat: Sp. 607. Vgl. auch FRANK, Theologie der Concordienformel, Bd 1, S. 94, Anm. 45.

form, die die Besonderheit des Erlösers einebnet, indem sie seine wesentliche Gleichheit mit der menschlichen Natur so weit ausdehnt, daß auch in ihm ein Minimum von Erlösungsbedürftigkeit gesetzt ist: »Diese Abweichung nun habe ich, nach dem Namen derer, welche zuerst Christum nur als einen gewöhnlichen Menschen sollen angesehen haben, die nazoräische oder ebionitische genannt.« (ibd.).

Es liegt auf der Hand, daß pelagianische und ebionitische Lehre einerseits sowie manichäische und doketische andererseits einander wechselseitig erfordern und bedingen.

Der Schlußabschnitt des Paragraphen wehrt sogleich dem Mißverständnis, als sei diese Deduktion der Häresien ein Arsenal von Waffen für den innerkirchlichen Meinungskampf (§ 25,4): Das Häresienschema soll gerade aufzeigen, wie weit die Grenzen des legitim und genuin Christlichen zu stecken sind und so im höchstmöglichen Maße die Pluralität der »geltenden« Lehren integrieren, indem sie als Ausprägungen des eigentümlichen Wesens verständlich und hinsichtlich ihrer Nähe zum Zentrum kritisierbar und bewertbar gemacht werden.[127]

Der nächste Denkschritt, der von Schleiermacher vollzogen wird, erfüllt insofern die in § 1 gestellte Forderung der Kirchlichkeit der Dogmatik, als er ihren protestantischen Charakter reflektiert: Ist es die Aufgabe der Dogmatik, den »Zusammenhang der in einer christlichen Kirchengesellschaft zu einer bestimmten Zeit geltenden Lehre« (§ 1 L) wissenschaftlich zu bearbeiten, so kann »Eine auf die jezige Zeit und die abendländische Kirche Bezug nehmende Glaubenslehre ⟨...⟩ sich nicht gleichgültig verhalten gegen den Gegensaz zwischen Katholizismus und Protestantismus, sondern muß einem von beiden angehören.« (§ 26 L).

Dieser Paragraph hat in der Neufassung (²§ 23) eine tiefgreifende Überarbeitung erfahren. Die kryptisch-kurzgefaßte Gestalt der Gedanken ist – ohne Abänderung im sachlichen Ertrag – erheblich erweitert und verdeutlicht worden. Daher empfiehlt es sich hier, ausnahmsweise den Text der 2. Auflage zugrunde zu legen.

In der KD stellt Schleiermacher der Dogmatik geradezu die Aufgabe, »zu zeigen, wie mannigfaltig und bis auf welchen Punkt das Prinzip der laufenden Periode sich nach allen Seiten entwickelt hat, und wie sich dazu die der Zukunft anheimfallenden Keime verbesserter Gestaltung verhalten.« (²§ 198). Die Ausführungen des § 23 (2. Aufl.) erläutern als Präliminarproblem der Wesensbestimmung des Protestantismus eben diesen Problemkreis hinsichtlich seiner Relevanz für die Fassung dogmatischer Aussagen.

Die dem Dogmatiker vorliegende Masse von Lehrformulierungen enthält sowohl Stoffkomplexe, über die »beide Kirchen anerkannt im Streit sind« (²§ 23,2), als auch solche, die vom konfessionellen Gegensatz (noch) nicht affiziert sind und somit einen (scheinbaren) lehrmäßigen Gemeinbesitz beider Kir-

---

[127] Vgl. SCHLEIERMACHERS Selbstinterpretationen in der 10. Erläuterung zur 2. Rede (I,1, 273 f.) und im 2. Sendschreiben an Lücke, ed. MULERT, S. 44.

chentümer repräsentieren. Zudem ist anzunehmen, daß der protestantisch-katholische Gegensatz irgendwann einmal verschwinden wird, wie ja die Perioden der Kirchengeschichte überhaupt als entstehende, kulminierende und wieder vergehende anzusehen sind[128]. So ist es für die Gestaltung der Dogmatik eminent wichtig, wie der Dogmatiker den zu seiner Zeit gegebenen Stand der Entwicklung beurteilt: Ist er der Meinung, der die gegenwärtige Periode bestimmende Gegensatz habe seinen Kulminationspunkt schon erreicht und sei folglich im Abnehmen begriffen, so obliegt es ihm, die streitigen Lehrstücke so zu behandeln, daß durch »vermittelnde Formeln« (ibd.) die wiederzugewinnende Einheit vorbereitet wird, und die nicht strittigen besonders nachdrücklich als solche zu markieren, damit an ihnen nicht unversehens neuer Streit entsteht. Ganz anders stellt sich die Aufgabe, wenn der Dogmatiker mit der Auffassung an die Arbeit geht, der Gegensatz sei in seiner lehrmäßigen Ausprägung noch nicht zur vollen Konsequenz herangereift: In »demselben Geist« muß er dann versuchen, daß sein Werk »den Gegensatz auch in denjenigen Lehrstücken nachweise, worin er bisher noch nicht erschienen ist.« (ibd.). Respektiert Schleiermacher zwar beide Vorgehensweisen als legitime Gestaltungsprinzipien für die Dogmatik, so stellt er sich doch entschlossen auf die zweite Seite der Alternative. Eine neutralisierende (vgl. [2]§23,3) Behandlung müßte auf ältere dogmatische Formulierungen zurücklenken, die jedoch, was den Grad der Präzision betrifft, durch die neueren überholt sind. Sodann ist seines Erachtens ein Abnehmen des konfessionellen Gegensatzes nicht zu beobachten:[129] Innerprotestantische Lehrstreitigkeiten zeigen bei keiner Partei katholisierende Tendenzen, ebenso »scheinen auch in der römischen Kirche diejenigen Bewegungen, welche eine antiprotestantische Richtung nehmen, die erfolgreicheren zu sein.« (ibd.). »Es ist daher eher zu vermuten, daß auch unter den gleich klingenden Lehren noch Differenzen verborgen sind, als daß da, wo die Formeln bedeutend auseinandergehn, der Unterschied der frommen Gemütszustände selbst doch nur unbedeutend sei.« (ibd.).

In der ersten Auflage, deren Gang die Darstellung nun wieder folgt, schließt §26 mit einem »Zusaz«, der die innerprotestantische Differenz zwischen Lutheranern und Reformierten behandelt: Sie ist von anderer Art als der protestan-

---

[128] Das Vergehen des protestantisch-katholischen Gegensatzes wird man sich nach dem Leitfaden des Schemas Epoche-Periode (s. diese Arbeit oben, v. a. I.B.1) nicht als harmonisches Zusammenwachsen beider Parteien vorstellen dürfen, wie es BECKMANN, Häresie, S. 27 andeutet und E. SCHROFNER (Über das Verhältnis zwischen Protestantismus und Katholizismus. Schleiermacher und das Zweite Vatikanische Konzil, SchlA 1,2, S. 1185 ff., bes. S. 1190) anscheinend voraussetzt, wenn er erwägt, daß Schleiermacher »die Rolle eines ›Kirchenvaters‹ für den Ökumenismus des ausgehenden 20. Jahrhunderts übernehmen« könnte (ibd., S. 1187). Vielmehr ist an die katastrophale Entladung angestauter Problempotentiale zu denken, deren Resultat dann nicht weltweite kirchliche Einheit, sondern ein neues System von Gegensätzen sein wird.

[129] Vgl. zu diesem ganzen Gedankengang schon die »Nachrede« zur 2. Aufl. der »Reden« (1806), I,1, 453f. Der Bezug ist hier die im auseinanderbrechenden Romantikerkreis waltende Neigung zu Katholizismus und Konversion.

tisch-katholische Gegensatz, denn die dogmatischen Differenzen stehen in keinem notwendigen inneren Zusammenhang mit den Unterschieden in Ethik und Kirchenverfassung, woraus zu schließen ist, »daß die Lehrverschiedenheiten zwischen diesen meiner Ueberzeugung nach gar nicht auf eine Verschiedenheit der frommen Gemüthszustände selbst zurükgehn«. Sie können deshalb nicht kirchentrennend sein und sind, wie [2]§ 24 (Zusatz) einprägsam formuliert, als »Sache der Schule« anzusehen.

In diesem Gedankengang, der den Rahmen für die Bestimmung des Verhältnisses von Protestantismus und Katholizismus zeichnet, sind allenthalben die Resultate von Schleiermachers Theorie der Kirchengeschichte verarbeitet, wie sie oben (S. 52ff.) rekonstruiert worden ist. Das Verständnis der Gegenwart ist qualifiziert durch ihre Deutung als Zeitteil innerhalb der christentumsgeschichtlichen Periode »Reformation«, die mit dem epochalen Umbruch des 16. Jahrhunderts begonnen hat und deren spezifische Signatur der von dort herrührende protestantisch-katholische Gegensatz ist, der seinerseits bestimmt ist, sich im Verlaufe der Periode voll zu entfalten.

Die konkrete Verhältnisbestimmung von Protestantismus und Katholizismus, wie sie Schleiermacher in den §§ 27 f. (1. Aufl.) in diesen Rahmen einzeichnet, beruht gleichfalls auf Schleiermachers Deutung der Reformation, wie sie im ersten Hauptteil dieser Arbeit dargestellt worden ist. Das zeigt schon der Leitsatz von § 27 mit seinen Anleihen bei der Terminologie der ChS: »Der Protestantismus ist in seinem Gegensaz zum Katholizismus nicht nur als eine Reinigung und Rükkehr von eingeschlichenen Mißbräuchen, sondern auch als eine eigenthümliche Gestaltung des Christenthums anzusehen.« Die Tatsache, daß sich der Protestantismus nur im Zusammenspiel der beiden unterschiedenen Aspekte »Reinigung« und »Individuation« fassen läßt, ist schon im Verlauf der Reformation des 16. Jahrhunderts angelegt: Das ursprünglich ausschließlich als reinigendes intendierte Handeln der Reformatoren hat unwillentlich eine bis heute andauernde Kirchenspaltung hervorgerufen. Für die Wesensbestimmung des protestantisch-katholischen Gegensatzes ist diese Einsicht von eminenter Bedeutung: Sie verbietet es, sich ausschließlich auf die reformatorischen Anfänge des Protestantismus zu konzentrieren. Für unser Thema ist festzuhalten: Das Wesen des Gegensatzes kann nicht erschöpfend aus den Bekenntnisschriften als den maßgeblichen Dokumenten der reformatorischen Anfänge des Protestantismus erhoben werden, in Marg. 458 formuliert Schleiermacher markant: »Daß der Gegensaz noch recht heraustreten muß ist hieraus erwiesen. Es folgt daraus daß man unsere Bekenntnißschriften nicht kann als erschöpfend ansehn.«

Die Annahme, daß der Trennung ein alle Unterschiede im einzelnen bedingendes principium individuationis zugrunde liege, ist also zunächst im Blick auf die Gestaltung zu verifizieren, die das Verhältnis von Protestantismus und Katholizismus in der Gegenwart aufweist. Aus der Tatsache, daß im protestantischen Gemeinbewußtsein nicht der Wunsch besteht, den Katholizismus durch eine Art kollektiver Konversion in den Protestantismus hinein zu absorbieren, läßt sich schließen, daß nicht der ganze Katholizismus als Verderbnis empfunden wird. Das ist allein unter der Bedingung »zu rechtfertigen, ⟨...⟩ daß wir auch in dem Katholizismus etwas eigenthümliches wenn gleich uns fremdes anerkennen, welches wir neben dem unsrigen glauben bestehen lassen zu müssen.« (§ 27,1). Eine weitere Hypothese schließt Schleiermacher an: Setzt man hypothetisch den Fall, es käme eine Einigung in allen dogmatischen Streitfragen zu Stande, so bliebe dennoch ein »uns fremder Geist« (ibd.) zurück, und dieser bleibende vortheoretische Individualitätsunterschied würde eine völlige Verschmelzung der Partialkirchen verhindern. Ist diese Annahme plausibel, so ist der Umkehrschluß zwingend, daß auch der Protestantismus eine analoge Eigentümlichkeit besitzt.

So nimmt Schleiermacher bei der inhaltlichen Füllung der bislang nur postulierten individuellen Tiefenschichtdifferenz den Ausgang bei den wichtigsten gegenseitigen Vorwürfen, die die gegenwärtige interkonfessionelle Polemik bestimmen. Katholischerseits wird dem Protestantismus vorgeworfen, er habe die kirchliche Einheit zerstört und habe dort, wo er zur Herrschaft gekommen sei, nichts dem Zerstörten Gleichwertiges aufrichten können (vgl. § 28,1). Von protestantischer Seite schallt der Vorwurf zurück, daß, indem im Katholizismus »alles der Kirche beigelegt wird, Christo die ihm gebührende Ehre entzogen, und er in den Hintergrund gestellt, ja er selbst gewissermaßen der Kirche untergeordnet werde«. (ibd.). Damit ist der status controversiae so festgestellt, daß er einen Gesichtspunkt betrifft, der im Zentrum von Schleiermachers Wesensbestimmung des Christentums steht: Alles Christsein des Einzelnen ist begründet in dessen Beziehung zum Erlöser und seiner Gliedschaft in der Gemeinschaft, in der die Erlösung sich realisiert. An der Wurzel der konfessionellen Differenz liegt die je individuell verschiedene Ausgestaltung der Doppelrelation: »Vorläufig möge man den Gegensaz so fassen, daß der Protestantismus das Verhältniß des Einzelnen zur Kirche abhängig macht von seinem Verhältniß zu Christo, der Katholizismus aber umgekehrt das Verhältniß des Einzelnen zu Christo abhängig macht von seinem Verhältniß zur Kirche.« (§ 28 L). Beide Seiten der Alternative sind als Ausgestaltungen derselben Grundrelation legitim und wahrhaft christlich. Unchristlich werden die Individualitäten allein dann, wenn die Doppelseitigkeit der beiden zugrunde liegenden Basisrelation aufgehoben wird, wenn also protestantischerseits der Gemeinschaftsbezug völlig in Wegfall gerät und katholischerseits das ganze Christentum auf die Zugehörigkeit zur empirischen Kirche gesetzt wird.

Die betonte Vorläufigkeit der Formel ist ein Reflex der Einsicht Schleiermachers, daß der wahre Individualitätsunterschied empirisch noch nicht zum Vorschein gekommen ist: Versuche zu seiner begrifflichen Bestimmung können also immer nur proleptischen und hypothetischen Wert haben.

Ihre Verifikation kann die Formel erst in der gesamten Durchführung der materialen Dogmatik erfahren (vgl. § 28,2). Diese Aufgabe erfüllt jedoch die Glaubenslehre in ihrer faktischen Gestalt nicht. Vermutungen über die in der Programmatik des Werks liegenden Gründe für dieses Defizit werden in dieser Arbeit weiter unten angestellt.

In engem Zusammenhang mit dem hypothetisch-proleptischen Charakter der Formel steht die Tatsache, daß sie in Schleiermachers Werk nicht konkurrenzlos dasteht. In der ChS hat er von ihr keinen Gebrauch gemacht, sondern einen anderen Versuch vorgelegt (s. o. S. 33 ff.). Der dort dargestellte Versuch, die Konfessionalität innerhalb des Christentums mittels der individuellen Beschränktheit der Möglichkeit der religiösen Kommunikation ethisch zu deuten, bildet die unausgesprochene Grundlage der Argumentation in der Glaubenslehre. Der Versuch der ChS, der seinen Ausgang von der aktualen Gestaltung der religiösen Kommunikation nimmt (s. o. S. 36), hat einen anderen Bereich der Wahrnehmung zum Gegenstand als der gerade dargestellte, der sich an die »theoretische Seite der Lehre« (§ 28,2) heftet, wenngleich er, wie Schleiermacher betont, durchaus der Ausweitung auf die anderen Bereiche des christlich-kirchlichen Lebens fähig wäre (ibd.).

Für den Geltungsbereich der Formel ist festzuhalten, daß sie nicht die gesamte Wirklichkeit des empirischen Katholizismus einzufangen beabsichtigt, sondern eben hinter der – weithin ihr eigenes wahres Wesen verfehlenden – empirischen Gestalt dessen wahres Wesen aufsuchen will. Die 2. Auflage verdeutlicht diesen Tatbestand: Zusammen mit dem »Wesen« besteht im Katholizismus weiterhin dasjenige, »was wir wirklich zu den Verderbnissen rechnen« und das folglich die Aufgabe stellt, »in Wort und Tat zu polemisieren« (²§ 24,1). Wie H.-J. Birkner festgestellt hat[130], fallen Deutung – verstanden als Suche nach dem wahren Wesen – und Kritik, also die Fortsetzung der reformatorischen Polemik gegen Fehlbildungen, bei Schleiermacher – im Unterschied zu Hegel – nicht in eins. Es prägt sich in diesem Nebeneinander die grundlegende Anschauung vom Doppelcharakter des Protestantismus als Reinigung und Individuation aus, die konsequent die spiegelbildliche Sicht des katholischen Widerparts bestimmt. Eine Spur dieser Anschauung findet sich schon relativ früh. Wohl gegen Jahresende 1799 schreibt Friedrich Schlegel dem Freund: »Wie Du das Pabstthum (obgleich es mir ein großes göttliches Naturprodukt zu seyn scheint) für das Verderben des Katholicismus hältst, kann ich mir gleichsam sehr gut denken.« (Br. III, S. 139).

Eben diese Fassung der Kritik am Papsttum wird dann in der 1806 entstandenen »Nachrede« zu den Reden (I, 1, S. 455) publiziert und in einer »Erläuterung« 1821 nochmals bestätigt (ibd., S. 459)[131].

Die Wesensformel für den protestantisch-katholischen Gegensatz gibt dem Dogmatiker für den Fortgang seiner Arbeit zwei Kautelen: Zum einen darf er den Gegensatz bei den Kontroverslehren nicht so sehr spannen, daß der gemeinsame christliche Charakter beider Kirchen aus dem Blickfeld gerät, zum andern

---

[130] Vgl. Deutung und Kritik des Katholizismus bei Schleiermacher und Hegel, bes. S. 10 ff. 19 f.

[131] Angesichts dieser Texte und vieler anderer – hervorgehoben seien die 5., 6. und 7. Augustanapredigt – wird man E. Schrofners Behauptung »Auf der einen Seite enthält sich Schleiermacher trotz seines dezidiert protestantischen Standpunktes jeder Polemik gegen andere Konfessionen, auch und gerade gegen den Katholizismus.« (SchlA 1,2, S. 1187) als verfehlt qualifizieren müssen.

muß er sich bemühen, den Gegensatz auch dort zum Vorschein zu bringen, wo er bislang noch unter scheinbar gemeinsamen Formeln verborgen liegt (vgl. § 28 Zusaz). In Marg. 486 nennt Schleiermacher als Beispiel für die erstgenannte Fehlerquelle, daß manche »die Lehre von der Kirche zu stiefmütterlich behandeln«, in Marg. 487 für die zweite die Verteidigung der Nottaufe und die Annahme der Autorität von Konzilsbeschlüssen.

Nachdem in den eben dargestellten Paragraphen das Thema der Kirchlichkeit der Dogmatik unter dem Leitgesichtspunkt ihrer Konfessionalität reflektiert worden ist, wenden sich die §§ 29 f. der Frage nach dem Verhältnis zwischen gegebener kirchlicher Lehre und der individuellen dogmatischen Originalität zu. Hier nun kommen die Bekenntnisschriften zur Sprache. Es ist festzuhalten, daß sie nicht bei der Frage nach dem konfessionellen Profil der Dogmatik bedacht werden, denn dies impliziert die Behauptung, daß in ihnen die protestantische Individualität noch nicht so weit hervorgetreten ist, daß der Bezug auf sie für sich den protestantischen Charakter der Dogmatik hinreichend sicherstellen könnte.

Der § 29 mißt zunächst den weiten Spielraum aus, der der dogmatischen Originalität im Protestantismus gewährt ist. Zunächst mangelt es dem Protestantismus an einem fest umrissenen, abgeschlossenen Komplex kirchlich sanktionierter Lehre. Das liegt im besonderen Charakter der Bekenntnisschriften, der einzigen kirchlichen Lehrdokumente des Protestantismus, begründet. Keine unter ihnen enthält eine hinreichend elaborierte und abgeschlossene Gesamtrechenschaft. Zweitens – und hier argumentiert Schleiermacher vom Standpunkt der Union aus im gesamtprotestantischen Horizont – weisen die nebeneinander in Geltung stehenden Bekenntnisschriften Differenzen und Kontroversen auf. Drittens kann nicht vorausgesetzt werden, daß die Bekenntnisschriften allein genuin protestantisches Lehrgut enthalten: Sie sind auf die Kampfsituation des auf bestimmte, eng begrenzte Themenkreise bezogenen reinigenden Handelns hin abgefaßt und stellen so den Anfangspunkt, jedoch keinesfalls die Endgestalt der individuell-protestantischen Ausformung der christlichen Lehre dar. Mit diesen Sätzen, die als kurze Zusammenfassung von Schleiermachers Deutung der Reformation und der Bekenntnisbildung gelten können, wie sie in den beiden ersten Kapiteln dieser Arbeit dargestellt worden sind, steht fest: »Jeder, zumal protestantischen, Dogmatik gebührt es eine eigenthümliche Ansicht zu enthalten, . . .« (§ 29 L). Es ist charakteristisch, daß die Begründung für das Lebensrecht der dogmatischen Individualität nicht durch den Rekurs auf abstrakte Rechtspositionen, sondern durch die Analyse der spezifischen geschichtlichen Lebensbedingungen des Protestantismus gewonnen wird.

Bei diesem weiten Freiraum für die Individualität nun fordert die der Dogmatik als Wissenschaft wesenseigene kirchliche Aufgabe, daß auch »gemeinsames« in den Umkreis der Darstellung einbezogen wird, »indem sonst die Einheit und Selbigkeit der Kirche gar nicht in der Lehre erscheinen könnte, und es keine Gewährleistung gäbe für den Zusammenhang derer, die sich Protestanten nennen.« (§ 29,3). Aus dieser Aufgabe folgt, daß ein System, das allein Privatmeinungen erörtert, ohne diese in Verbindung mit dem historisch gegebenen Bestand christlicher Lehre zu setzen, nicht den Namen einer Dogmatik beanspruchen könnte. Unter protestantischen Voraussetzungen gilt das besonders für »den Zusammenhang mit dem, was in der Epoche der Kirchenverbesserung geworden. . .« (ibd.).

Hier ist auf die fein nuancierte Formulierung zu achten: Die Darstellung verliert ihren Charakter als Dogmatik, wenn sie keinen Bezug auf die Lehrtradition nimmt – über die Art und Weise, wie dieser Bezug sich konkret zu gestalten hat, ist damit noch nichts ausgesagt[132]. Aus dieser Situationsanalyse, die einerseits ein hohes Maß an Freiheit eröffnet, andererseits die Darstellung des Gemeinsamen aufgibt, folgt die Zielvorgabe, Gegebenes und Originelles möglichst eng miteinander zu korrelieren. Die individuelle Freiheit hat ihr ureigenes Feld bei der Anordnung des Lehrstoffes, sie ist gleichzeitig so zu nutzen, daß sie dazu dient, das Gemeinsame »in das hellste Licht zu stellen« (§ 29,4). Am meisten an das Vorliegende gebunden ist die Dogmatik bei den Kontroverslehren der Reformationszeit, aber gerade hier hat sie die Aufgabe, die eigentümlich protestantische Lehre in Anknüpfung an die gegebenen Formulierungen schärfer herauszuarbeiten (vgl. § 29,4). Je mehr sich Individuelles und Gegebenes gegenseitig durchdringen, desto mehr gewinnt die Dogmatik an Objektivität, indem sie die von ihr vorgelegte Lehrformulierung als Resultat der Impulse des reformatorischen Epochenumbruchs zu erweisen vermag[133] (vgl. ibd.).

Nachdem § 29 gleichsam propädeutisch das Verhältnis zwischen individueller Gestaltungsfreiheit und dogmatischer Lehrtradition erörtert hat, wendet sich § 30 den drei Weisen zu, auf die eine Dogmatik durch Anknüpfung an das Gegebene ihre Kirchlichkeit dartun kann: »Das Bestreben ein gemeinsames festzustellen, muß sich in der Glaubenslehre aussprechen durch Berufung auf die Bekenntnißschriften, und wo diese nicht ausreichen, auf die heilige Schrift und auf den Zusammenhang mit andern Theilen der Lehre.« (§ 30 L). In einer Anmerkung zum Leitsatz werden Schrift und Bekenntnisschriften näher bestimmt: Während Schleiermacher bei der Schrift exklusiv verfährt – er läßt primär nur das NT gelten – geht die Tendenz bei den Bekenntnisschriften in die entgegengesetzte Richtung: »Daß auf den Namen Bekenntnißschriften in dem Sinne dieser Darstellung alle öffentlichen Glaubenserklärungen protestantischer Gemeinschaften Anspruch machen können, ohne Unterschied, ob sie sich an das schweizerische oder sächsische oder englische oder slavische anschliessen. . .« (§ 30 Anm. a). Die Bekenntnisschriften werden als rein protestantisches Phänomen gedeutet (vgl. auch oben II. Kap.), die altkirchlichen Bekenntnisse, wiewohl ja z. B. im Konkordienbuch an herausragender Stelle enthalten, fallen als Repräsentanten rein vorprotestantischen Lehrgutes aus. Die gleichberechtigte Stellung aller protestantischen Bekenntnisschriften sichert den Unionscharakter der Dogmatik. Die damit verbundene geographisch vorgehende Neuerfassung

---

[132] Die Weite dieser Bestimmung, die für den konkreten Umgang mit den Bekenntnisschriften in der materialen Dogmatik ungemein wichtig ist, entgeht STIEWE, aaO., S. 91 ff.

[133] Vgl. auch KD² §§ 197 f. 202 f. 207.

der Vielfalt wurzelt in Schleiermachers Deutung der Reformation als eines in seiner Differenziertheit doch einheitlich gerichteten Phänomens (s. o. S. 70 ff. 76 ff. 175 ff.). Auf den ersten Blick tut sich hier ein Widerspruch zu der engeren Fassung des Bekenntnisbegriffs auf (s. o. II. Kap.). Hier ist jedoch die Verschiedenheit der Aussagezusammenhänge zu berücksichtigen. Vor allem in »Werth« ist das Augenmerk darauf gerichtet, daß eine lehrgesetzliche Verpflichtung auf die nach ihrer wahren Bestimmung gedeuteten Bekenntnisschriften ein Selbstwiderspruch ist. Hier nun geht es darum, dem Dogmatiker eine Instanz zuzuweisen, mittels derer er seine Resultate zur kirchlichen Lehrbildung in Beziehung setzen kann, und hier wäre es eine mutwillige Verengung des Blickwinkels, zu Ungunsten der dogmatisch ja weiter ausdifferenzierten späteren Bekenntnisschriften sich allein auf die dem Idealtypus entsprechenden zu beschränken.

In den folgenden Erläuterungen des Paragraphen erklärt sich Schleiermacher über die Vorordnung der Bekenntnisschriften. Die Berufung auf das NT sichert zunächst nur den gemeinchristlichen Charakter einer dogmatischen Aussage. Die Gebundenheit der Dogmatik an ein konkret-historisches Kirchentum zu einem bestimmten Zeitpunkt in seiner Entwicklung macht es jedoch notwendig, darüber hinaus auch den protestantischen Charakter eines Lehrsatzes nachzuweisen, und hierzu bieten sich die Bekenntnisschriften an[134]. Sie waren die ersten offiziellen Lebensäußerungen der neu sich bildenden protestantischen Kirchentümer (§ 30,1). Durch den Rückbezug auf die Bekenntnisschriften fügt sich der Dogmatiker auch und gerade mit seinen originellen Gedanken in die Sukzession des geschichtlichen Verlaufes ein, der dort seinen Anfang genommen hat.

Wieviel Spielraum der dogmatischen Individualität bei der Gestaltung dieses Rückbezuges eignet, das macht Schleiermacher an der besonderen Beschaffenheit der Bekenntnisschriften deutlich. Sie bieten ein weites Feld lehrmäßiger Verschiedenheit, dadurch ist ein lehrgesetzliches Verständnis des Rückbezuges von vornherein verwehrt: Durch die Verschiedenheit und den teilweise offenen Widerspruch einzelner Bekenntnisschriften gegeneinander ist ». . . das Recht abweichender Meinungen selbst ⟨. . .⟩ symbolisch geworden.« (§ 30,1). Auch die Kritik an einer dogmatischen Aussage der protestantischen Bekenntnisse ist ein legitimer Modus des die Kirchlichkeit der Dogmatik sichernden Rückbezuges auf die Dokumente der Anfangszeit des Protestantismus.

Daß dieser Gedanke mit den ursprünglichen Intentionen der Bekenntnisschriften selbst im Widerspruch steht, bedarf kaum der Erwähnung. Seine Plausibilität steht und fällt mit der Deutung der Reformation, auf der er beruht, in deren Konsequenz nämlich die reformatorische Theologie als fortentwicklungsbedürftige und -fähige Anfangsgestalt der protestantischen Theologie, nicht aber als deren bleibende unhintergehbare Norm gewertet wird.

---

[134] CG² § 27,1 argumentiert hier einleuchtender, indem Schleiermacher feststellt, daß die Berufung auf die Bekenntnisschriften die Berufung auf das NT immer schon impliziert.

Innerhalb des differenzierten Lehrbestandes der Bekenntnisschriften kann nur das als »dem Protestantismus wesentlich« (§ 30,1) gelten, worin alle übereinstimmen. Nun bietet aber bei näherem Zusehen auch dieses Gebiet noch keinen Grundbestand genuin protestantischer Lehre, der keiner kritischen Bemühung mehr bedürfte.

Es finden sich hier zum einen solche Lehren, die, als in der Anfangszeit der Reformation nicht unmittelbar streitig geworden, ganz in der Gestalt übernommen wurden, die sie in der vorhergegangenen christentumsgeschichtlichen Periode erhalten hatten. Diese Lehrkomplexe repräsentieren nun nicht einen gemeinsamen Besitz von Protestantismus und Katholizismus hinsichtlich der kirchlichen Lehre, sondern sie müssen sukzessive im protestantischen Geiste ganz neu bearbeitet werden (§ 30,1, s. auch oben Kap. II). Hierher gehören sodann die Verdammungen gegen nichtkatholische Gegner (vgl. oben S. 71 ff. sowie Kap. II zur 8. Augustanapredigt). Sie geschahen in dem Bestreben, im Zuge des sich selbst allein als reinigend verstehenden Handelns einen möglichst breiten Bestand an gemeinsamer Lehre mit der alten Kirche zu sichern. Der protestantische Geist mußte auf der ersten Stufe seiner individuellen Entwicklung als ihm fremd empfinden, was ihm in Wirklichkeit wesensverwandt war (§ 30,1). Drittens ist erst recht die Schriftauslegung, die die Bekenntnisschriften geübt haben, nicht lehrgesetzlich verbindlich – dies widerspräche ja ihrer eigenen expliziten Selbstbegrenzung[135].

So sind die Bekenntnisschriften zwar die wichtigste, aber nicht die für sich allein hinreichende Instanz, wenn es darum geht, einen dogmatischen Satz als Ausdruck des kirchlichen Gemeinbewußtseins zu bewähren oder das Verhältnis einer eigentümlich geprägten Aussage zu eben diesem Gemeinbewußtsein zu klären. Wo die Bekenntnisschriften »nicht ausreichen«, müssen der Schriftbeweis oder die Berufung »auf den Zusammenhang mit andern Theilen der Lehre« zur Bewährung dienen (§ 30 L). Schleiermachers Ausführungen über die notwendige Reform der herkömmlichen Gestaltung des dogmatischen Schriftbeweises können hier außer Betracht bleiben. Die Berufung auf den »Zusammenhang mit andern Theilen der Lehre« (§ 30 L) ist von Bedeutung für solche Sätze, von denen nicht unmittelbar durch den Rückbezug auf die Bekenntnisschriften oder die Schrift glaubhaft gemacht werden kann, »das dem Saz zum Grunde liegende fromme Bewußtsein habe seinen natürlichen Ort in dem Umfange des von der Kirche ausgesprochenen« (§ 30,3). Solche Aussagen müssen ihre Daseinsberechtigung im dogmatischen System dadurch nachweisen, daß sie in anderen biblisch und symbolisch besser belegten Sätzen implicite enthalten sind oder als notwendige Folgerungen aus ihnen hervorgehen. Mit dieser dritten Instanz ist die Bindung der Dogmatik an Schrift und Bekenntnisschriften erheb-

---

[135] »Weil der protestantische Geist als Individuation des christlichen Geistes die Schriftaussage als eigentümlich-protestantische Lehre wiedergibt, enthalten die protestantischen Bekenntnisschriften die für die Glaubenslehre verbindliche Schriftauslegung. Ihr historischer Ort verleiht ihnen normative Autorität.« (STIEWE, aaO., S. 152). – Dieser Satz wird nicht als zutreffende Interpretation des von Schleiermacher Gemeinten gelten können.

lich gelockert, indem auch Sätze, die aus ihnen direkt nicht belegt werden können, Eingang in das System finden. Die eben referierten Überlegungen Schleiermachers zu den Instanzen, mittels derer die Dogmatik sich als Teilgebiet der historischen Theologie realisiert und damit ihre kirchliche Aufgabe erfüllt, lassen sich präzisierend zusammenfassen, wenn man das von G. Ebeling[136] bezüglich der Kriterien der Legitimität einer dogmatischen Aussage entwickelte Zweierschema von Identifikation und Verifikation als Interpretament heranzieht. Verifiziert wird bei Schleiermacher eine dogmatische Aussage, indem nachgewiesen wird, daß sie der zutreffende Ausdruck eines Aspekts des christlich-frommen Selbstbewußtseins ist. Als Kriterium hierfür dient der kritisch-religionsphilosophisch ermittelte Wesensbegriff des Christentums mitsamt den aus ihm hervorgehenden Folgesätzen. Er beansprucht, das Zentrum aller christlich-frommen Gemütszustände und damit auch aller Aussagen über diese einsichtig-methodisch durchgeklärt und konsensfähig ausgesagt zu haben.

Der nicht als Selbstaussage des christlich-frommen Bewußtseins konzipierte, sondern vergleichend-kritisch ab extra ermittelte Wesensbegriff und die in ihm implizierten Folgerungen erfahren ihre Identifikation als Aussageform christlich-frommen Selbstbewußtseins in seiner kirchlich-protestantischen Gestalt, wenn sie sich als geeignet erweisen, im Dialog mit der vorliegenden Lehrüberlieferung als hermeneutischer Schlüssel und kritischer Kanon zu dienen[137].

Hiermit ist die »Einleitung« an den Punkt gelangt, an dem die Faktoren benannt und vorläufig charakterisiert sind, deren kombinatorisches Widerspiel den Erkenntnisweg der materialen Dogmatik kennzeichnet. Auf der einen Seite steht die religionsphilosophisch gewonnene Wesensbestimmung des Christentums. Auf der anderen Seite stehen – als Grundlage aller protestantischen Lehrbildung – die Bekenntnisschriften, hinter diesen, als Keim aller christlichen Lehrbildung, das NT sowie die in beiden implizit enthaltenen Voraussetzungen und Konsequenzen.

---

[136] Dogmatik des christlichen Glaubens, Bd 1, S. 53−60.

[137] Das Widerspiel von Identifikation und Verifikation ist besser geeignet, den Stellenwert der Lehrüberlieferung, insbesondere der Bekenntnisschriften, in der Glaubenslehre zu erhellen, als die Überschrift »Die normative Bedeutung der Bekenntnisschriften«, die Stiewe (aaO., S. 151) verwendet. Der Begriff der Normativität, der bei Schleiermacher weder wörtlich noch der Sache nach vorkommt, führt Stiewe denn auch in seiner zusammenfassenden Deutung (ibd., 151−153) zu Trugschlüssen, besonders was das Verhältnis zur protestantischen Orthodoxie betrifft. Der Satz »Die Bindung der Glaubenslehre an die protestantischen Bekenntnisschriften tritt an die Stelle der Bindung an die Schrift.« (152) ist unzutreffend. Das wird auch dadurch deutlich, daß sich Stiewe auf derselben Seite selbst widerspricht: »Die Bindung der Glaubenslehre an die Bekenntnisschriften ist zugleich Freiheit.« – Dieser Satz läßt sich wohl kaum analog auf Schriftverständnis und -gebrauch der protestantischen Orthodoxie übertragen, was nach der vorhergenannten These ja möglich sein müßte. Die wahre Differenz liegt zuallererst darin, daß Schleiermachers Glaubenslehre überhaupt keine der Funktion der Schrift in der Orthodoxie ähnliche äußerlich-vorfindliche Lehrnorm kennt. Die einzig denkbare Instanz, Christus, ist nicht gegenständlich vorfindlich, sondern allein im neutestamentlichen Zeugnis über ihn präsent, aber so, daß die Autorität des Bezeugten der Autorität des Zeugnisses über- und vorgeordnet ist.

Jede der drei Instanzen kann potentiell in einer Dogmatik vorherrschen (vgl. § 30,3). So ergeben sich als hypothetische Idealtypen die biblische, die symbolische und die philosophische Dogmatik[138], die als solche jedoch nach Schleiermacher jeweils charakteristische Defizite aufweisen müssen: Eine rein symbolische Dogmatik muß an gegebenen theologischen Sachfragen vorbeigehen, die in den Bekenntnisschriften nicht traktiert sind, z. B. an der Lehre von den göttlichen Eigenschaften. Sofern sie sich rein an das kirchlich Sanktionierte hält, steht sie in der Gefahr, sich der katholischen Fassung der Aufgabe zu nähern. Eine rein biblische Dogmatik dagegen steht in der Gefahr, ihre kirchliche Aufgabe zu vernachlässigen. Die philosophische Dogmatik hat die Tendenz, sich vom geschichtlich gegebenen Christentum zu lösen und in reine Spekulation überzugehen. Wie die 2. Auflage andeutet, hat Schleiermachers eigene Fassung der Aufgabe im Widerspiel von Identifikation und Verifikation zwischen religionsphilosophisch Ermitteltem und gegebenem Lehrstoff den Anspruch, die Vorteile der drei anderen idealtypischen Vorgehensweisen zu nutzen, ohne unter ihren Nachteilen leiden zu müssen: »Wie aber einer jeden von diesen Formen, je weiter sie sich von den andern entfernt, um desto mehr eine ihr eigentümliche Gefahr naht; so scheint freilich das gemeinschaftliche Ziel aller sein zu müssen, daß jede sich so wenig als möglich von den andern entferne.« ([2]§ 27,4).

Es ist daher nicht plausibel, die Glaubenslehre Schleiermachers als »symbolische Dogmatik« zu rubrizieren[139]. Diese Klassifikation verkennt die Bedeutung des »nicht-symbolischen« Wesensbegriffs des Christentums für die Interpretation und Kritik der vorliegenden Lehrtradition. Als ebenso verfehlt muß auch die Bezeichnung als »philosophische Dogmatik« gelten[140]: Sie verkennt, in welchem Maße die religionsphilosophischen Bemühungen sich dem erkenntnisleitenden Interesse an der Interpretation, Systematisierung und Kritik der symbolischen Lehre verdanken, wie es der Einordnung der Dogmatik in die historische Theologie entspringt und entspricht.

Die Faktoren der dogmatischen Urteilsbildung sind damit benannt und nach Maßgabe ihrer unterschiedlichen Funktionen charakterisiert. Die Arbeit der materialen Dogmatik entfaltet sich systematisch, indem die Konsequenzen der Wesensbestimmung des Christentums – konstruktiv – ausgezogen und deren Resultate – kritisch – mit dem vorliegenden Lehrbestand in Beziehung gesetzt werden[141], wobei in Gestalt kunstvoller Dilemmata und Trilemmata eine Viel-

---

[138] Diese Trias kann verstanden werden als überbietende Anknüpfung an L. F. O. BAUMGARTEN – CRUSIUS, Einleitung in das Studium der Dogmatik, Leipzig 1820, S. 156 f., der die »symbolische, philosophische, historisch-kritische Methode« nennt, dabei aber die letzte als die allein genuin protestantische gelten läßt (ibd., 157 f.). Das so von BAUMGARTEN-CRUSIUS bevorzugte dogmatische Verfahren (vgl. ibd., S. 167–180) ähnelt eher demjenigen Bretschneiders (s. unten S. 262 ff.) als Schleiermachers.

[139] So STIEWE, aaO., S. 95.

[140] So BECKMANN, Häresie, S. 32 f. und BRANDT, Der Heilige Geist und die Kirche, S. 61. SCHOLZ, Christentum und Wissenschaft, trifft keine deutliche Entscheidung, tendiert aber offenkundig in diese Richtung.

[141] Zum Begriffspaar »konstruktiv-kritisch« s. HIRSCH, Geschichte V, S. 318.

falt von älteren und neueren dogmatischen Positionen explizit oder implizit[142] in die Erörterungen einbezogen werden.

In der Wahl der Identifikationsinstanzen für die einzelnen Loci der Dogmatik paßt sich Schleiermacher elastisch der jeweiligen besonderen Beschaffenheit der vorliegenden Lehrtradition an. So tritt z. B. in der Pneumatologie, die Schleiermacher in Abkehr von der traditionellen trinitarischen Begründung neu konzipiert, der Rekurs auf die Bekenntnisschriften hinter der Bezugnahme auf biblisches Material zurück. In der Gotteslehre dagegen ist eine häufige Bezugnahme auf patristische und scholastische Autoren zu beobachten. Es sind dieses beides dogmatische Probleme, die in der Reformation keine Neubearbeitung im Zuge des sich bildenden konfessionellen Gegensatzes erfahren haben, die Aussagen der Bekenntnisschriften zu ihnen können nicht als spezifisch protestantisch gelten: »Für Zitate aus älteren, besonders patristischen Schriften habe ich mir das Gesetz gemacht, bei Formeln, die nicht streng symbolisch sind, denn für diese genügt die Anführung der Bekenntnisschriften, auf die meines Wissens älteste Quelle zurückzugehen, wo sie in der Gestalt vorkommen, welche ich empfehle.«[143] Bei den in der Reformationszeit streitig gewordenen Lehrstücken werden die Bekenntnisschriften extensiv zitiert und diskutiert. Diesem Umstand ist bei der Auswahl der weiter unten en detail exemplarisch zu analysierenden Lehrstücke Rechnung getragen worden[144].

Das hier andeutend umrissene dogmatische Verfahren liegt auch der in den §§ 34 f. vollzogenen Entwicklung des kunstvollen Gesamtaufrisses der Glaubenslehre, der auf einem doppelten Dreierschema beruht[145], zu Grunde. Getreu Schleiermachers eigener Forderung, daß die Eigentümlichkeit der Dogmatik am meisten in der Anordnung des Stoffs hervortreten solle (vgl. § 29,4), sind die Leitprinzipien der Gliederung ohne Anlehnung an die Tradition allein aus der Wesensbestimmung des Christentums entwickelt. Daß dann die Abfolge der Themen mit einigen charakteristischen Ausnahmen – genannt sei die Stellung der Trinitätslehre am Schluß und die Aufspaltung der Lehre von den göttlichen Eigenschaften – die traditionelle Abfolge der dogmatischen loci nachbildet, wird man als exemplarische Einlösung von Schleiermachers Postulat werten können, daß »auch die eigenthümlichste Anordnung« nach nichts Höherem streben kann, »als die gemeinsame Lehre in das hellste Licht zu stellen.« (ibd.).

Mit einer kurzen Bilanz soll der Durchgang durch die »Einleitung« schließen. Bei der metadogmatischen Bestimmung des Wesens des Christentums, die ihre Notwendigkeit dem Umstand verdankt, daß alle echt dogmatischen Sätze zur Zeit innerhalb derselben kirchlichen Gemeinschaft umstritten sind, kommt den

---

[142] Vgl. die Bemerkungen von U. BARTH, KGA I.7,3 S. XXII f.

[143] 2. Sendschreiben an Lücke, ed. MULERT, S. 53.

[144] Zur Ausnahmestellung der christologischen Lehrstücke vgl. HIRSCH, Geschichte, Bd V, S. 339–341.

[145] Vgl. das instruktive Schema bei STEPHAN/SCHMIDT, Geschichte der deutschen evangelischen Theologie, S. 103. S. auch G. EBELING, Schleiermachers Lehre von den göttlichen Eigenschaften, in: ZThK 65/1968, S. 459–494, bes. 480 f.

protestantischen Bekenntnisschriften keine Bedeutung zu. Ebensowenig kann sich an sie eine auf die Gegenwart zielende Wesensbestimmung des Protestantismus anlehnen, denn seit der Reformationszeit ist der eigentümliche Geist des Protestantismus deutlicher manifest geworden. Indem die Dogmatik jedoch als Wissenschaft des Bezuges auf ein bestimmtes christliches Kirchentum bedarf, sind die Bekenntnisschriften als ein Stück »geltender Lehre« der gegenwärtigen evangelischen Kirche relevant. Als solchem kommt ihnen eine hervorgehobene Bedeutung zu. Sie repräsentieren die Erstgestalt des Protestantismus, in der dieser sich, genötigt durch bestimmte Differenzen, von der mittelalterlich-katholischen Kirche losrang. Wegen dieser historischen Bedeutung kommt den Bekenntnisschriften ein besonderer Rang zu, wenn der Dogmatiker die Resultate seiner Arbeit in den Gesamtzusammenhang der dogmatischen Arbeit seiner kirchlichen Gemeinschaft stellt, wozu ihn der spezifische Charakter dieser Wissenschaft nötigt: In der Korrelation mit der Lehre der Bekenntnisschriften tritt zu Tage, inwiefern ein dogmatischer Satz eine Reformulierung oder eine modifizierende bzw. korrigierende Änderung gegenüber der reformatorisch-protestantischen Lehre darstellt, von der her sich der protestantische Geist hin zu seiner eigentümlichen lehrmäßigen Fassung entwickelt.

Es ist noch einmal hervorzuheben, daß die »Einleitung« kein Stück Dogmatik ist, sondern christlichen Glauben, christliche Kirche und christliche Theologie allein vom Standpunkt des allgemeinen Wahrheitsbewußtseins her in den Blick nimmt. Es ist nun auffällig, in welch hohem Maße hier die prinzipielle Wandelbarkeit aller menschlich-geschichtlichen Ausdrucksformen religiöser und dogmatischer Rede vorausgesetzt wird. Auf das Gesamtwerk gesehen bleibt es nun nicht bei dieser exoterischen Voraussetzung, sondern die Wandlungs- und Verbesserungsfähigkeit wird noch einmal zum Gegenstand eigentlich dogmatischer Arbeit gemacht, d. h. aus der Reflexion auf das christlich-fromme Selbstbewußtsein heraus eruiert.

b) Die Bekenntnisschriften als Thema der materialen Dogmatik

Dieser Reflexionsgang, innerhalb dessen das Phänomen kirchlicher Lehrbildung, insbesondere die reformatorischen Bekenntnisschriften, zum Gegenstand genuin dogmatischer Aussagen gemacht wird, hat seinen Ort in der Ekklesiologie, die in dogmatischen Aussagen der dritten Grundform – »Aussagen von Beschaffenheiten der Welt« (§ 34 L) – im Anschluß an die Soteriologie unter dem Gesamttitel »Von der Beschaffenheit der Welt in Beziehung auf die Erlösung« (§§ 133 ff.) durchgeführt wird[146]. Als Komplex von Aussagen über das fromme Bewußtsein unter dem Gegensatz von Sünde und Gnade stehen Soteriologie und Ekklesiologie im Verhältnis des antithetischen Parallelismus mit den Lehren von der Sünde und vom Übel[147]. Unter dem Gesamttitel »Von der Entstehung der

---

[146] Der »Ort der Ekklesiologie in der Glaubenslehre« wird ausführlich erörtert bei W. Brandt, Der Heilige Geist und die Kirche, S. 71 ff.

[147] Vgl. zu diesem Teil der Architektur der Glaubenslehre ibd., 76–78.

Kirche« wird zunächst die Lehre von der Erwählung und die Pneumatologie abgehandelt (§§ 135 ff.). Das zweite Hauptstück bearbeitet unter den Leitgesichtspunkten der synchronischen und diachronischen Einheit der Kirche und des Gegensatzes der Kirche zur Welt die Ekklesiologie »im engeren Sinn« (§ 134 L, §§ 145 ff.). Endlich werden unter dem Leitbegriff »Vollendung der Kirche« (§ 134 L, §§ 173 ff.) die traditionellen Themen der Eschatologie traktiert. In unserem Zusammenhang ist das zweite Hauptstück von Bedeutung. Es gliedert sich wiederum in zwei Unterabteilungen: Diejenigen Konstanten, die in der diachronischen Sukzession und der synchronischen Pluralität die wesentliche Einheit der Kirche gewährleisten und repräsentieren, sind die Hl. Schrift, der Dienst am göttlichen Wort, Taufe, Abendmahl, Amt der Schlüssel und das Gebet im Namen Jesu (vgl. § 146 L)[148]. Sie sind verstanden als Abbildungen und Fortsetzungen der Wirksamkeit Christi, und zwar im exklusiven Sinne, wie Schleiermacher es ausdrücklich abgrenzend gegen den römischen Katholizismus akzentuiert: »Darum wollen wir weder die Ueberlieferung neben die Schrift stellen, noch den Dienst am Wort durch die authentische Auslegung binden; darum widersezen wir uns der Vervielfältigung der Sakramente eben so gut als dem Vorgeben von einer magischen Wirkung derselben, und der Fürbitte der Heiligen eben so gut als einer jeden persönlichen oder collegialischen Stellvertretung Christi.« (§ 146,1).

Die Mannigfaltigkeit, in der sich diese innere Einheit in ihrer empirischen Erscheinung bricht, entspringt aus ihrer Koexistenz mit der »Welt«, hier verstanden als das »fortbestehende sündhafte Gesammtleben« (§ 145,1)[149]. Daß die Grundfunktionen des innerlich-wesentlichen Lebens der Kirche von der welthaften Mannigfaltigkeit affiziert werden, ist nicht als Resultat eines Verfallsprozesses zu werten, sondern folgt notwendig aus der universalen Verbreitungstendenz des christlichen Glaubens. Der Heilige Geist bildet nicht ex nihilo neue Persönlichkeiten, sondern er ergreift bereits anderweitig vorgeformte und bildet sie nach und nach in sich, d. h. in das von Christus gestiftete neue Gesamtleben hinein (§ 145,3. S. auch diese Arbeit oben S. 52 ff.). So ist der Gegensatz Kirche – Welt nicht durch eine empirische Grenze klar bestimmbar, sondern er durchzieht wie die individuelle Existenz so die gesamte Kirche in allen Aspekten ihres Lebens.

Diese Fassung des Verhältnisses von Kirche und Welt liegt Schleiermachers Fassung der Lehre von der sichtbaren und unsichtbaren Kirche zugrunde, die den zweiten Teil des zweiten Hauptstücks bildet, der den Titel »Das wandelbare in der Kirche vermöge ihres Zusammenseins mit der Welt« (§§ 164 ff.) trägt.

Charakteristischer Weise setzen die Erörterungen des § 164, der dem Verhältnis

---

[148] Dieser originale Aufriß der Ekklesiologie, der sich an der Lehre von den drei Ämtern Christi orientiert, ist mit charakteristischen Abänderungen nachvollzogen in I. A. DORNERS »System der christlichen Glaubenslehre«, ²Bd 2, §§ 134–150. Ein genauer Vergleich wäre theologie- wie kirchengeschichtlich höchst interessant, vgl. die Bemerkungen bei HIRSCH, Geschichte, Bd V, 211 ff.

[149] Der Begriff »Welt« oszilliert in der Glaubenslehre. Er kann analog zur Dialektik als Grenzbegriff die Gesamtheit des gegenständlichen Seins bedeuten (vgl. z. B. § 9, 3; §§ 41.43), andererseits aber auch im johanneischen Sinne die Gesamtheit alles dessen, was den Christen begrenzt und hemmt (vgl. §§ 97 ff.). S. auch BRANDT, S. 86–88.

sichtbare – unsichtbare Kirche gewidmet ist, gleich auf der individuellen Ebene ein. Kirche und Welt sind deshalb nicht auf objektiv-sinnenfällige Weise voneinander abzugrenzen, weil in jedem einzelnen Christen noch Impulse aus seinem vorchristlichen Leben wirksam sind. Wäre dem nicht so, dann könnte von einem Einfluß der Welt auf das interne Leben der Kirche nicht gesprochen werden, sondern die Welt könnte als der Kirche äußerlich – getrennt gegenüberstehende Größe lediglich deren Ausbreitungstendenz hemmen. Vermöge des Verhältnisses, das in jedem einzelnen Christen zwischen seiner Zugehörigkeit zur »Gemeinschaft der Sünde« (§ 164,1) und der Tätigkeit des Heiligen Geistes an ihm und durch ihn besteht, gilt: »Jeder sichtbare Theil der Kirche ist also unrein: könnten wir aber die reinen Wirkungen des heiligen Geistes sondern und zusammenstellen, so wäre dieses eine reine Kirche.« (ibd.). Der Heilige Geist wirkt jedoch allein in der Vereinigung mit sündhaften Menschen und nur in und an ihnen gelangt er zur Wahrnehmung: »Die Totalität aller Wirkungen in ihrem Zusammenhange bildet also die unsichtbare Kirche, dieselben aber nicht an und für sich, sondern zusammen mit den Störungen, welche aus den Einwirkungen der Welt entstehen, ⟨...⟩, bilden die sichtbare Kirche.« (ibd.).

Die Widerspruchseinheit von sichtbarer und unsichtbarer Kirche wird hier auf eine andere Ebene verlagert als in der traditionellen Lehre. Entspricht dort der coetus electorum s. renatorum der unsichtbaren und der coetus vocatorum der – jenen in sich schließenden – sichtbaren Kirche[150], so verläuft hier die Scheidelinie durch den coetus renatorum, durch jedes seiner Glieder hindurch, und konsequent spricht Schleiermacher dem coetus vocatorum das Prädikat »Kirche« ab: ». . . eine sichtbare Kirche in diesem Sinne sollte es also gar nicht geben, sondern die Berufenen so lange ausser der Kirche bleiben, bis die Gemeine und sie selbst in der Ueberzeugung übereinstimmen, daß eine Lebensgemeinschaft zwischen Christo und ihnen bestehe.« (§ 164,2).

Dem Gebiet der sichtbaren Kirche gehören auch die wesentlichen Konstanten des christlich-kirchlichen Lebens ihrer empirischen Erscheinung nach an, sie sind aber dasjenige, »was in der sichtbaren Kirche am meisten die unsichtbare repräsentiert« (§ 164,1).

Die zweite Hälfte des Hauptstücks faßt diejenigen Teile kirchlichen Lebens ins Auge, die als die welthafte Seite des Seins der Kirche anzusprechen sind: »Der Gegensaz läßt sich aber zusammenfassen in diesen beiden Gliedern, daß die sichtbare Kirche eine getheilte ist, die unsichtbare aber ungetheilt Eine, und daß die sichtbare Kirche immer dem Irrthum unterworfen ist, die unsichtbare aber immer untrüglich.« (§ 165 L). Das Wirken des Heiligen Geistes vollzieht sich, indem er ein Verhältnis des Einzelnen zu Christus stiftet und zugleich unter den Einzelnen Gemeinschaft wirkt (§ 165,2). Indem die »Welt« diese beiden Grundrelationen modifiziert, wird das Verhältnis des Einzelnen zu Christus durch Irrtum und Sünde affiziert und die Gemeinschaft durch Trennungen ge-

---

[150] Vgl. in Kürze die angezogenen Zitate bei SCHMID, Die Dogmatik der evangelisch-lutherischen Kirche, Gütersloh ⁷1893, S. 435–438, Anm. 11–13 und HEPPE/BIZER, Die Dogmatik der evangelisch-reformierten Kirche, Neukirchen 1935, S. 540, Anm. 15–17.

schwächt. So ist das erste der folgenden Lehrstücke der Mehrheit, das zweite der Irrtumsfähigkeit der sichtbaren Kirche gewidmet.

Die Vielheit der empirischen Kirchentümer ist ein Kontinuum der ganzen Kirchengeschichte, sie war potentiell auch schon wegen des jüdisch-heidnischen Gegensatzes im Urchristentum gegeben, aktualisierte sich jedoch wegen der besonderen Verhältnisse noch nicht (§ 166,1). Es fehlt auf der anderen Seite auch nie an Versuchen zur Vereinigung des Getrennten, denn die unsichtbare Kirche, der Wesenskern eines jeden Kirchentums, erkennt sich im je anderen wieder; es gilt aber auch die Verwahrung: »Damit soll aber keineswegs behauptet werden, als ob überall, wo eine kirchliche Trennung stattfindet, jeder Vereinigungsversuch ein Werk des göttlichen Geistes sei; vielmehr kann es auch unächte geben, die nur in einer der trennenden entgegengesezten Selbstsucht ihren Ursprung haben.« (§ 166,2). – Als Korollarien folgen zwei Lehrsätze, die konkrete Konsequenzen für die dogmatische Beurteilung der Koexistenz getrennter Kirchentümer ziehen. Zuerst stellt Schleiermacher fest: »Die gänzliche Aufhebung der Gemeinschaft zwischen zwei Kirchen ist unchristlich.« (§ 167 L). Die Genese getrennter Gemeinschaften wird, wie in ChS (s. o. S. 32ff.), als Resultat von Individualitätsdifferenzen beschrieben. Diese Unterschiede gelangen erst dann zum klaren Bewußtsein, wenn sie sich in »Bekenntnissen und Lebensregeln« (§ 167,2) verfestigen, die sich gegenseitig ausschließende Wahrheitsansprüche stellen. Dadurch ist es jedoch nicht gerechtfertigt, wenn die Parteien sich die Gemeinschaft restlos aufkündigen, indem sie einander die Christlichkeit absprechen, solange überhaupt »Lebensgemeinschaft mit Christo« (§ 167,2) vorhanden ist. Zu der in der Einleitung nur aufgestellten Behauptung eines vortheoretischen, jenseits der Alternative »wahr – unwahr« liegenden Individualitätsunterschiedes (s. o. S. 209) wird hier, in der materialen Dogmatik, eine Begründung gegeben, die in der Reflexion auf die Grundrelationen alles Christseins wurzelt. Dasselbe gilt für das Phänomen »Bekenntnis«: in (scheinbarer) Abstraktion wird sein »Sitz im Leben« eruiert, nämlich im Entstehungsprozeß eines sich individualisierenden Kirchentums. Im Bekenntnis tritt zum ersten Mal polemisch-apologetisch die unterscheidende Eigenart des neu sich bildenden Kirchentums ans Licht. Schleiermachers Äußerungen zum Prozeß der Bekenntnisbildung in der Reformationszeit (s. o. Kap. II) können als Verifikation dieser Einsicht am historischen Material gelesen werden.

Im zweiten Lehrsatz wird die Relativierung der Trennung aus der Perspektive der zeitlichen Sukzession nochmals eingeschärft: »Alle Trennungen in der christlichen Kirche sind vorübergehend.« (§ 168 L). Nach einem »Zusaz« (§ 169), der die Lehre von der Einheit der Kirche in der Gesamtgeschichte des Menschengeschlechts destruiert, folgt das zweite Lehrstück »Von der Irrthumsfähigkeit der sichtbaren Kirche in Bezug auf die Untrüglichkeit der unsichtbaren.« (§§ 170 ff.)[151]. Die Erörterung setzt – parallel zum vorigen Lehr-

---

[151] STIEWE übergeht diesen Teil der Glaubenslehre.

stück – mit dem Nachweis ein, daß auch hier die Kirche des apostolischen Zeitalters nur scheinbar eine Ausnahme macht (§ 170,1).

Im Anschluß daran wird allgemein die Möglichkeit und Wirklichkeit des Irrtums durchgeklärt. Auch das Denken wird vom Heiligen Geist nicht neu gebildet, sondern als schon existierendes sukzessive angeeignet. Indem im Individuum alle gedanklichen Bildungen eine Einheit sind, wird jeder Gedanke, dessen Impuls der Heilige Geist ist, in seiner bewußtseinsmäßigen Ausformung unausweichlich mit vor- und unterchristlichem Denken verunreinigt. Auf das christliche Gesamtleben gesehen besteht immer die Möglichkeit, daß der Irrtum, wenn er auch weit um sich gegriffen hat, durch Einzelne anhand des biblischen Zeugnisses als solcher erkannt und korrigiert wird: hier liegt die dogmatische Grundlegung des in ChS als reinigendes Handeln des Einzelnen auf das Ganze klassifizierten (vgl. o. S. 22–26, 45 ff.). Beide Seiten, die Möglichkeit und Wirklichkeit des Irrtums sowie seiner Berichtigung, faßt der Leitsatz einprägsam zusammen: »In jedem Theile der sichtbaren Kirche ist der Irrthum möglich, und also auch irgendwie wirklich; es fehlt aber auch nirgend in derselben an der berichtigenden Kraft der Wahrheit.« (§ 170 L). Die beiden folgenden Paragraphen sind als Lehrsätze jeweils der konkretisierenden Erläuterung der Doppelthese des Leitsatzes gewidmet.

»Keine von der sichtbaren Kirche ausgehende Darstellung christlicher Frömmigkeit trägt lautere und vollkommne Wahrheit in sich.« (§ 171 L) – hier nun bildet das NT eine Ausnahme: Es ist nicht von der sichtbaren Kirche ausgegangen, sondern hat diese allererst konstituiert. – Man wird diese These angesichts anderer Äußerungen Schleiermachers als inkonsequent bezeichnen müssen[152]. Um dem Leitsatz ansonsten seine kritische Schärfe zu wahren, wehrt Schleiermacher zunächst zwei mögliche Einschränkungen ab: Zunächst könnte eingewandt werden, bei der Auswahl des Klerus sei der Heilige Geist in besonderer Weise wirksam und verhindere so den Irrtum wenn auch nicht beim Einzelnen,

---

[152] Vgl. die Differenzierungen in § 148,2. § 149, Zusatz, sowie die Thesen in KD[2] §§ 108–110: Danach ist die Feststellung des Kanonischen erst die Aufgabe der exegetischen Theologie. Bezeichnend ist auch die abschwächende Umformulierung, die der Satz in [2]§ 154,1 erfahren hat. In einer handschriftlichen Anmerkung zu [2]23,3 äußert Schleiermacher die Vermutung, die Lehre von der Schrift bilde insofern eine Ausnahme, als sich bezüglich ihrer eine Annäherung zwischen Katholizismus und Protestantismus anbahne – es geht dabei augenscheinlich um die historische Einsicht, daß die Gestalt des ntl. Kanons sich einer Reihe von Entscheidungen der Alten Kirche verdankt. – FLÜCKIGER, Philosophie und Theologie, S. 128 ff. und BECKMANN, Häresie, S. 24 ff. zeihen Schleiermacher denn auch des »Katholisierens« in dieser Frage. Der Vorwurf ist nur dann plausibel, wenn »protestantisch« in dieser Frage allein die Rezeption einer vorkritischen Theorie über die Entstehung des biblischen Kanons ist, die Schleiermacher eben angesichts der Ergebnisse der »freiern Untersuchung« desselben unmöglich war. In der eigentlichen protestantisch-katholischen Streitfrage, die die authentische Schriftauslegung und die diese vollziehende Instanz betrifft, ist Schleiermacher, wie in dieser Arbeit immer wieder anklingt, »der bis ins letzte entschlossene Erzprotestant« (so in anderem Zusammenhang E. HIRSCH, Schleichermachers Christusglaube, S. 28).

so doch im Kollektiv[153]. Sodann wäre es denkbar, die Irrtumsfähigkeit allein auf die Partikularkirchen zu beschränken und der Totalität der sichtbaren Kirche im Gegenzug die Unfehlbarkeit einzuräumen[154]. Beide Ansichten halten nicht Stich: Weder kann eine Gruppe von Personen als des Irrtums prinzipiell enthoben postuliert werden noch kann man voraussetzen, der Irrtum sei in einem bestimmten Zeitabschnitt immer nur bei der Minderheit. Auf dieser Einsicht beruht die ethische Legitimität der Reformation. Auch dieser Gedanke ist die dogmatische Ausformung eines Theorems der ChS (s. o. S. 45 ff.).

Aus der prinzipiellen Irrtumsmöglichkeit der Personen, die kirchliche Lehrfestsetzungen vornehmen, folgt, ». . . daß keine auch noch so vollständig gemeinsam abgefaßte Bestimmung einer Lehre als unverbesserlich und für alle Zeiten gültig kann angesehen werden. . .« (§ 171,2). Das gilt besonders, wenn solche Setzungen im Gefolge interner Streitigkeiten erfolgt sind: Die selbstische Erregung, die im Streit wirksam wird, ist mitbestimmend bei Ton und Farbe der Lehrfassung, der polemische Zweck entstellt von vornherein den Gegenstandsbezug der Aussagen. Als Wahrheitskriterium für einen theologischen Satz kann nach alledem nicht seine kirchliche Approbation, sondern nur der dem Gewissen einleuchtende Beweis für seine Schriftgemäßheit gelten.

Die kirchliche Lehre ist damit der permanenten Prüfung und Verbesserung unterworfen.

Diese Lebenstätigkeit nun löst den dogmatischen Konsens der kirchlichen Gemeinschaft immer wieder partiell auf. Wäre sie durch unverbrüchliche dogmatische Voraussetzungen beschränkt, so könnte sie sich nicht mehr mit der erforderlichen Konsequenz vollziehen. Der Konsensus, der der fortgehenden Prüfung zugrundeliegt und damit ihre Gemeinschaftlichkeit oder, anders gesagt, ihre Kirchlichkeit sichert, muß also in sich allen erdenklichen Freiraum für kontroverse Pluralität bieten: »Eine durch den ganzen Verlauf dieses Geschäftes sich hindurchziehende Uebereinstimmung giebt es also nur in den Grundsäzen, nach welchen und dem Sinne in welchem die Wahrheit gemeinsam soll gefördert werden.« (§ 171,2). Mit diesem Satz sind die Grenzen der Zuständigkeit erreicht, alle Näherbestimmungen fallen der Christlichen Sittenlehre (s. diese Arbeit o. S. 42 ff.) und der Praktischen Theologie (s. o. S. 180 ff.) anheim.

Der Schlußabsatz des Paragraphen ist der Bestimmung des Verhältnisses der hier vorgetragenen Auffassung zu den reformatorischen Grundlagen des Protestantismus gewidmet. Das Verhältnis läßt sich nicht als schlichte, einlinige Anknüpfung oder Abstoßung formulieren. Einerseits haben die Reformatoren den hier umrissenen Grundsatz befolgt bzw. inauguriert, indem sie es ablehnten, sich der Autorität eines allgemeinen Konzils zu unterwerfen. Andererseits muß es demgegenüber als inkonsequent namhaft gemacht werden, daß sie die altkirchlichen Konzilienbeschlüsse als Lehrgrundlage übernommen haben. Damit ist implizit gesagt, daß die Dogmenkritik der Aufklärungstheologie ein Selbst-

---

[153] Hier liegt eine analysierende Anspielung auf das Selbstverständnis des katholischen Episkopats seit Cyprian vor, vgl. HARNACK, Lehrbuch der Dogmengeschichte I⁴, S. 399–425.
[154] Hier ist wohl an ökumenische Konzilien zu denken.

mißverständnis der reformatorischen Anfangsgestalt des Protestantismus beseitigt hat. Sodann darf auch die reformatorische Lehrbildung selbst, wie sie in den Bekenntnisschriften in öffentlich-verbindlicher Form niedergelegt worden ist, nicht willkürlich den Wirkungen des in der Reformation freigesetzten kritischen Impulses entzogen werden. Der Vorgang der Bekenntnisbildung war in der Reformationszeit notwendig und legitim, ».. . denn dadurch erhielt ihr ⟨scil. der Reformatoren⟩ verbessernder Einfluß auf das Ganze erst seine feste Haltung; unrichtig hingegen war es, wenn man hernach an diese Darstellungen ⟨...⟩ die Gewissen der Mitglieder der Kirche unauflöslich binden wollte, und also innerhalb derselben jeden verbessernden Einfluß Einzelner auf das Ganze im voraus abschneiden.« (§ 171,2).

Der folgende Paragraph variiert das Thema, indem er neben der faktischen Fortbildungs- und Verbesserungsbedürftigkeit der Lehre deren Ermöglichungsgrund reflektiert: »Alle Irrthümer in der sichtbaren Kirche werden aufgehoben, während die Wahrheit, welche das Wesen der unsichtbaren Kirche ausmacht, auch in der sichtbaren immer bleibt.« (§ 172 L). Der Satz, daß in allen bewußten Gestaltungen der Rechenschaft über das fromme Bewußtsein immer Irrtum an der Wahrheit ist, erhält hier seine positive Wendung: Der Irrtum als solcher haftet eben immer nur der Wahrheit an, und die Wahrheit kann, so wahr der Glaube vom Heiligen Geist vermittelt ist, nicht vollständig verloren gehen. Das gilt wie für das Individuum so für die Gemeinschaft als ganze. Indem der Heilige Geist den menschlichen Geist mehr und mehr in Besitz nimmt und formt, wird der Irrtum an der Wahrheit, der durch seine innere Mannigfaltigkeit seine wesentliche Nichtigkeit verrät, immer mehr zurückgedrängt. – Es ist deutlich, daß in diesen Paragraphen die dogmatische Kurzgestalt von Schleiermachers Umformung der Lehre von der Perfektibilität des Christentums vorliegt, die in der ChS genauer und ausführlicher entwickelt ist (s. o. S. 37 ff.).

c) Die Bekenntnisschriften als Faktor dogmatischer Theoriebildung – zwei Detailanalysen

α) Die Erbsündenlehre

Für Schleiermachers Umgang mit den Bekenntnisschriften bei der dogmatischen Behandlung eines Lehrstücks, das in der reformatorischen Theologie eine vertiefende Neufassung erhalten hat, innerhalb des Protestantismus jedoch nicht zu konfessionellem Streit Anlaß gegeben hat, kann die Lehre von der Erbsünde als exemplarisch gelten[155]. Daß der kontroverstheologische Aspekt hier so gut wie keine Rolle spielt, ist nicht als Einschränkung zu werten, sondern ist ein

---

[155] Zu Schleiermachers Sündenlehre vgl. H. FISCHER, Subjektivität und Sünde, bes. S. 65–81, G. BADER, Sünde und Bewußtsein der Sünde. Zu Schleiermachers Lehre von der Sünde, in: ZThK 1982, S. 60–79, STIEWE, aaO., S. 113 ff. Daneben sei hingewiesen auf die scharfsinnige Analyse und Kritik, die A. RITSCHL, Rechtfertigung und Versöhnung, 1. Aufl., Bd 1, S. 478–488 an Schleiermachers Sündenlehre gewandt hat.

Charakteristikum weiter Teile der materialen Dogmatik: Laut Sachregister von CG^2 (ed. Redeker) entfällt ein gutes Drittel der Bezüge auf das Wortfeld »Katholizismus etc.« allein auf die Einleitung (Bd. 2, S. 575). Dies liegt in Schleiermachers Konzeption der Aufgabe der Dogmatik begründet: Sie hat vorrangig thetisch die Lehre der eigenen kirchlichen Gemeinschaft darzustellen.

Im Gesamtsystem der Glaubenslehre hat das Lehrstück von der Erbsünde seinen Ort im zweiten Hauptteil, der die »Entwiklung des einwohnenden Bewußtseins von Gott, so wie der Gegensaz sich hineingebildet hat, welcher verschwinden soll.« (CG^1 vor § 78) analysiert, näherhin auf dessen erster »Seite«, die die »Entwiklung des Bewußtseins der Sünde« (ibd., vor § 84) enthält. Im Nacheinander der in § 34 entwickelten Grundformen dogmatischer Aussagen werden in diesem Teil der Glaubenslehre die Sündenlehre als Komplex von »Beschreibungen menschlicher Zustände« (§ 34 L), die Lehre vom Übel als Komplex von Sätzen über »Beschaffenheiten der Welt« (ibd.) und die Heiligkeit und Gerechtigkeit Gottes traktiert.

Den Anfang macht eine Einleitung zum ganzen zweiten Teil der Glaubenslehre (§§ 78–83). Anknüpfend an die Prämissen, die mit der Wesensbestimmung des Christentums in der Einleitung gegeben worden sind, macht Schleiermacher deutlich, daß das Gefühl der schlechthinigen Abhängigkeit resp. das Gottesbewußtsein im wirklichen Leben immer nur als gebrochen durch den relativen Gegensatz von Lust und Unlust vorkommt (§ 78), wobei es für die teleologische Religionsart charakteristisch ist, daß Hemmung und Förderung als »That des Einzelnen gesezt wird« (§ 79 L); allein so können die Begriffe »Verdienst« und »Schuld« in das religiöse und theologische Vokabular Aufnahme finden (§ 79,1)[156]. Hemmung und Förderung können dabei nicht auf dieselbe Weise als Tat des Einzelnen angesprochen werden, denn sonst würden von einem Subjekt zwei einander ausschließende Prädikate ausgesagt (§ 79,2). Das spezifisch Christliche in der Fassung des Gegensatzes besteht darin, »daß wir uns des Widerstrebens unserer sinnlichen Erregungen das Bewußtsein Gottes mit in sich aufzunehmen als unserer That bewußt sind, der Gemeinschaft mit Gott hingegen nur als etwas uns vom Erlöser mitgetheilten.« (§ 80 L, vgl. § 17). Im empirischen christlichen Bewußtsein – das ja allein Gegenstand der Aussagen der Glaubenslehre ist – sind Sünde und Gnade niemals ohne einander präsent, die Sonderung verdankt sich also nur ihrer Unentbehrlichkeit für die abstrahierende Darstellung, wobei der Sünde der Vorrang zu geben ist, weil die Erlösung durch Christus für den Einzelnen wie das Gesamtgeschlecht einen Anfangspunkt hat, »vor welchem schon Sünde zu sezen ist.« (§ 81,2). Die Gesamteinleitung schließt, indem sie die Leitlinien aufzeigt, anhand derer sich von hier aus Aussagen über Beschaffenheiten der Welt und Eigenschaften Gottes gewinnen lassen (§§ 82 ff.).

---

[156] Diese Fundierung der gesamten Sündenlehre auf den Charakter des Christentums als teleologischer Religion entgeht RITSCHL, Rechtfertigung und Versöhnung, I^1, 479f. So ist die »Einmischung des teleologischen Gesichtspunktes« (ibd., 481) keineswegs eine »willkührliche« (ibd.).

Nachdem so der Rahmen für die folgende erste Seite des zweiten Hauptteils der Dogmatik abgesteckt ist, folgen zwei Paragraphen, die die »Entwiklung des Bewußtseins der Sünde« einleiten. §84 stellt in der Terminologie der Religionstheorie der Einleitung die Bezogenheit alles Sündenbewußtseins auf das Gottesbewußtsein fest, das sich als Lust oder Unlust manifestiert. Im nächsten Paragraphen werden die Rahmenbedingungen für eine zutreffende Lehre von der Sünde abgesteckt: Sie muß einerseits auf die Gnade bezogen sein, darf aber andererseits das mit der – durch die Sünde nicht aufgehobenen – ursprünglichen Vollkommenheit gegebene Gottesbewußtsein nicht vernachlässigen. Tritt der Bezug auf die Gnade zurück, so naht sich die Darstellung der pelagianischen Häresie, blendet sie das im Sünder auch vor der Erlösung wirksame – rudimentäre – Gottesbewußtsein aus, so streift sie an den entgegengesetzten manichäischen Irrtum (vgl. §85,2). Der anschließende erste »Abschnitt«, der die »Sünde als Zustand des Menschen« behandelt, wird durch fünf Paragraphen (§§86–90) eröffnet, die im Inhaltsverzeichnis des Originaldrucks den Titel »Einleitung« tragen (Bd. 1, S. 264, Sachapparat). Es folgen als erstes und zweites »Lehrstük« »Von der Erbsünde« und »Von der wirklichen Sünde«. Es wird zu zeigen sein, wie sich »Einleitung« und »Lehrstük« systematisch zueinander verhalten.

Der §86 hat den Charakter einer Definition: »Im Bewußtsein der Sünde liegt das Bewußtsein eines Gegensazes zwischen dem Fleisch oder demjenigen in uns was Lust und Unlust hervorbringt und dem Geist oder demjenigen in uns was Gottesbewußtsein hervorbringt.« (L)

Die Rede von der Sünde ist ganz an der voraussetzbaren Selbstwahrnehmung des Christen orientiert (Anm. a), damit ist jede spekulative oder mythologische Betrachtungsweise von vornherein als sekundär qualifiziert. Sodann ist es konstitutiv, daß die Sünde nicht eine substantielle oder akzidentielle Minderung des Inventars von menschlichen Fähigkeiten ist, wie sie in §74 ihrer potentiellen harmonischen Entwicklung nach unter dem Titel »Von der ursprünglichen Vollkommenheit des Menschen« aufgestellt worden sind, sondern diese Grunddeterminanten bleiben allesamt als solche erhalten. Das Sündenbewußtsein legt allein davon Zeugnis ab, daß ihr gegenseitiges Verhältnis faktisch nicht seiner Bestimmung entspricht. Fleisch und Geist, sinnliches und höheres Selbstbewußtsein sind durch nicht vom Geist gelenkte Selbsttätigkeit des Fleisches entzweit. Die Entzweiung kann nur dort ins Bewußtsein treten, wo der Herrschaftsanspruch des Geistes bekannt und grundsätzlich anerkannt ist: »Sonach kennen wir auch unmittelbar den Gegensaz zwischen Geist und Fleisch nur in Beziehung auf die Herrschaft jenes über dieses, und ihr untergeordnet.« (§86, Zusaz): Das Sündenbewußtsein entspringt unmittelbar am Gottesbewußtsein, der Rekurs auf ein Gesetz ist unnötig.

In den folgenden vier Paragraphen werden aus dieser Definition Konsequenzen gezogen. Dadurch entsteht ein differenziertes Raster, anhand dessen die vorliegende lehrmäßige Mannigfaltigkeit interpretiert und kritisiert werden kann. Der §87 weist die reale Priorität der Sünde vor dem Gottesbewußtsein

nach: Es ist dies – ohne daß die Stelle genannt wird – eine freie Aneignung von
Röm 7,7, wobei freilich das Gesetz fortgelassen ist.

Die »Fürsichthätigkeit« (§ 87,1) des Fleisches vor dem Erwachen des Geistes
kann, weil sie nicht ins Bewußtsein tritt, sowohl beim Individuum wie bei
ganzen Völkern nicht eigentlich als Sünde, sondern lediglich als Mangel qualifiziert werden: Sünde ist nur dort, wo auch Erkenntnis der Sünde ist. Dieser
strikte Bezug der Rede von der Sünde auf das Sündenbewußtsein wird bei der
Sichtung der traditionellen Erbsündenlehre eine wichtige Rolle als kritischer
Kanon spielen.

In jedem Einzelnen nun findet ein Widerstreben des sinnlichen Bewußtseins
gegen das höhere statt, das als »Schwäche« des Geistes gegenüber dem Fleisch
bewußt wird, im Umkehrschluß also als »Stärke« des Fleisches, die sich als
»Fertigkeit« zeitlicher Entwicklung verdanken und somit vor dem Gottesbewußtsein ihre Wirkung entfaltet haben muß (vgl. § 87,2). Das Verhältnis von
Geist und Fleisch gestaltet sich in der Folge nicht als allmählicher Übergang der
Herrschaft von einem Part zum anderen, sondern der Geist empfindet schmerz-
lich die »Ungleichmäßigkeit in der Entwiklung seiner Thätigkeiten« (ibd.), und
diese Ungleichmäßigkeit nach ihrer negativen Seite ist es, die sich als Sünden-
wußtsein kundgibt. Damit es zu diesem Bewußtsein überhaupt kommen kann,
muß die – durch »ungleiche Fortschreitung« (§ 88, L) bedingte – Differenz von
Verstand und Wille bestehen. Könnte der Verstand nicht die faktisch-voluntative
Gestaltung, die das Gottesbewußtsein im Handeln erhält, transzendierend beurteilen, »so könnte er kein göttlicheres Leben denken, als dasjenige, was er
wirklich führt« (§ 88,1). Das Gottesbewußtsein, das seinen Quellort im unmittelbaren Selbstbewußtsein, also jenseits von Verstand und Willen hat, wird
durch die im Medium des Gegensatzes von Verstand und Willen sich offenbaren-
de Störung selbst affiziert: Bleibt die willentlich-tathafte Ausprägung des Gottesbewußtseins hinter seiner verstandesmäßigen Gestaltung zurück, so verliert
diese selbst ihre korrigierende Funktion, sofern sie sich sukzessive jener anpaßt;
als Beispiel nennt Schleiermacher im Anschluß an Röm 1,18–24 die Abgötterei.
Bleibt die Verstandesseite in der Ausprägung des Gottesbewußtseins zurück, so
korrumpiert sie den Willen zur »Beruhigung bei einem einseitigen Gehorsam
und einem bloß äußerlichen Gottesdienst ohne Geist und Wahrheit« (§ 88,2)[157].

Der nächste Paragraph bezieht die Sätze über die Sünde zurück auf die in § 74
gegebene Lehre von der ursprünglichen Vollkommenheit. Durch die Sünde
wird keiner der als Möglichkeiten gefaßten vier Bestandteile der ursprünglichen
Vollkommenheit aufgehoben, auch nicht die »Vereinbarkeit jedes Zustandes mit
dem Bewußtsein des höchsten Wesens« (§ 74, L), da ja von Sünde nur gesprochen werden kann, wo Sündenerkenntnis obwaltet, also Gottesbewußtsein
vorhanden ist (vgl. § 89,1). Daß nach dem so gefaßten Begriff der ursprüngli-

---

[157] Die Parallele CG² § 68,1 flicht an dieser Stelle Überlegungen zur Genese von Gesetz und
Gebot im religiösen Leben ein: Das Gesetz entsteht als Konsequenz des Sündenbewußtseins,
nicht umgekehrt.

chen Vollkommenheit eine sündlose Entwicklung möglich wäre, leuchtet ein. Auch das stoßweise, regressionsartige Eintreten der Sünde widerrät der Annahme, es handle sich bei dem Widereinander um eine unvermeidliche Stufe in einem natürlich-wachstümlichen Prozeß. So ist die Sünde als Störung anzusehen, die sich nicht selbst wieder aufhebt, sondern der Erlösung bedarf. Der Paragraph 90 konkretisiert die bislang gewonnenen Aussagen über die Sünde im Hinblick auf die Bipolarität menschlicher Existenz als Individuum und Gattungswesen: Die konkrete Ausgestaltung, die das Mißverhältnis zwischen sinnlichem und höherem Selbstbewußtsein im Individuum erhält, ist vorpersönlich geprägt durch die Zugehörigkeit des Einzelnen zu den natürlichen Gemeinschaften, in die er hineingeboren wird, wie Familie, Volk und Rasse. Sofern der Einzelne seine natürlich-physische Existenz seiner Zugehörigkeit zur individualisierten Gattung verdankt, hat vermöge der Fortpflanzung »die Sünde eines Jeden ihren Grund in einem höheren und früheren« (§ 90,1) als seinem eigenen Dasein. Sofern sich jedoch das aktuelle Hervortreten der Prädisposition immer mittels der Tat des Individuums vollzieht, ist »die Sünde begründet in ihm selbst.« (ibd.). Ob bei einem Menschen die Sündhaftigkeit eher und stärker an der intellektuellen oder an der voluntativen Seite seiner Existenz hervortritt, das hängt von seiner individuellen charakterlichen Disposition ab. Das minder kräftige Gebiet wird der Entzündungspunkt der Sünde sein. Auch hierin erweist sich die Doppelgesichtigkeit des Phänomens: Als Effekt der vorgegebenen Persönlichkeitsstruktur ist die Sünde jenseits der Eigentätigkeit des Subjekts begründet, sie tritt jedoch allein als frei-aktuelle Tat in Erscheinung (vgl. § 90,2). Dasselbe gilt für die Ursache der Sünde durch den zeitlichen Vorsprung der Entwicklung des sinnlichen Selbstbewußtseins vor dem höheren (§ 90,3).

Mit den Erörterungen des § 90 sind die Grundbestimmungen des Phänomens Sünde abgeschlossen. Die bis hierher entwickelten Leitlinien sind ohne begründenden Rekurs auf die christliche Lehrtradition allein aus den in der Wesensbestimmung des Christentums gipfelnden religionsphilosophischen Theoremen der »Einleitung« gewonnen worden. Die beiläufigen biblischen Bezugnahmen haben keine tragende Funktion im Gefüge der Argumentation, sie sind als ornamentale Einsprengsel zu qualifizieren. Ihren Anspruch auf Plausibilität erheben die Sätze einerseits formal kraft der logisch-argumentativen Stringenz der Beweisführung, andererseits inhaltlich als der Nachprüfung an der Erfahrung standhaltende deskriptive Sätze über Zustände des christlich-frommen Bewußtseins.

Ein »Zusaz« schließt den Paragraphen und den Argumentationsgang, indem er die Korrelation der bislang gewonnenen Aussagen mit der vorliegenden Lehre vorbereitet. Die Doppelbeziehung des Sündenbewußtseins auf den Menschen als Individuum und als Glied der Gattung ist die urspüngliche religiöse Wurzel für die in der Lehrtradition herrschende Einteilung in peccatum originale und peccata actualia. Allein das Bezeichnungssystem hält Schleiermacher für »unbequem« (§ 90, Zusatz) weil irreführend: Die Wortprägung »*wirkliche* Sünde« (ibd.) könnte suggerieren, die angeborene Sündhaftigkeit sei an und für sich nicht

Sünde, könnte also – Schleiermacher expliziert die theologiegeschichtliche Reminiszenz nicht – zu einem Verständnis des peccatum originale als eines religiösethisch wertneutralen »fomes peccati« (Conc. Trid. Sess. V., Denz. 1515) führen, in Schleiermachers Worten »als ob es in demselben Sinn auch eine bloß scheinbare oder unthätige Sünde gäbe« (§ 90 Zusaz). Das Wort »Erbsünde« ist insofern zutreffend, als es den Zusammenhang von Individuum und Gattung erhellt, andererseits ist der Wortteil »-sünde« durch seine Verankerung im Bereich des Tathaften geeignet, den Charakter der Erbsünde als der Tat vorangehender »Beschaffenheit« zu verdunkeln (ibd.).

Da der Sprachgebrauch zudem unbiblisch ist, wäre eine Änderung »sehr zu wünschen« (ibd.): Hier stellt sich jedoch dem Willen zur gründlichen Neugestaltung die kirchliche Aufgabe und Verantwortung in den Weg. Die Neuformulierung darf nur »mit großer Vorsicht« (ibd.) in Angriff genommen werden, will sie nicht »den geschichtlichen Zusammenhang der Lehre ganz zerreißen und neue Mißdeutungen und Mißverständnisse veranlassen« (ibd.). Hier ist das Mißverständnis abzuwehren, als deute Schleiermacher die Absicht an, eine Akkommodation an die hergebrachte Lehre um den Preis der Wahrhaftigkeit zu vollziehen. Wäre dies der Fall, so hätte er die vorangegangenen Paragraphen gar nicht in sein Werk aufgenommen, die ja die Grundlage für die kritische Rezeption der Lehre bilden[158].

Die Aufgabe ist anders gestellt: Die eigengeprägte Neuformulierung der Lehre muß mit den traditionellen Gestaltungen in Verbindung gebracht werden, um sich selbst als im geschichtlichen und intentionalen Zusammenhang mit ihnen stehend auszuweisen und so das Maß der eigenen »Orthodoxie« und »Heterodoxie« (s. o. S. 211 f.) deutlich ans Licht zu stellen. Diesem Teil ihrer Aufgabe entzöge sich eine Dogmatik, die ihre Erkenntnisse explizierte, ohne auf die Erstgestalt protestantischer Lehrbildung Bezug zu nehmen.

Dieser Aufgabe sind die beiden folgenden Lehrstücke gewidmet. Die Paragraphen sind jeweils folgendermaßen aufgebaut: Der Leitsatz formuliert in freier Anlehnung an die hergebrachte dogmatische Terminologie Leitgesichtspunkte, die die religiöse Grundintention der reformatorischen Sündenlehre erfassen wollen. Diese Leitgesichtspunkte basieren inhaltlich auf dem vorab ohne Rekurs auf die Lehrtradition gewonnenen Sündenverständnis. Die Erläuterungen erörtern anhand dieses Leitfadens die dogmatische Tradition, vornehmlich also die protestantischen Bekenntnisschriften, aber auch andere gewichtige Stimmen, indem die im Medium des eigenen Entwurfs reflektierte religiöse Grundintention als Kanon für Verständnis und Kritik der dogmatisch-schulmäßig bestimmten Einzelaussagen dient[159].

---

[158] Der unterschiedliche systematische Stellenwert der verschiedenen Arten von Paragraphen ist z. B. bei RITSCHL, Rechtfertigung und Versöhnung, I¹, S. 483 ff. nicht berücksichtigt. Er diagnostiziert deshalb »Akkommodation«.

[159] »Methodisch dienen die Paragraphen 86–90 dem Zweck, das ›geschichtliche‹ christliche Sündenbewußtsein auf die in ihm zur Sprache kommenden Grundbestimmungen der menschlichen Existenz hin wissenschaftlich zu analysieren. Ihre Ergebnisse sind in gleicher Weise

Der Leitsatz zu § 91 bestimmt die allgemeine Sündhaftigkeit, die jeder einzelnen Tat vorangeht, als eine »wenn wir von dem Zusammenhang mit der Erlösung absehen, vollkomne Unfähigkeit zum Guten«. Er ist als Zuspitzung des definitorischen § 86 anzusehen. Eine »Anmerkung« nimmt von diesem Satz den »schlechthin ersten Menschen« aus; einmal war dieser von den natürlichen Entwicklungsbedingungen der folgenden Menschheit durch Mangel an Sozialität ausgenommen, zum andern kann in ihm, aus dem die unendliche Mannigfaltigkeit des Menschengeschlechts hervorgehen sollte, eine vorherrschende charakterliche Einseitigkeit nicht gedacht werden. Es folgt zum Beleg des Leitsatzes eine regelrechte Catene von Bekenntnisschriftenzitaten, unterbrochen durch kurze interpretatorische Bemerkungen. Den Anfang macht CA II[160]. Die Zitationsweise soll exemplarisch vorgeführt werden, indem der Artikel in der lateinischen Fassung ausgeschrieben wird. Die in CG[1] zitierten Passagen werden durch einfache *Kursivschrift* kenntlich gemacht, die Erweiterungen, die das Zitat in [2]§ 70 erfahren hat, werden durch *S p e r r u n g* markiert. »*Item docent, quod* post lapsum Adae *omnes homines, secundum naturam propagati, nascantur cum peccato,* hoc est, *s i n e m e t u D e i , s i n e f i d u c i a e r g a D e u m e t c u m c o n c u p i s c e n t i a , q u o d q u e h i c m o r b u s s e u v i t i u m v e r e s i t p e c c a t u m , d a m n a n s e t a f f e r e n s n u n c q u o q u e a e t e r n a m m o r t e m h i s , q u i n o n r e n a s c u n t u r p e r b a p t i s m u m e t s p i r i t u m s a n c t u m .* « (BKSELK, S. 53)[161] Diese Zitationsweise mit ihren großzügigen Auslassungen ist charakteristisch. Nicht der ganze Sachgehalt des Artikels ist Gegenstand der Aufmerksamkeit, sondern durch Zitation werden diejenigen Sätze hervorgehoben, die sich als sachlich kongruent mit der im Leitsatz aufgestellten These erweisen lassen.

Die Erweiterung des Zitats in der zweiten Auflage ist demgegenüber hinsichtlich der Treue zum Original positiv zu bewerten, sie ist jedoch, wie der Vergleich zeigt, nicht als Indikator für eine positionelle Modifikation zu interpretieren.

Es schließt sich eine kurze Erläuterung zum Begriff »concupiscentia« an:

wissenschaftlich wie christlich. Dagegen kann erst die Konfrontation mit den protestantischen Bekenntnisschriften die symbolische Vertretbarkeit gewährleisten.« (STIEWE, aaO., S. 117f.). Ist »geschichtlich« zu verstehen als Chiffre für »Sündenbewußtsein, wie es in der religiösen und theologischen Sprache seinen geschichtlichen Ausdruck gefunden hat«, so ist der Satz falsch. Die Paragraphen sollen für diese Aufgabe erst die Lösungsmittel bereitstellen. Der letzte Satz des Zitats gibt die bei der Bearbeitung der Lehrtradition leitende Motivation nicht zutreffend an: Der kritische Impetus wird nicht zur Geltung gebracht.

[160] Dieses Vorgehen ist typisch. Die Catenen werden oft mit CA-Zitaten eröffnet (vgl. z. B. §§ 48 L, 56,1. 92 L, 103 L, 117 L, 118,1). Es folgen dann zumeist Zitate aus der Apologie. Dies ist die einzige Regelmäßigkeit, die sich bei der Auswahl und Anordnung der Zitate feststellen läßt. Es handelt sich dabei wohl um einen Reflex der Tatsache, daß für Schleiermacher die CA *die* protestantische Bekenntnisschrift ist (s. o. Kap. II), ihr wird folglich eine Art Ehrenprimat eingeräumt.

[161] Im folgenden wird darauf verzichtet, jedes nur erwähnte Zitat Schleiermachers aus den Bekenntnisschriften und anderen Quellen genau zu belegen, da das bereits in den kritischen Ausgaben beider Auflagen der Glaubenslehre geschehen ist. Wo eigenständiger Bezug auf sie genommen wird, werden die lutherischen Bekenntnisschriften nach der Ausgabe des Kirchenausschusses (Göttingen ⁷1976) mit dem Siglum BKSELK zitiert, die reformierten nach der Ausgabe von H. A. NIEMEYER (Leipzig 1841) mit dem Siglum »Niem.«

Gemeint ist nicht der sinnliche Trieb an sich, sondern nur »der für sich allein zur Vollendung eilende«. Die Abwesenheit von Gottesfurcht und Gottvertrauen wird als Ausdrucksform für die Unkräftigkeit des Gottesbewußtseins interpretiert, hierfür werden zwei Sätze aus Apol. II als Zeugen herangezogen. Es folgen zwei Sätze aus Conf. gall. IX, deren erster die Inadäquatheit des menschlichen Geistes zur Gotteserkenntnis zum Inhalt hat und deren zweiter das Fehlen der Freiheit zum Streben nach dem Guten hervorhebt; Schleiermachers Erläuterung hebt die Duplizität von kognitiver Trübung und voluntativer Schwäche hervor. Es schließt sich ein Zitat aus Conf. helv. post. IX an, das die voluntative Schwäche außerhalb des Zusammenhanges mit der Erlösung betont. Das folgende Zitat aus dem 10. der 39 Articles markiert den Zusammenhang zwischen der Unfähigkeit des natürlichen Menschen, aus eigenen Kräften zum Glauben zu kommen und seiner Unfähigkeit, gute Werke zu tun. Beschlossen wird die Reihe mit Sätzen aus Conf. belg. XV, die die Allgemeinheit der Sündhaftigkeit und ihre Erstreckung bis auf das Kind im Mutterleibe zum Inhalt haben.

Wendet man sich der Herkunft der Zitate aus der reformierten Tradition genauer zu, so erlebt man eine Überraschung: Sie haben allesamt das Thema Willensfreiheit zum Inhalt[162]. Dieser Befund erhält seine Erklärung dadurch, daß der dogmatische Locus »De libero arbitrio« in der Glaubenslehre Schleiermachers keine explizite Entsprechung hat. An dieser Stelle kommen also ohne eigene Überschrift die herkömmlicher Weise in jenem Locus behandelten dogmatischen Sachfragen zur Erörterung. Es kommt also hier gegenüber der altprotestantischen Dogmatik zu einer Umkehrung der Reihenfolge[163]: Folgt hier auf die – im wesentlichen als Erörterung der biblischen Berichte gehaltene – Darstellung von Urstand und Sündenfall die Lehre von der (Un-)Freiheit des Willens als Aussagezusammenhang über die von dort herrührende vorfindliche Beschaffenheit des natürlichen Menschen, so dreht Schleiermacher die Reihenfolge um. Zuerst werden die Sätze über den empirischen Menschen in einem komplizierten Geflecht von Affirmationen und Negationen gedeutet und kritisiert (vgl. §§ 91–93), erst dann folgt (§ 94) die Auseinandersetzung mit den traditionellen Aussagen über die Genese des vorfindlichen Zustandes des religiös-sittlichen Lebens. Diese Umstellung ist eine Konsequenz aus der Abzweckung der Glaubenslehre auf Aussagen über die christlich-frommen Gemütszustände: Angaben über die Protoplasten können allenfalls am Rande der Darstellung ihr dogmatisches Daseinsrecht behaupten.

Indem hier zunächst die Kompatibilität der Aussagen reformatorischer Theologie mit den Ergebnissen der religionsphilosophischen Analyse des christlich-frommen Bewußtseins am Zentralpunkt des dogmatischen Verfahrens nachgewiesen wird, zeigt sich, daß ein innerlich-sachliches Verhältnis der Kontinuität

---

162 Auch Conf. belg. XV macht nur eine scheinbare Ausnahme: Der Artikel ist zwar überschrieben »De peccato originali« (Niem. 370), er enthält jedoch Aussagen über die Zuständlichkeit des gegenwärtigen, der Sünde verfallenen Menschen, während Urstand und Fall der Protoplasten in Art. XIV (De hominis creatione, lapsu et corruptione) abgehandelt werden.

163 Vgl. die Aufrisse bei HIRSCH, Hilfsbuch, §§ 468 (Hutter) und 470 (Hollatz).

besteht, das auch dann nicht abgebrochen wird, wenn späterhin bestimmte mythologische und metaphysische Aussagen der traditionellen Erbsündenlehre der Kritik anheimfallen oder stillschweigend »der Dogmengeschichte ⟨...⟩ übergeben« (^{2}§ 97,4) werden.

Die folgenden drei Erläuterungsgänge des Paragraphen 91 haben jeweils Konsequenzen aus der Definition der Erbsünde im Leitsatz zum Inhalt. Der erste Absatz bekräftigt, daß die so beschriebene Zuständlichkeit abgesehen von der Erlösung »eine gänzliche Unfähigkeit zum Guten« (§ 91,1) und zur wahren Gotteserkenntnis impliziert. Der zweite Absatz wendet sich einem Folgeproblem zu, das in der ersten Phase der nachreformatorischen Theologie strittig war und im Luthertum in der Konkordienformel zum Versuch einer symbolischen Festsetzung führte: Verhält sich der Mensch zur erlösenden Gnade aktiv, rein passiv oder gar widerstrebend[164]? Schleiermacher reflektiert die Frage zunächst ganz unabhängig von den theologiegeschichtlichen Konstellationen anhand seines im Häresienschema konkretisierten Erlösungsbegriffs: »Wenn aber auch zwischen diesen beiden Punkten ⟨scil. des Wollens und Vollbringens, Phil 2,13⟩ die Unfähigkeit des Menschen für sich allein betrachtet vollkommen ist: so darf man doch die mitgebohrene Sündhaftigkeit nicht so weit ausdehnen, daß man dem Menschen auch die Fähigkeit abspäche, die Kraft der Erlösung in sich aufzunehmen.« (§ 91,2). Bei aller Abwehr eines aktiven Synergismus ist also im Menschen doch eine passiv-rezeptive Potenz vorhanden, die Erlösung aufzunehmen. Sonst müßte die Erlösung einen Akt der Umschaffung implizieren oder voraussetzen – die Grenze zum manichäischen Irrtum wäre überschritten. Zudem widerrät die Praxis der Missionspredigt einer solchen Annahme: Sie appelliert ja gerade an diese Fähigkeit zur Aufnahme der Heilsbotschaft.

So macht sich Schleiermacher die Verwerfung des Semipelagianismus zu eigen, indem er SD I (BKSELK S. 851, 29–36) mit nicht sinnentstellenden Auslassungen zitiert. Hingegen qualifiziert er die positive Lehraussage (SD I, BKSELK 874, 6 ff.), der Mensch könne die Gnade aus sich selbst heraus weder ergreifen noch ihrer habhaft werden, als »bedenklich« (§ 91,2), weil dies zu dem Rückschluß auf eine Umschaffung Anlaß geben könnte. Vorziehen würde Schleiermacher eine andere Zustandsbeschreibung, wie sie Conf. belg. XIV, freilich – wie er auch bemerkt – in einem ganz anderen Zusammenhang, gibt: Dort wird, um die Schuldfähigkeit des Menschen zu erweisen, betont, es seien noch Fünklein und Spuren der Güter des Urstandes übrig[165]. Die Erörterung schließt mit einem Zitat aus dem Enchiridion, in dem Augustin, fußend auf der Anschauung des malum als privatio boni, nachweist, daß es Zerstörung nur im Widerspiel mit vorhandener Natur, der Gutes innewohnt, geben kann – ist alles

---

[164] Vgl. FRANK, Theologie der Concordienformel, Bd 1, S. 113 ff.

[165] In ^{2}§ 70,2 schließt das Zitat aus Conf. belg. XIV den thetischen Eingangsteil des Gedankenganges, der Hinweis auf die ursprüngliche Intention entfällt. Das Zitat ist so verändert, (»... quae tamen sufficiunt...«, Niem. S. 369, ist weggelassen), daß der Leser erst nachschlagen muß, um das hier im Gegensatz zur Erstauflage vorliegende »Kunststück« als solches zu erkennen.

Gute vernichtet, so ist die Natur selbst vernichtet und die Zerstörung gegenstandslos. – Es bleibt als Resultat festzuhalten, daß Schleiermacher im Widerspruch zur FC in der rezeptiven Annahme der Gnade eine Tätigkeit des Menschen feststellt: Die Konsequenz aus der Wesensbestimmung des Christentums modifiziert die symbolische Lehre[166].

Der letzte Absatz ist der Frage nach der iustitia civilis bzw. libertas in externis gewidmet: »Es ist übrigens nicht zu läugnen, daß wir auch einen solchen Gegensaz des löblichen und tadelnswürdigen anerkennen, der nicht durch die Theilnahme an der Erlösung und ihr Gegentheil bestimmt wird. . .« (§ 91,3). Unter Berufung auf Apol. XVIII nennt Schleiermacher dies die fleischliche Gerechtigkeit, weil ihr – als Beispiel führt Schleiermacher die durch »Feindseligkeit« (ibd.) korrumpierte Vaterlandsliebe an – die reine Selbstsucht zugrunde liegen kann. Er stimmt der Fassung der Lehre in Apol. XVIII jedoch nur mit Einschränkungen zu: Es entsteht hier der Eindruck, als sei die Wiedergeburt allein zur Erfüllung der Gebote der ersten Tafel unabdingbar. In den Spuren von Luthers Erklärung des Dekalogs im Kl. Katechismus – ohne sie jedoch zu nennen – widerspricht Schleiermacher, wenn er den Dekalog allein als »Ausführung« (ibd.) des Gebotes der Gottes- und Nächstenliebe als göttliches Gesetz gelten läßt und deshalb die opera secundae tabulae als »wahre spiritualia« (ibd.) qualifiziert.

Diese zweifellos aufs engste an das reformatorische Verständnis des Sittlichen sich anschließenden Erörterungen schließt Schleiermacher mit einem Zitat aus Melachthons Loci Communes als Eideshelfer für seine eigene Position.

Der nächste Paragraph ist dem Schuldcharakter der Erbsünde gewidmet. Der Leitsatz, der die Position entwirft, von der aus Schleiermacher an den Stoff herangeht, schließt die Ergebnisse von § 90 in sich: »Die Erbsünde ist aber zugleich so die eigene Schuld eines jeden, in dem sie ist, daß sie am besten nur als die Gesammtthat und Gesammtschuld des menschlichen Geschlechtes vorgestellt wird.« (§ 92 L). Auf die These folgen drei Zitate aus den Bekenntnisschriften, die den Schuldcharakter der Erbsünde zum Inhalt haben, und zwar der zweite Teil von CA II, der erste Satz von Conf. gall. XI sowie mit Auslassungen der letzte Satz von Conf. belg. XV. Die Reihe der Zeugen wird mit einem Zitat aus Melanchthons Loci geschlossen. Die Differenz zu seiner eigenen Position macht Schleiermacher in einem die Zitate gleichsam einrahmenden Satz deutlich: Die Formulierungen erwecken den ». . . Anschein, als ob die dem einzelnen Menschen mitgebohrene Sündhaftigkeit grade in sofern sie etwas von anderwärtsher empfangenes ist, doch seine Schuld sein solle, ⟨. . .⟩, so daß auch die größte Menge der wirklichen Sünden zu der Strafwürdigkeit ⟨. . .⟩ nichts hinzufügen könne. « (§ 92,1). Dann nimmt Schleiermacher ganz kurz Bezug auf zwei Weisen der neuzeitlichen Umdeutung, die sich dem Ungenügen an der Vorstellung von der Strafwürdigkeit einer nicht vom Individuum verwirkten

---

[166] STIEWE, aaO., S. 119, nennt zwar das Resultat der Erörterung, geht jedoch den Einzelzügen der Affirmation und Kritik nicht nach.

Schuld verdanken. So ist zunächst die Erbsünde »nur für ein Uebel« (ibd.), also als etwas dem Individuum äußerliches, nicht in seiner Beschaffenheit selbst begründetes angesehen worden. »Andere« (ibd., eine Anmerkung verweist auf Reinhard, vgl. KGA I.7,3 S.484 f.) lokalisieren die Erbsünde allein dort, wo sie als wirkliche Sünde tathaft in Erscheinung tritt. Auch dieser zweite Ansatz klärt nach Schleiermacher weder das Phänomen selbst noch erhellt er das in den Bekenntnisschriften Gemeinte. Schleiermacher umreißt seine eigene Position, indem er die Unterscheidung von peccatum originis originans und peccatum originis originatum aufgreift, und, mit Bezugnahme auf Melanchthon, die Forderung aufstellt, die Erbsünde allein in ihrem Zusammenhang mit der Tatsünde zu betrachten. Damit ist stillschweigend die Aussage über die zur Verdammnis hinreichende Sündhaftigkeit des Kindes im Mutterleib (vgl. die zitierte Stelle Conf. gall. XI) verabschiedet – eine direkte Konsequenz aus § 87,1 (s. o. S. 227). Bis der Mensch seine natürlichen Anlagen selbsttätig entwickelt hat, ist die Erbsünde peccatum originis originatum, also rein passiv empfangen. Mit der eigenen Ausübung wächst dann auch die Sündhaftigkeit selbst, das Increment ist einerseits Resultat der wirklichen Sünde, andererseits aber auch wieder Ursache zu neuer Sünde, »also Ursünde immer noch, aber verursachende. . .« (§ 92,1). Indem so die Sünde als eigene Tat des Menschen betrachtet wird und daraus der Schluß sich ergibt ». . . auch die empfangene ⟨würde⟩ in ihm entstanden sein« (ibd.), kann – Schleiermachers Formulierungen spiegeln deutlich sein Unbehagen wider – der Schuldcharakter der Erbsünde behauptet werden, und man »kann sich den Ausdruk gefallen lassen«, die Sündhaftigkeit sei – nach Apol. II, BKSELK S. 156 f. – sowohl Sünde als auch Strafe, wobei der Strafcharakter allein im Hinblick auf das Gesamtgeschlecht ausgesagt werden kann.

Man wird diese Ausführungen letztlich als gewunden und inkonsistent beurteilen müssen. Der Schuldcharakter ist trotz aller Umdeutungsversuche doch verneint. Schleiermacher hat sich hier durch die Beschaffenheit der Tradition auf ein Gebiet führen lassen, über das er eigentlich wegen seines Einsatzes beim empirischen Sündenbewußtsein, das ja immer durch aktuale Sünde geprägt ist, gar keine Aussagen machen kann. Zudem hängen die Aussagen allesamt in der Luft, weil sie in Abstraktion von ihrem dogmengeschichtlichen Entzündungspunkt, der Frage nach der Heilsnotwendigkeit der Säuglingstaufe, traktiert werden[167].

Der zweite Abschnitt des Paragraphen ist – im Anschluß an § 90,1 – dem überindividuellen Charakter der Sündhaftigkeit gewidmet, wie er in den ver-

---

[167] In ^{2}§ 71,1 ist die – unglückliche – Bezugnahme auf Reinhard getilgt. Im ganzen ist die Argumentation etwas präziser geworden. Die Frage nach der Sündhaftigkeit der un- bzw. neugeborenen Kinder wird einleuchtender beantwortet: sie sind potentialiter Sünder, nicht jedoch actualiter. Von Schuld kann nicht die Rede sein. Wenn Schleiermacher dann freilich behauptet, ». . .; und insofern die symbolischen Stellen, in denen von den Kindern die Rede ist, dieses vorzüglich ins Licht setzen wollen, können wir sie uns auch ganz aneignen.« (ibd.), so ist das, sub contraria specie, nichts anderes als gerade die Ablehnung des dort Vertretenen.

schiedenen National- und Stammeseigentümlichkeiten hervortritt und an den Einzelnen gelangt sowie von diesem weitervererbt wird.

Der Paragraph 93 bindet die Erbsündenlehre zurück an die Soteriologie als das primum principium der ganzen Glaubenslehre: »Von dem Bewußtsein dieser Gesammtschuld ist unzertrennlich das Gefühl der Nothwendigkeit einer Erlösung.« (§ 93 L). Die Intention der drei folgenden Erläuterungsgänge ist es, die Sätze der Bekenntnisschriften über die Sündenverfallenheit des Einzelnen wie des Menschengeschlechts als Ausdruck für die Notwendigkeit der Erlösung durch Christus zu verdeutlichen und den wahren Inhalt der Erlösungssehnsucht ans Licht zu stellen.

Der erste Absatz stellt die fundamentale Zusammengehörigkeit von Sündenbewußtsein und Erlösungssehnsucht dar. Das Sündenbewußtsein schließt das unerfüllte Bestreben in sich, dem Gottesbewußtsein den »Primat« (§ 93,1) einzuräumen, und je mehr sich das Bewußtsein um dieses Ziel schärft, desto »mehr steigt dieses Gefühl zur Hoffnung und Ahnung, daß die Erlösung von oben kommen werde, und so entspringt aus dem Bewußtsein der Sünde die Empfänglichkeit für den Geist der Weissagung.« (ibd.). Daß es die Intention der reformatorischen Bekenntnisschriften war, mit »starken Ausdrükken über die in der gemeinsamen Sündhaftigkeit liegende allgemeine Unfähigkeit zum göttlichen Leben ⟨...⟩, die Nothwendigkeit der Erlösung ins Licht zu sezen, sieht man fast auf allen Seiten.« (§ 93,2). Die beiden zunächst folgenden Belegstellen aus der Apologie (Art. II, BKSELK S. 149, 11 ff. und IV, ibd., S. 167, 54−168,4, mit Auslassungen) stehen jeweils im Zusammenhang mit scholastischen Behauptungen der Willensfreiheit des natürlichen Menschen und betonen die schlechthinige Notwendigkeit der Erlösung durch Christus. Dasselbe gilt für das folgende Zitat aus Art. Smalc. III,1. Die beiden abschließenden Zitate aus Conf. bohem. IV und Conf. helv. prior 8 haben, wenn in ihnen auch die explizite Polemik fehlt, dieselbe Stoßrichtung.

Notierenswert ist eine Auslassung im als vorletztes genannten Zitat: Dasjenige, wovon der Glaube an Christus befreit, wird dort bezeichnet als »a peccatis, Satana, ira Dei et morte aeterna« (Niem. S. 790) – also auch von den Sünden*strafen.* Das leitet zum Thema des dritten Erläuterungsganges über: Allein das *Sünden*bewußtsein, nicht die Furcht vor Strafe ist der legitime Grund für die Sehnsucht nach der Erlösung. Hier grenzt sich Schleiermacher durch den Rekurs auf den teleologischen Charakter des Christentums von einem religiösen Eudämonismus ab[168]. Sofern unter Sündenstrafe etwas anderes verstanden wird als die folgende quantitative Steigerung der Sündhaftigkeit, die – in teleologischer Betrachtung – wieder selbst als Sünde ins Bewußtsein tritt, so liegt dem Wunsch nach Erlösung nicht das Sehnen nach der Vollkräftigkeit des Gottesbewußtseins

---

[168] Der ganze Abschnitt ist deutlich eine Aufnahme von FICHTES Intentionen im Atheismusstreit, vgl. in Kürze HIRSCH, Umformung, S. 148 f. Ferner liegt eine deutliche Folge der reformatorischen Verschärfung der Differenz von attritio und contritio vor, s. R. SEEBERG, Lehrbuch der Dogmengeschichte, 2./3. Aufl., Bd IV,1, S. 132 f. mit charakteristischen LUTHER-Zitaten.

zugrunde, sondern das Bestreben, »eine bestimmte Gestaltung des sinnlichen Selbstbewußtseins sicher zu stellen und eine andere zu verhüten« (§ 93,3). Der ganze Problemkreis wird – mitsamt den einschlägigen Sätzen der Bekenntnisschriften – konsequent aus der Sündenlehre herausgelöst und weiter unten (§§ 97−100) als »Lehrstük vom Uebel« traktiert.

Der nächste Paragraph, mit 18 Seiten fast doppelt so lang wie die drei vorangegangenen zusammen, ist der Auseinandersetzung mit der Ableitung der Erbsünde aus dem Fall der Protoplasten gewidmet. Der Leitsatz antizipiert thetisch das Resultat: »Wenn wir diese Sündhaftigkeit, die uns nur in den natürlich gebornen und in der Gemeinschaft mit andern lebenden Menschen wirklich gegeben ist, auch auf den ersten Menschen übertragen wollen: so müssen wir uns doch hüten die Sündhaftigkeit in ihm als eine mit der menschlichen Natur überhaupt vorgegangene Veränderung zu erklären.« (§ 94, L)[169].

Schleiermacher setzt damit ein, daß er nachweist, die »Vorstellung eines ersten Menschen« (S. 283) könne weder in bezug auf eine Lehre vom Urstand noch in bezug auf eine solche vom Sündenfall zur »didaktischen Bestimmtheit« (ibd.) erhoben werden: Weder die Priorität des sinnlichen Selbstbewußtseins vor dem höheren als Realgrund der Sünde noch die Differenz zwischen Verstand und Willen als ihr Erkenntnisgrund sind bei einem Wesen denkbar, das einerseits der Stammvater der gesamten Menschheit sein soll, andererseits des Generationenzusammenhanges und der Sozialität ermangelt. Damit ist, was die internen Notwendigkeiten und Aussagemöglichkeiten des Systems betrifft, alles gesagt, was zu sagen ist. Sofern die Glaubenslehre aber kein Privatsystem, sondern eine kirchliche Dogmatik ist, muß sie ihr Resultat in Beziehung zu dem Bestand »geltender Lehre« setzen, den sie vorfindet. So nimmt Schleiermacher auf den folgenden Seiten eine dogmenhistorische, exegetische, logische und ontologische Prüfung der gängigen Erbsündentheorien vor, an deren Ende der »Scherbenhaufen, den der kritische Besen hinter dem Hause der Dogmatik zusammengekehrt hat«[170] an Umfang beträchtlich gewonnen haben wird.

Das Interesse am Rekurs auf den ersten Menschen bei der Frage nach der Sündhaftigkeit ist kein rein religiöses, denn es betrifft nicht unmittelbar den Zusammenhang von Sündenbewußtsein und Erlösung (vgl. S. 284). Hierfür bemüht Schleiermacher zwei willkürlich kombinierte Satzteile aus Conf. helv. post. VIII als Eideshelfer, freilich, wie sich beim Nachschlagen erweist, völlig zu Unrecht. Die hierher gehörigen Theoreme können folglich nicht zu den »kirchlichen Lehrsäzen der ersten Ordnung« (S. 285) gehören, stellen also nur Cautelen auf. − »Diese in den meisten dogmatischen Bearbeitungen freilich nicht zum Grunde liegende Werthschäzung der Frage scheint indeß, wenngleich vielleicht unbewußt, die Aeußerungen der symbolischen Bücher bestimmt zu haben.« (ibd.)[171], indem sie keine Angaben machen, wie die Sündhaftigkeit Adams sich

---

[169] Wegen der Überlänge der Abschnitte werden die Texte des § 94 ausnahmsweise unter Angabe der Seitenzahl von KGA I. 7,1 zitiert.

[170] HIRSCH, Geschichte Bd V, S. 325 f.

[171] »Ferner fällt auf, daß die Bekenntnisschriften das Wie des Zusammenhangs zwischen

genau auf seine Nachkommen überträgt. Als Belege nennt Schleiermacher, ohne Zitate auszuschreiben, CA II, Apol. II, Conf. helv. post VIII, Conf. belg. XV und Art. Smalc. III,1. Um die These zu erhärten, führt Schleiermacher noch ein Zitat aus Conf. gall. X (Niem. S. 333) an, das die Notwendigkeit einer solchen Theorie verneint.

Es liegt hier also der Fall vor, daß die Bekenntnisschriften »nicht ausreichen« (§ 30, L), deshalb müssen die neutestamentlichen dicta probantia zu Rate gezogen werden, wenn es gilt, einen sicheren Haltepunkt für die Profilierung der eigenen Lehrgestaltung zu gewinnen. Die Untersuchung (S. 286 f.), die hier nicht referiert werden soll, kommt zu dem Ergebnis, daß auch hier keine elaborierte Erbsündentheorie vorliegt. Nachdem Schleiermacher so sein Terrain abgesichert hat, begibt er sich auf einen kritischen Streifzug durch die älteren und neueren Lehrbildungen, der schwerlich treffender wird charakterisiert werden können, als Em. Hirsch es in bezug auf das kritische Verfahren der »Grundlinien« in Anlehnung an L. Uhland getan hat: »Sonst sieht man durch das kritische Werk hindurch in jeder Einzeluntersuchung stets zur Rechten und zur Linken die mit schneidigem Hieb halbierten Ethiker von den Rössern ihrer Systeme sinken.«[172] Weder die eher »physische« Theorie, in Adam hätten zugleich alle seine Nachkommen gesündigt, noch die »juridische«, Adams Fall sei einem Vertragsbruch zu vergleichen, dessen Strafen auf die Erben übergehen, sind, an Schleiermachers Maßstab gemessen, haltbare dogmatische Aussagen, sie lassen sich zudem am NT nicht bewähren (287 f.), wenn auch die erstgenannte Theorie insofern einen Vorzug hat, als sie versucht, die Sünde als Gesamttat zu fassen. – Nach diesem kurzen Praeludium werden die beiden wichtigsten Deutungsmuster für den Sündenfall, die Einwirkung des Teufels (Conf. belg. XIV und Joh. Gerhard) und der Mißbrauch des freien Willens (Augustin) einer rein immanentlogischen Kritik unterzogen: Konnte eine von beiden Ursachen oder konnten beide zusammen das erste Menschenpaar aus einem Zustand »ursprünglicher Gerechtigkeit ⟨...⟩, der die erste Zeit des menschlichen Lebens ⟨...⟩ ausgefüllt habe« (S. 288) herausreißen? Eine Einwirkung des Satans ist ohne den Mißbrauch des freien Willens gar nicht denkbar, es sei denn, man wolle die Verführung als »Zauberei« oder »Gewalt« (S. 288) deuten, und das Resultat beider wäre »mehr Uebel als Sünde« (ibd.). Als Resultat eben dieser Unklarheit erklärt Schleiermacher en passant die Doppelbezeichnung der Sünde als »morbus seu vitium« in CA II (vgl. S. 289). Sodann ist – abgesehen von allen Problemen der Vorstellung eines Teufels – zu fragen, wie dieser Einfluß auf die ersten Menschen gewinnen konnte, in denen »keine Begierde« (ibd.) war, die ja – nach CA II – erst dem gefallenen Menschen eignet. War keine Begierde da, so muß sie dem Menschen vom Teufel zunächst irgendwie beigebracht worden sein – damit

---

Adams Sünde und unserer Sünde nicht weiter klarstellen. So fehlt z. B. die Entwicklung einer Lehre von der Zurechnung der Schuld Adams auf seine Nachkommen.« E. SCHLINK, Theologie der lutherischen Bekenntnisschriften, München ²1946, S. 73 f.; ebenso FRANK, Concordienformel, Bd I, S. 52.

[172] Geschichte Bd IV, S. 546 f.

wäre die erste Sünde keine freie Tat mehr, also auch keine Sünde –, oder aber die Begierde war schon vorhanden, es muß also »Sündhaftigkeit vorausgesetzt werden vor der Sünde« (ibd.), und damit fällt die Lehre vom Urstand.

Dieser Widerspruch läßt sich auch nicht heben, wenn man – Schleiermacher zitiert Luthers große Genesisvorlesung – psychologisch die erste Sünde in eine Folge von sich steigernden sündigen Einzelmomenten zerlegt: auch der als Minimum gesetzte Anfang stellt wieder vor dieselben Probleme. Auch die Annahme, der Teufel habe die Menschen zum Essen vom Baume verführt, indem er ihnen eingeflüstert habe, Gott habe ihnen dies aus Neid verboten, ist kein Ausweg: Damit diese Einflüsterung Erfolg haben konnte, ist wiederum Sündhaftigkeit vorauszusetzen. Schleiermacher belegt dies mit kurzen Ambrosius – und Augustin-Zitaten und bilanziert den Gedankengang: »In kurzem, wir kommen auf diesem Wege entweder zu keiner Sünde die wirklich die erste wäre ⟨...⟩, oder zu keiner ersten Sünde die wirklich Sünde wäre.« (S. 290).

Nicht geringere Schwierigkeiten bietet die Erklärung mittels des Mißbrauchs des freien Willens: Wie soll ein Wesen, begabt mit Gotteserkenntnis und Gottvertrauen, frei von Begierde, seinen Willen mißbrauchen, der keinen Hemmungen ausgesetzt ist? (vgl. ibd.) Allenfalls ist dies zu denken, wenn vorher überhaupt keine Betätigung des Guten stattgefunden hätte, weil eine jede solche ja einen Habitus geschaffen haben muß, der dem gegenteiligen Reiz sich hindernd entgegengestellt hätte. Es wäre allein möglich, den Sündenfall als erste freie Tat des Menschen überhaupt zu denken. Nimmt man diese Fähigkeit, durch Tätigkeit einen Habitus zu erwerben, nicht an, so fällt damit der Begriff der ursprünglichen Vollkommenheit dahin.

Alle diese Schwierigkeiten verschärfen sich noch, wenn man die Genesis-Erzählung als wirkliche Geschichte interpretiert[173]. Einerseits waren die natürlichen Lebensgrundlagen im Überfluß vorhanden, so daß es schwer vorstellbar ist, wie ein bestimmter Gegenstand solche Begierde auslösen konnte, andererseits befanden sich die Protoplasten in einem »unmittelbaren Umgang mit Gott, welcher die Erkenntniß Gottes vermehrt, und den Menschen gegen unsinnige Vorspiegelungen gesichert haben mußte« (S. 291). Hierzu gibt Schleiermacher noch ein Augustin-Zitat. Nimmt man dies alles an, so muß im Menschen schon vor dem Fall ein so großes Potential an sündhafter Begierde gelegen haben, daß die Annahme des Falles als erste Sünde ausgeschlossen ist.

Die den Gedanken aufhebende Annahme schon vor dem Fall vorhandener Sündhaftigkeit liegt nach Schleiermacher auch der Hypothese zugrunde, die Versuchung sei eine den ersten Menschen auferlegte Prüfung gewesen, nach deren Bestehen Gott sie hätte »bestätigen wollen« (ibd., Bezug: Gerhard): War der Mensch dazu ohne besonderen göttlichen Beistand nicht in der Lage, so »muß man eine um so größere Geneigtheit zur Sünde schon voraussezen, wenn

---

[173] Angesichts der Fassung, die SCHLEIERMACHER der Schöpfungslehre gegeben hat, und seiner Einschätzung der Zukunft dieses Lehrstücks im 2. Sendschreiben an Lücke (ed MULERT S. 36 ff.) sind die folgenden Gedanken wohl nur als ironische Abschweifungen zu interpretieren.

anders der vorhergehende Zustand ursprünglicher Gerechtigkeit noch irgend eine Bedeutung haben soll«. (ibd.).

Schon hier legt sich also der Schluß nahe, »daß die mosaische Erzählung weniger als die Geschichte Einer Versuchung als vielmehr als das Symbol aller Versuchung überhaupt anzusehen ist«[174] (S.292).

Damit nicht genug: Ehe ein neuer Weg der Argumentation beschritten werden kann, folgt noch eine Gegenprobe auf das Vorangegangene: Ist der Fall aus dem Zustand völliger Sündlosigkeit ohne die Annahme einer magischen Umwandlung undenkbar und daher die Urstandslehre widersinnig, so müssen auch die traditionell als Folgen des Falles gedachten Beschaffenheiten des Menschen – Schleiermacher nennt im Anschluß an Conf. helv. post. IX und Apol. II Verdunkelung des Erkenntnisvermögens und Versklavung des Willens bzw. Mangel an Gerechtigkeit und Konkupiszenz als Sündenstrafen – schon im Menschen ante lapsum als angelegt und tätig vorgestellt werden, denn wenn der Mensch den Einflüsterungen des Teufels nachgab, so setzt dies eine vorgängige Störung des Gottesbewußtseins voraus. Eine handschriftliche Anmerkung zur 2. Auflage (Bd 1, S. 387 App.) faßt markant zusammen: »Sie ⟨scil. die ersten Menschen⟩ waren vorher schon, wie sie hernach waren.« Die Lehre vom Sündenfall hebt sich, logisch konsequent betrachtet, selbst auf.

Als Ergebnis dieses logisch operierenden ersten kritischen Gedankenganges fixiert Schleiermacher die Differenz zur Lehre der Bekenntnisschriften: Sie nehmen einen vom gegenwärtig-vorfindlichen Zustand der allgemeinen Sündhaftigkeit qualitativ verschiedenen Urstand an, aus dem die Protoplasten durch ihre Übertretung des göttlichen Verbotes herausfielen und damit auf sich und alle ihre Nachkommen die Strafe der Erbsünde zogen. Im selben Zuge betont Schleiermacher, daß dieser Umstand »nicht binden« kann (S. 293), und hier kommt der eigene systematische Entwurf als kritischer Kanon zur Anwendung: Der Rekurs auf den ersten Menschen ist dogmatisch nicht notwendig, die »Lehrsäze erster Ordnung« (ibd.) – »Beschreibungen menschlicher Zustände« (§ 34 L) – müssen ohne ihn zu gewinnen sein, soll nicht die Notwendigkeit der Erlösung aufgrund einer äußeren »Kenntniß« (S. 293) gleichsam andemonstriert werden, sondern durch den Rückgriff auf die jedem Individuum in der eigenen Erfahrung gegebene »unmittelbare innere Kenntniß von dem verderbten und hülfsbedürftigen Zustand derselben vor der Erlösung« (ibd.) plausibel sein. Aussagen über historische Sachverhalte können nicht Begründungsinstanz und

---

[174] Dieser Satz weist voraus auf die Rekonstruktion der Sündenlehre durch KIERKEGAARD in »Der Begriff der Angst« (1844) (vgl. FISCHER, Subjektivität, S.72–75. 86). »Dies ist die Geschichte der Natur, wovon wir die deutlichsten Urkunden in unserer eigenen Seele haben.« Dieser Satz stammt weder von Schleiermacher noch von Kierkegaard, sondern aus einer Predigt von F. W. JERUSALEM aus dem Jahre 1745 (zit. nach ANER, Theologie der Lessingzeit, S.159). Weiter elaboriert wird dieses Deutungsmuster bei KANT, Die Religion innerhalb..., Erstes Stück, Abschnitt IV. Es handelt sich also bei dieser übergeschichtlich-existentiellen Deutung des Genesis-Mythos um ein theologiegeschichtliches Kontinuum, das sich von der frühen Neologie über den Hochidealismus bis in eine dezidiert idealismuskritische Theologie hinein durchhält.

Wahrheitskriterium für Aussagen über die Zustände des frommen Bewußtseins, über das Gottesverhältnis sein: Ob der jetzige sündhafte Zustand des Menschen abgesehen von der Erlösung immer der Zustand aller Menschen war, oder ob ihm ein qualitativ anderer vorausging, ist unter den Aussagebedingungen von Schleiermachers System belanglos. Entsprechende Lehrsätze sind folglich der kritischen Prüfung zu unterwerfen, die sie daraufhin untersucht, ob sie notwendige und konsistente Folgesätze aus dem Grundfaktum der durch Jesus von Nazareth vollbrachten Erlösung sind, und sie widrigenfalls verwirft.

Im folgenden wird die Lehre vom Sündenfall nochmals am Kriterium des Häresienschemas auf ihren anthropologischen Gehalt und damit auf ihre Kompatibilität mit dem vorgängig festgestellten Begriff der Erlösung hin untersucht. Nach der traditionellen Lehre hat der Sündenfall eine Änderung der menschlichen Natur nach sich gezogen, und im folgenden zeigt Schleiermacher auf, daß dieses Resultat nur durch die Benutzung solcher Gedanken erreichbar ist, die manichäisch sind, d. h. die Mitwirkung eines Faktors voraussetzen, der weder Gott noch Mensch ist.

Der Beweisgang bezieht sich auf ontologische Bestimmungen über das Verhältnis des menschlichen Individuums zur überindividuell gedachten Natur der Gattung: Wenn der Mensch vor dem Fall der vollkommenen Gottesgemeinschaft fähig war, nach dem Fall jedoch der Gottesgemeinschaft vollkommen unfähig ist, so impliziert das nicht eine Modifikation bestimmter Potenzen innerhalb der in konstanter Identität mit sich selbst verbleibenden menschlichen Natur, sondern eine qualitative, die Identität der Natur aufhebende Veränderung der Natur selbst, einen Vorgang also, der in der empirischen Wirklichkeit natürlicher Gattungswesen analogielos ist (293 f.)[175]. Weiterhin stellt sich die Frage, wie sich innerhalb eines Individuums die Natur der Gattung ändern soll, das Individuum jedoch als Glied der Gattung mit sich selbst identisch bleiben kann. Drittens ist es nicht denkbar, wie ein Einzelwesen fähig sein kann, seine Natur zu ändern, da ja all sein Handeln von den Möglichkeiten und Bedingungen eben seiner Natur umfangen und getragen ist, und folglich alle seine Handlungen »immer nur Handlungen innerhalb seiner Natur ja eigentlich Handlungen seiner Natur selbst sein können« (294). Diesen Überlegungen nun, so Schleiermacher, fügen sich die biblischen Texte: Sie sprechen nicht von einer Änderung der Natur, sondern »nur von einer wachsenden Verschlimmerung des innern Zustandes der Menschen.« (ibd.) Auch im NT wird die Erlösung nicht als Umschaffung der menschlichen Natur, sondern als Umschaffung Einzelner durch Christus verstanden[176].

So ist es kaum zu widerlegen, wenn jemand von dem Umstand ausgeht, »daß

---

[175] Hier operiert Schleiermacher mit naturwissenschaftlichen Kategorien, die seither durch die modernen Evolutionstheorien (Genmutation) antiquiert worden sind. Daß mit dieser Bemerkung nicht etwa Versuchen das Wort geredet werden soll, mit unseriösen Anleihen von dorther mythologische Vorstellungsformen zu »retten«, bedarf wohl kaum der Erwähnung.

[176] Dieser in der Formulierung unglückliche (»Umschaffung« als Bezeichnung für das Werk Christi) Gedankengang ist in ²§ 72,3 getilgt.

in den symbolischen Büchern überall« (ibd.) dem Teufel bei der ersten Sünde ein Anteil zugeschrieben wird, und folgendermaßen argumentiert: Da die Natur sich nicht selbst verändern kann, so muß die Aktivität beim Fall ganz dem Teufel zugeschrieben werden, die Menschen waren nur passive Objekte seiner Einwirkung. Der Teufel hat dann mit der ersten Sünde eine Umschaffung der menschlichen Natur bewirkt. »Es folgt dann natürlich, daß die Veränderung, welche durch die Erlösung erfolgt ist, abermals eine Zerstörung der jezigen und Darstellung[177] einer neuen Natur sei. . .« (295). Damit ist der Begriff der Erlösung, wie ihn Schleiermacher in der Einleitung aufgestellt hat, zerstört (s. diese Arbeit oben S. 203). Gegen diese Konsequenz nun dürften diejenigen »wenig ⟨. . .⟩ einzuwenden haben, welche der gegenwärtigen Natur des Menschen auch nicht die Fähigkeit zugestehen, die Erlösung in sich aufzunehmen« (ibd.). Schleiermacher zitiert als Beleg einen antisynergistischen Satz aus SD II. Er klassifiziert diese Lehrfassung als »die bestimmtesten Uebergänge in das manichäische« (S. 295). Demgegenüber erscheint die Abwehr des Error Flacii im selben Lehrdokument als inkonsequent und wirkungslos: Schleiermacher paraphrasiert zutreffend die thetische Zuspitzung des antimanichäischen Gedankenganges in SD I: »Eben dieses daß der Mensch reden und handeln könne, sei noch immer das Werk Gottes, und dieses sei also nicht zerstört, sondern noch wirklich vorhanden; nur daß des Menschen Gedanken, Worte und Handlungen verkehrt seien, dies sei ursprünglich das Werk des Teufels.« (ibd.). Da die Potenz immer nur in ihrer aktualen Verwirklichung in Erscheinung tritt, manifestiert sich das Werk Gottes nur so, daß es dabei zugleich unter der Herrschaft des Teufels steht, es ist folglich faktisch »offenbar zerstört« (ibd.). Diese Lehrweise ist also keine konsequente Abwehr des Manichäismus. Auch die Erklärung in Epit. I, XII, die mit einem doppelten Naturbegriff operiert, hält für Schleiermacher nicht Stich: Aus ihr läßt sich der manichäische und auch der pelagianische Irrtum herausrechnen (295 f.).

Anhangsweise destruiert Schleiermacher noch die Umprägung, die F. V. Reinhard der Erbsündenlehre hat zuteil werden lassen[178]: Wird die Erbsünde als Resultat einer physischen Vergiftung mit wachsenden bösen Folgen interpretiert, »so wird offenbar die Sündhaftigkeit und die Sünde auf ganz unchristliche Weise aus dem Uebel, nämlich dem Gift und der Kränklichkeit abgeleitet, und an die Stelle der Erlösung hätte eben so gut zur rechten Zeit ein eben so materielles Gegengift als das Gift selbst war, gesezt werden können.« (S. 296).

Den folgenden Abschnitt leitet Schleiermacher mit einer kurzen Bilanz seiner kritischen Bemühungen ein: Weder die Vorstellung von einer plötzlichen noch die von einer allmählichen Veränderung nach dem Fall ist letztlich haltbar, denn die erste führt zum manichäischen Irrtum, und die zweite ist nicht schriftgemäß.

---

[177] Zu lesen ist wohl »Herstellung«.
[178] Abgedruckt in KGA I. 7,3, S. 485–491. Reinhards exegetischer Gewährsmann ist J. D. Michaelis, vgl. Hirsch, Geschichte Bd IV, S. 32–36. Eine Vorform dieser Auslegung findet sich schon bei Leibniz, (Theodicee, II. Anhang IV, §§ 75–82). Zum Hinweis auf Leibniz vgl. D. F. Strauss, Die christliche Glaubenslehre, Bd 2, S. 57.

Dieser Umstand sowie die Einsicht, daß die »Vorstellung von einer solchen Veränderung überhaupt« (297) kein unerläßlicher Bestandteil des dogmatischen Systems ist, legen es nahe, das Lehrstück aus der Dogmatik zu verabschieden. Hier kommt auch eine weitere Erwägung zum Tragen: Der eigentliche religiöse Gehalt der Erbsündenlehre, nämlich die »abgesehen von der Erlösung allgemeine Unfähigkeit aller Menschen zum Guten« (ibd.) gerät wegen ihrer scheinbar notwendigen Verbindung mit weltbildhaften Vorstellungen, die dem neuzeitlichen Wahrheitsbewußtsein nicht anmutbar sind, zugunsten einer pelagianischen Verflachung in Fortfall, wenn es nicht gelingt, seine Plausibilität unter Verzicht auf mythologische bzw. der logischen Prüfung nicht standhaltende Vorstellungsformen auf der Basis der Auslegung religiöser Erfahrungen aufzuweisen[179]. Damit ist der kritische Prozeß noch nicht am Ende, es folgt noch ein Blick auf die Wirkungsgeschichte der symbolischen Lehre in der voraufklärerischen Dogmatik[180].

Der Skopus richtet sich auf die begriffliche Bestimmung des Verhältnisses zwischen dem Individuum und der menschlichen Natur hinsichtlich der Entstehung und Fortpflanzung der Sündhaftigkeit und ihres Überganges in die Tatsünde durch die Formeln »persona corrumpit naturam«, »natura corrumpit personam« und »persona corrumpit personam« (S. 297 f.). Die logischen Operationen, mit denen die Nichtigkeit dieser Formeln dargelegt wird, indem sie allesamt auf den Satz »natura corrumpit naturam« – welchen »jedermann sogleich für leer erkennt« (S. 298) – reduziert werden, brauchen hier nicht vorgeführt zu werden, weil sie nur noch einmal, wenn auch in überaus eleganter und konziser Form, die kritischen Ausstellungen gegen den Lehrgehalt der Konkordienformel zuspitzen.

Der Paragraph schließt mit einem vierten Abschnitt, der die Resultate der kritischen Aufarbeitung der Lehrtradition bilanzierend in das durch die einleitenden Paragraphen (§§ 84–90) bereitgestellte Raster einzeichnet und damit diese ohne expliziten Rückbezug auf die Lehrtradition gewonnenen Theoreme zuspitzend präzisiert. Wenn einerseits »der allgemeine Zustand der Menschen abgesehen von der Erlösung« als »Unfähigkeit zum Guten« (S. 298) zu qualifizieren ist, andererseits als Resultat der Kritik an der Lehrtradition feststeht, daß durch die erste Sünde keine Veränderung der menschlichen Natur stattgefunden hat, so folgt, daß die Sündhaftigkeit potentialiter auch schon vor ihrem Ausbruch im ersten Menschen vorhanden gewesen sein muß. Die Sündhaftigkeit hat somit als anerschaffen zu gelten, wobei sie näher so zu fassen ist, daß sie mit der vorher (§ 74, s. o. S. 227 f.) entwickelten Lehre von der ursprünglichen Vollkommenheit nicht in kontradiktorische Widersprüche gerät. Das bereitet keine Schwierigkeit, ist doch die Lehre von der ursprünglichen Vollkommenheit, gefaßt als ein Ensemble bestimmter Potenzen, deren wechselseitiges Ver-

---

[179] Als Musterbeispiel für eine rein moralistische, den Charakter der Sünde als Hemmung des Gottesverhältnisses ignorierende Reduktion der Sündenlehre sei hingewiesen auf WEGSCHEIDER, Institutiones, § 118.

[180] Als Gesprächspartner fungiert, wie der Vergleich mit ²§ 72,3 zeigt, J. A. Quenstedt.

hältnis gestört werden kann, ohne daß die ursprüngliche Vollkommenheit ihrer Potentialität nach aufgehoben würde, von Anfang an so konstruiert, daß weder ihre Störung noch deren Aufhebung in der Erlösung die Kontinuität der sich gleichbleibenden Natur radikal durchbricht.

Wenn auch vom ersten Menschen nicht derselbe Phänotyp aktual erscheinender Sündhaftigkeit ausgesagt werden kann wie vom gegenwärtig-empirischen, so sind in ihm doch schon die geschlechtlichen »Einseitigkeiten« und der »Wechsel der Stimmungen« (S. 298 f.) auszusagen, ohne die Leben in der Zeit nicht denkbar ist. Damit ist bei ihm wie bei jedem seiner Nachkommen die Sündhaftigkeit als Möglichkeit der Sünde und des Sündenbewußtseins gesetzt. Im Hinblick auf die Erlösung wird das weiter ausgeführt: Im Ausbruch der allgemeinen Sündhaftigkeit in der ersten Sünde liegt es begründet, daß die Sünde sich auf dem Wege der Fortpflanzung und der Ausdifferenzierung der Menschheit immer weiter ausbreiten mußte, und daß es, abgesehen von der Erlösung, nicht möglich gewesen wäre, »daß sich nicht das der menschlichen Natur einwohnende Bewußtsein Gottes immer wieder verunreinigt hätte, und nicht alles, was sich geistig entwikkelte, immer wieder in das Gebiet des Fleisches hinabgezogen würde.« (S. 299).

Hier zieht Schleiermacher eine deutliche Grenze zur pelagianischen Lehrweise: Indem er die mit dem natürlich-geschichtlichen Menschsein unausweichlich gegebene Sündhaftigkeit betont, wehrt er die Möglichkeit einer wachstümlich-schrittweisen quantitativen Verbesserung ab, die von sich aus irgendwann einmal in einen qualitativen Sprung umschlägt, und macht so die Erlösung durch Jesus von Nazareth als ein Geschehen, das die natürlich-vorfindlichen Bedingungen menschlichen Lebens überschreitet, denkmöglich und -notwendig.

Von hier aus kann er auch die Erzählung des Genesis würdigen; nämlich als »die allgemeine Geschichte von der Entstehung der Sünde immer und überall« (S. 299); als Gewährsmann aus der Tradition dient Augustin.

In einem »Zusaz« wird der Vergleich mit der herkömmlichen Lehre fortgesetzt: An die Stelle der Unterscheidung von ursprünglicher und abgeleiteter Schuld tritt die *eine* gemeinsame Schuld des menschlichen Geschlechts, wobei Sünde der Oberbegriff für sündhafte Anlage wie für deren tathafte Verwirklichung ist, die, abgesehen von der Erlösung, wirkliche Gerechtigkeit nicht entstehen läßt, sondern nur »ein Schwanken zwischen verunreinigter geistiger Entwiklung und wachsender ausgebildeter Sünde« (S. 300).

Das Verhältnis zwischen hervorbringender und hervorgebrachter Sünde, das die traditionelle Lehre zwischen den Protoplasten und der übrigen Menschheit setzte, läßt sich so für das Verhältnis jeder früheren Generation zur je späteren aussagen: Die wirkliche Sünde der Elterngeneration ist die Basis für die Sünde der Kinder, erscheint in ihnen somit als verursachte Ursünde, und, indem sie wieder auf die nächste Generation übergeht, als verursachende Ursünde. So ergänzt Schleiermacher die herkömmliche Lehre, indem er das Gegensatzpaar »originans – originatum« auch auf die Tatsünden überträgt, indem er sie vom Gegensatz von Spontaneität und Rezeptivität als Grundstruktur menschlicher

Sozialität her interpretiert. Die überwiegend spontanen Glieder der Gemeinschaft rufen in denen, die ihnen Folge leisten, die Tatsünden hervor, Spontane und Rezeptive stehen also in der Gleichzeitigkeit in analogem Verhältnis zueinander wie die Generationen in der Nachzeitigkeit.

Schleiermacher entfaltet seine Lehre von der Erbsünde im Zweitakt von systematischer Konstruktion, bei der die religionsphilosophisch gewonnene Wesensbestimmung des Christentums leitend ist, und kritischer Identifikation mit der »geltenden« Lehre, wobei die protestantischen Bekenntnisschriften eine herausgehobene Stellung einnehmen. Das erste Glied des Verfahrens gibt den hermeneutischen Schlüssel und den kritischen Kanon für das zweite an die Hand: Diejenigen traditionellen, insbesondere reformatorischen Aussagen über die Erbsünde, die sich als Ausdrucksformen der religionsphilosophisch eruierten Theorie der Sünde erweisen können, werden affirmiert, Lehrstücke, die vor diesem Forum nicht ihre Legitimität und Notwendigkeit erweisen können, fallen der Kritik anheim. Zentrale Stücke der reformatorischen Sündenlehre werden auf diese Weise ihres rein traditionellen, antiquarischen Charakters entkleidet, indem sie als Resultate einer Analyse auch des christlichen Bewußtseins in seiner neuzeitlichen Formung erwiesen werden: Sünde ist kein moralischer Defekt, sondern eine fundamentale Störung des Gottesbewußtseins, sie kann nicht durch eigenmächtige Besserungsbestrebungen aufgehoben werden, sondern ruft nach der Erlösung, die, dem Menschen von außerhalb seiner selbst zugewandt, nicht verdient, sondern nur empfangen werden kann. Diesem Resultat dient letztlich auch die weit ausgreifende kritische Arbeit: Sie hat zu erweisen, daß dieses Verständnis der Sünde nicht an eine bestimmte Form des Welterkennens gebunden ist, sondern auch dann, wenn diese offenkundig obsolet geworden ist, sich in einem veränderten Kontext zur Geltung zu bringen vermag. Die Korrelation der Resultate der religionsphilosophisch begründeten Analyse mit den Sätzen der reformatorischen Lehre hat die Aufgabe, zu erweisen, daß, bei allen Unterschieden in der konkreten Ausformung der Lehrgestalt, Einigkeit in den letzten religiösen Aussageintentionen vorliegt, so daß sich die neuzeitliche Lehrfassung zu Recht als Resultat des fortwirkenden reformatorischen Impulses wissen kann.

Daß in der modernen Analyse des Sündenbewußtseins wichtige Züge reformatorischer Rede von der Sünde (Verzweiflung, Gotteshaß) fehlen, liegt auf der Hand. Die rein pragmatische Erklärung, daß Schleiermachers Kenntnis von der Theologie Luthers nur gering war, kann diesem Umstand in seiner systematischen Tragweite allein nicht gerecht werden. Ob man Schleiermachers Versuch einer modernen Rekonstruktion der reformatorischen Sündenlehre die theologische Legitimität wegen dieses Defizits abspricht, hängt vielmehr davon ab, ob man eine bestimmte Form der Gestaltung des Gottesverhältnisses in ihrer gesamtgeschichtlich wie lebensgeschichtlich bedingten Einmaligkeit absolut setzt, oder ob man annimmt, daß das Bewußtsein der Geschiedenheit von Gott als Grundlage allen Sündenbewußtseins in seinem kontingent – aktuellen Hervortreten notwendig in seiner konkreten Gestaltung und seiner sprachlichen Selbstkundgabe durch die herrschenden soziokulturellen Determinanten, innerhalb derer es aufbricht, mitbestimmt ist.

β) Die Abendmahlslehre

Nachdem im vorigen Abschnitt dieser Arbeit die Lehre von der Erbsünde als Beispiel für Schleiermachers dogmatische Arbeit mit den protestantischen Bekenntnisschriften in einem Lehrstück, das in der Reformation neu gefaßt, nicht aber zwischen den protestantischen Schwesterkirchen strittig wurde, untersucht worden ist, soll nun als Beispiel für eine innerprotestantische Kontroverslehre die Abendmahlslehre thematisiert werden.

Sie hat ihren Ort im System zusammen mit der Lehre von der Hl. Schrift und dem öffentlichen Dienst am göttlichen Wort, der Taufe, dem Amt der Schlüssel und dem Gebet im Namen Jesu unter der Gesamtüberschrift »Die wesentlichen und unveränderlichen Grundzüge der Kirche« (§ 146, Überschrift vgl. auch diese Arbeit o. S. 219). Neben dem »wandelbare⟨n⟩ in der Kirche vermöge ihres Zusammenseins mit der Welt« (§§ 164 ff., s. o. S. 220 ff.) bilden diese Lehrstücke den Kern der Ekklesiologie und werden innerhalb ihrer zugleich als media salutis und notae ecclesiae reflektiert. In der zweitgenannten Funktion sind sie es, die die Identität des christlichen Glaubens durch die Mannigfaltigkeit seiner geschichtlichen Erscheinungsweisen hindurch erweisen – freilich nicht in positivistisch-statutarischem Sinne, sondern allein so, daß das christlich-fromme Bewußtsein und nur es allein (vgl. § 133,3 schärfer formuliert ²§ 113,4) an ihnen »das Bestimmtsein der Kirche durch Christus und durch den heiligen Geist« (§ 145,1) wahrnimmt.

Der Paragraph 146 erörtert die Verhältnisse, in denen die sechs grundlegenden Lebensfunktionen zueinander stehen und weist nach, inwiefern sie je für sich und miteinander repräsentierend und fortsetzend im Verhältnis der Kontinuität zum Wirken Christi stehen, wie Schleiermacher es in Anknüpfung an die Lehre von den drei Ämtern gefaßt hat (vgl. §§ 121–126). Durch den Aufweis dieser Kontinuität wird das in § 144 pneumatologisch entwickelte Verhältnis der Kirche zu Christus als »Organismus« und »Abbild« (§ 146,1) konkretisiert, indem »ihr Wesen darin bestehen muß, alle Thätigkeit Christi fortzusezen und darzustellen« (ibd.). Dabei ordnen sich die sechs Lehrstücke zu drei Zweiergruppen: Das Entstehen und Bestehen der Kirche vollzieht sich im Übergang »aus der Empfänglichkeit für Christum in die selbstthätige Gemeinschaft mit ihm« (§ 146 L), der sich durch die immer gleiche Wirkung Christi mittels des Wortes vollzieht, nach seinem irdischen Leben also durch die Schrift und die Verkündigung. So ist dieser Lebensakt die Prolongation des Prophetischen Amtes Christi, wobei die authentische Fortsetzung seines Wirkens die Heilige Schrift ist und dessen Abbild die Verkündigung.

Insofern Taufe und Abendmahl »die Abzwekkung haben, die Lebensgemeinschaft mit Christo mithin auch die Gemeinschaft mit Gott festzustellen« (§ 146,1), sind sie Abbild und Fortsetzung des Hohenpriesterlichen Amtes Christi, wobei die Taufe mehr Abbild, das Abendmahl mehr Fortsetzung ist. Das Amt der Schlüssel und das Gebet im Namen Christi endlich werden als Fortsetzung und Abbild des Königlichen Amtes Christi systematisiert. Mit diesen sechs Handlungsweisen sind exklusiv die notwendigen und hinreichenden Lebensvollzüge der Kirche erfaßt (s. oben S. 219), es ist vorauszusetzen, »daß nichts in irgend einer der wesentlichen Thätigkeiten Christi enthaltenes aus diesen Fortsezungen und Abbilden[181] derselben ausgeschlossen ist. . .« (§ 146,1). Alle die Abbilder und Fortsetzungen sind je ineins Handlungen Christi und der Kirche. An ihnen als den wesentlichsten Lebensvollzügen entstehen durch unterschiedliche Gestaltung und Wertung alle konfessionellen Trennungen im Christentum, bei ihrer Behandlung zeigt sich unausweichlich die konfessionelle Bestimmtheit des Dogmatikers, und es stellt sich ihm die Aufgabe, gerade hier den konfessionellen Gegensatz nicht zu überspannen, sondern »auf die Eingeständnisse und Ansprüche ⟨zurückzugehen⟩, welche als in dem frommen Selbstbewußtsein des Christen begründet, können dargelegt werden.« (§ 146,3, s. o. S. 210).

Taufe und Abendmahl werden ekklesiologisch interpretiert als Grundmodi der Einwirkung des Ganzen auf den Einzelnen[182] (vgl. § 146 L). Das Bestehen der Kirche ist dadurch bedingt, daß dem Sein Christi im Einzelnen eine korrelate Teilhabe desselben am Gemeingeist der Kirche entspricht. Hier liegt eine Aufnahme der in der Einleitung (§ 28, s. o. S. 209) entfalteten Doppelrelation des Einzelnen zu Christus und zur Kirche vor, die alles Christsein begründet und auf die die Bestimmung des Wesensunterschiedes von Protestantismus und Katholizismus sich bezieht, die dort entwickelt wird. Könnte der Einzelne ohne alle Mitwirkung der Kirche zu Christus in Beziehung treten, so wäre diese ihrer religiösen Notwendigkeit enthoben und damit letztlich eine bloß zufällige menschliche Gruppierung. Läge beim Eintritt in sie die Aktivität ausschließlich auf Seiten des Neophyten, so wäre die Kirche, als rein passiv sich verhaltend, nicht als »Abbild und Fortsezung« (§ 146,2) der ja immer spontanen Wirksamkeit Christi anzusprechen. Auf der anderen Seite ist das Beziehungsgefüge zerstört, wenn die Sakramente allein als Tätigkeiten der Kirche am Einzelnen gedeutet werden. Wird die Lebensgemeinschaft des Einzelnen mit Christus allein durch das sakramentale Handeln der Kirche angeknüpft und aufrechterhalten, »so wäre dabei Christus leidentlich; und die dermalige Kirche nicht nur der ursprünglichen durch seine Selbstthätigkeit gestifteten unähnlich, sondern sie wäre auch auf keine Weise Christi Abbild, sondern Christus stände vielmehr gegen sie im Schatten.« (ibd.). Folglich »muß die Thätigkeit der Kirche, durch welche sie den Einzelnen aufnimmt und hält, auch eine Thätigkeit Christi selbst sein, und darauf beruht die eigenthümliche Natur beider Sakramente.« (ibd.).

Der virtuose Zug, mit dem Schleiermacher hier die Lehre von den Sakramenten in die für alles Christsein grundlegende Doppelbeziehung des Einzelnen zu Christus und zur Kirche einzeichnet, an deren differenter Ausgestaltung der

---

[181] Zu lesen ist wohl »Abbildern«.

[182] Die handlungstheoretischen Erwägungen, auf die hier Bezug genommen wird, sind in ChS breit ausgeführt. S. dazu diese Arbeit oben S. 22 ff.

protestantisch-katholische Gegensatz seine Wurzel hat, wird nun nicht, wie man erwarten sollte, in der Abendmahlslehre zu einer gründlichen neuen Interpretation der Kontroverslehren ausgemünzt, sondern die kontroverstheologische Arbeit vollzieht sich in den traditionellen Bahnen. Das ist um so auffälliger, als die hermeneutische Schlüsselfunktion der angeführten Überlegungen etwa für die Meßopfertheorie sich förmlich aufdrängt. Die Selbstbindung der dogmatischen Reflexion an die vorgegebene Lehrtradition, die durch die Einordnung der Dogmatik in die historische Theologie notwendig ist, führt an dieser Stelle dazu, daß ein bedeutender neuer Gedanke im eher individuell-esoterischen Bereich der Dogmatik verbleibt, ohne seine klärenden Wirkungen in der Auseinandersetzung mit der Tradition voll entfalten zu können.

Die der speziellen Abendmahlslehre gewidmeten Ausführungen weisen die folgende Struktur auf: § 156 entfaltet in Anknüpfung an die biblischen Berichte die Grundsätze der Lehre. § 157 bearbeitet die innerprotestantischen Lehrdifferenzen. Die beiden nächstfolgenden Paragraphen behandeln – unter Rückgriff auf die protestantischen Bekenntnisschriften und die von ihnen abgelehnte römische bzw. orthodoxe Lehre – den soteriologischen Gehalt des Sakraments und fassen unter dem Gegensatzpaar »würdig« und »unwürdig« die subjektiven Voraussetzungen für dessen Wirksamkeit ins Auge. Wie ihre heraushebende Kennzeichnung als »Lehrsätze« deutlich macht, ist hier der Ort, wo die Dogmatik am entschiedensten im Dienste der Explikation des kirchlichen Gemeinbewußtseins steht.

Der Leitsatz von § 156 nimmt Resultate von § 146 erweiternd auf, indem er, das Abendmahl als »Genuß des Leibes und Blutes Christi nach seiner Einsetzung«[183] definierend, dasselbe doppelt als durch einander wechselseitig bedingte »Stärkung ⟨...⟩ der Lebensgemeinschaft untereinander« und »Stärkung der Lebensgemeinschaft ⟨...⟩ mit Christo« beschreibt. – Der erste Abschnitt der Erläuterungen ist der Frage gewidmet, ob Christus das Abendmahl als dauernde Einrichtung eingesetzt hat; angesichts des fehlenden Wiederholungsbefehls bei Mt und Mk könnte eingewandt werden, mit demselben Recht müsse die Fußwaschung in der christlichen Kirche praktiziert werden[184]. Die christlichen Großkirchen können sich jedoch für ihre Praxis auf die älteste Kirche und die Annahme, diese habe für ihr Verfahren Befehle des Herrn oder der Apostel gehabt, stützen. – Schwerer wiegt die Frage, inwiefern sich der Bezug auf die »Einsetzung Christi« (§ 156,1) durch äußerliche Gleichheit mit dem ersten Abendmahl kundtun kann und muß. Sie stellt sich unabweislich angesichts der Mannigfaltigkeit der Abendmahlspraxis in den verschiedenen christlichen Kirchentümern,

---

[183] Diese Formel kann so gelesen werden, als impliziere sie die Lehre von der Realpräsenz. Abgesehen davon, daß diese später (s. u.) kritisiert wird, ist eine andere Auslegung vorzuziehen: »Leibes und Blutes Christi« ist eine Anknüpfung an die verba testamenti, »nach seiner Einsetzung« weist auf die Bedeutung der Exegese für deren Verständnis hin. In ²§ 139 L ist jedes »lutherische« Verständnis ausgeschlossen: »Genuß« ist auf »Abendmahl« bezogen, innerhalb der Handlung wird den Teilnehmern Christi Leib und Blut »dargereicht«.

[184] Schleiermacher bezieht sich auf die »Theologiae vere christianae apologia« des Quäkers R. Barclay, s. den Textauszug KGA I.7,3, S. 230.

die einander trotz der Unterschiede nicht vorwerfen, »ihr Abendmahl sei keines« (ibd.). Dieser Zustand ist ein Indiz dafür, daß es absolute Identität nicht geben kann, das Streben nach ihr weist auf einen »unvollkommnen Zustand« hin, und ein »geistigeres Christenthum« gibt sich »mit der Gleichheit der inneren Verhältnisse der Handlung und ihres Verhältnisses zum ganzen Leben zufrieden« (ibd.). Ein Streben hiernach bei völligem Desinteresse an der äußerlichen Gestaltung würde jedoch die geschichtliche Kontinuität völlig aufheben.

Für das evangelische Christentum markiert Schleiermacher zwei Gegenstände, an die sich das Bestreben nach Identität heftet. Bezüglich der Elemente ist festzuhalten, daß sie sich füglich als »Brot« und »Wein« bezeichnen lassen, daß sie dieselbe Beschaffenheit aufweisen wie Brot und Wein bei Jesu letztem Mahl, ist weder möglich noch notwendig[185].

Was die Handlung anbelangt, so ist es unabdingbar, daß alle Teilnehmer sowohl essen als auch trinken – dies gegen die römische Praxis des Kelchentzuges – und »daß der Gegensaz da sei von Austheilen und Empfangen« (§ 156,1). Hieran schließt sich an die Forderung der »Identität der Beziehungen« (ibd.). Es ist notwendig und hinreichend, daß die Feier »als ein gemeinsames Mahl auf fromme Gespräche und gemeinsames Gebet« (ibd.) folgt, die äußeren Unterschiede zum ersten Abendmahl – Uhrzeit, das Abendmahl als Ende einer längeren gemeinsamen Mahlzeit – bedürfen keiner künstlich gesuchten Einebnung[186].

Der zweite und dritte Abschnitt des Paragraphen erörtern die religiöse Bedeutung des Abendmahls, indem es in die Grundvollzüge des christlichen Lebens eingezeichnet wird und so innerhalb ihrer in seiner charakteristischen Besonderheit erhellt. Das Abendmahl hat die durch die Teilnahme an der Gemeinschaft vermittelte Befestigung der Lebensgemeinschaft des Einzelnen mit Christus zum Zweck, und dies ist die richtige Auslegung der Formel »zum Gedächtniß« (§ 156,2), da die Befestigung der Gemeinschaft mit Christus seine Vergegenwärtigung zur Voraussetzung hat.

Gemäß der doppelten Grundkonstitution der christlichen Frömmigkeit als christusbezogener und gemeinschaftsbezogener sind ihre beiden primären Lebensvollzüge gemeinsame Tätigkeit und individuelle Andacht. Zwar üben beide Lebensakte unablässig Wirkungen aufeinander aus, aber rein für sich fallen sie

---

[185] Es ist deutlich, daß sich diese Erwägungen den Schwierigkeiten beim praktischen Vollzug der Union in Preußen verdanken. Folgendes Beispiel sei angeführt: »Wie sollte es bei der Austeilung des Abendmahles gehalten werden? Die Referenten ⟨Sack und Hanstein, Verf.⟩ erwogen, ob nicht Brot und Oblaten auf einem Teller dargereicht werden sollten. Als der König davon hörte, äußerte er sein Unbehagen, er finde es unpassend, daß der Geistliche nicht die Elemente, sondern nur den Teller darreiche. Er tadelte, daß auf diese Weise wieder keine völlige Vereinigung der Konfessionen zu stande gebracht würde. Er empfahl Brot, wie es Christus selbst gebrochen und gebraucht habe: Um das Kreuz auf den Oblaten zu ersetzen, könne man ja ganz kleine Brote backen lassen, in zwei oder vier Teile zu zerbrechen.« (E. Foerster, Die Entstehung der preußischen Landeskirche, Bd 2, S. 274f.). Solchen »Lösungsmöglichkeiten« gegenüber wird es deutlich, mit welcher gedanklichen Kraft Schleiermacher durch die an Skurrilitäten augenscheinlich nicht arme Oberfläche der aktuellen Debatte hindurch stößt und die ihr zugrundeliegenden echten sachlichen Probleme namhaft macht.

[186] Hier wollte Schleiermacher Freiheit gewahrt wissen, vgl. I,5, 701 (An vC/S).

nie in eins. Dies geschieht nur in einem dritten Lebensvollzug, in dem sich die vier vorausgesetzten Konstanten – Individuum, Andacht, Gemeinschaft, Tätigkeit – kreuzweise verbinden: Die Gemeinschaft läßt die Tätigkeit ruhen und tritt zur Andacht zusammen, die also zugleich die Schranke des persönlich-individuellen Vollzuges transzendiert: Es geschieht öffentlicher Gottesdienst[187]. Hier nun ordnet sich auch das Abendmahl ein, indem es als Akt gemeinschaftlicher Andacht die Lebensgemeinschaft des Einzelnen mit Christus festigt und zugleich die Gemeinschaftlichkeit des je individuellen Christusglaubens intensivierend abbildet. So ist mit wenigen geradezu genialen Strichen der religiöse Sinngehalt des Abendmahls erhoben, der, indem er am aktuellen Vollzug eruiert und in die Grundbewegungen des christlichen Lebens überhaupt eingeholt wird, zweierlei leistet: Er verweist die Streitfrage nach dem modus praesentiae auf einen nachgeordneten Rang und schneidet zugleich aller magischen Ausdeutung, die eine neben dem *einen* Christusglauben Platz greifende »Sakramentsfrömmigkeit« nähren könnte, die Wurzeln ab: »Die Wirkung, welche das Abendmahl hervorbringen soll, ist also von gleicher Art mit denen des öffentlichen Gottesdienstes überhaupt; und es fragt sich sonach zunächst, wodurch sich denn dasselbe von allen übrigen Elementen und Formen des Gottesdienstes unterscheidet.« (§ 156,2).

Die Differenz eruiert Schleiermacher am Verhältnis des Einzelnen zum Ganzen der Gemeinschaft, wie es sich im öffentlichen Gottesdienst gestaltet. Je stärker sich in ihm die Spontaneität eines hervorragenden Individuums geltend macht oder der Geist der Gemeinschaft objektiv dem Einzelnen gegenübertritt, desto dringlicher stellt sich dem Individuum die Aufgabe, das ihm Dargebotene im Akt der Rezeption so zu transformieren, daß es für seinen individuell-persönlichen Glauben fruchtbar wird. Das jeweilige Gelingen eines Aktes der religiösen Kommunikation ist so abhängig von der Gestaltung des Verhältnisses von Spontaneität und Rezeptivität unter den Gliedern der gottesdienstlichen Gemeinschaft. Diese je neu zu vermittelnde Geschiedenheit ist im Abendmahl nicht vorhanden. Hier tritt der Einzelne als Glied der Gemeinschaft in eine Beziehung zu Christus, die nicht durch deren internes Kommunikationsgeschehen konstituiert ist. Auch der Austeilende steht in keinem durch persönliche Spontaneität und Rezeptivität konstituierten Interaktionsverhältnis zum Empfangenden, sondern jener handelt gleichsam passiv rein als Organ. Dem Empfangenden ist keine echte Aufgabe der transformierenden Rezeption gestellt: »Vielmehr ist es nur die ganze erlösende Liebe Christi, an welche wir gewiesen sind, und der Austheilende ist nur Organ der Einsezung Christi, so wie die Empfangenden nur in dem Zustande der aufgeschlossensten Empfänglichkeit sich befinden.« (§ 156,3). Träger der Wirkung sind die Einsetzungsworte, in denen »sich die erlösende und gemeinschaftstiftende Liebe Christi darstellt und regt« (ibd.): Durch diese Bemerkung wird

---

[187] Die Theorie des öffentlichen Gottesdienstes, die Schleiermacher hier in verkürzter Form gleichsam lemmatisch argumentativ verwendet, ist in ChS ausführlicher niedergelegt, s. diese Arbeit oben S. 26 ff. 30 ff.

nochmals jedes physisch-mirakulöse Verständnis der Handlung wie der Elemente abgewiesen.

Schleiermachers Deutung der Einsetzungsworte beruht auf seiner unsakramentalen, metaphorischen Auslegung von Joh 6,53—56[188]. Er faßt die Worte als gleichsinnig mit Joh 15,4—6 auf: »Denn niemand wird wol behaupten wollen, daß sich der beabsichtigte Nuzen des Abendmahls nicht mit denselben Ausdrüken bezeichnen ließe, da es ja keine angemessenere Bezeichnung für unser Lebensverhältniß zu Christo giebt, als daß das eigne Leben sich periodisch aus der Fülle des seinigen nährt, und eben so wenig, daß der geistige Genuß Christi und seines Fleisches und Blutes im Abendmahl ein wesentlich anderer wäre als ausser dem Abendmahl.« (ibd.). Das Spezifikum liegt allein darin, daß der »wesentlich selbe Erfolg« (ibd.) an die durch Christus eingesetzte Handlung gebunden ist, die somit ein »von menschlichen Mitwirkungen und Gegenwirkungen unabhängiges 〈...〉 besonderes Institut« (ibd.) ist, das aber, von dieser Eigenständigkeit abgesehen, gegenüber dem Dienst am Wort keine besondere Wirksamkeit hat. Der Erläuterung bedürftig ist weiterhin das Verhältnis von Brot und Leib und Wein und Blut, das die Einsetzungsworte andeuten.

Dieser Frage wendet sich Schleiermacher im nächsten Paragraphen zu. Gleich der Leitsatz setzt auf charakteristische Weise ein, indem er die als Verschiedenheiten umfassend gedachte Einheit der evangelischen Lehre zwischen die der katholischen Kirche und die der aus der Reformation hervorgegangenen Randgruppen stellt: »In Absicht auf die Verbindung zwischen dem Brodt und Wein und dem Leib und Blut Christi stellt sich die evangelische Kirche nur bestimmt entgegen auf der einen Seite denen, welche diese Verbindung unabhängig machen wollen von der Handlung des Genusses, auf der andern Seite denen, welche dem leiblichen Genuß 〈...〉 gar keinen Zusammenhang zugestehen wollen mit dem geistigen des Leibes und Blutes Christi.« (§ 157, L)[189].

Die erste Abgrenzung markiert den Gegensatz zum katholischen Verständnis.

---

[188] Er wandelt mit dieser Auslegung in den Spuren LUTHERS, vgl. De captivitate, Cl 1, S. 432.

[189] In CG² § 140 ist der Leitsatz leicht umformuliert, vor allem sein letztes Glied ist präzisiert. Ihm folgt sogleich eine Catene von unkommentierten Zitaten aus den protestantischen Bekenntnisschriften. Den Anfang macht die deutsche Fassung von CA X, gekürzt um die Verwerfung der »Gegenlehr«. Es folgen zwei Sätze aus dem Anfangsteil von Apol. X. Der zweite, der auf 1. Kor. 10 anspielt, geht in seinem Gehalt über CA X hinaus. Den Abschluß der Reihe der lutherischen Zeugen bildet Art. Smalc. III,6, und zwar der erste Satz mit seinem Insistieren auf der manducatio impiorum, ausgelassen ist die folgende Polemik gegen Konkomitanzlehre und Kelchentzug. Den Anfang der reformierten Belege macht Conf. helv. post. XIX (De sacramentis), und zwar derjenige Satz des langen Artikels, der über das Verhältnis von Zeichen und Sache im Abendmahl Rechenschaft gibt (Niem. S. 514f.), es folgt eine Passage aus dem 21. Artikel derselben Bekenntnisschrift (Niem. S. 519), die das unterschiedene Beieinandersein des äußerlichen Hörens und Essens und des innerlichen Wirkens Christi durch den Heiligen Geist hervorhebt. Darauf folgt ein Satz aus Conf. gall. XXXVIII, der gegen die schwärmerische Abwertung der äußeren Handlung den auf der Einsetzung Christi beruhenden Wert der Elemente als eindrücklicher äußerer Zeichen betont (Niem. S. 338f.). Den Abschluß der Reihe bildet ein Auszug aus dem 28. der 39 Articles, die Sätze betonen neben der Abweisung der Transsubstantiationslehre als schriftwidrig die geistliche Nießung von Leib und Blut Christi in der äußeren Handlung.

Dieser liegt nicht bei der Frage nach Transsubstantiation oder Konsubstantiation, denn dieser Unterschied hat nur noch sekundäre Bedeutung, »wenn der geistige Genuß für den Gläubigen an jenen mit den sichtbaren Elementen des Abendmahls verbundenen ⟨...⟩ gebunden ist«. (§ 157,1). Für diese Einschätzung der Streitfrage nimmt Schleiermacher ganz pauschal Luther zum Zeugen[190] (ibd.). Andererseits fordert aber die Transsubstantiationslehre konsequent die Anerkennung der Realpräsenz mittels der konsekrierten Elemente extra usum und aller Vorstellungen von ihrer Dignität und Wirksamkeit auch außerhalb der Abendmahlsfeier. Die hieraus sich ergebende Frage, »ob wenn ein Ungläubiger etwas von den consecrirten Elementen ausserhalb des Sacraments und ohne Beziehung auf dasselbe genösse, er dennoch auch dieses sich zum Gericht genießen würde, könnte wol in der evangelischen Kirche schwerlich anders als ganz allgemein verneint werden«. (§ 157,1).

Will man diesen Gedanken würdigen, so muß man den Charakter der Glaubenslehre als Unionsdogmatik in Rechnung stellen: Es ist Schleiermacher gelungen, den konfessionellen Gegensatz von der Frage nach dem modus praesentiae zu lösen, hinsichtlich derer die Reformierten traditionell die Lutheraner des Zurückbleibens im Katholizismus gezien hatten[191]. Statt dessen hat er sie auf die Frage nach der Dauer der Präsenz hinübergespielt, in der einerseits eine für jedermann sichtbare gesamtprotestantische Differenz zum Katholizismus besteht (Fronleichnamsprozession, Tabernakel), andererseits zwischen den protestantischen Schwesterkirchen ebenso offenkundig Einigkeit besteht. Bei dieser Lokalisierung des protestantisch-katholischen Gegensatzes ist sodann als Gewinn zu verbuchen, daß die konkurrierenden innerprotestantischen Lehrfassungen ohne künstliche Harmonisierungen zunächst nebeneinander bestehen können, sodann aber auch ohne Schaden der kirchlichen Einheit in kontroverse Diskussion miteinander treten können, die vielleicht eines Tages eine ganz neue Lehrgestaltung hervorbringen wird (s. auch o. S. 175 ff.).

Die zweite Grenze, die vom genuin protestantischen Abendmahlsverständnis her zu ziehen ist, trennt dieses von den Ansichten der »Sacramentirer« (§ 157,2). Schleiermacher modifiziert den Begriff gleich bei dessen Übernahme: Er kann keinesfalls die Abendmahlslehre Zwinglis treffend bezeichnen (§ 157,2, Anm. 1). Ausgegrenzt wird die Ansicht, zur innerlichen Nießung von Leib und Blut Christi verhalte sich die äußere Abendmahlshandlung nur als sinnliche Vorstufe, ist jene erreicht, so ist diese überwunden und obsolet. Als Gewährsmann für diese Ansicht nennt Schleiermacher Robert Barclay, den »Normaldogmatiker« der Quäker (vgl. KGA I.7,3, S. 230). Die spezifische Differenz lokalisiert Schleiermacher in dem Verständnis der Einsetzung durch Christus: So wahr es auch außerhalb des Abendmahls zur Nießung von Leib und Blut Christi kommt (s. o. S. 250), so ist doch darauf zu insistieren,

---

[190] Zu vergleichen sind Cl 1, S. 439 (De captivitate) und Cl 3, S. 473 f. (Vom Abendmahl Christi), s. generell ALTHAUS, Die Theologie Martin Luthers, S. 311 f.

[191] Vgl. das Beispiel bei HIRSCH, Hilfsbuch, § 634.

daß eben kraft der Einsetzung Christi »jeder Gläubige den geistigen Genuß zuverläßig in der sacramentlichen Handlung finde«. (§ 157,2).

Neben der spiritualistischen Ansicht, die faktisch auf die Abschaffung des Abendmahls hinausläuft, lehnt Schleiermacher auch das Verständnis des Abendmahls als eines reinen Bekenntnisaktes der Gemeinde als unprotestantisch ab. Hier nennt er den Rakauer Katechismus als Zeugen (vgl. auch KGA I.7,3, S. 384–388). Unter Berufung auf die Ratio fidei (Niem. S. 52) wird Zwingli von diesem Verdikt ausgenommen: Bei ihm ist der Bekenntnisakt nur *ein* Aspekt der Abendmahlsfeier. Die Auffassung des Abendmahls als eines reinen Bekenntnisakts macht aus der Einsetzung Christi ein »Gebot ohne Verheißung« (§ 157,2), konsequent betrachtet findet nicht einmal Mt 18,20 auf die Abendmahlsgemeinde Anwendung. Sodann ist dies Verständnis in sich unsinnig, »da bei der Feier des Abendmahls schon die älteste Kirche keinen Unchristen als Zuschauer zuließ, den Christen unter sich aber fehlt es in ihrem Gemeinverbande auch ohne dies Sacrament nicht an Mitteln sich gegenseitig als Mitglieder der Kirche zu erkennen.« (ibd.).

So sind die Grenzen abgesteckt, innerhalb derer sich eine protestantische Lehrbildung über das Verhältnis von Zeichen und Sache im Abendmahl zu halten hat. Erst bei näherem Hinsehen fällt es auf, inwiefern die hier ausgemittelten Kautelen implizit als Konsequenzen aus Schleiermachers Einzeichnung der Abendmahlslehre in die soteriologisch-ekklesiologische doppelte Basisrealition Einzelner – Christus – Kirche gelten können: Wird eine über die Handlung hinaus sich erstreckende Realpräsenz angenommen, so tritt an die Stelle der im Vollzug der Handlung geschehenden Vergegenwärtigung des geschichtlich-urbildlichen Christus das Mirakel des im wesensverwandelten Brot und Wein zu handhafter Gegenständlichkeit gelangenden Gottmenschen. Den Folgegedanken, daß durch dieses Wunder, von der – hierarchischen – Kirche vollbracht, das im Sakrament gesetzte Ineinander von Handeln Christi und Handeln der Kirche zumindest potentiell zugunsten der Kirche aufgehoben werden kann, zieht Schleiermacher nicht aus, ebensowenig die Konsequenz, daß bei dieser Abendmahlsauffassung geradezu ein schlagendes Musterbeispiel für seine Wesensbestimmung des Katholizismus vorliegt, indem die im Abendmahl ermöglichte Form der Gemeinschaft mit Christus durch das Handeln der hierarchischen Kirche für den Einzelnen realisiert wird. Zieht man diese Folgerungen aus, so ergibt sich freilich auch die Aufgabe, innerhalb der vorliegenden Lehrgestalt nochmals zwischen »Wesen« und »Verderben« zu differenzieren, wobei wohl der Opfergedanke (s. u.) auf die zweite Seite gehört.

Analog sind die Aporien der spiritualistischen bzw. rationalistischen Ablösung der Handlung von der Gemeinschaft des Einzelnen und der Gemeinde mit Christus: Wird bei der spiritualistischen Spielart der Zusammenhang von äußerer Handlung und innerer Christusgemeinschaft negiert, so entfällt hinsichtlich der Handlung eines der Glieder der Basisrelation, wie auch bei der rationalistischen Auffassung, bei der die internen und externen Relationen der

Gemeinde für die Handlung allein sinngebend sind und Christus wegen seiner Einsetzung allein als primum movens von Bedeutung ist.

Der dritte Abschnitt des Paragraphen ist der Explikation und dem Vergleich der drei reformatorischen Typen der Abendmahlslehre gewidmet. Sie alle liegen innerhalb des durch die Begrenzungen abgesteckten Raumes und sind somit alle gleichberechtigte protestantische Lehrformen. Die Einsetzungsworte, »deren Sinn aus Mangel an Hülfsmitteln wol niemals so genau wird ermittelt werden können, daß keine Unbestimmtheit übrig bliebe und alle Einwendungen abgeschnitten würden«[192] (§ 157,3), legitimieren wegen dieser Beschaffenheit die innerprotestantische Lehrvielfalt.

Schleiermacher wirft einen kurzen Seitenblick auf die exegetischen Sachverhalte: Die buchstäbliche Auslegung – er identifiziert sie mit der lutherischen Deutung – gerät angesichts der Differenzen innerhalb der neutestamentlichen Überlieferung in Schwierigkeiten, zumal 1.Kor 11,27 auf ein symbolisches Verständnis deutet. Weiterhin gerät diese Theorie in eine Sackgasse, wenn sie sich die Frage nach der Identität des ersten Abendmahls mit allen folgenden vorlegt: Sie ist kaum festzuhalten, denn die Realpräsenz des physisch anwesenden Jesus in den Elementen bei seinem letzten Mahl läßt sich nicht denken. Andererseits ist exegetisch auch die symbolische Theorie mit Schwierigkeiten behaftet: Soll sie den Sachgehalt der Worte anhand »ähnlich klingender Reden« Christi (ibd.) oder im Rekurs auf alttestamentliche Vorbilder ermitteln?

Von den drei vorliegenden protestantischen Lehrtypen nähert sich der lutherische am meisten dem Katholizismus, der zwinglische am meisten dem Socinianismus, während der calvinische sich bemüht, eine Mittelposition einzunehmen. Die zwinglische Ansicht steht den beiden anderen darin allein gegenüber, daß sie die ganze Lehre auf die äußerliche Handlung und den geistigen Genuß Christi gründet. Diese beiden Komponenten werden nicht innerlich durch ein drittes Theorieelement, sondern allein äußerlich durch den Befehl Christi verbunden, als Quellenbeleg dient der pauschale Hinweis auf alle »Erklärungen der reformierten Theologen gegen die römisch katholische Lehre« (ibd.). Den Vorteil der Einfachheit, den die Lehrweise durch den Verzicht auf die Erörterung des modus praesentiae hat, erkauft sie jedoch teuer: Sie genügt nicht der »Gemüthsbewegung, welche diese Handlung in gläubigen Christen erregt« und vermag letztlich nicht die Einsetzungsworte sich zu integrieren. Daran kann auch Zwinglis Zugeständnis »sacramenta auxilium opemque adferunt fidei« (Expositio christianae fidei, Niem. S. 51, zitiert § 157 Anm. 9) nichts ändern.

Die Defizite, die Schleiermacher an der von ihm rekonstruierten zwinglischen Lehrart namhaft macht, sind charakteristisch auch für seine Fassung der Lehre, wie er sie im vorangegangenen Paragraphen umrissen hat. Es ist daher kaum tunlich, Schleiermachers Lehre nahe an die Calvins heranzurücken, die Nähe zu

---

[192] Die Parallelstelle CG² § 140,1 weist hier ein vertieftes hermeneutisches Problembewußtsein auf: Aufgabe der Exegese ist es, hinter den Wortlaut der vorliegenden Berichte zurückzufragen, »was für Ausdrücke Christus möge gebraucht haben, aus denen diese Berichte können entstanden sein; . . .«

Zwingli ist deutlicher. Auch diese Zuordnung wird freilich nur sehr begrenzten Anspruch auf Gültigkeit erheben können, weil Schleiermachers konstruktive Lehrentfaltung, wie gezeigt, ganz stringent aus den Folgesätzen seiner Bestimmung des Wesens des Christentums heraus entwickelt ist, und erst im nachhinein in den die protestantische Identifikation herausarbeitenden Dialog mit der reformatorischen Lehrtradition tritt: Wie gezeigt, ist für Schleiermachers Deutung des Abendmahls gerade dessen Effekt als Stärkung des Glaubens zentral, ein Gedanke also, der nach Schleiermachers Deutung in der Theorie Zwinglis diesen hervorgehobenen Stellenwert nicht hat.

Die lutherische und die calvinische Lehre legen dem Abendmahl über leibliches Essen und geistliche Nießung hinaus noch eine je verschieden explizierte dritte Komponente bei, »nämlich die wirkliche Gegenwart des Leibes und Blutes Christi« (§ 157,3), deuten das Abendmahl also so, daß sie ihm eine spezifische und unvertretbare Qualität als einer besonderen personalen Begegnung mit Christus zuschreiben. Die lutherische Lehre erklärt, »Christus habe mit dem Brod und Wein selbst die wirkliche Gegenwart seines Leibes und Blutes verbunden aber nur für die Handlung des leiblichen Genusses jener im Sakrament.« (ibd.). Als Beleg dient Apol. X (BKSELK S. 247, 46–248,4). Die Gegenwart des Leibes und Blutes Christi wird gedacht als vermittelt »durch eine besondere geheimnißvolle Kraft des Wortes verbunden ⟨. . .⟩ mit dem Brod und Wein zu einer gewissen Aehnlichkeit des leiblichen Genusses, . . .« (ibd.). Die lutherische Lehre steht damit in der relativ engsten Nähe zur katholischen; es ist auffällig, wie sehr sich Schleiermacher bei ihrer Rekonstruktion bemüht, jeden Anklang an drastisch-kapernaitische Vorstellungen zu vermeiden.

Die Lehre Calvins (Beleg: Inst. IV, 17,10) nimmt bewußt eine Mittelstellung ein: Christus hat – gegen die zwinglische Theorie – mit dem Genuß von Brot und Wein eine besondere Gegenwart seiner selbst verknüpft, die aber in einer »eigenthümlichen Erhöhung« (§ 157,3) des Genusses besteht, also – gegen die lutherische Theorie – nicht auf einer durch die Rezitation der Einsetzungsworte sich vollziehenden Veränderung der Elemente beruht. Die lutherische Theorie ist anfällig für magische Vorstellungen, ferner vermag sie keine nachvollziehbare Rechenschaft davon zu geben, wie das Zugleich des Genusses von Brot und Leib Christi vorzustellen sei. – Der Vorteil der calvinischen Lehre liegt darin, daß sie sowohl »die übersinnliche Sinnlichkeit der Lutherischen eben so gut als die übervernünftige Dürftigkeit der Zwinglischen« (ibd.) meidet: Gleichwohl ist auch sie defizient hinsichtlich des in ihr nicht hinreichend geklärten Verhältnisses von sakramentalem Zeichen und Nutzen des Sakraments. Somit ist in dieser Frage keiner der traditionellen protestantischen Lehrtypen von inneren Schwierigkeiten frei: »Daher bleibt für jetzt nichts übrig, als alle diese Meinungen mit ihren verschiedenen Abschattungen für verträglich zu erklären mit der heiligen Ehrfurcht des Christen vor der Einsezung Christi, und für übereinstimmend mit dem Geist der evangelischen Kirche. . .« (ibd.).

Die eigentümliche Stellung des eben vorgestellten Paragraphen wird durch die Unklarheit seines systematischen Status deutlich: Laut Inhaltsverzeichnis zwar gehört er zu den mit »Einleitung« überschriebenen Paragraphen (vgl. Bd 2, S. 377), in denen konstruktiv-systematisch der Grund für den Dialog mit der Lehrtradition gelegt wird, inhaltlich hat er jedoch nicht diesen Zweck. Er hat aber auch weder die Bezeichnung noch den Inhalt eines »Lehrsatzes«, in dem die Korrelation der konstruktiv gewonnenen Leitlinien mit der vorliegenden Lehre durchgeführt und in thetische Sätze ausgemünzt wird. Die vorliegenden Sätze werden allein kritisch referiert bzw. referierend kritisiert, zur thetischen Lehrbildung hinsichtlich des modus praesentiae kommt es nicht. Dieser Eindruck verstärkt sich noch, wenn man die inhaltliche Stellung des Paragraphen im Gefüge der Abendmahlslehre ins Auge faßt: Liest man nach dem grundlegenden § 156 sogleich die als Lehrsätze fungierenden §§ 158 f., so fehlt im Gedankengang kein Glied, die Paragraphen sind so konstruiert, daß die Probleme, denen § 157 gewidmet ist, für sie allenfalls regulative Bedeutung im Sinne von Kautelen haben. Die möglichen Gründe hierfür können einige Spezifika der dogmatischen Arbeit Schleiermachers illustrieren. Zunächst einmal ist in doppelter Hinsicht die kirchliche Aufgabe leitend: Erstens ist die Glaubenslehre als Unionsdogmatik konzipiert. Die Abendmahlslehre wird so gefaßt, daß die Streitpunkte, die einst zur lutherisch reformierten Kirchenspaltung geführt haben, relativiert werden, indem ihnen der konstitutive Charakter abgesprochen wird[193].

Wegen des Charakters der Dogmatik als Disziplin der historischen Theologie können die Kontroverslehren jedoch nicht durch bloßes Verschweigen eskamotiert oder durch willkürliche Umdeutungen entschärft und so dem eigenen System des Dogmatikers gefügig gemacht werden.

Zweitens wird die thetische Lehrbildung – hierzu analog – so gefaßt, daß sie den Gegensatz von Neupietismus und Rationalismus in dieser Frage[194] unterfangen kann und so nachzuweisen versucht, daß auch diese Uneinigkeit in der Lehre die kirchliche Einheit nicht aufhebt, sofern den verschiedenen Lehrfassungen ein gemeinsames religiöses Interesse zugrundeliegt.

Drittens liegt hier, wie Schleiermacher selbst betont, (s. o. S. 253) ein Reflex der durch Hypothesenvielfalt gekennzeichneten Forschungslage bei der Exegese der neutestamentlichen Abendmahlsberichte vor. Daß dieser Umstand sich für die dogmatische Arbeit auf diese Weise auswirkt, wirft ein Schlaglicht auf deren Stellung in Schleiermachers Systematik der theologischen Disziplinen: Sie sind gleichberechtigt und gleichwertig, nur im Verhältnis der von Überordnungsansprüchen freien Zusammenarbeit können sie miteinander zur Vollendung gelangen (vgl. § 1,5).

Die Aussagen der Bekenntnisschriften, der hauptsächliche Gegenstand der

---

[193] Vgl. hierzu auch die instruktiven Ausführungen Schleiermachers in einem Brief an August Twesten vom 11. VII. 1818, Heinrici, Twesten, S. 321 f.

[194] Vgl. z. B. Wegscheider, Institutiones, § 179, wo die lutherische Abendmahlslehre mit »zwinglischen« Argumenten einer »Epicrisis« unterzogen wird. Andererseits veröffentlichte J. G. Scheibel mit der gedruckten Predigt »Das Opfermahl des neuen Bundes« 1821 einen vehementen Appell zur Repristination derselben Lehre (vgl. Wegscheider, ibd., § 175, Anm. n sowie Froböss, Art. Scheibel, RE³ 17, 549, 42 ff. und Schleiermachers Brief an Blanc vom Sommer 1821, Br. IV, S. 274).

dogmatischen Arbeit, können nur als problematisch gelten, weil keine sich als Ergebnis einer erschöpfenden Exegese zu erweisen vermag, sie sind eben für die Auslegung nicht bindend (vgl. § 30,1). Auch darf die Dogmatik sich nicht durch einen spekulativen Aufschwung über die historischen Probleme hinwegsetzen.

Nach diesem Paragraphen, der den Charakter eines Zwischenspiels hat, schreitet Schleiermacher fort zur thetischen Korrelation des in § 156 Erarbeiteten mit der kirchlichen Lehrtradition, die in zwei Lehrsätzen vollzogen wird. In § 158 wird der Leitsatz »Der Gebrauch des Sacramentes gereicht allen Gläubigen zur Befestigung ihrer Vereinigung mit Christo« in drei Gedankenkreisen erläutert. Zunächst wird nochmals im Anschluß an 1.Kor 10,17 und 12,27 darauf hingewiesen, daß die Befestigung der Gemeinschaft der Gläubigen mit Christus ineins damit auch eine Befestigung ihrer Gemeinschaft untereinander bedeutet (§ 158,1). Dann betont der erste Erläuterungsgang die Ausschließlichkeit dieses Nutzens des Abendmahls kontroverstheologisch gegen die römische und orthodoxe Meßopfertheorie. Die ὀρθόδοξος ὁμολογία wird lediglich genannt, die Hauptsätze von Cat. Rom. II, IV, 68[195] werden ausgeschrieben (Anm. 2)[196]. Die Auseinandersetzung mit der Meßopfertheorie nun geschieht in den herkömmlichen Geleisen der protestantischen Polemik: Jede Rede vom Meßopfer muß, will sie dieses nicht aufheben, es als »Ergänzung« (§ 158,1) des einmaligen Opfers Christi auffassen und damit voraussetzen, daß der göttliche Ratschluß der Rechtfertigung durch die in den Christen verbleibende und wirksam werdende Sündhaftigkeit je und je aufgehoben und eben durch ein neues Opfer wieder in Kraft gesetzt werden müsse. Sodann ergibt sich die Konsequenz, daß die Erlösung als Tat Gottes unvollständig ist, und, um überhaupt wirksam werden zu können, der je neuen menschlichen Mitwirkung bedarf, die die Kirche durch die Wiederholung des Selbstopfers Christi vollzieht. Wenn dagegen eingewandt wird – Schleiermacher zitiert Cat. Rom. II, IV, 74 – das Opfer auf Golgatha und

---

[195] Zur Entstehung und kirchenrechtlichen Geltung des Cat. Rom. vgl. W. Köhler, Art. Katechismus Romanus, in RGG¹ III, Sp. 999, dort auch Informationen über die verschiedenen Abgrenzungen und Zählungen der Abschnitte, die sämtlich sekundär sind. Ich zitiere im folgenden nach der Einteilung der Ausgabe, die mir zur Hand ist: Catechismus ex decreto Concilii Tridentini, Leipzig (Tauchnitz)¹¹ 1893.

[196] Die Veränderung in CG² § 141 ist analog zur im vorigen Paragraphen vorgenommenen (s. o. S. 250 Anm. 189). Auf den Leitsatz folgt eine Catene von Zitaten aus den Bekenntnisschriften sowie aus Melanchthons Loci und Calvins Institutio. Zitiert werden Cat. maj., Conf. helv. post., Conf. scot. und Conf. belg. Die Zitate bezeichnen als Früchte des Sakraments die Stärkung des Glaubens und die Sündenvergebung. In ²§ 141,1 erklärt Schleiermacher die Differenz der im Leitsatz angedeuteten Lehrfassung zu den Aussagen der Bekenntnisschriften: Daß die von ihm hervorgehobene Stärkung der Gemeinschaft der Teilnehmer untereinander in den Zitaten aus den Bekenntnisschriften »mehr als billig zurücktritt, hat seinen Grund darin, weil die Frage über den Nutzen des Sakraments in solchen Verhandlungen nur in Verbindung mit den bisherigen Fragen vorzukommen pflegte, wobei man jeden einzelnen Genießenden nur als solchen betrachtete.« Das heißt, daß die Entwicklungsstufe der protestantischen Abendmahlslehre, die in den Bekenntnisschriften dokumentiert ist, sich noch Problemaspekten der vorangegangenen Epoche der Christentumsgeschichte verdankt, die die eigentümliche lehrmäßige Ausgestaltung noch partiell verhindert haben. – Luthers Abendmahlssermon von 1519 war Schleiermacher folglich allem Anschein nach nicht bekannt.

das immer wieder vollzogene seien eines und dasselbe, so ist dies ein Scheinargument, da auf diese Weise der Tod Jesu aus der Einheit mit seinem ganzen Leben herausgelöst wird[197].

Dann zieht Schleiermacher das Resümee dieses kontroverstheologischen Gedankenganges: Wenn es auch nicht »nöthig« ist, die römische Messe mit der 80. Frage des Heidelberger Katechismus (Niem. S. 411) als »Abgötterei« zu bezeichnen, so ist doch festzuhalten, daß »wir dennoch die ganze Vorstellung von dem Abendmahl als einem Opfer, weil sie aus erweislichem Mißverstand hervorgegangen ist, und, indem sie den Glauben verwirrt, nothwendig den Aberglauben hervorruft, noch besonders für sich und auch unabhängig von der Brodtverwandlungslehre, mit der sie natürlich zusammenhängt, unbedingt verwerfen«. (§ 158,1), eine Anmerkung weist auf Art. Smalc. II,2 und Conf. helv. post. XXI als symbolische Zeugen hin.

Der Zweite Absatz des Paragraphen ist thetisch gehalten[198]. Auffällig ist, daß die Bekenntnisschriften hier gar nicht zitiert werden, als Zeugen der reformatorischen Theologie dienen Melanchthons Loci und Calvins Institutio.

Erlösung und Versöhnung finden ihr Ziel in der »Vereinigung mit Christo« (§ 158,2). Diese Vereinigung bedarf der periodischen Stärkung und Festigung. Diese geschieht – auch – im Abendmahl, und so »ist die Wirkung des Sacramentes nichts anders als eine theilweise Erneuerung des ursprünglichen Vereinigungsactes« (ibd.).

In diesen Bezugsrahmen werden die traditionellen Aussagen über den Nutzen des Abendmahls eingezeichnet. Es bewirkt eine Erneuerung des Glaubens, »sofern ⟨...⟩ der lebendige Glaube unser Selbstbewußtsein ist von der Vereinigung mit Christo« (ibd., Belege aus Melanchthon und Calvin). Dann wendet sich Schleiermacher der Sündenvergebung zu. Eine Trennung von Erbsünde und wirklicher Sünde in dem Sinne, daß die Taufe sich auf die erste, das Abendmahl auf die zweite bezöge, ist unzulässig: Es ist ja immer die eine in der Taufe vergebene, jedoch wirksam bleibende Ursünde, die sich in jedem sündigen Akt manifestiert (s. o. den vorigen Abschnitt dieser Arbeit, vgl. auch § 96,3). Es ist eine und dieselbe »sündenvergebende Kraft« (§ 158,2), die in der Rechtfertigung und in der periodisch sich wiederholenden Zusage des Abendmahls wirksam ist, wie überhaupt die Rechtfertigung und Wiedergeburt des

---

[197] Vgl. hierzu die 5. Augustanapredigt, s. auch diese Arbeit oben S. 85 ff. Schleiermachers Deutung der römischen Meßopfertheorie entspricht deren Selbstdeutung nicht vollständig, s. dazu Hanns Rückert, Messe und Abendmahl, in: Der römische Katholizismus und das Evangelium, Stuttgart 1931, S. 143–175, bes. S. 154–162. Wie sehr Schleiermacher hier der traditionellen Polemik folgt, zeigt beispielhaft das folgende Zitat aus M. Chemnitz' »Examen Concilii Tridentini« (1565–73, Frankfurt/Main 1615, Bd 2, S. 264f., Kürzel im Zitat sind stillschweigend aufgelöst): »Si vero praeter unicam illam, semel in cruce factam, alia vel eadem repetita oblatio pro peccato in novo Testamento ponatur, sequetur, sacrificium Christi in cruce non fuisse consummatum, nec promeruisse remissionem peccatorum, et aeternam redemptionem, haec enim sunt verba et haec est sententia Epistolae ad Hebraeos.«

[198] Vgl. hierzu die kurzen, ungemein prägnanten Bemerkungen von H. Gerdes, Der geschichtlich-biblische Jesus, S. 183f., Anm. 76.

Einzelnen die individuelle Applikation des einen Heilsratschlusses ist. Mit dieser Grenzziehung wird die Wirksamkeit des Abendmahls eingezeichnet in die konstitutiven Basisrelationen des christlichen Glaubens, indem ihm alle magischen oder physischen Wirkungen, die den rechtfertigenden Christusglauben zu ergänzen oder zu übertreffen geeignet wären, implizite abgesprochen werden. Wie im einleitenden § 156 so ist auch hier die Lehre so gefaßt, daß die Frage nach dem modus praesentiae zugunsten einer christologisch-soteriologischen Deutung der Abendmahlshandlung ausgeblendet wird. Indem Melanchthon und Calvin als Zeugen für diese angeführt werden, wird nochmals der lutherisch-reformierte Lehrunterschied zu einem Schulgegensatz depotenziert, der sich zur religiösen Grundlage, die beiden Lehrformen gemeinsam ist, sekundär verhält.

Der nächste Erläuterungsgang entnimmt sein Material der kirchlichen Abendmahlspraxis, indem er das Verhältnis zwischen der in der liturgischen Beichthandlung zugesprochenen Sündenvergebung und der im Abendmahl mitgeteilten untersucht[199]. Das gemeinsame Sündenbekenntnis ist integraler Bestandteil der Abendmahlsfeier, sofern – gemäß ihrem soteriologischen Sinn – das Sündenbewußtsein subjektive Voraussetzung für die Teilnahme an ihr ist. Der Zuspruch der Vergebung ist proleptisch bezogen auf das Abendmahl und bildet mit ihm eine Sinneinheit analog zum Verhältnis Taufe – Konfirmation. Diese Einheit sieht Schleiermacher im Erlöschen der Beichte als eines eigenständigen Sakraments in der Folge der Reformation sinnenfällig verwirklicht, er verweist für deren anfängliche Beibehaltung auf die Dreizahl der Sakramente in Melanchthons Loci (§ 158,2 Anm. 12)[200]. Die Sündenvergebung im Abendmahl geht über die in der Beichte ausgesprochene insofern hinaus, als sie verbunden ist »mit dem Bewußtsein einer neuen Einströmung geistiger Lebenskraft aus der Fülle Christi« (§ 158,2), alle vorangegangenen Erörterungen machen es unmöglich, der terminologischen Anklänge wegen an so etwas wie die Vorstellung einer gratia infusa zu denken.

Der dritte und letzte Erörterungsgang des Paragraphen setzt die Klärung aus der Praxis sich ergebender Fragen fort. Die Kinderkommunion ist abzulehnen, da die Taufe erst mit der Konfirmation als vollendet gelten kann; sie ist daher »nur für einen argen an superstitiösen Vorstellungen haftenden Mißbrauch zu halten.« (§ 158,3). Ebenfalls verfällt die Krankenkommunion der Kritik: Einmal fehlt in ihr der Bezug zur Gemeinde, zum andern mangelt es – gerade beim Todkranken – an der Beziehung der Feier zur Heiligung, weil er sich in einem Zustand befindet, »wo der Thätigkeitstrieb schon im Verschwinden begriffen ist« (ibd.). Diese beiden auf die Praxis zielenden Kauteten sind offensichtlich nicht allein Korollarien zur thetischen Lehrsetzung, sondern gleichzeitig Proben auf deren kritischen Gehalt. Bei beiden abgelehnten Praktiken handelt es sich um Fälle, in denen die konstitutive Doppelrelation Christus – Einzelner – Gemeinde unvollständig ist: Die Kinderkommunion rechnet bezüglich der Beziehung des

---

[199] Vgl. die historische Erläuterung von E. Hirsch in KSP III, S. 363f., Anm. 50.

[200] CG² § 141,1 verweist stattdessen auf die Abfolge der Artikel CA VIII–XIII, an die Stelle des klaren Belegs aus einer Privatschrift tritt der – kompliziertere – symbolische.

Kindes zu Christus mit einer Art fides implicita, bei der Krankenkommunion fehlt der Gemeinschaftsbezug[201], wobei anzumerken ist, daß Schleiermacher seine dogmatische Rigidität im zweiten Falle durch die eigene Tat entscheidend relativiert hat[202].

Der zweite Lehrsatz, der das Lehrstück abschließt, lautet: »Der unwürdige Genuß des Abendmahles gereicht dem Genießenden zum Gericht.« (§ 159 L) und bildet so die Fortsetzung des ersten Lehrsatzes im modus des antithetischen Parallelismus. Die drei Erläuterungsgänge sind den Themen Unwürdigkeit, Gericht und manducatio impiorum gewidmet[203].

Der Kreis der Empfänger des Abendmahls ist auf die wahren Glieder der christlichen Kirche beschränkt. Wie kann es unter diesen Unwürdigkeit geben? – Würdigkeit und Unwürdigkeit werden bestimmt als subjektive Prädispositionen beim Empfang des Abendmahls: »Da das Abendmahl sich auf die Hemmungen der Lebensgemeinschaft mit Christo beziehen und ihrem Fortwirken als Stärkungsmittel entgegenarbeiten soll: so muß dem Wunsch dasselbe zu genießen das Bewußtsein, daß das höhere Leben Hemmungen erfährt, nothwendig vorangehen; . . .« (§ 159,1). – Die Würdigkeit besteht mit anderen Worten im Sündenbewußtsein, unwürdiger Genuß geschieht dann, wenn jemand ohne das Bewußtsein der Hilfsbedürftigkeit oder ohne die Hoffnung, hier Hilfe zu erlangen, am Abendmahl teilnimmt[204], also in »Gedankenlosigkeit« oder »Unglauben« (ibd.). Nachdem so die Unwürdigkeit rein religiös und ohne Beimischung moralistischer Gedanken definiert worden ist, wird der Sinngehalt des Gerichtsgedankens bestimmt. Zunächst werden die unmittelbaren eschatologischen Assoziationen abgewiesen: Sie sind willkürlich und würdigen das »Gnadenmittel« (§ 159,2) zum mysterium tremendum herab. Der wahre Sinn wird aus dem vorher erhobenen Gehalt des Abendmahls heraus ermittelt: Im unwürdigen Genuß wird das Abendmahl entweder zu ihm fremden Zwecken abergläubisch mißbraucht oder rein äußerlich gedankenlos vollzogen. Die Zweckentfremdung entfremdet denjenigen, der sich ihrer schuldig macht, dem wahren Gehalt, »und

---

[201] Hier hat Schleiermacher abergläubische Vorstellungen im Auge, vgl. PrTh 140 f. 459 ff. In CG² § 141,2 wird nur die Krankenkommunion abgelehnt, bei der der Kranke allein kommuniziert.

[202] Vgl. J. Bauer, Schleiermachers letzte Predigt, S. 17 ff.

[203] Analog zum vorigen Paragraphen ist auch hier in der Zweitauflage (²§ 142) zwischen den Leitsatz und die Erläuterungen eine Catene von Zitaten aus den Bekenntnisschriften eingeschoben. Alle drei Zitate enthalten – wie der Leitsatz – Anspielungen auf bzw. Entfaltungen von 1. Kor 11,29. Den Anfang macht ein Zitat aus Apol. XI (BKSELK S. 250, 42–45); es steht im Zusammenhang mit der Verteidigung der Aufhebung des Zwanges zum Sakramentsempfang zu bestimmten Zeiten: Mit der Abschaffung dieses Zwanges ist die Beichte ernsthafter geworden. Das zweite Zitat stammt aus Conf. belg. XXXV und insistiert auf der Selbstprüfung vor dem Empfang des Abendmahls. Die Frage nach der manducatio impiorum, die im selben Artikel polemisch traktiert wird, ist im Zitat Schleiermachers ausgespart. Den Schluß bildet der letzte Satz der 81. Frage des Heidelberger Katechismus, er droht Heuchlern und Reulosen die Verdammung an.

[204] Hier wandelt Schleiermacher in den Spuren Luthers, vgl. Cat. maj., BKSELK S. 718,36–725,21.

führt einen Zustand der Verstokkung herbei, welcher offenbar ein Element der Verdammniß ist« (ibd.). So wirkt das Abendmahl als »Scheidemittel« (ibd.), indem es bei würdigem Genuß die Lebensgemeinschaft mit Christus fördert, bei unwürdigem Genuß dieselbe immer mehr hemmt.

Der dritte Abschnitt wirft von hier aus noch einmal Licht zurück auf den lutherisch-reformierten Lehrunterschied in der Frage nach der Realpräsenz, diesmal focussiert auf die Frage nach der manducatio impiorum. Bei Luther konstatiert Schleiermacher eine doppelte Nießung des Abendmahls: Einmal den »an den Genuß der symbolischen Elemente gebundene⟨n⟩ sacramentliche⟨n⟩ Genuß«, sodann den »geistigen Genuß, welcher der Nuzen ist, den nur die bußfertigen Gläubigen von dem Sacrament haben;. . .« (§ 159,3). Dieser zweite Genuß ist mit dem ersten untrennbar verbunden. Ist die Verbindung nicht magisch – kapernaitisch zu denken – Schleiermacher nennt als Beispiel Cat. roman. II,4, 44 – so ist festzustellen: Des sakramentlichen Genusses werden Würdige und Unwürdige teilhaftig, letzteren gereicht er zum Gericht, ersteren, verbunden mit dem geistlichen Genuß, zum Heil. Als Beleg bietet Schleiermacher den ersten Teil von Art. Smalc. III,6 auf, wo jedoch nur auf den sakramentlichen Genuß Bezug genommen wird. Die calvinische Lehre dagegen behauptet, daß die Ungläubigen in gar keiner Weise der Gabe des Sakraments teilhaftig werden. Die Lehrdifferenz hat also nur insofern einen Anhalt an der Wirklichkeit, als wegen des unvollkommenen Zustandes der Kirche überhaupt Ungläubige am Abendmahl teilnehmen: »Jeder solche Fall ist also zugleich ein Mangel der Kirche, und also müssen diese Fälle immer seltener werden und dasjenige muß verschwinden, woran allein diese beiden Theorien sich unterscheiden lassen.« (§ 159,3). – Der zuletzt zitierte Satz wirft ein grelles Licht auf einen negativen Zug von Schleiermachers Umgang mit der reformatorischen Lehre bei der dogmatischen Behandlung des Abendmahls: Die Wurzeln der unterschiedlichen Lehrfassungen im Zentrum der jeweiligen Lehrgestalt, in der Anthropologie, Soteriologie und Christologie, vor allem in der existentiellen Frage, woher der angefochtene Glaube Gewißheit erlangt, liegen entweder gänzlich außerhalb seines Blickfeldes oder er hat sie – weniger wahrscheinlich – bewußt ausgeblendet. Allein dieses Wahrnehmungsdefizit erlaubt ihm hier die elegante Harmonisierung der unterschiedlichen Lehrbildungen.

Andererseits ist nicht zu verkennen, wie Schleiermachers Ansatz bei der mit Rekurs auf die Wesensbestimmung des Christentums gedeuteten Feier, die sich dem Befehl Jesu beim letzten Mahl mit seinen Jüngern verdankt, geeignet ist, das Abendmahl in die Grundbewegung des rechtfertigenden Christusglaubens einzuzeichnen und es dabei ganz zentral religiös zu deuten. Dabei gelangt er zum Anschluß an charakteristische Züge der reformatorischen Lehre: Weder ist das Abendmahl ein theurgisches Mysterium noch ein frommes Werk der Gemeinde, sondern es ist sicht- und greifbares Evangelium, das sich an den Glauben und an ihn allein wendet.

d) Zusammenfassung und Schluß

Daß Schleiermacher den protestantischen Bekenntnisschriften hohe Wichtigkeit für die dogmatische Arbeit einräumt, ist, verglichen mit anderen gleichzeitigen Dogmatiken, keineswegs originell. Die Art aber, wie er sie verwendet, ist bei Zeitgenossen und Nachlebenden auf mißtrauische Ablehnung gestoßen. Mit einem der Kritiker, die ihm Undeutlichkeit in der Bestimmung des Verhältnisses seiner eigenen dogmatischen Position zur hergebrachten kirchlichen Lehre vorwarfen, hat sich Schleiermacher im Vorübergehen selbst auseinandergesetzt. Im Zusammenhang mit der Klage darüber, daß seines Erachtens die Kritiker zugunsten der Einleitung seine Arbeit an der materialen Dogmatik vernachlässigt haben, räumt er ein, diese hätten recht daran getan, »wenn es wahr wäre, was ein junger Theologe, der seine Laufbahn auf eine glänzende, vielleicht fast blendende Weise beginnt, frischweg behauptet, ich lege den kirchlichen Ausdrücken oft neue Ideen unter«. (2. Sendschreiben an Lücke, ed Mulert, S. 63). Bei dem so Charakterisierten, den Mulert nicht identifiziert hat, handelt es sich um Karl Hase[205]. In der ersten Ausgabe seines »Lehrbuch⟨s⟩ der evangelischen Dogmatik« (Stuttgart 1826), das er mit der Vorrede genau an seinem 26. Geburtstag, dem 25. August 1826, abschloß[206], bemerkt er anläßlich der Erwägungen zur Bedeutung der Philosophie für die Kirchenlehre, die Art, wie Schleiermacher »den kirchlichen Ausdrücken zum Theil neue Ideen« unterlege, veranlasse »Verwirrung der Begriffe« (§ 7, Anm. 1). Hase hat diese in der Form boshafte Andeutung Schleiermachers als gegen sich selbst gerichtet in seinem »Anti-Röhr« (1837) zitiert[207].

Zwei weitere charakteristische Beispiele seien angeführt: J. Fr. Röhr schreibt in seiner Rezension der Glaubenslehre, ausgehend von der Beobachtung, diese setze sich über die gängige Frontstellung von Orthodoxie und Heterodoxie hinweg: ». . . und Rec. hat oft in seinem nächsten Kreise bedauern hören, daß auch ein solcher Mann, ausgerüstet mit einem so glänzenden Scharfsinne und mit einer Kräftigkeit des eigenthümlichen Denkens und Forschens, welche ihn alle Vorurteile kühn von sich zu werfen mehr als genügend berechtigte, der leider jetzt so sehr um sich greifenden Richtung zum *Mysticismus* und zum *positiven Formelglauben* nicht habe widerstehen können«[208]. Die abschließenden Sätze der Rezension bewerten Schleiermachers Werk zusammenfassend am Maßstabe dessen, was der Rezensent für die Aufgabe einer richtig angelegten, zweckdienlichen Dogmatik hält: »Theologen, welche, wie sie sollen, bei Construirung ihres christlichen Glaubenssystemes die Heilige Schrift zum Grunde legen und seine einzelnen Sätze der allgemeinen Menschenvernunft aus dem

---

[205] Vgl. in Kürze den Personalartikel von G. Krüger in RE³ VII, S. 453−461. Hinzuweisen ist auf die neue monographische Gesamtdarstellung von Bernd Jaeger, Karl von Hase als Dogmatiker, Diss. theol. Kiel 1988.

[206] Karl von Hase, Ideale und Irrthümer, Leipzig ⁶1908, S. 173.

[207] Vgl. Karl von Hase, Gesammelte Werke, Bd 8, Theologische Zeit- und Streitschriften, ed G. Krüger, Leipzig 1892, S. 261 ff. Die angegebene Passage findet sich S. 323 f.

[208] Kritische Prediger-Bibliothek 4/1823, S. 374, zit. nach KGA I.7,3, S. 506.

ethischen Gesichtspuncte unterwerfen, können davon gar keinen Gebrauch machen. Es ist nur für die, welche sehen wollen, oder auch ihre Freude daran haben, wie ein gewandter Kopf kirchlich-dogmatische Lehren, die oft nicht die mindeste Wahrheit in sich tragen, drehen, wenden und deuteln kann, um ihnen für alle nicht Tieferschauenden den *Schein der Wahrheit* zu geben«[209].

Im Resultat ganz ähnlich ist die Kritik, die Ferd. Chr. Baur an Schleiermachers Umgang mit der traditionellen Lehre übt: »Oft genug kann man, bei der gar zu grossen Vorsicht, mit welcher die Schleiermacher'sche Glaubenslehre den Widerspruch mit der Kirchenlehre so viel möglich zu umgehen und zu mildern sucht, und bei der gesuchten Künstlichkeit, mit welcher sie die kirchlichen Lehrsätze und Formeln in einem Sinne deutet, welchen Schleiermacher unmöglich für den wahren und eigentlichen halten konnte, den Gedanken an eine absichtliche Täuschung nicht unterdrücken, . . .«[210] Die unerhörte Vehemenz dieser Kritik – sie hat den Herausgeber der Vorlesungen, Baurs Schwiegersohn E. Zeller, zu einer erklärenden Anmerkung genötigt[211] – wird nur wenig gemildert durch den Hinweis auf den konstitutionell vermittelnden Zeitgeist im politischen wie im theologischen Leben, dessen Exponent Schleiermacher hier sei[212].

Die vorangegangenen Abschnitte, die versucht haben, den unterschiedlichen wissenschaftssystematischen Status der systematisch-konstruktiven und der historisch deutenden und kritisierenden Aussagezusammenhänge in Schleiermachers dogmatischem Verfahren zu erhellen, dürften diesen Vorwürfen den Boden entzogen haben. Abschließend soll ein vergleichender Seitenblick noch einmal die seinerzeit originellen und zukunftsweisenden Züge an Schleiermachers dogmatischem Verfahren ans Licht stellen. Ihre Darlegung eignet sich als zusammenfassender Abschluß nicht nur dieses letzten Kapitels, sondern der ganzen vorliegenden Untersuchung.

Die von J. Fr. Röhr angemahnte Aufgabe der Dogmatik (s. o.), sie solle der – letztlich autonom gedachten – Vernunft die Anleitung zur Kritik eines abgeschlossenen Lehrkomplexes liefern, ist nicht dessen individuelle Privatidee, sondern sie liegt faktisch der Gestaltung der dogmatischen Lehrbücher der gleichzeitigen mehr oder minder rationalistischen Schultheologie zugrunde. Als Beispiel sei K. G. Bretschneiders »Handbuch der Dogmatik der evangelisch-lutherischen Kirche oder Versuch einer beurtheilenden Darstellung der Grundsätze, welche diese Kirche in ihren symbolischen Schriften über die christliche Glaubenslehre aufgestellt hat. . .«[213] kurz vorgestellt. Bretschneider unterscheidet enzyklopädisch zwischen »christlicher Theologie« und »Dogmatik«. Die

---

[209] Ibd., KGA I. 7,3, S. 533.

[210] Kirchengeschichte des 19. Jahrhunderts, ed E. ZELLER, Leipzig [2]1877, S. 216.

[211] Ibd., Anm.

[212] Ibd., S. 192 f. 216.

[213] Leipzig 1814, im folgenden wird die 4. Aufl. (1838) mit Angabe der Seitenzahlen des ersten Bandes im Text zitiert. Im großen und ganzen gleich ist die Aufgabenbestimmung bei WEGSCHEIDER, vgl. Institutiones §§ 20 f. 30 f. Bei BRETSCHNEIDER liegt jedoch eine höhere Stufe des wissenschaftstheoretischen Problembewußtseins vor: »In allen diesen klaren Bestimmun-

christliche Theologie entfaltet, fußend auf der rein historisch-empirisch arbeitenden »biblischen Dogmatik«, ». . . auf systematische, gelehrte und kritische
Weise blos und einzig die Religionslehren ⟨. . .⟩, welche in den christlichen
Religionsurkunden liegen« (14). Die Dogmatik erfüllt, parallel dazu, dieselbe
Aufgabe an den Dokumenten »der Meinungen und Grundsätze über die christliche Religionslehre, zu welchen sich die christlichen Parteien öffentlich bekannt
haben« (15), zu ihr verhält sich die als Ausschnitt aus der Dogmengeschichte
verstandene Symbolik wie die biblische Dogmatik zur christlichen Theologie[214].

Die Aufgabe der Dogmatik ist also prinzipiell für alle christlichen Kirchentümer auf gleiche Weise gestellt. Für die evangelisch-lutherische Kirche gilt: »Eine
Dogmatik unserer Kirche ist eine systematische Darstellung und kritische Be-
urtheilung der in den öffentlichen Bekenntnißschriften unserer Kirche sanctio-
nierten Glaubenslehren.« (30 f.). Ihre Arbeit vollzieht sich in drei Schritten, die
Bretschneider »Heuristik«, »Systematik« und »Kritik« nennt. Die Heuristik
ermittelt aus dem vorliegenden Komplex kirchlich approbierter Dokumente das
in ihnen implizierte Lehrsystem. Diesen Arbeitsschritt macht der besondere
Charakter der lutherischen Bekenntnisschriften notwendig: Sie sind nicht, wie
die altkirchlichen, die die Norm für das genus »Bekenntnis« darstellen, »reine«
(39) Bekenntnisse, sondern »bekennen und declariren nicht nur, sondern sie
rüsten ihr confiteor mit allerhand exegetischen und kritischen Beweisen aus, um
es zu rechtfertigen und zu vertheidigen.« (ibd.). Die Sätze, die aus diesem
Aggregat auszusondern und der Konstruktion des Systems zugrunde zu legen
sind, sind allein die positiven Behauptungen, nicht die negativen Bestreitungen
anderer Lehre und Praxis sowie solche Sätze, die ausdrücklich die Lehre der
Nachkommen auf einen bestimmten Typus festlegen wollen (44). Auch die so
ermittelten Sätze bilden von sich aus wegen ihrer Herkunft aus bestimmten
polemischen Situationen noch kein »System«. Diesen Charakter muß ihnen erst
der Dogmatiker im zweitgenannten Arbeitsschritt verleihen. Bretschneider löst
die Aufgabe bekanntlich, indem er als systematischen Fundamentalsatz die
Lehre vom doppelten Prinzip des Protestantismus[215] einführt: Materialprinzip ist
die Rechtfertigung allein aus dem Glauben, Formalprinzip das »sola scriptura«
(55). Mit dieser systematischen Rekonstruktion ist aber erst die eine Seite der
doppelten Aufgabe der Dogmatik erfüllt. Das so gewonnene Lehrganze muß
weiterhin einer methodisch durchsichtigen kritischen Beurteilung unterzogen
werden. Zunächst ist nach den Gesetzen der Logik zu prüfen, ob die einzelnen
Sätze des Systems zueinander im Verhältnis der zwingenden Stringenz stehen

---

gen ist Bretschneider den Dogmatikern seiner Zeit, Schleiermacher allein ausgenommen,
überlegen.« HIRSCH, Geschichte Bd V, S. 65.

[214] SCHLEIERMACHERS spöttische Bemerkung hierzu, man werde »am Ende zweifelhaft, ob
Dogmatik auch zur christlichen Theologie gehöre.« (CG¹ §1,4, Anm. 2) entspringt der
mißverstehenden Äquivokation des Begriffs »Theologie« in Bretschneiders und seinem enzyklopädischen Entwurf.

[215] Die wichtigsten Beiträge zur Diskussion um diesen Begriff sind verzeichnet bei FR.
NITZSCH, Lehrbuch der evangelischen Dogmatik, 3. Aufl., bearb. von H. STEPHAN, Tübingen
1912, S. 271 f.

(69). Die folgende historische Kritik hat einen zwiefachen Skopus: Einmal prüft sie die Wahrscheinlichkeit historischer Aussagen – Bretschneider nennt als Beispiel die Frage, ob die ganze Menschheit von einem einzigen Paar abstammen könne –, sodann prüft sie die Schriftgemäßheit der dogmatischen Aussagen. Endlich tritt dann die kritische Instanz selbst auf den Plan, die in den beiden erstgenannten schon verborgen am Werk war: »Die *philosophische* Kritik ist eine Prüfung der dogmatischen Lehren nach dem System allgemeiner Vernunftwahrheiten, oder nach dem Verhältnisse dieser Lehren zu den der menschlichen Vernunft vom Schöpfer gegebenen religiösen Ideen« (71). Kritische Instanz und Objekt der Kritik stehen einander äußerlich – unvermittelt gegenüber. Ihr gegenseitiges Kontinuitätsverhältnis ist allein als ein durch einen göttlichen Erziehungsplan freigesetzter Emanzipationsprozeß faßbar[216]. Der konstruktiv-systematische Impetus der dogmatischen Arbeit wird so an die Bearbeitung der alten Form der Lehrgestaltung gewandt, die jedoch ihrerseits im paläologischen Vorhof der Dogmatik verbleibt, während sich die Explikation gegenwärtig zu verantwortender christlicher Lehre wesentlich im Medium der Kritik an jener vollzieht.

Diesen sogleich ins Auge springenden Unterschied der hier an Bretschneider exemplifizierten dogmatischen Methode zu Schleiermachers Glaubenslehre hat Wilh. Gaß prägnant markiert: »Die rationalistische Schule war gewohnt, jeden Artikel biblisch zu eröffnen, darauf eine historische Relation folgen zu lassen, und endlich mit einer Epikrise oder Schlußprüfung zu schließen. Sie setzte sich damit dem Vorwurf aus, als ob es immer nur *Kritik* heißen dürfe, was der Dogmatiker zuletzt in der Hand behält. Hier wird die umgekehrte Ordnung in Vorschlag gebracht, so daß die dogmatische Reflexion an der Stelle beginnt, wo sie nach Anderen enden soll.«[217] – Den systematischen Gründen für diesen Sachverhalt soll im folgenden nachgegangen werden.

Die Gestaltung von Schleiermachers Glaubenslehre ruht auf der stillschweigenden Voraussetzung, daß die Akten des kritischen Prozesses, der sich seit Beginn der Aufklärung an der protestantisch-dogmatischen Überlieferung vollzogen hat, prinzipiell geschlossen sind[218]. Die Dogmatik ist damit der Aufgabe enthoben, den kritischen Prozeß Lehrstück für Lehrstück im Fortgange ihrer Arbeit zu repetieren und einzuschärfen. Der kritische Impuls kann stattdessen seinerseits in die Aufgabe der konstruktiven Systematik einrücken. Repräsentant und Agent dieser konstruktiv-systematisch werdenden Kritik im System

---

[216] Zu BRETSCHNEIDERS Fassung des Verhältnisses Vernunft – Offenbarung in der Nachfolge von LESSINGS »Erziehung des Menschengeschlechts« s. Handbuch, Bd I, S. 272 ff., vgl. auch HIRSCH, Geschichte Bd V, S. 66 f.

[217] Geschichte der protestantischen Dogmatik, Bd IV, S. 549; Schleiermachers eigene Kritik an diesem dogmatischen Verfahren liegt jetzt präzise formuliert vor in W. Sachs (ed), Schleiermachers Enzyklopädievorlesung, SchlA Bd 4, S. 184.

[218] Daß Schleiermachers Theologie an dieser Stelle deutlich über sich selbst hinausweist, erhellt schlaglichtartig aus seinem selbst eingestandenen Unverständnis für die Kritik BRETSCHNEIDERS an der Tradition vom apostolischen Ursprung des 4. Evangeliums, vgl. Einleitung in das Neue Testament, I, 8, 315–318 sowie die 14. Anmerkung zur 5. Rede, I, 1, 447 f.

der Glaubenslehre ist der ethisch-religionsphilosophische Begriff des Wesens des Christentums einschließlich seiner Voraussetzungen und Folgerungen. Ohne konstitutiven Rückbezug auf Sätze der dogmatischen Überlieferung entwickelt er auf der Basis des allgemeinen Wahrheitsbewußtseins in seiner wissenschaftlich-reflektierten Ausformung ein sicheres Wissen um den Tatbestand Christentum, das zugleich den Anspruch erhebt, so beschaffen zu sein, daß lebendiges christlich-frommes Bewußtsein sich in ihm wiederzuerkennen vermag.

Dieser Wesensbegriff ist insofern als Resultat der aufgeklärten Kritik anzusprechen, als er so konstruiert ist, daß er mit deren Ergebnissen nicht in Konflikt gerät. Für die dogmatische Arbeit hat er eine Doppelfunktion: Einerseits leiten die in ihm implizierten Konsequenzen die systematische Gliederung des Ganzen, zum andern dienen diese im Fortgang der dogmatischen Arbeit als hermeneutischer Schlüssel und kritischer Kanon bei der Analyse und Interpretation der als Aussagen über das christlich-fromme Bewußtsein verstandenen traditionellen Sätze[219]. Die dogmatische Arbeit ist so nicht mehr Kritik *an* der vorgegebenen »Dogmatik«, sondern sie wird zur *kritischen* Dogmatik, indem die kritische Instanz ihrerseits sich konstruktiv-systematisch entfaltet. Zugleich wird die Dogmatik so in einem höheren Sinne historisch, sofern es ihr nicht um die museale Rekonstruktion eines von der Gegenwart geschiedenen, fremden gedanklichen Gebäudes geht, sondern um das echte, auf Einverständnis zielende Verständnis des in der dogmatischen Tradition Intendierten.

Indem die Dogmatik so dazu anleitet, im scheinbar fremdartigen Vergangenen das Eigene zu erkennen, vermag sie zugleich modellhaft zu wirken für das Denken und Handeln in einer Gegenwart, die durch strittigen religiös-theologischen Pluralismus gekennzeichnet ist, indem sie deutlich macht, in welchem Maße hinter den differenten und konkurrierenden Ausdrucksformen das mit sich selbst identische christlich-fromme Bewußtsein wirksam ist.

Begründet ist dieser neuartige Zugang zur Lehrtradition in einer neuen, originellen Geamtauffassung der Christentumsgeschichte, innerhalb derer der Entwicklungs- und Fortschrittsgedanke von entscheidender Bedeutung ist.

Das wahre Wesen des sich von den Anfängen des Christentums bis in die Gegenwart hinein vollziehenden Prozesses ist die durch Christus begonnene und weiterhin fort und fort bewirkte Beseelung menschlichen Lebens und Denkens in allen seinen Vollzügen durch den Heiligen Geist, die im Individuum dort zum Ziel kommt, wo der durch die kirchliche Gemeinschaft vermittelte, selbstverantwortlich angeeignete Christusglaube als Vollendung des Gottesbewußtseins zum innersten Grund persönlichen Lebens wird. Die äußerlich betrachtet an Brüchen und Verfall so reiche Geschichte der Kirche

---

[219] Der wissenschaftliche Anspruch, den Schleiermacher so angesichts der neuzeitlichen Gestalt der Wahrheitsfrage an die Dogmatik stellt, ist völlig verkannt, wenn W. PANNENBERG schreibt, daß bei Schleiermacher »die Dogmatik als Ausdruck der religiösen Subjektivität des Theologen aufgefaßt werden konnte« (Systematische Theologie, Bd 1, Göttingen 1988, S. 51).

gewinnt einen Gesamtsinn als teleologisch gerichteter Prozeß, wenn sie aus diesem ihrem ursprünglichsten, innersten Beweggrund heraus interpretiert wird.

Seine kognitive Bewährung findet dieser Deutungsansatz darin, daß der faktische Verlauf der Kirchengeschichte anhand eines in sich einheitlichen und abgeschlossenen Strukturschemas von Handlungsweisen, mittels derer sich dieser Aneignungsprozeß immer und überall vollzieht, interpretierbar wird.

Die gegenwärtige Rechenschaft vom christlichen Glauben steht so der Vergangenheit nicht als durch eine qualitative Differenz geschieden gegenüber. Auch die wider das Überlieferte kritische Vernunft erweist sich nicht als eine außerhalb des christlichen Glaubens stehende, ihn attackierende Macht, sondern sie weiß sich, versteht sie sich selbst recht, als eben durch ihn hervorgebracht und ermöglicht. Ein diese Instanz aus sich ausschließendes Christentum wie auch eine aus dem christlichen Glauben heraustretende Vernunft sind korrekturbedürftige Fehlentwicklungen, so wahr auch die neuzeitliche Gestalt des Christentums ihr eigenes Entstehen und Bestehen dem einen die Identität des Geschichtszusammenhanges durch alle Diskontinuität hindurch gewährleistenden und alle Steigerung bewirkendenden Christus verdankt. Sie weiß sich deshalb auch mit allen vergangenen und künftigen positiv-historischen Formen christlichen Lebens und Denkens Christus gegenüber in gemeinsamer Relativität verbunden.

Der historische Ermöglichungsgrund der modern-protestantischen Gestalt des Christentums mitsamt ihrer kritischen Theologie ist die den bislang letzten epochalen Umbruch in der Christentumsgeschichte markierende Reformation des 16. Jahrhunderts. Sie hat durch ihre Reduktion alles Christentums auf den rechtfertigenden Christusglauben, die sich polemisch-kritisch gegen das mittelalterlich-katholische Christentum freisetzte, eine neue Individuation des Christentums begonnen, deren eigentümliche Ausgestaltung sich seither innerhalb der Geschichte des Protestantismus vollzieht. Der gegenwärtigen Theologie ist die Aufgabe gestellt, dem damals wirksam gewordenen Impuls zu seiner weitergehenden Durchsetzung zu verhelfen. Das impliziert zweierlei: Einmal ist sie keinesfalls auf buchstäblich-gesetzliche Weise an die ersten Formen gebunden, die dieser geschichtsmächtige Impuls in der ersten Zeit seines Wirksamwerdens unter bestimmten kontingenten Bedingungen angenommen hat. Zum andern ist sie aber doch eben an diese Erstgestalt theologisch sich explizierenden protestantischen Christentums gewiesen, will sie sich durch Vergleichung, Anknüpfung und Kritik hindurch als – auch wieder vorläufiges – Resultat desjenigen Impulses bewähren, der im 16. Jahrhundert seine ersten Wirkungen zeitigte.

Die Rezeption reformatorischer Theologie ist damit der heillosen Alternative von lehrgesetzlicher Geltung und undialektisch-emanzipativer Abstoßung überhoben, ohne in unreflektierten Eklektizismus zu verfallen. Eine Deutung reformatorischer Theologie, die hinter deren konkrete, mit Hilfe der damals zur Verfügung stehenden Denkmittel ausgeformten Sätze auf die in diesen wirksamen religiösen Intentionen zielt, hat Schleiermacher in der Glaubenslehre an dem Stück reformatorischen Schrifttums, das am prominentesten in seine Gegenwart hineinragte, den Bekenntnisschriften, versucht. Die Interpretation reformatorischer Theologumena mit dem Instrumentarium einer Christentumsdeutung, die die Ergebnisse aufklärerisch-neuzeitlicher Kritik in sich aufgenommen hat, vermag deren Aussagegehalt von der Patina musealer Antiquiertheit zu befreien und sie wirksam werden zu lassen zur Vertiefung christlichen Glaubens in seiner neuzeitlichen Lebenswelt. Daß dabei Mißverständnisse und Fehler nicht ausgeblieben sind, bedarf kaum der besonderen Erwähnung. Es bleibt – im Anschluß an Gerhard Ebeling[220] – festzuhalten, daß mit Schleiermacher – sieht man von Vorgängern wie etwa J. G. Hamann ab – eine Periode der protestantischen Theologiegeschichte beginnt, die wesentlich bestimmt ist durch das Bemühen um eine für die neuzeitliche Gegenwart fruchtbare Interpretation und Rezeption reformatorischer Theologie.

---

[220] Luther und Schleiermacher, SchlA 1,1, S. 37.

Literaturverzeichnis

I. Quellen

A. Schleiermacher

1. Gesamtausgaben

SCHLEIERMACHER, FRIEDRICH DANIEL ERNST: Sämmtliche Werke
    1. Abtheilung: Zur Theologie, 11 Bde (von 13 geplanten), Berlin 1835–64.
    2. Abtheilung: Predigten, 10 Bde, Berlin 1834–56.
    3. Abtheilung: Zur Philosophie, 9 Bde (in 10), Berlin 1835–62.
    Zitiert mit Angabe der Abteilungs- (römisch), Band- und Seitenzahl (arabisch).
– Kritische Gesamtausgabe, edd H.-J. Birkner, G. Ebeling, H. Fischer, H. Kimmerle, K.-V.
    Selge, Berlin/New York 1980 ff. (KGA).
    KGA I.1: Jugendschriften 1787–96, ed G. Meckenstock, 1984.
    KGA I.2: Schriften aus der Berliner Zeit 1796–99, ed G. Meckenstock, 1984.
    KGA I.7,1–2: Der christliche Glaube 1821/22, ed H. Peiter 1980 (Studienausgabe 1984), zit.
    als »CG[1]«.
    KGA I.7,3: Der christliche Glaube 1821/22, Marginalien und Anhang, ed U. Barth, 1984.
    KGA V.1: Briefwechsel 1774–96, edd A. Arndt/W. Virmond, 1986.

2. Auswahlausgaben

SCHLEIERMACHER, FRIEDRICH DANIEL ERNST: Werke in Auswahl, edd O. Braun/J. Bauer, 4 Bde,
    Leipzig 1910–13. Darin: Bd 2, Entwürfe zu einem System der Sittenlehre, 1913 (Nachdruck
    Aalen 1967), zitiert als »Ethik ed Braun/Bauer«.
– Kleine Schriften und Predigten, 3 Bde, edd H. Gerdes/E. Hirsch, Berlin 1969/70 (zitiert als
    »KSP I–III«).

3. Kritische Einzelausgaben und Übersetzungen

BAUER, JOHANNES (ed): Schleiermachers letzte Predigt mit einer Einleitung neu herausgegeben,
    Marburg 1905.
DUKE, J./FIORENZA, F. (Übers.): F. Schleiermacher, On the Glaubenslehre – two Letters to Dr.
    Lücke, American Academy of Religion, Text and Translations Series Nr. 3, Chico/Califor-
    nia 1981.
MULERT, HERMANN (ed): Schleiermachers Sendschreiben über seine Glaubenslehre an Lücke
    neu herausgegeben und mit einer Einleitung und Anmerkungen versehen, Studien zur
    Geschichte des neueren Protestantismus, edd H. Hoffmann/L. Zscharnack, 2. Quellenheft,
    Leipzig 1908.
REDEKER, MARTIN (ed): Der christliche Glaube ⟨...⟩ auf Grund der zweiten Auflage und
    kritischer Prüfung des Textes neu herausgegeben, 2 Bde, Berlin 1960 (zitiert als »CG[2]«).
SACHS, WALTER (ed): Friedrich Schleiermacher, Theologische Enzyklopädie (1831/32), Nach-
    schrift David Friedrich Strauß, SchlA Bd 4, Berlin/New York 1987.

SCHOLZ, HEINRICH (ed): Kurze Darstellung des theologischen Studiums, Quellenschriften zur Geschichte des Protestantismus, ed C. Stange, Heft 10, Leipzig 1910 (Nachdruck Darmstadt 1982).

SCHULZE, THEODOR/WENIGER, ERICH (edd): Friedrich Schleiermacher, Pädagogische Schriften, 2 Bde (1966), Nachdruck Frankfurt/Berlin/Wien 1983.

STANGE, CARL (ed): Schleiermachers Glaubenslehre, Kritische Ausgabe, Erste Abteilung: Einleitung (mehr nicht erschienen), Quellenschriften zur Geschichte des Protestantismus, ed C. Stange, 9. Heft, Leipzig 1910.

4. Briefe

GASS, WILHELM (ed): Schleiermachers Briefwechsel mit J. Chr. Gaß, Berlin 1852 (zitiert als »Br. Gaß«).

Aus Schleiermachers Leben. In Briefen. Bd 1 und 2 Berlin [2]1860, Bd 3 und 4 vorbereitet von L. Jonas und herausgegeben von W. Dilthey, Berlin 1861–63 (zitiert als Br. I–IV).

MEISNER, HEINRICH (ed): Schleiermachers Briefwechsel mit seiner Braut, Gotha 1919.

– Schleiermacher als Mensch. Familien- und Freundesbriefe 1783–1804, Gotha 1922.

– Schleiermacher als Mensch. Familien- und Freundesbriefe 1804–1834, Gotha 1923 (zitiert als »Br. Meisner I–III«).

CORDES, MARTIN (ed): Der Brief Schleiermachers an Jacobi, in: ZThK 68/1971, S. 195–212.

B. Kirchliche Lehrdokumente

Die Bekenntnisschriften der evangelisch-lutherischen Kirche, herausgegeben im Gedenkjahr der Augsburgischen Konfession 1930, Göttingen [7]1976 (zitiert als »BKSELK«).

Catechismus ex decreto Concilii Tridentini (Catechismus Romanus), Leipzig (Tauchnitz) [11]1893.

Collectio Confessionum in Ecclesiis Reformatis publicatarum, ed H. A. Niemeyer, Leipzig 1840 (zitiert als »Niem.«).

DENZINGER, H./SCHÖNMETZER, A.: Enchiridion Symbolorum, Definitionum et Declarationum de Rebus Fidei et Morum, Barcelona/Freiburg/Rom [36]1976 (zitiert als »Denz.«).

C. Quellensammlungen und Hilfsbücher

HASE, KARL: Hutterus Redivivus oder Dogmatik der evangelisch-lutherischen Kirche, Leipzig [7]1848.

HEPPE, HEINRICH/BIZER, ERNST: Die Dogmatik der evangelisch- reformierten Kirche, Neukirchen 1935.

HIRSCH, EMANUEL: Hilfsbuch zum Studium der Dogmatik, Nachdruck der 4. Auflage 1964, Berlin 1974.

– Die Umformung des christlichen Denkens in der Neuzeit, Tübingen 1938.

RATSCHOW, CARL-HEINZ: Lutherische Dogmatik zwischen Reformation und Aufklärung, 2 Teile, Gütersloh 1964–66.

SCHMID, HEINRICH: Die Dogmatik der evangelisch-lutherischen Kirche, 7. Aufl., bearbeitet von F. H. R. von Frank, Gütersloh 1890.

D. Sonstige Quellen

Akten, Urkunden und Nachrichten zur neuesten Kirchengeschichte, Bd. I, Weimar 1789, darin: »Merkwürdiges Edikt Sr. Königl. Majestät von Preussen, die Religionsverfassung in den preussischen Staaten betreffend« (S. 461 ff, = »Woellnersches Religionsedikt«).

VON AMMON, CHRISTOPH FRIEDRICH: Bittere Arznei für die Glaubensschwäche der Zeit. Verordnet von Claus Harms ⟨...⟩ und geprüft von dem Herausgeber des Magazins für christliche Prediger, Hannover/Leipzig 1817.

AUGUSTINUS, AURELIUS: Contra duas epistolas Pelagianorum libri quatuor, MPL 44, Sp. 549–638.

BAUMGARTEN-CRUSIUS, LUDWIG FRIEDRICH OTTO: Einleitung in das Studium der Dogmatik, Leizig 1820.

BRANDI, KARL (ed): Der Augsburger Religionsfriede vom 25. September 1555. Kritische Ausgabe des Textes mit den Entwürfen und der königlichen Deklaration, Göttingen ²1927.

BRETSCHNEIDER, KARL GOTTLIEB: Handbuch der Dogmatik der evangelisch-lutherischen Kirche, 2 Bde, Leipzig ⁴1838.

CHEMNITZ, MARTIN: Examinis Concilii Tridentini ⟨...⟩ quatuor partes (1565–73), 4 Bde, Frankfurt/Main 1615.

VON COELLN, DANIEL: Biblische Theologie, ed David Schulz, 2 Bde, Leipzig 1836.

VON COELLN, DANIEL/SCHULZ, DAVID: Zwei Antwortschreiben an Herrn D. Friedr. Schleiermacher, Leipzig 1831.

– Ueber theologische Lehrfreiheit auf den evangelischen Universitäten und deren Beschränkung durch symbolische Bücher. Eine offene Erklärung und vorläufige Verwahrung, Breslau 1830.

DE WETTE, WILHELM MARTIN LEBERECHT: Kritische Uebersicht der theologischen Sittenlehre in der evangelisch Lutherischen Kirche seit Calixtus, zweiter Abschnitt, in: Theologische Zeitschrift, edd De Wette, Lücke, Schleiermacher, 2/1820, S. 1–82.

DORNER, ISAAK AUGUST: System der christlichen Glaubenslehre, 2 Bde, Berlin ²1886.

EYLERT, RULEMANN FRIEDRICH: Charakterzüge und historische Fragmente aus dem Leben des Königs von Preußen Friedrich Wilhelm III., Dritter Theil, Zweite Abtheilung, Magdeburg 1846.

FÖRSTEMANN, KARL EDUARD: Urkundenbuch zur Geschichte des Reichstages zu Augsburg im Jahre 1530, 2 Bde, Halle 1830–35.

HARMS, CLAUS: Lebensbeschreibung verfasset von ihm selber, Kiel ²1851.

– Ausgewählte Schriften und Predigten, edd P. Meinhold u. a., 2 Bde, Flensburg 1955.

(VON) HASE, KARL: Ideale und Irrthümer, Leipzig ⁶1908.

– Lehrbuch der evangelischen Dogmatik, Stuttgart 1826.

– Ad Orationem audiendam ⟨...⟩ observantissime invitat C. A. Hase. Inest Confessio fidei Ecclesiae evangelicae nostri temporis rationibus accomodata, Leipzig 1836.

– Theologische Zeit- und Streitschriften, Gesammelte Werke Bd 8, ed G. Krüger, Leipzig 1892.

HEINE, HEINRICH: Briefe aus Berlin (1822), in: Ders., Sämtliche Schriften, ed K. Briegleb, Bd II, ed G. Häntzschel, München/Wien 1976, S. 9 ff.

HEINRICI, C. F. GEORG: D. August Twesten nach Tagebüchern und Briefen, Berlin 1889.

HENGSTENBERG, ERNST WILHELM (ed): Evangelische Kirchen-Zeitung, Berlin 1827 ff.

⟨JOCHMANN, CARL GUSTAV⟩: Betrachtungen über den Protestantismus, Heidelberg 1826.

JOHANNSEN, J. C. G.: Allseitige wissenschaftliche und historische Untersuchung der Rechtmäßigkeit der Verpflichtung auf symbolische Bücher überhaupt und die Augsburgische Konfession insbesondere, Altona 1833.

KANT, IMMANUEL: Kritik der reinen Vernunft, ed Th. Valentiner, Leipzig 1906 (PhB Bd 37).

– Die Religion innerhalb der Grenzen der bloßen Vernunft, ed K. Vorländer, Leipzig 1903 (PhB Bd 45).

Allgemeines Landrecht für die preußischen Staaten, Textausgabe mit einer Einführung von H. Hattenhauer und einer Bibliographie von G. Bernert, Frankfurt am Main/Berlin 1970.

LEIBNIZ, GOTTFRIED WILHELM: Die Theodicee, deutsch von R. Habs, Leipzig (Reclam) o. J.

LÖHE, WILHELM: Drei Bücher von der Kirche (1845), in: Ders., Gesammelte Werke Bd 5,1, ed K. Ganzert, Neuendettelsau 1954, S. 85–179.

LUTHER, MARTIN: Werke in Auswahl, edd O. Clemen u. a., 8 Bde, Bonn (später Berlin) 1912 ff.

MORITZ, KARL PHILIPP: Anton Reiser, ed W. Martens, Stuttgart 1986.

Röhr, Johann Friedrich: Grund- und Glaubenssätze der evangelisch-protestantischen Kirche, in: Kritische Prediger-Bibliothek 13/1832, S. 535–560.
– Rezension von R. F. Eylert, Ueber den Werth und die Wirkung der für die evangelische Kirche ⟨...⟩ bestimmten Agende nach dem Resultate einer zehnjährigen Erfahrung, in: Kritische Prediger-Bibliothek 11/1830, S. 1065–1078.
Rosenkranz, Karl: Kritik der Schleiermacherschen Glaubenslehre, Königsberg 1836.
– Rezension von: Fr. Schleiermacher, Sendschreiben an von Coelln und Schulz und von Coelln/ Schulz, Zwei Antwortschreiben, in: Jahrbücher für wissenschaftliche Kritik 1831, Sp. 388 ff.
Semler, Johann Salomo: Apparatus ad libros symbolicos ecclesiae lutheranae, Halle 1775.
– Versuch einer freiern theologischen Lehrart, Halle 1777.
– Versuch eines fruchtbaren Auszugs aus der Kirchengeschichte, 3 Bde, Halle 1773–78.
Schroeckh, Johann Matthias: Christliche Kirchengeschichte, Bd 1, Leipzig ²1772.
Walch, Johann Georg: Historische und theologische Einleitung in die Religionsstreitigkeiten der Evangelisch-Lutherischen Kirche von der Reformation bis auf die ietzige Zeit, 5 Bde, Jena ²1733 ff.
Wegscheider, Julius August Ludwig: Institutiones Theologiae Christianae Dogmaticae, Halle ⁶1829.
– Brief an Schleiermacher, ungedruckt, Zentralarchiv der Akademie der Wissenschaften der DDR, Berlin (Ost), Signatur: SN 414.

II. Sekundärliteratur

A. Spezialliteratur zu Schleiermacher

Albrecht, Christoph: Schleiermachers Liturgik, Göttingen 1963.
Bader, Günther: Sünde und Bewußtsein der Sünde. Zu Schleiermachers Lehre von der Sünde, in: ZThK 89/1982, S. 60–79.
Bauer, Johannes: Schleiermacher als patriotischer Prediger, Studien zur Geschichte des neueren Protestantismus, edd H. Hoffmann und L. Zscharnack, Heft 4, Gießen 1908.
Beckmann, Klaus-Martin: Der Begriff der Häresie bei Schleiermacher, FGLP 10/16, München 1959.
Birkner, Hans-Joachim: Beobachtungen zu Schleiermachers Programm der Dogmatik, in: NZSTh 5/1963, S. 119–131.
– Deutung und Kritik des Katholizismus bei Schleiermacher und Hegel, in: Ders. u. a., Das konfessionelle Problem in der evangelischen Theologie des 19. Jahrhunderts, SGV 245/246, Tübingen 1966, S. 7–20.
– Schleiermachers christliche Sittenlehre im Zusammenhang seines philosophisch-theologischen Systems, Theologische Bibliothek Töpelmann, Heft 8, Berlin 1964.
– Schleiermachers »Kurze Darstellung« als theologisches Reformprogramm, in: H. Hultberg u. a. (edd): Schleiermacher – im besonderen Hinblick auf seine Wirkungsgeschichte in Dänemark, Text und Kontext Sonderreihe Bd 22, Kopenhagen/München 1986, S. 59–81.
– Theologie und Philosophie, Theologische Existenz Heute Nr. 178, München 1974.
Brandt, Wilfried: Der Heilige Geist und die Kirche bei Schleiermacher, Studien zur Dogmengeschichte und Systematischen Theologie Bd 25, Zürich 1968.
Brunner, Emil: Die Mystik und das Wort, Tübingen 1924.
Clayton, John: Theologie als Vermittlung – das Beispiel Schleiermachers, in: SchlA 1,2, S. 899–915.
Clemen, Carl: Schleiermachers Vorlesung über theologische Enzyklopädie, in: ThStKr 1905, S. 226–245.
Daur, Martin: Die eine Kirche und das zwiefache Recht, Jus ecclesiasticum Band 9, München 1970.
Dilthey, Wilhelm: Leben Schleiermachers, 2. Aufl., ed H. Mulert, Berlin/Leipzig 1922.
– F. D. E. Schleiermacher (1890), in: Ders., Gesammelte Schriften, Bd 4, Leipzig/Berlin ²1925, S. 354–402.

DOERNE, MARTIN: Theologie und Kirchenregiment, in: NZSTh 10/1968, S. 360–386.

EBELING, GERHARD: Luther und Schleiermacher, in: SchlA 1,1, S. 21–38.

– Schleiermachers Lehre von den göttlichen Eigenschaften, in: ZThK 65/1968, S. 459–494.

FISCHER, HERMANN: Subjektivität und Sünde, Itzehoe 1963.

FLÜCKIGER, FELIX: Philosophie und Theologie bei Schleiermacher, Zürich 1947.

FRITZSCHE, HANS-GEORG: Schleiermacher zur biblischen Dominium – terrae – Verheißung, in: SchlA 1,2, S. 687–697.

GERDES, HAYO: Der geschichtlich-biblische Jesus oder der Christus der Philosophen, 2. Aufl. als Radikale Mitte, Bd 5, Berlin/Schleswig-Holstein 1974.

GERRISH, BRIAN A.: From Calvin to Schleiermacher: The Theme and the Shape of Christian Dogmatics, in: SchlA 1,2, S. 1033–1051.

GRÄB, WILHELM: Die unendliche Aufgabe des Verstehens, in: D. Lange (ed), Friedrich Schleiermacher 1768–1834, Göttingen 1985, S. 47–71.

– Humanität und Christentumsgeschichte. Eine Untersuchung zum Geschichtsbegriff im Spätwerk Schleiermachers, Göttinger Theologische Arbeiten Bd 14, Göttingen 1980.

– Predigt als kommunikativer Akt, in: SchlA 1,2, S. 643–659.

– Predigt als Mitteilung des Glaubens, Gütersloh 1988.

GRASS, HANS: Grund und Grenzen der Kirchengemeinschaft, in: D. Lange (ed), Friedrich Schleiermacher 1768–1834, Göttingen 1985, S. 217–235.

– Schleiermacher und das Bekenntnis, in: SchlA 1,2, S. 1053–1060.

HARTMANN, HANS: Schleiermacher und das Bekenntnis, in: ZThK 24/1914, S. 285–362.

HERMS, EILERT: Herkunft, Entfaltung und erste Gestalt des Systems der Wissenschaften bei Schleiermacher, Gütersloh 1974.

– Reich Gottes und menschliches Handeln, in: D. Lange (ed): Friedrich Schleiermacher 1768–1834, Göttingen 1985, S. 163–192.

HESTER, CARL E.: Schleiermachers Besuch in Tübingen, in: Bausteine zur Tübinger Universitätsgeschichte Folge 1. Werkschriften des Universitätsarchivs Tübingen, ed V. Schäfer, Reihe 1: Quellen und Studien, Heft 6, Tübingen 1981, S. 127–144.

HIRSCH, EMANUEL: Fichtes, Schleiermachers und Hegels Verhältnis zur Reformation, Göttingen 1930.

– Schleiermachers Christusglaube, Gütersloh 1968.

HONECKER, MARTIN: Schleiermacher und das Kirchenrecht, Theologische Existenz Heute Nr. 148, München 1968.

HORNIG, GOTTFRIED: Schleiermacher und Semler, in: SchlA 1,2, S. 875–895.

JØRGENSEN, POUL HENNING: Die Ethik Schleiermachers, FGLP 10/14, München 1959.

JONAS, LUDWIG: Schleiermachers Wirken für Union, Liturgie und Kirchenverfassung, in: Monatsschrift für die unirte evangelische Kirche 3/1848.

JURSCH, HANNA: Schleiermacher als Kirchenhistoriker, Buch I (mehr nicht erschienen), Jena 1933.

LANGE, DIETZ: Historischer Jesus und mythischer Christus. Untersuchungen zu dem Gegensatz zwischen F. Schleiermacher und D. F. Strauß, Gütersloh 1975.

– Neugestaltung christlicher Glaubenslehre, in: Ders. (ed), Friedrich Schleiermacher 1768–1834, Göttingen 1985, S. 85–105.

MÜHLENBERG, EKKEHARD: Der Universitätslehrer, in: D. Lange (ed): Friedrich Schleiermacher 1768–1834, Göttingen 1985, S. 24–46.

MÜLLER, HANS-MARTIN: Die Auseinandersetzung mit der biblischen Opferlogik in der Predigt Schleiermachers, in: SchlA 1,2, S. 699–715.

NIESEL, WILHELM: Schleiermachers Verhältnis zur Reformierten Tradition, in: ZdZ 8/1930, S. 511–525.

NOWAK, KURT: Schleiermacher und die Frühromantik, Weimar/Göttingen 1986.

RENDTORFF, TRUTZ: Kirche und Theologie, Gütersloh ²1970.

– Kirchlicher und freier Protestantismus in der Sicht Schleiermachers, in: NZSTh 10/1968, S. 18–30.

RINGLEBEN, JOACHIM (ed): Anmerkungen zur Christologie der Glaubenslehre Schleiermachers von Hayo Gerdes, in: NZSTh 25/1983, S. 112–125.

RITSCHL, ALBRECHT: Schleiermachers Reden über die Religion und ihre Nachwirkungen auf die evangelische Kirche Deutschlands, Bonn 1874.

SAMSON, HOLGER: Die Kirche als Grundbegriff der theologischen Ethik Schleiermachers, Zollikon/Zürich 1958.

SCHOLZ, HEINRICH: Christentum und Wissenschaft in Schleiermachers Glaubenslehre, Berlin/ Leipzig 1909.

SCHROFNER, ERICH: Über das Verhältnis zwischen Protestantismus und Katholizismus. Schleiermacher und das Zweite Vatikanische Konzil, in: SchlA 1,2, S. 1185–1193.

SELGE, KURT-VIKTOR (ed): Internationaler Schleiermacher-Kongreß Berlin 1984, Schleiermacher-Archiv, edd H. Fischer u. a., Bde 1,1 und 1,2, Berlin/New York 1985 (zit. als »SchlA 1,1« bzw. »1,2«).

SOMMER, WOLFGANG: Schleiermachers Stellung zu den reformatorischen Bekenntnisschriften, vor allem nach seiner Schrift »Über den eigentümlichen Wert und das bindende Ansehen symbolischer Bücher« 1819, in: SchlA 1,2, S. 1061–1074.

SPIEGLER, GERHARD: The Eternal Covenant. Schleiermachers Experiment in Cultural Theology, New York/London 1967.

STECK, WOLFGANG: Der evangelische Geistliche. Schleiermachers Begründung des religiösen Berufs, in: SchlA 1,2, S. 717–770.

STIEWE, MARTIN: Das Unionsverständnis Friedrich Schleiermachers – Der Protestantismus als Konfession in der Glaubenslehre, Unio und Confessio Nr. 4, Witten 1969.

SÜSKIND, HERMANN: Der Einfluß Schellings auf die Entwicklung von Schleiermachers System, Tübingen 1909.

VON THADDEN, RUDOLF: Schleiermacher und Preußen, in: SchlA 1,2, S. 1099–1106.

TRAULSEN, HANS FRIEDRICH: Schleiermacher und Claus Harms, SchlA Bd 7, Berlin/New York 1989.

TRILLHAAS, WOLFGANG: Schleiermachers Predigt und das homiletische Problem, Leipzig 1933.

VERWIEBE, WALTER: Pneuma und Nus in Schleiermachers christlicher Sitte, in: ZThK NF 13/ 1932, S. 236–243.

B. Sonstige Literatur

ALTHAUS, PAUL: Die Theologie Martin Luthers, Gütersloh [4]1975.

ANDRESEN, CARL (ed): Handbuch der Dogmen- und Theologiegeschichte, 3 Bde, Göttingen 1980–84.

ANER, KARL: Friedrich Germanus Lüdke. Streiflichter auf die Theologie und kirchliche Praxis der deutschen Aufklärung, in: Jahrbuch für Brandenburgische Kirchengeschichte 11/12 1914, S. 160–232.

– Die Theologie der Lessingzeit, Halle 1929 (Nachdruck Hildesheim 1964).

BACHMANN, JOHANNES/SCHMALENBACH, THEODOR: Ernst Wilhelm Hengstenberg, 3 Bde, Gütersloh 1876–92.

BÁRCZAY, GYULA: Ecclesia semper reformanda, Eine Untersuchung zum Kirchenbegriff des 19. Jahrhunderts, Zollikon/Zürich 1961.

BARTH, KARL: Die protestantische Theologie im 19. Jahrhundert, Zollikon/Zürich 1947.

VON BASSI, HASKO: Otto Baumgarten – Ein moderner Theologe im Kaiserreich und in der Weimarer Republik, Europäische Hochschulschriften XXIII/345, Frankfurt/Bern/New York/Paris 1988.

BAUMGARTEN, OTTO: Meine Lebensgeschichte, Tübingen 1929.

BAUR, FERDINAND CHRISTIAN: Die Epochen der kirchlichen Geschichtsschreibung, Tübingen 1852.

– Kirchengeschichte des 19. Jahrhunderts (= Geschichte der christlichen Kirche Bd 5), ed E. Zeller, Leipzig [2]1877.

BAUR, JÖRG: Kirchliches Bekenntnis und neuzeitliches Bewußtsein (1977), in: Ders., Einsicht und Glaube, Göttingen 1978, S. 269–289.

– Luther und die Bekenntnisschriften, in: Luther und die Bekenntnisschriften (Veröffentlichungen der Luther – Akademie Ratzeburg Bd 2), Erlangen 1981, S. 131–144.

BESIER, GERHARD: Kirchliche Unionsbildung und religiöse Toleranz im Preußen Friedrich Wilhelms III., in: Theologische Beiträge 15/1984, S. 113–134.

BIRKNER, HANS-JOACHIM: Das Verhältnis von Dogmatik und Ethik, in: A. Hertz u. a. (edd): Handbuch der christlichen Ethik, Bd 1, Gütersloh/Freiburg ²1979, S. 281–296.

– Christian Wolff, in: M. Greschat (ed): Gestalten der Kirchengeschichte, Bd 8, Stuttgart 1983, S. 187–197.

DELIUS, WALTER: Berliner kirchliche Unionsversuche im 18. und 19. Jahrhundert, in: Jahrbücher für Berlin-Brandenburgische Kirchengeschichte 45/1971, S. 7–121.

DILTHEY, WILHELM: Friedrich der Große und die deutsche Aufklärung, in: Ders., Studien zur Geschichte des deutschen Geistes, ed P. Ritter, Leipzig/Berlin 1927, S. 83–205.

EBELING, GERHARD: Dogmatik des christlichen Glaubens, 3 Bde, Tübingen ²1982.

ELERT, WERNER: Der Kampf um das Christentum seit Schleiermacher und Hegel, München 1921.

– Ein Lehrer der Kirche. Kirchlich-theologische Aufsätze und Vorträge, ed M. Keller-Hüschemenger, Berlin/Hamburg 1967.

FOERSTER, ERICH: Die Entstehung der preußischen Landeskirche, 2 Bde, Tübingen 1905–07.

FRANK, FRANZ HERMANN REINHOLD: Die Theologie der Concordienformel, 4 Bde, Erlangen 1858–65.

GASS, WILHELM: Geschichte der protestantischen Dogmatik, 4 Bde, Berlin 1854–67.

(VON) HARNACK, ADOLF: Lehrbuch der Dogmengeschichte, 3 Bde, unveränderter Abdruck der 4. Aufl. 1909, Darmstadt 1983.

– Reden und Aufsätze, Bd 1, Gießen ²1906.

– Das Wesen des Christentums, Leipzig ³1900.

VON HASE, KARL: Kirchengeschichte auf der Grundlage akademischer Vorlesungen, 3 Teile in 5 Bänden, Teil 2 und 3 ed G. Krüger, Leipzig 1890–93 (= Ders., Gesammelte Werke, Bd 1–3).

HERRMANN, WILHELM: Christlich-protestantische Dogmatik (1906, ²1909), in: Ders., Schriften zur Grundlegung der Theologie, ed P. Fischer – Apelt, Teil 1, Theologische Bücherei Bd 36, München 1966, S. 298–361.

– Ethik (Grundriß der theologischen Wissenschaften V,1), Tübingen/Leipzig ²1901.

HIRSCH, EMANUEL: Geschichte der neuern evangelischen Theologie, 5 Bde, Gütersloh 1949–54.

– Die christliche Rechenschaft, ed H. Gerdes, 2 Bde, Berlin/Schleswig-Holstein 1978 (= E. Hirsch, Werke, Bd III, 1, 1–2).

HOLL, KARL: Gesammelte Aufsätze zur Kirchengeschichte, Bd 1, Luther, Tübingen ⁶1932. Bd 3, Der Westen, Tübingen 1928.

HORNIG, GOTTFRIED: Die Freiheit der christlichen Privatreligion. Semlers Begründung des religiösen Individualismus in der protestantischen Aufklärungstheologie, in: NZSTh 21/1979, S. 198–211.

JACOBS, MANFRED: Das Bekenntnisverständnis des theologischen Liberalismus im 19. Jahrhundert, in: Bekenntnis und Einheit der Kirche, Studien zum Konkordienbuch, edd M. Brecht und R. Schwarz, Stuttgart 1980, S. 415–465.

JAEGER, BERND: Karl von Hase als Dogmatiker, Diss. theol. Kiel 1988.

KAROWSKI, WALTER: Das Bekenntnis und seine Wertung – Eine problemgeschichtliche Monographie, Bd I: Vom 18. bis zum 20. Jahrhundert (mehr nicht erschienen), Historische Studien, ed O. Rössler, Heft 355, Berlin 1939.

KÖPF, ULRICH: Johannes von Walter und die Konzeption einer Religionsgeschichte des Christentums, in: E. Herms/J. Ringleben (edd): Vergessene Theologen des 19. und frühen 20. Jahrhunderts, Göttinger Theologische Arbeiten Bd 32, Göttingen 1984, S. 155–164.

KÖPKE, RUDOLF: Die Gründung der königlichen Friedrich-Wilhelms-Universität zu Berlin, Berlin 1860.

KRIEGE, ANNELIESE: Geschichte der evangelischen Kirchen – Zeitung unter der Redaktion Ernst Wilhelm Hengstenbergs, 2 Bde, Diss. theol. Bonn 1958.

KRUMWIEDE, HANS-WALTER: Geschichte des Christentums III, Theologische Wissenschaft Bd 8, Stuttgart 1977.

DE LAGARDE, PAUL: Über einige Berliner Theologen, und was von ihnen zu lernen ist (1890), in: Ders., Ausgewählte Schriften (Schriften für das deutsche Volk, Bd 2), ed P. Fischer, München 1924, S. 27–88.

LEHMANN, KARL/PÖHLMANN, HORST-GEORG: Gott, Jesus Christus, Wiederkunft Christi, in: Confessio Augustana – Bekenntnis des einen Glaubens. Gemeinsame Untersuchung lutherischer und katholischer Theologen, Paderborn/Frankfurt 1980.

LENZ, MAX: Geschichte der Berliner Universität, 4 Bde, Berlin 1910–18.

MAURER, WILHELM: Das Prinzip des Organischen in der Kirchengeschichtsschreibung des 19. Jahrhunderts, in: KuD 8/1962, S. 265–292.

MEINHOLD, PETER: Geschichte der kirchlichen Historiographie, 2 Bde, Freiburg/München 1967 (Orbis Academicus Bd III,5).

MÜLLER, KARL: Kirchengeschichte, 3 Bde, Tübingen 1892 ff. (Grundriß der theologischen Wissenschaften IV, I–II,2).

NIGG, WALTER: Die Kirchengeschichtsschreibung, Grundzüge ihrer historischen Entwicklung, München 1934.

NITZSCH, FRIEDRICH: Lehrbuch der evangelischen Dogmatik, 3. Aufl., bearbeitet von H. Stephan, Tübingen 1912.

PANNENBERG, WOLFHART: Systematische Theologie, Bd 1, Göttingen 1988.

RITSCHL, ALBRECHT: Geschichte des Pietismus, 3 Bde, Bonn 1880–1886 (Reprint Berlin 1966).
– Die christliche Lehre von der Rechtfertigung und Versöhnung, 3 Bde, Bonn 1870–74.

RITSCHL, OTTO: Albrecht Ritschl's Leben, 2 Bde, Freiburg/Leipzig 1892–1896.

RITTER, GERHARD: Freiherr vom Stein (1931), Fischer-Taschenbuch, Frankfurt 1983.

REESE, HANS-JÖRG: Bekenntnis und Bekennen – Vom 19. Jahrhundert bis zum Kirchenkampf der nationalsozialistischen Zeit, Arbeiten zur Geschichte des Kirchenkampfes Bd 28, Göttingen 1974.

ROTHE, RICHARD: Theologische Ethik, 5 Bde, Wittenberg ²1867–71.

RÜCKERT, HANNS: Messe und Abendmahl, in: Der römische Katholizismus und das Evangelium, Stuttgart 1931, S. 143–175.

SCHÄFER, ROLF: Welchen Sinn hat es, nach einem Wesen des Christentums zu suchen?, in: ZThK 65/1968, S. 329–347.

SCHIELE, FRIEDRICH MICHAEL: Der Entwicklungsgedanke in der evangelischen Theologie bis Schleiermacher, in: ZThK 7/1897, S. 140–170.

SCHLAICH, KLAUS: Kollegialtheorie – Kirche, Recht und Staat in der Aufklärung, Jus ecclesiasticum Bd 8, München 1969.

SCHLINK, EDMUND: Theologie der lutherischen Bekenntnisschriften, München ²1946.

SCHRADER, WILHELM: Geschichte der Friedrichs–Universität zu Halle, 2 Bde, Berlin 1894.

SCHÜTTE, HANS-WALTER: Die Vorstellung von der Perfektibilität des Christentums im Denken der Aufklärung, in: H.-J. Birkner/D. Rössler (edd): Beiträge zur Theorie des neuzeitlichen Christentums, Berlin 1968, S. 113–126.

SEEBERG, ERICH: Gottfried Arnold. Die Wissenschaft und die Mystik seiner Zeit, Meerane 1923.

SEEBERG, REINHOLD: Lehrbuch der Dogmengeschichte, Bd IV, 1–2, Leipzig ²·³1917–20.

STEPHAN, HORST: Geschichte der deutschen evangelischen Theologie seit dem deutschen Idealismus, 2. Aufl., bearbeitet von M. Schmidt, Sammlung Töpelmann, 1. Reihe Bd 9, Berlin 1960.

STRAUSS, DAVID FRIEDRICH: Die christliche Glaubenslehre, 2 Bde, Tübingen/Stuttgart 1840–41.

THOMASIUS, GOTTFRIED: Das Wiedererwachen des evangelischen Lebens in der lutherischen Kirche Bayerns, Erlangen 1867.

TILLICH, PAUL: Sozialismus und Kirchenfrage (1919), in: Ders., Gesammelte Werke Bd 2, Stuttgart 1962, S. 13–20.

TRILLHAAS, WOLFGANG: Paul Gerhardt, in: H. Heimpel u. a. (edd), Die großen Deutschen, Bd I, Nachdruck Frankfurt/Berlin/Wien 1983, S. 549–562.

WENDLAND, WALTER: Studien zur Erweckungsbewegung in Berlin (1810–1830), in: Jahrbuch für Brandenburgische Kirchengeschichte 19/1924, S. 5–77.

WITTE, LEOPOLD: Das Leben D. Friedrich August Gotttreu Tholucks, 2 Bde, Bielefeld/Leipzig 1884–86.

ZELLER, EDUARD: Die Annahme einer Perfektibilität des Christenthums historisch untersucht, in: Theologische Jahrbücher 1/1842, S. 1–50.

C. Nachschlagewerke

Realencyclopädie für protestantische Theologie und Kirche, ed A. Hauck, 24 Bde, 3. Aufl., Leipzig 1896–1913 (zit. »RE³«).

Die Religion in Geschichte und Gegenwart, edd F. M. Schiele und L. Zscharnack, 5 Bde, Tübingen 1909–13 (zit. »RGG¹«).

Namenregister

Begriffsregister

Beiträge zur historischen Theologie

Herausgegeben von Johannes Wallmann

J.C.B. Mohr (Paul Siebeck) Tübingen

DATE DUE